LA RECEPCIÓN DE NIETZSCHE EN ESPAÑA

PERSPEKTIVEN DER GERMANISTIK UND KOMPARATISTIK IN SPANIEN

PERSPECTIVAS DE LA GERMANÍSTICA Y LA LITERATURA COMPARADA EN ESPAÑA

Herausgegeben von

Arno Gimber und Luis Martínez-Falero Galindo

Editorial Board

María Goicoechea de Jorge (Universidad Complutense de Madrid)
Brigitte Jirku (Universitat de València)
Georg Pichler (Universidad de Alcalá de Henares)
María José Vega Ramos (Universitat Autònoma de Barcelona)
Juan Felipe Villar Dégano (Universidad Complutense de Madrid)

PETER LANG

Bern · Berlin · Bruxelles · New York · Oxford · Warszawa · Wien

SERGIO ANTORANZ Y SERGIO SANTIAGO (EDS)

LA RECEPCIÓN DE NIETZSCHE EN ESPAÑA
NUEVAS APORTACIONES DESDE LA LITERATURA Y EL PENSAMIENTO

PETER LANG

Bern · Berlin · Bruxelles · New York · Oxford · Warszawa · Wien

Bibliographic information published by die Deutsche Nationalbibliothek
Die Deutsche Nationalbibliothek lists this publication in the Deutsche National-bibliografie; detailed bibliographic data is available on the Internet at ‹http://dnb.d-nb.de›.

ISSN 1664-0381 br. ISSN 2235-6886 eBook
ISBN 978-3-0343-3321-4 br. ISBN 978-3-0343-3541-6 eBook
ISBN 978-3-0343-3543-0 MOBI ISBN 978-3-0343-3542-3 EPUB
DOI 10.3726/b14270

© Peter Lang AG, International Academic Publishers, Bern 2018
Wabernstrasse 40, CH-3007 Bern, Switzerland
Bern@peterlang.com, www.peterlang.com

All rights reserved.
All parts of this publication are protected by copyright.
Any utilisation outside the strict limits of the copyright law, without the permission of the publisher, is forbidden and liable to prosecution. This applies in particular to reproductions, translations, micro ilming, and storage and processing in electronic retrieval systems.

Este libro se ha realizado gracias al Ministerio de Economía y Competitividad, Subdirección General de Proyectos de Investigación, dentro del proyecto
«Friedrich Nietzsche: poesía y filosofía. Edición crítica bilingüe y recepción en la literatura española», referencia FFI2016-76065-P.

Índice

Prólogo   11

Este volumen   23

Bloque I: la Literatura

Nietzsche como interlocutor de Baroja y Azorín   27
Sergio Antoranz

1916: La recepción española de Friedrich Nietzsche en el contexto de la Gran Guerra   47
Arno Gimber

Nietzsche, Einstein y Juan Ramón Jiménez: esbozo para una episteme novecentista   63
Carlos Andrés Gil

Tres trágicos dionisíacos: Valle-Inclán, Nieva y Arrabal   75
Sergio Santiago Romero

Nietzsche en la poesía del Veintisiete   107
Encarna Alonso Valero

«Crear algo mejor que el hombre»: la tragedia del devenir o la vida como obra de arte en el teatro de Jacinto Grau   123
Violeta Catalina Badea

Vivencia nietzscheana de la divinidad en la poesía de posguerra   161
Lucía Cotarelo Esteban

Sinécdoque: Benet o las «Regiones» nietzscheanas del estilo   181
EDUARDO VALLS OYARZUN

Bloque II: el Pensamiento

El Nietzsche de Pérez de Ayala: de la divulgación a la creatividad   205
ANA MARÍA LEYRA

Arte y metafísica en Zambrano y Nietzsche   219
DIEGO SÁNCHEZ MECA

La locura de Nietzsche en la imaginación creadora de
María Zambrano   233
MARIANO RODRÍGUEZ GONZÁLEZ

Un Nietzsche para cristianos progresistas (1963–1975)   257
FRANCISCO VÁZQUEZ GARCÍA

Las sombras de Jean-Paul Marat: Nietzsche, Artaud y Sade
en la cultura española del tardofranquismo   283
SANDRA SANTANA

La investigación histórico-filológicamente fundada de la
filosofía de Nietzsche en España desde 1980   307
MARCO PARMEGGIANI

La recepción contemporánea de Nietzsche en el mundo hispano:
la edición completa en castellano de los *Fragmentos póstumos*,
la *Correspondencia* y las *Obras completas*   333
KILIAN LAVERNIA

Nietzsche Arquero   355
TERESA OÑATE

Los autores   383

*Este volumen está dedicado al profesor Gonzalo Sobejano,
pionero en los estudios de recepción de Nietzsche en España*

Prólogo

EL FIN DE SIGLO ESPAÑOL coincide con su apertura a la cultura germánica. Desde la publicación de la revista *La abeja* (1862), los autores alemanes cruzan los Pirineos en un goteo constante que, poco a poco, borró la mácula de varios siglos de desconocimiento. El furor por la cultura germánica, alimentado por la fuerte polarización política que acarreó la I Guerra Mundial y la imperante galofobia española llevarían a algunos intelectuales patrios a lamentar la existencia de esa contraproducente extensión de tierra entre Barcelona y Berlín comúnmente conocida como Francia. Los autores alemanes, Nietzsche incluido, llegarán en primer lugar a través de traducciones francesas, muchas de ellas imperfectas, pero no tardarán en aparecer traducciones españolas que, si bien no siempre exactas, ofrecen soluciones de no poco interés. En cualquier caso, como bien expone la magna obra de Gonzalo Sobejano, *Nietzsche en España*, el influjo del filósofo acompañó ideológicamente a todos los movimientos estéticos renovadores de la Edad de Plata. Debe sentirse su influjo en la raíz pagana y dionisíaca del modernismo de Rubén Darío y Valle-Inclán, y también en el revisionismo moral del llamado noventayocho. Ortega trajo a Nietzsche también a colación de la vanguardia y del arte puro y deshumanizado, al decir que la pretensión de la nueva estética rupturista era «eliminar los elementos humanos, demasiado humanos» del arte. Pero Nietzsche también acompañó al movimiento de rehumanización que trajo de la mano la llamada promoción poética del 36, recuperadora de una noción mística de la palabra poética. Sobejano consideró, sin embargo, que el influjo se frenó con la Guerra: «Las promociones jóvenes españolas están muy lejos de Nietzsche»[1]. Fue sin

---

1 G. Sobejano, *Nietzsche en* España, Madrid, Gredos, 2004, p. 664. En el apéndice de 1973 que Sobejano añadió a las sucesivas ediciones de su obra, ponderó esta opinión generalista, al señalar la recuperación de Nietzsche desarrollada, en el ámbito de la filosofía, por Andrés Sánchez Pascual, Eugenio Trías o Fernando Savater. Nada se dice, sin embargo, sobre la recepción de Nietzsche en la literatura de posguerra.

duda la falta de distancia crítica la que llevó al maestro a este silencio, pues hoy en día contamos ya con algunos acreditados estudios sobre los ecos del filósofo en la literatura española de la segunda mitad del XX, muchos de ellos publicados en las páginas de este volumen. El caso de la recepción en la poesía, y aún más en el teatro, es un terreno aún muy virgen. *Nietzsche en España* es un volumen insuperable en todo lo relativo a las traducciones de Nietzsche, y a la recepción del autor en la Generación del 98 y del 14, pero desarrolla muy pocas reflexiones acerca de los dramaturgos —alguna apreciación sobre Benavente, Grau, y algún apunte sobre Valle-Inclán— y sobre los poetas de vanguardia, incluyendo la promoción del 27, sobre cuya poesía apenas se dice nada. Han sido los trabajos de Alonso Valero (2003, 2008) los que han venido a completar este espacio que Sobejano dejó sin tratar.

Mucha mayor y mejor atención ha merecido hasta la fecha la recepción del pensamiento nietzscheano en la filosofía española, como prueba la constante vigencia intelectual de algunos de los herederos inmediatos de su pensamiento —Unamuno, Ortega, Zambrano— y también los autores del conocido como «neonietzscheanismo español», tal como lo ha denominado Francisco Vázquez en su imprescindible obra *Hijos de Dionisos* (2014): Eugenio Trías, Fernando Savater o Xavier Rubert de Ventós.

Hoy en día, después de haber transcurrido más de un siglo de la primera recepción de Nietzsche en España, tal y como muestran los trabajos aquí publicados, el pensamiento español continúa dialogando con Nietzsche con cierta jovialidad. Pareciera que su obra debiera actualizarse continuamente para entender nuestra propia cultura. Nietzsche ha sido un interlocutor constante entre nuestros intelectuales, desde la escritura literaria hasta la producción filosófica y académica. En los diferentes registros en los que ha aparecido el diálogo con Nietzsche nos hemos reflejado y debatido, acaso para asumir nuestra propia actualidad, especialmente, la relación entre hacer y pensar, la lucha entre tradición y actualidad. Por ello, todas las recepciones nietzscheanas en España han gozado de cierto interés social. A diferencia de otros filósofos, Nietzsche ha asumido un papel público más allá de la endogamia de los círculos intelectuales, es decir, Nietzsche ha tenido cierto impacto sobre los diferentes contextos sociales de su recepción.

En este sentido, y sobrevolando el arco de la primera recepción de Nietzsche en España hasta la actualidad, nos gustaría señalar cuatro contextos paradigmáticos que ofrecen cuatro recepciones con diferentes matices ideológicos y metodológicos. En un primer momento, las tres primeras décadas del siglo XX, aparece el pensamiento de Nietzsche novelado y teatralizado, pero también encontramos un intento de politizar a Nietzsche por medio del género ensayístico. El segundo contexto lo situamos durante la Guerra Civil española y el exilio de muchos intelectuales. Aquí aparece el pensamiento de Nietzsche considerado ya como filósofo con el que discutir, adversario y cómplice, esto es, ya no se presenta meramente como un pretexto literario capaz de activar las fuerzas creativas, sino como un interlocutor que pone a prueba la legitimidad del motor de la filosofía: la metafísica. Este es el caso por ejemplo de Ortega y Gasset, en ocasiones injusto por las escasas menciones que hace del pensador, no obstante la importante incorporación del pensamiento de Nietzsche en su obra. Más honesta será, por el contrario, la apropiación que hizo Zambrano del pensamiento nietzscheano. En este contexto histórico, la figura de Nietzsche también aparecerá en obras poéticas, así como en el teatro y en la narrativa. El tercer paradigma, por su parte, surge en el tardofranquismo. En este periodo Nietzsche aparece como apertura del contexto académico en paralelo a la demanda social de una regeneración de la cultura y de la vida española. Así, Vázquez García, en su obra *Hijos de Dionisio* y en su contribución en este volumen nos muestra una apropiación de Nietzsche por parte de los cristianos progresistas, y la visibilidad de Nietzsche a partir de dos figuras populares en el panorama cultural español: Savater y Trías. Ambos ofrecerán una visión de Nietzsche unida a la creatividad de la escritura y la reivindicación de introducir su obra en los contextos académicos dinamitados por una filosofía que había permanecido dócil al régimen. Así, el interés por Nietzsche y la traducción de sus obras aparecerá con renovado énfasis, dando lugar al último contexto paradigmático que podríamos denominar la inclusión de Nietzsche en el ámbito universitario. De dicho contexto destacamos la constitución de la SEDEN (Sociedad Española de Estudios sobre Friedrich Nietzsche), dirigida por Diego Sánchez Meca, que ha agrupado a numerosos profesores de distintas universidades españolas que comparten la vocación investigadora por el pensamiento de Nietzsche. Por un lado, todos ellos han contribuido notablemente a la introducción del pensamiento de Nietzsche en el ámbito académico con libros y publicaciones especializadas. Por otro lado, el grupo de investigación asumió la tarea de traducir la obra completa de Nietzsche, de su correspondencia y de los fragmentos póstumos. El grupo además cuenta con la edición anual de la revista *Estudios Nietzsche* en la que publican especialistas internacionales, así como la organización de congresos y jornadas que ha situado a España como interlocutor sobre Nietzsche en el ámbito internacional. En este contexto, y con una labor de divulgación en torno al pensamiento nietzscheano, también aparece el grupo SNC (Seminario Nietzsche Complutense) dirigido por Mariano Rodríguez y Oscar Quejido que dará visibilidad al pensamiento de Nietzsche por medio de diversas instituciones en Madrid.

Todos estos paradigmas de la recepción de Nietzsche en España aparecen en el volumen que presentamos, diferenciados en dos bloques que a veces no delimitan con claridad el límite entre la literatura y el pensamiento. A pesar de esta división formal, muchos de los autores se ubican en un territorio de frontera, semejante al propio carácter español, que ha solido hacer de la filosofía una forma literaria, y de la literatura una forma de pensar filosófico.

El primer bloque, dedicado a la literatura, reúne ocho trabajos que recorren la influencia del pensador de Röcken en la literatura del siglo XX. Es relevante que los capítulos reunidos exploren la totalidad de la influencia nietzscheana tanto cronológica como tipológicamente. La totalidad cronológica, porque este bloque abarca desde la mal llamada Generación del 98 y el periodo de la I Guerra Mundial —artículos de Sergio Antoranz, Arno Gimber y Carlos Andrés Gil— hasta la novelística experimentalista de los años 60 y 70 —artículo de Eduardo Valls—. Y también amplitud o transversalidad tipológica porque, frente a la marcada superioridad numérica de los estudios de recepción de Nietzsche dedicados a novela, ofrecemos cinco trabajos dedicados al género poético y al drama. Los tres deliciosos artículos dedicados a la impronta de Nietzsche en la poesía española —redactados por Carlos Andrés Gil, Lucía Cotarelo y Encarna Alonso—, y los dos que abordan la recepción en el teatro —firmados por Sergio Santiago y Catalina Badea— amplían y redondean el panorama crítico de nuestra materia.

En el estudio que abre nuestro libro, firmado por uno de los que esto escribe (Sergio Antoranz), revisitamos desde una perspectiva nueva uno de los campos que más ha horadado la crítica desde Sobejano, a saber, la impronta nietzscheana en las llamadas grandes novelas de fin de siglo. Retomando lo más sustancioso del criticismo existente —pensemos en los ya clásicos estudios de Imann Fox de los años 60 sobre Baroja o Maeztu—, nos centramos en el análisis de *La voluntad* y de *Camino perfección* para detectar el impulso transformador del nietzscheísmo más allá de los tradicionales estudios tematológicos al respecto. Los intelectuales del 98 no se limitaron a incorporar determinados motivos nietzscheanos a su producción, sino que asumen como propios mecanismos propios del filósofo —véase, por ejemplo, en el análisis que desarrollamos sobre la transvaloración, en la novela de Baroja, del hipotexto teresiano que le sirve de referente. Nuestro análisis busca explicitar, apoyándose en el discurso de estas novelas, la «lucha entre instintos y cultura, lo irracional de la razón, la relación entre individualidad y vida pública, la creatividad relacionada como síntoma de libertad personal, deseo inconsciente y adecuación moral o egoísmo y compasión». La orientación de todas estas dicotomías hacia la consecución de «el Gran Estilo», tan perseguido por los noventayochistas —hace tiempo que sabemos que es el estilo, en puridad, su principal preocupación estética— demuestra la naturaleza corporal de dicho estilo, es decir, la liminaridad congénita que para Nietzsche y esto autores se da entre el arte y la vida orgánica.

En el segundo capítulo, Arno Gimber nos presenta las resonancias de las ideas nietzscheanas en el argumentario empleado por los intelectuales españoles a propósito de sus respectivas posiciones ante la Gran Guerra. Es bien sabido que, a pesar de la neutralidad de España, el conflicto mundial desató una enconada discusión *de papel* entre aliadófilos y germanófilos. Conocido sobradamente es el caso de Valle-Inclán, opuesto en su francofilia a la postura pro-alemana de los carlistas; el dramaturgo llegó a sobrevolar la batalla de Verdún y a dejar constancia de esta experiencia de la Guerra en el apólogo *Visión estelar de un momento de guerra*. El profesor Gimber analiza la presencia de ideas y temas nietzscheanos en algunos discípulos institucionistas de Giner de los Ríos, como Bartolomé Cossío, o en *Los cuatro jinetes del apocalipsis*, novela de Blasco Ibáñez en la que el autor hace suyos todas las invectivas de Nietzsche contra el desmesurado orgullo germano. Anudan el artículo, por un lado, unas breves reflexiones nietzscheanas de Cansinos Assens en *Estética y erotismo de la pena de muerte. Estética y erotismo de la guerra* y, por otro, en la novelística de Ricardo León, a cuyo nietzscheísmo ya había dedicado Gimber algunas reflexiones en trabajos anteriores. Resulta bien interesante que, como demuestra el autor del capítulo, novelas leonescas tan comerciales y leídas como *Los caballeros de la Cruz* presenten influencia nietzscheana, puesto que esto significa que el pensamiento del filósofo no solo sobrevoló el interés de la intelectualidad, sino que penetró por vía indirecta en capas más mundanas de la sociedad.

El siguiente capítulo, de Carlos Andrés Gil, está titulado «Nietzsche, Einstein y Juan Ramón Jiménez: esbozo para una episteme novecentista». Su autor nos ofrece una interpretación del poema «Vino, primero, pura», de Juan Ramón Jiménez, a la luz de la influencia nietzscheana, concretamente, del aforismo «Historia de un error» donde Nietzsche pretende deshacer la milenaria herencia del dualismo platónico entre mundo verdadero y mundo aparente. Para ello Carlos Andrés se servirá de la expresión orteguiana de sensibilidad nueva que aparece en *El tema de nuestro tiempo*. En dicha obra Ortega comenta que la teoría de la relatividad de Einstein ha prefigurado un nuevo modo de interpretar el mundo que, al igual que el pensamiento nietzscheano, radica en el fin de la concepción de un saber absoluto y universalista. No obstante, dicho cambio de paradigma o el advenimiento de esta nueva sensibilidad se encuentra ante diversos momentos y resistencias que aparecen secuenciados en el poema «Vino, primero, pura» y en el aforismo «Historia de un error» de Nietzsche.

En el cuarto capítulo de este bloque (Sergio Santiago), analizamos la influencia que Nietzsche pudo tener en la carnavalización del género trágico en España a lo largo del siglo XX. Este proceso cuenta con varios momentos destacados en la centuria, de los cuales se seleccionan como paradigmáticas las dramaturgias de Ramón del Valle-Inclán, Francisco Nieva y Fernando Arrabal. Una buena parte del trabajo está dedicada a entresacar las negativas ideas que sobre la puesta en escena realista decimonónica tenía el filósofo, y a clarificar que, para él, la tragedia griega —y, por ende, la nueva tragedia contemporánea que había de renacer— había tenido una puesta en escena claramente estilizada, expresionista y, de acuerdo con lo expuesto en *La visión dionisíaca del mundo*, carnavalesca. El resto del capítulo se dedica a analizar diferentes elementos dionisíacos o nietzscheanos de la dramaturgia de los tres autores seleccionados.

Prólogo

La profesora Alonso Valero es, quizás después de Sobejano, la persona que más criticismo ha generado a propósito de la recepción de Nietzsche en nuestra literatura, por lo que su voz no podía quedar de ningún modo ausente de este volumen que presentamos a los lectores. Desde la publicación de *Solo necios. Solo poetas (Nietzsche en la joven literatura)* (Universidad de Granada, 2003), han sido varias las aproximaciones de la autora a la recepción del filósofo en la poesía de la Edad de Plata, especialmente en el caso de Federico García Lorca. En el capítulo que firma para este libro, «Nietzsche y la poesía del Veintisiete», Alonso ofrece, en primer lugar, algunas calas sobre la presencia del filósofo en el ultraísmo y en la obra de Gómez de la Serna, un asunto, sobre todo el del ultraísmo, inexplorado hasta la fecha. Después se ocupa de la presencia de Nietzsche en el concepto trágico que evidencia la poesía de Aleixandre —se basa, sobre todo, en textos de *La destrucción o el amor*— y en García Lorca. En este último caso, la autora comenta algunas conocidas citas explícitas que Lorca hace de Nietzsche, y también analiza en clave nietzscheana algunos textos de *Poeta en Nueva York*, cuestión está también francamente novedosa.

Catalina Badea construye su estudio «"Crear algo mejor que el hombre": la tragedia del devenir o la vida como obra de arte en el teatro de Jacinto Grau» con una sólida apoyatura crítica, puesto que desde Sobejano se habían desarrollado ya algunas calas indirectas en el nietzcheísmo de este autor, que es uno de los pocos que acostumbraba a citar al pensador alemán en sus ensayos y entrevistas. Badea analiza tres obras del canon grauiano —*El señor de Pigmalión, El burlador que no se burla* y *La señora guapa*— para rastrear en ellas la idea nietzscheana de la confusión del arte con la vida —enunciada por el filósofo en El nacimiento de la tragedia y desarrollada como constante a lo largo del resto de su producción— y para tematizar a ciertos personajes del dramaturgo —Pigmalión, Don Juan de Carillana o La Señora— como modelos de ultrahombre o ultramujer, respectivamente. A pesar de que muchos críticos han señalado y explicitado las referencias de Grau al filósofo de Röcken, estaba pendiente de desarrollarse una interpretación de las obras del dramaturgo en clave nietzscheana, y el trabajo de Badea es un primer y significativo paso en ese trabajo aún en ciernes.

Lucía Cotarelo asume un arriesgado objeto de estudio en su artículo «Vivencia nietzscheana de la divinidad en la poesía de posguerra», a saber, la cristianización de Nietzsche desarrollada no pocas veces en su recepción española, desde Unamuno en adelante. Esta cuestión, no por esperada en un territorio arraigadamente católico como España, deja de ser polémica. Cotarelo sigue la estela de trabajos pioneros en la materia, como el apasionante de Agustín Andreu, El cristianismo metafísico de Antonio Machado (Pre-textos, 2004) para rastrear los ecos de Nietzsche en los autores de la llamada primera promoción de posguerra. Es quizás en ellos donde mejor se puede ver este proceso de cristianización del filósofo, puesto que la radical conflictividad que alberga para ellos la relación con Dios posibilita la irrupción de vectores de correlación semántica con el autor de *El Anticristo.* La demostración, brillante y calibrada, de todas estas resonancias convierte el trabajo de la profesora Cotarelo en una de las primeras aportaciones a un campo de estudio que aún ha de dar numerosos frutos poéticos —Nietzsche en la poética vitalista del Grupo Cántico o del vanguardismo postista, Nietzsche en la poesía novísima de Leopoldo María Panero, etc.—.

El último capítulo de este bloque está firmado por Eduardo Valls, que ha sido otro de los pioneros en los estudios de recepción de Nietzsche y, sobre todo, en el empleo de la filosofía del alemán como paradigma crítico del análisis de la cultura. Aunque se ha ocupado hasta la fecha del paralelismo entre la ideología nietzscheana y la que pone en evidencia cierto sector de la literatura victoriana, nos ofrece aquí un sustancioso estudio comparado entre Nietzsche y el novelista Juan Benet. Valls parte de la preocupación de ambos autores por la noción de estilo para hacer a Benet partícipe de una idea de la escritura muy similar a la que encierra el concepto nietzscheano de Gran Estilo. Valls se centra en un corpus amplio de novelas, aunque presta especial atención a *Volverás a región*, para explorar la estructura profunda de este «estilo», y rastrea en ella ecos de una concepción mítico-dionisíaca del mundo y, también, de una concepción del tiempo que evoca el eterno retorno.

El segundo bloque, dedicado a la recepción de Nietzsche en el pensamiento español, se abre con el capítulo de Ana María Leyra titulado «El Nietzsche de Pérez de Ayala: de la divulgación a la creatividad», que realiza un recorrido a través de la obra literaria y ensayística de Pérez de Ayala, en la que aparecen referencias directas e indirectas al pensamiento de Nietzsche. Encontramos en la escritura de Pérez de Ayala no solo cierta admiración hacia el pensamiento nietzscheano, también, y acaso sea el punto crucial de este trabajo, un intento por incorporar su misma vocación, a saber, el cuidado de la escritura como forma de vida creativa que, al mismo tiempo, involucra al lector en la búsqueda de llegar a ser lo que se es. En este sentido, la escritura de Pérez de Ayala posee una doble misión, por un lado, asume la tarea histórica de incorporar el pensamiento de Nietzsche al público español, por otro lado, asume que dicha tarea debe consistir en una escritura que sea capaz de inspirar las fuerzas creativas de los lectores o espectadores.

En el segundo capítulo, «Arte y metafísica en Zambrano y Nietzsche», escrito por Diego Sánchez Meca, encontramos un análisis en torno a la actitud que Zambrano y Nietzsche tuvieron hacia el arte; concretamente, la influencia del Romanticismo les aúna en la visión de que es necesario recuperar un cierto tipo de metafísica por medio del arte. En el caso de María Zambrano, será por medio de la razón poética; en el caso del joven Nietzsche, por medio de la música. No obstante, ambos autores desarrollarán su obra a modo de denuncia y resistencia ante los altos vuelos de una razón que ha cosificado el mundo, y para ello manifestarán que el lenguaje metafórico posee un alcance mayor que el conceptual cultivado por la metafísica tradicional. A lo largo del texto de Sánchez Meca observamos cómo el pensamiento nietzscheano variará en su madurez, concretamente, separándolo de los compromisos adquiridos con el Romanticismo y la filosofía de Schopenhauer, esto es, la música ya no capta la esencia del mundo, porque el mundo no posee esencia, tan solo un interrelacionarse entre instintos que intentamos fijar mediante la palabra. Tal postura se encuentra en las antípodas del pensamiento de Zambrano, puesto que nuestra filósofa considera que lo poético nos aproxima al sentir originario y a lo sagrado.

En el tercer capítulo, escrito por Mariano Rodríguez y titulado «La *locura* de Nietzsche en la imaginación creadora de María Zambrano», se aborda de nuevo la relación entre María Zambrano y Nietzsche, pero en este caso no se tratará de un estudio estrictamente comparativo como en el capítulo anterior, sino de una construcción de la interpretación cristiana que María Zambrano elaboró en torno a la vida y a la obra de Nietzsche. El anuncio de la muerte de Dios es para Zambrano precisamente el advenimiento del Cristianismo; por tanto, Nietzsche anunciaría de algún modo una nueva llegada del Cristianismo donde Dios sería sacrificado por nuestros pecados, concretamente, por el Nihilismo que ha devenido a través del Positivismo y del Utilitarismo. No obstante, según Zambrano, las consecuencias de la muerte de Dios, apelando a rasgos biográficos como la transgresión de la castidad o el desencuentro con Lou Salomé, suponen el desenfreno de la escritura nietzscheana cuya máxima expresión será la noción del *Übermensch*. Pero anterior a esta *locur*a, encontramos una lectura zambraniana donde aparecen argumentos para una defensa de Nietzsche como místico malogrado.

El trabajo de Francisco Vázquez, titulado «Un Nietzsche para cristianos progresistas (1963–1975)», aborda lo que podríamos considerar el comienzo de la tercera recepción de Nietzsche en España. Dicha recepción estuvo protagonizada por un grupo de jóvenes filósofos, denominados por Vázquez *cristianos progresistas*, que en el contexto de debilitamiento del régimen franquista introdujeron el pensamiento de Nietzsche en el ámbito académico. Y lo harían organizando diversos eventos, publicando revistas, desarrollando la traducción de sus obras y escribiendo libros en torno al pensamiento de Nietzsche. Lograron, de este modo, la visualización de la que se nutrirán más tarde Fernando Savater y Eugenio Trías. El análisis que nos propone Francisco Vázquez de esta recepción responde a las condiciones materiales y culturales con las que este grupo de filósofos introdujo la filosofía nietzscheana. Así, los agentes protagonistas de esta recuperación son Álvarez Bolado y la secularización de la filosofía por medio de Nietzsche, Luis Jiménez Moreno y la lectura antropológica de Nietzsche y Andrés Sánchez Pascual y la labor filológica de la traducción de las obras.

El capítulo titulado «Las sombras de Jean-Paul Marat: Nietzsche, Artaud y Sade en la cultura española del tardofranquismo», a cargo de Sandra Santana, nos ofrece una investigación acerca del impacto que tuvo la obra *Marat/Sade* de Peter Weiss a través de las diversas representaciones que hubo en España. La tesis que defiende Santana es que dicha obra contribuyó no solo al interés por la obra de Sade, sino que propició un renovado interés por la filosofía nietzscheana y por la obra de Artaud. Los autores que motivaron dicho entusiasmo fueron Fernando Savater y Eugenio Trías en sus comentarios sobre la obra, y sobre la figura del Marqués de Sade, introduciendo así un debate insólito en España que relativizaba los límites entre locura y razón.

El siguiente capítulo de este bloque corre a cargo de Marco Parmeggiani y está titulado «La investigación histórico-filológicamente fundada de la filosofía de Nietzsche en España desde 1980», donde nos aproxima al cuarto contexto paradigmático de la recepción, que tendrá como elemento diferencial una aproximación a Nietzsche desde el ámbito académico e institucional. Los agentes de dicho contexto serán reconocidos profesores universitarios a lo largo del ámbito nacional que, a diferencia del contexto anterior, tendrán una vocación investigadora fuerte relacionada con la traducción de Nietzsche al español y con el cuidado interpretativo de su obra. El componente peculiar de este contexto es que los agentes en él son en su mayor parte traductores, profesores universitarios y también comentaristas de la obra de Nietzsche con numerosas publicaciones, dando lugar de este modo a un escenario inédito en el panorama español respecto a la recepción de Nietzsche.

El penúltimo capítulo de este segundo bloque está escrito por Kilian Lavernia, y el título del mismo es «Recepción nietzscheana por medio de los *Fragmentos póstumos*, *Correspondencias* y *Obras Completas*». Este trabajo culmina el análisis del cuarto contexto de recepción de Nietzsche en España con la labor efectuada por parte de la SEDEN en la traducción de los *Fragmentos Póstumos, Correspondencias Póstumas, Correspondencias* y *Obras Completas*. El discurso de Lavernia goza de un marco testimonial incomparable, puesto que él mismo ha trabajado en dicho proyecto de traducción y edición en la última fase del mismo. El texto de Lavernia no solo versa acerca de la labor de la traducción de las obras, lo crucial de su trabajo es cómo muchos de los términos traducidos poseen un registro semántico diferente que hacen variar nuestra comprensión de la obra nietzscheana.

Creemos que el capítulo de Teresa Oñate, «Nietzsche arquero», es un espléndido cierre para el volumen, en cuanto que sintetiza la perspectiva crítica de su autora, que ha dedicado buena parte de su carrera investigadora a la exégesis de Nietzsche y sus herederos. Oñate, que ya había contribuido al estudio de la recepción de Nietzsche en el pensamiento con cuatro volúmenes dedicados a *Los hijos de Nietzsche en la posmodernidad* (Dykinson), realiza aquí una interpretación integral de la filosofía nietzscheana a partir de un aforismo concreto de *El crepúsculo de los ídolos*: «Fórmula de mi felicidad: un sí, un no, una línea recta, una *meta*». Las líneas maestras del criticismo de Oñate sobre

Nietzsche responden al anhelo heideggeriano de leer a Nietzsche como el último gran metafísico, en un diálogo abierto con Aristóteles y, así, reinscribir su filosofía en una tradición, la de la filosofía presocrática, de la que Nietzsche siempre se consideró heredero. El pensador renace transfigurado en el texto de Oñate en un filósofo del límite, es decir, de la frontera política y hermenéutica del ser, que se traza a través de lo que la autora llama «otología de la afirmación trágica». Nietzsche, nos dice Oñate, nos dirige una pregunta que interpela directamente a la responsabilidad colectiva del supremo bien común: «¿cuál es el aforismo de nuestra propia felicidad?».

Queremos expresar nuestro agradecimiento a todos los autores que han deseado colaborar en este monográfico. Su paciencia ante las vicisitudes del siempre demorado proceso editorial solo es equiparable con la altísima calidad de los trabajos remitidos. Suyo es, sin duda, todo el mérito que los desocupados lectores puedan encontrar en estas páginas. Nuestro libro no nace con la intención de enmendar las aportaciones realizadas hasta la fecha, sino con la de continuar su estela y completar algunos de los muchos espacios que aún quedan en la historia de la recepción de Nietzsche en España. Quede de antemano reconocida nuestra deuda con quienes nos han precedido en la tarea, en especial con el profesor Sobejano, a cuyo magisterio va dedicado este volumen.

Sergio Antoranz & Sergio Santiago
Madrid, diciembre de 2017

Este volumen

A menos que el autor indique lo contrario en la bibliografía particular de cada capítulo, las citas de las obras de Nietzsche se realizan de modo general a partir de la traducción de la editorial Tecnos. Para la *Correspondencia* se sigue la traducción de la editorial Trotta. En cualquier caso, las obras serán citadas siempre con la siguiente tabla de abreviaturas:

OBRA	ABREVIATURA
Aurora	A
El Anticristo	AC
Crepúsculo de los ídolos	CI
Consideraciones intempestivas	CIT
El caminante y su sombra	CS
El caso Wagner	CW
Ditirambos de Dioniso	DD
D. Strauss, el confesor y el escritor	DS
Ensayo de autocrítica	EaC
Ecce homo	EH
La filosofía en la época trágica de los griegos	FTG
La gaya ciencia	GC
La genealogía de la moral	GM
Humano, demasiado humano (I o II)	HH
Más allá del bien y del mal	MBM
El nacimiento de la tragedia	NT
Nietzsche contra Wagner	NW
Opiniones y sentencias diversas	OSD
Schopenhauer como educador	SE
Sobre la utilidad y el perjuicio de la historia para la vida	UPH
Sobre verdad y mentira en sentido extramoral	VME
Voluntad de poder	VP
R. Wagner en Bayreuth	WB
Así habló Zaratustra	Za
Fragmentos póstumos	FP I, II…
Correspondencia	CO

Bloque I: la Literatura

Sergio Antoranz
Universidad Complutense de Madrid

Nietzsche como interlocutor de Baroja y Azorín

Presentación

La construcción de la identidad cultural española en la primera mitad del siglo xx aparece en diálogo de forma directa o indirecta con el pensamiento de Friedrich Nietzsche. Quizá esta recepción tiene el carácter de un necesario pretexto para revisar las relaciones entre tradición y presente en nuestra cultura, por ello, muchos son los autores que hacen propios los conflictos nietzscheanos y adoptan posturas que fluctuan entre el rechazo y la admiración, como es el caso de los dos escritores elegidos para este trabajo: Baroja y Azorín. Concretamente nuestra investigación se enfocará en sus obras *Camino de perfección* y *La voluntad*, respectivamente.

Rasgos específicos como la lucha entre instintos y cultura, vida y pensamiento, lo irracional de la razón, la relación entre individualidad y vida pública, la creatividad relacionada como síntoma de libertad personal, deseo inconsciente y adecuación moral o egoísmo y compasión, son tan solo algunas de las paridades en las que se debatió la intelectualidad española a comienzos del siglo xx y que aparecen en las citadas obras. En este contexto, encontramos algo de Nietzsche que causa un profundo malestar, pero también una excelsa admiración. En cualquier caso, más allá de las simpatías y antipatías, el hecho innegable es que el pensamiento español recogerá el léxico nietzscheano para enfrentarse a la situación social y cultural de su tiempo, y lo hará por medio de la literatura. Muestra de esa vertebración del pensamiento español que toma a Nietzsche como interlocutor aparece en el colosal trabajo de Gonzalo Sobejano, *Nietzsche en España*, que ha inspirado esta investigación.

Instinto y determinismo cultural

El problema en torno a la relación entre instintos y representación lingüística es una constante a lo largo de la obra de Nietzsche. Por vez primera, la gestión de la naturaleza animal en la cultura encuentra su lugar en *El nacimiento de la tragedia* con la incorporación de lo dionisiaco en el teatro trágico. Nietzsche halla en la tragedia un momento de posible equilibrio entre fuerzas antagónicas y complementarias cuya disputa vertebra la naturaleza humana. Precisamos de los mecanismos que nos ofrece la razón para generar lenguaje y sea posible la comunicación, así como instituciones que hagan prevalecer hábitos y costumbres entre los diferentes individuos que componen la sociedad. La razón hace posible la vida, responde al instinto de supervivencia, de lo contrario, en medio de la naturaleza, el ser humano, desposeído de habilidades tales como garras, alas, mandíbulas fuertes, etc. tendría un tipo de supervivencia frágil o imposible. El lenguaje, las leyes y las instituciones hacen posible la vida pública, pero también estrechan la representación de la esfera privada y la gestión del deseo individual. El ser humano genera cultura y sociedad por temor a que la naturaleza acabe con él, pero él mismo también es naturaleza y debe sacrificar algo de sí mismo para sobrevivir, así se convierte en su mayor enemigo debido a la obstrucción pulsional bajo la que se somete para ser aceptado socialmente y sobrevivir. El problema lo encontramos ante la dicotomía o bien naturaleza y los otros son enemigos, o bien cultura y el enemigo es uno mismo. Esta dualidad entre cultura y naturaleza encontraba en el teatro trágico un momento de escenificación donde el espectador era capaz de asimilar como propia la tarea heroica de enfrentarse a dicho antagonismo.

Posteriormente, Nietzsche desarrollará la misma problemática enfocada a su tiempo, esto es, qué tipo de herramientas y dispositivos sociales disponemos para hacernos cargo de dicha gestión pulsional. El análisis de Nietzsche será que el tipo de economía psíquica que ha prevalecido se ha basado en la omisión y censura de la parte instintiva del ser humano, asumiendo que las formas culturales son expresiones desprovistas de vínculos con la animalidad porque desde el platonismo el cuerpo fisiológico ha sido malogrado:

> Piénsese en las instituciones y costumbres que han convertido el arrebato pasional de un momento en la fidelidad eterna, el placer de la ira en la venganza eterna, la desesperación en un duelo eterno, las palabras repentinas y únicas en una vinculación eterna. Cada vez que aparece semejante transformación se introduce en el mundo mucha hipocresía y mucha mentira, pero también, y a este precio, una nueva concepción *sobrehumana* que eleva al hombre [A 27].

En el citado texto Nietzsche problematiza la vinculación de las pulsiones con las formas de control institucionalizadas y cuál es el patrón de poder al que responden. Por ejemplo, ante una pulsión sexual, que es perecedera, esgrimimos el concepto de amor que posee una connotación trascendente, es decir, que excede a la naturaleza humana. Del mismo modo, disponemos de instituciones, como el matrimonio, que hacen prevalecer ese ideal reglamentado hasta que la muerte separe dicha vinculación. La denuncia nietzscheana cuestiona la gestión de una volición contingente como el instinto sexual frente a valores y poderes que la vinculan con cierto fijismo. En este sentido, la genealogía será un intento por emparentar la relación originaria entre instintos y el modo en el que se transfiguran en palabras, costumbres y rituales hasta que devienen en valores morales distanciados de su contexto. Nietzsche verá en este proceso la decadencia de nuestra cultura, su pensamiento es un diagnóstico entre el malestar del cuerpo frente a los valores que lo someten. En esta línea interpretaremos la aparición de *Camino de perfección* que expondrá el desequilibrio entre instinto y cultura: «Busquemos el descubrir lo que hay en el fondo del alma; debajo de las preocupaciones; debajo de los pensamientos; más allá del dominio de las ideas» [2005: 137].

Fernando Ossorio, protagonista de la obra, padece una fuerte desorientación vital que podríamos asociar con una presentación del nihilismo enmarcado en el contexto español. El título nos recuerda cierto interés nietzscheano por reinterpretar la religión judeocristiana desde una lectura capaz de incorporar los instintos. Así, *Camino de perfección* es la obra representativa de Santa Teresa de Jesús, en ella nos ofrece diversos consejos acerca de la vida contemplativa cuyo eje es la compasión y una reflexión acerca del Padrenuestro. Por el contrario, en la obra de Baroja con el mismo título encontramos que el camino hacia la realización personal atraviesa la asimilación de la naturaleza animal que desborda en varios pasajes a Ossorio, para finalmente vivir de acuerdo con lo que uno es de acuerdo con el marco instintivo, proyecto y camino que parece naufragar ante la fuerza de la tradición.

La obra fue publicada en 1902, anteriormente, encontramos publicado en *El Imparcial* el 9 de septiembre y el 7 de octubre de 1901 un artículo escrito por Baroja bajo el rótulo «Nietzsche íntimo», divido en dos partes dedicados a transcribir y comentar algunas cartas de Nietzsche. En este artículo, Baroja expone su encuentro con la obra nietzscheana por medio de su amigo Paul Schmitz, un doctor suizo que logró inspirar un cambio de actitud en Baroja respecto al pensamiento de Nietzsche. El comienzo de dicho artículo será integrado en el capítulo trece de *La voluntad*. Pero anteriormente, según señala Sobejano, Baroja no aceptaba la filosofía de Nietzsche porque se encontraba bajo la influencia de Schopenhauer y la creencia de que solo la compasión es el único valor estimable del ser humano:

> A los veintiséis años, en 1899, Baroja solo aceptaba de Nietzsche la protesta contra las ideas socialistas, rechazando todo lo demás, muy especialmente la dureza, la impiedad. Es el momento en el que el escritor vasco se halla bajo la influencia mayor de Schopenhauer, consciente de la universalidad del dolor, impregnado de nihilismo y convencido de que el único valor ético estimable es la compasión [2004: 349].

Retornando a *Camino de perfección,* nuestro análisis comenzará con el capítulo de la llegada de Ossorio a Rascafría. Allí tumbado en un huerto junto al cementerio de un monasterio describe la siguiente atmósfera: «Un patio con arrayanes y cipreses en donde palpitaba un recogimiento solemne, un silencio solo interrumpido por el murmullo de la fuente que cantaba invariable y monótona su eterna canción no comprendida» [2005: 77]. En el artículo citado encontramos exactamente el mismo pasaje y a continuación aparece un diálogo entre Schmitz y Baroja:

> —¡Nietzsche! ¡No hable mal de Nietzsche! —me dijo mi amigo—. No lo conoce usted; lo puede usted conocer. –Lo confieso, lo conozco mal, por traducciones, sin embargo, sé de él bastante para que su figura me sea repulsiva; su desprecio por la piedad y por la compasión, antipático; su egotismo y su entusiasmo por la fuerza, desagradables. – Es que no hay tal cosa. A Nietzsche hay que saber leerle entre líneas. Es difícil de representarse a un hombre de naturaleza más ética; difícil hallar un hombre tan puro, tan delicado, de conducta tan irreprochable. Precisamente tengo aquí el primer tomo de las cartas de Federico Nietzsche coleccionadas por dos de sus discípulos [1972: 235–6].

Por medio de este testimonio, consideramos que en gran medida la escritura de *Camino de Perfección* está emparentada con la filosofía de Nietzsche; en la imagen de la fuente que cantaba invariable y monótona su eterna canción no comprendida observamos un guiño al eterno retorno, interpretado en este caso como rumor que se ha introducido en medio de la paz doctrinal que procuraba la Iglesia. El rumor que se repite eternamente aparece como fuente en medio del cementerio, y en ese instante Baroja nos ofrece el pasaje del cadáver del obispo. En dicho pasaje encontramos una lectura materialista del cuerpo que, al igual que el eterno retorno, propone una interpretación del instante que no esté atravesado por la teleología de la metafísica ni por la remisión a una trascendencia salvífica:

> ¡Qué hermoso poema el del cadáver del obispo en aquel campo tranquilo! Estaría allá abajo con su mitra y sus ornamentos y su báculo, arrullado por el murmullo de la fuente. Primero, cuando lo enterraran, empezaría a pudrirse poco a poco: hoy se le nublaría un ojo, y empezarían a nadar los gusanos por los jugos vítreos; luego cerebro se le iría reblandeciendo, los humores correrían de una parte a otra del cuerpo y los gases harían reventar en llagas la piel: y en aquellas carnes podridas y desechas correrían larvas alegremente… [2005: 77].

La formación en medicina por parte de Baroja le hace detenerse en los detalles más impactantes de la descomposición del cuerpo. Lejos de la aparente morbosidad del fragmento, dicha descripción nos obliga a pensar las relaciones con nuestro cuerpo sin trascendencia, liberados de las promesas de la metafísica y de la religión. Encontramos en el citado pasaje la exaltación de la inocencia del devenir en el que la fábula de la migración del alma queda anulada en virtud de una interpretación materialista. Sin más allá, la perfección solo puede alcanzarse en esta vida, y ese será el camino de perfección de Ossorio.

Volvamos al artículo «Nietzsche íntimo», Baroja reconoce haber encontrado un Nietzsche diferente por medio de las cartas que le ha leído su amigo Schmitz. Ahora la vida de Nietzsche ha alterado la comprensión de su obra. La intención por parte de Nietzsche de descoronar la vigencia de la moral judeocristiana es interpretada por Baroja como un auténtico intento de alcanzar la perfección moral, entendida esta perfección como una vida que atienda a las exigencias del cuerpo. Asimismo, la dialéctica entre fuertes y débiles es visualizada por Baroja desde el darwinismo social, donde las categorías del bien y del mal son transvaloradas en virtud del cuerpo y no del espíritu. Así queda menospreciada la compasión por considerarla una virtud moral constituida en el mantenimiento de los cuerpos más débiles, entendidos por débiles aquellas naturalezas que no son capaces de considerar creativamente su propio deseo, esto es, que rechazan el camino de perfección de esta vida por otra ulterior. La compasión empatiza la debilidad del cuerpo porque es moneda de cambio para la otra vida.

Así la noción del santo, o en este caso, de Santa Teresa de Jesús y su exaltación de la compasión, queda transvalorada por la noción de genio que hace posible un modo de vida de acuerdo con su propio imperativo. Para Baroja esta será la auténtica moral:

> Para Nietzsche, la única misión de los pueblos es servir a sus genios, adorarlos, sacrificar ante ellos todo lo sacrificable; esta es la moral buena; la mala es la moral cristiana, la ascética, la de la piedad, porque conserva una multitud de existencias inútiles, porque perpetúa lo miserable y lo repulsivo [1972: 248–249].

Consideramos entonces que el pasaje del *cadáver del obispo* es un intento por transvalorar lo que ha sido considerado repulsivo del cuerpo. Lo santo es el cuerpo, el espíritu es lo aquello que atenta contra la vida, y esta noción es inmoral, por camuflar su propio interés, esto es, mantener la debilidad en aras de castigar a las naturalezas más fuertes: «La moral es una estupidez. Satisfacer un ansia, dejarse llevar por un instinto, es más moral que contrariarlo» [2005: 162].

La propia transvaloración que efectúa Baroja sobre sus personajes la encontramos también en su obra *El árbol de la ciencia* (1911) donde nos presenta una reflexión en boca de su protagonista, Andrés Hurtado, en el que describe su relación con Lulú bajo esta nueva moral. Hurtado afirma que ambos poseen un cuerpo enfermo, debido a las crisis depresivas y nerviosas que sufren. Por ello, deciden no tener hijos, esto es, no perpetuarse, con el fin de no propagar la debilidad de su constitución fisiológica.

Consideramos que la transvaloración nietzscheana fue considerada por Baroja también como la superación de los opuestos y de las dualidades radicales. Dar nuevos valores es también superar la asimilación de los contrarios, así, por ejemplo, en varios pasajes de *Camino de perfección* encontramos justamente la asimilación instintiva que mencionábamos anteriormente. Por ejemplo, los pasajes en los que describe la relación con su tía no podrían resultar más provocadores: la relación sexual entre ambos, el asalto de la carne en medio de la iglesia de San Andrés, etc.; pero ello sucede en virtud de un intento de transvalorar los fenómenos instintivos que, en sí mismos, no poseen valor moral alguno:

> Después, como no admitía una voluntad superior que dirigiera los destinos de los hombres, pensaba que, aunque las desgracias y las enfermedades en sí no tuviesen un objeto moral, el individuo podía dárselos, puesto que los acontecimientos no tienen más valor que aquel que se les quiere conceder [2005: 113–114].

Ossorio continuará su peregrinaje aquejado de soledad, desconsuelo y agotado por la ambivalencia entre la liberación y la culpa. Con un tono de cierta ironía, Baroja suspende el camino de Ossorio cuando conoce a Dolores y se casan. En este sentido, consideramos que Baroja realiza una reinterpretación de la propia lucha nietzscheana entre instinto y cultura, y como el ser humano está determinado trágicamente por ambas esferas, siendo la vida una lucha sin fin donde el equilibrio no es contemplado por Ossorio: «En el coro los lamentos del órgano, los salmos de los sacerdotes, lanzaban un formidable anatema de execración y odio contra la vida; en el huerto, la vida celebraba su plácido triunfo, su eterno triunfo» [2005: 268]. La vida de la naturaleza celebra su triunfo más allá del esfuerzo humano por construir sentido, valores, conceptos, obras de arte e instituciones que nos conducen hacia la ilusión de pensar que no estamos determinados por el ciclo de la vida donde el cuerpo deviene en putrefacción y gusanos. No obstante, ese triunfo de la naturaleza y su determinismo pueden eclipsarse por medio de la cultura, al menos el final de la obra nos arrastra bajo esta incertidumbre. Consideramos que el aprendizaje de Ossorio como transvaloración del cuerpo y de la naturaleza al final de la obra se ven boicoteados, siendo quizá el determinismo cultural más fuerte que el imperativo de nuestras pulsiones. Ossorio y Dolores tendrán un hijo, él contempla con optimismo la posibilidad de una nueva educación para él que sea capaz de deshacer el poder de la tradición, no obstante, mientras Ossorio tiene estos pensamientos optimistas sobre la posibilidad de una moral de acuerdo a la noción de genio, sucede que la madre de Dolores cose una faja para el niño en la que introduce una hoja doblada del Evangelio.

La vuelta eterna y el sacrificio de la voluntad

En *La voluntad*, novela publicada el mismo año que *Camino de perfección*, encontramos numerosas similitudes en lo que concierne a la descripción del paisaje social de la España de comienzos de siglo. Se trata de una España anquilosada por el caciquismo, por la falta de talento y la incapacidad de regeneración cultural debido a que el acceso al poder institucional, por medio de periódicos, políticos, Iglesia e instituciones académicas están ocupadas por agentes que impiden cualquier tipo de alternativa. En este sentido, Azorín muestra la misma tesis que Nietzsche al afirmar que la decadencia deviene tan pronto una institución es capaz de asumir un poder social durante largo tiempo. La institución velará por conservar sus propios intereses y no será capaz de proporcionar nuevas interpretaciones y representaciones a las generaciones venideras. Así, por ejemplo, en el personaje de Justina hallamos el conflicto de una sexualidad emergente que es bloqueada mediante la negación de su propio instinto, esto es, la institución eclesiástica impone su dominio, la condena por *sentirse* un cuerpo, he aquí el diagnóstico del nihilismo de la sociedad española. Justina, antes que debatirse ante el desasosiego entre instinto y cultura, opta por el sacrificio de su voluntad:

> Ya que Justina es buena muchacha, duda si querer a Azorín es un tremendo pecado. Y como hay Padres de la Iglesia y formidables doctores que afirman gravemente que la carne es una cosa mala, Justina está dispuesta, casi dispuesta, a realizar el gran sacrificio de su vida de encerrar sus gentiles formas, su epidermis sedosa, sus turgencias suaves, entre las paredes de un convento [1996: 135].

Si bien a lo largo de la novela de Azorín aparecen numerosas referencias a Nietzsche y diversas ideas que relacionaremos con su recepción en España, no obstante, la exposición de su pensamiento aparece entremezclado con otros autores y confundido con lo que podríamos denominar el espíritu de la época. En este sentido, consideramos que las alusiones indirectas a Nietzsche por medio de Ossorio nos ofrecen un conocimiento más concreto de su obra, a diferencia de las alusiones explícitas que realiza Azorín, por ejemplo, en el caso de la apropiación del eterno retorno convertido en vuelta eterna. Una de las diferencias radicales que encontramos entre *Camino de perfección* y *La voluntad* es que Ossorio hace de la crisis existencial el motivo de experimentar con su cuerpo y teoriza sobre su peregrinaje como enfrentamiento contra los valores de la religión judeocristiana. Hay, por tanto, un movimiento que pretende la crítica y la liberación tomando el pensamiento de Nietzsche como pretexto. En *La voluntad*, el protagonista, que es el propio Azorín, aparece en diálogo con toda la filosofía por medio de su maestro, Yuste. Hay descripciones que nos muestran la situación cultural de la España de la época, hay también una visión crítica acerca del poder, especialmente representada entre el dualismo entre la corrupción de la ciudad, representada en Madrid, frente la vida rural escenificada en Yecla. No obstante, el malestar expresado por Azorín no se vive revolucionariamente en el cuerpo como expresión fisiológica capaz de transvalorar el devenir de la historia. *La voluntad* es una novela de ideas, donde el diálogo es la matriz del diagnóstico de España. Se trata de una obra donde el conflicto es conceptual y erudito, con escasas o nulas consecuencias vitales, dicho en otras palabras, no hay elementos de lucha personal, solo resignación ante lo que va describiendo a su alrededor. Por el contrario, Ossorio si vive las transformaciones de la filosofía de Nietzsche como intento trágico de vivir la lucha entre naturaleza animal y cultura. La noción de voluntad en Azorín nos recuerda a la visión pesimista de Schopenhauer donde el individuo apenas puede posicionarse creativamente respecto a las representaciones de poder que acaecen en su entorno. En este sentido, seguimos la hipótesis que expresó César Barja y que aparece citada en la obra de Sobejano:

> Si bien Azorín quiso relacionar aquella tragedia con la vuelta eterna nietzscheana en *La voluntad*, las actitudes del escritor español y del filósofo alemán "son dos actitudes más bien opuestas": mientras que Nietzsche supera con la voluntad de poder la angustia del eterno retorno, Azorín sucumbe al dolor y la monotonía, y su voluntad, como su metafísica, tiene más de Schopenhauer [2004: 397].

En uno de los primeros diálogos entre Yuste y Azorín (acaso sería más adecuado calificar dicho diálogo como ensimismamiento monológico por parte de ambos) nos encontramos ante un discurso que pretende la dialéctica entre ambos interlocutores. El rasgo peculiar de dicha exposición dialogada es que se trata de algo estrictamente conceptual, que tiene más de filosofía novelada que de novela filosófica. En ella encontramos la posible entremezcla del pensamiento de Schopenhauer con el de Nietzsche, a su vez, una crítica a la noción de eternidad abanderada por el cristianismo:

> —Todo pasa, Azorín; todo cambia y perece. Y la sustancia universal —misteriosa, incognoscible, inexorable— perdura.
> Azorín remuévese lentamente y gime en voz opaca:
> —Todo pasa. Y el mismo tiempo que lo hace pasar todo, acabará también. El tiempo no puede ser eterno. La eternidad, presente siempre, sin pasado, sin futuro, no puede ser sucesiva. Si lo fuera y por siempre el momento sucediera al momento, daríase el caso paradójico de que la eternidad se aumentaba a cada instante transcurrido […].
> [Yuste] —La eternidad no existe. Donde hay eternidad no puede haber vida. Vida es sucesión; sucesión es tiempo. Y el tiempo —cambiante siempre— es la antítesis de la eternidad –presente siempre [1996: 55–56].

En esta meditación sobre la temporalidad el profesor Yuste continuará diciendo que la sustancia universal, la voluntad, es única y eterna, pero el ser humano solo puede disponer de fenómenos que proceden de las sensaciones, y estos son falaces por ser contingentes. Por tanto, encontramos en el discurso de Yuste cierta nostalgia de Absoluto, inalcanzable para el conocer humano. En este sentido hay un rechazo hacia el devenir. Azorín parece anclarse en la primera frase del maestro, y opta por desarrollar un tipo de discurso que reflexiona sobre la literalidad conceptual. Dicha metodología se irá repitiendo a lo largo de la obra. En este caso, por un lado, se muestra crítico con la noción de eternidad: no puede haber un tiempo sin sucesión porque tal noción sería un absurdo terminológico, un tiempo eterno sería indiscernible, sin sucesión no habría posibilidad de conocimiento; por otro lado, esto nos hace pensar en lo siguiente: algo absoluto sería incognoscible porque el conocimiento solo puede desplegarse en la temporalidad. Esta lógica desemboca en un cierto tipo de pesimismo cognitivo hacia el conocimiento verdadero. Esta crítica hacia la noción conceptual de eternidad será desarrollada posteriormente con el eterno retorno o vuelta eterna.

En otro de los diálogos entre maestro y discípulo encontramos una nueva mezcla entre teorías, en este caso, entre Marx y Nietzsche: «Azorín, la propiedad es el mal… En ella está basada la sociedad actual. Y puesto que a su vez la propiedad está basada en la fuerza y tiene su origen en la fuerza, nada más justo, nada más humano que destruir la propiedad» [1996: 63]. En este contexto encontramos algo que hemos mencionado anteriormente, y es la imposibilidad de regeneración ante las estructuras de poder que ofuscarán el ánimo de Azorín en su llegada a Madrid. En ello hay elementos nietzscheanos y también elementos propios del materialismo histórico, a veces pueden resultar indiscernibles porque la crítica al poder en ambos autores es semejante a simple vista. No obstante, es Nietzsche el que utiliza la noción de fuerza que aparece aquí mencionada. En este sentido, para distinguir la filosofía de Nietzsche del posicionamiento de Marx, nos gustaría comentar el siguiente fragmento:

> ¡Mejor emigrar y pretender ser *señor* de comarcas nuevas y salvajes, pero, sobre todo, señor de mí mismo; cambiar de residencia hasta que ningún signo de esclavitud me señale, no huir de los caminos de la aventura y de la guerra; incluso estar, en caso límite, dispuesto a morir: ¡basta ya de este indecoroso servilismo, basta ya de este modo de agriarnos, nunca más ese veneno y complicidad! Este sería el pensamiento justo: los obreros europeos deberían considerar que nada pueden hacer realmente *en cuanto clase,* y no únicamente explicarse, como sucede la mayor parte de las veces, como algo duramente condicionado y falsamente organizado; deberían conducir una nueva era en la que el enjambre abra filas de la colmena europea, de una forma nunca experimentada hasta ahora, y, mediante este derecho de traslado —un acto de gran estilo— contra la máquina, protestar contra la máquina, contra el capital y contra esa alternativa que les amenaza, consistente en *tener que* ser esclavos del Estado o esclavos de un partido revolucionario [A 206].

En primer lugar, contemplamos que la actitud de Nietzsche versa siempre acerca de las alternativas, en este caso, la posibilidad de emigrar y ser señor de comarcas nuevas. Por supuesto, hay una crítica en la perpetuación del poder por medio de las estructuras hegemónicas, pero también existe cierta jovialidad ante las posibilidades que poseen ciertos individuos para lograr cambiar su propia vida: ser señor de sí mismo. En Nietzsche, a diferencia de Marx, el problema no es tanto la organización pública de la vida como el modo creativo de hacer valer la vida privada. El fin de la propiedad privada nos sumergiría en un nuevo tipo de tiranía relativa al partido revolucionario. En segundo lugar, y en relación con el fragmento de Azorín, sostenemos que, si bien en Nietzsche encontramos la noción de fuerza, no obstante, esta no se orienta hacia la destrucción de la propiedad, ni considera que sea el mal. Para Nietzsche el poder se fragua antes, en el lenguaje, en la creencia de los valores inoculados a través de él, y después, deviene el poder institucional y sus estructuras. Por tanto, la fuerza en Nietzsche es capacidad crítica y creativa, pero orientada hacia las primeras instancias dónde se gesta la lucha entre intereses (el primer territorio de dominio es el lenguaje), y no en los resultados, como, por ejemplo, la propiedad privada. Abolir la propiedad privada considerando que la esclavitud finalizaría tan pronto tal acto revolucionario sucediera, es semejante a pensar que el capitalismo finalizaría tan pronto se destruyera todo el dinero puesto en circulación. En definitiva, es el valor lo que da vida a las estructuras y, por supuesto, esto es lo que genera formas de vida.

No obstante, el discurso de Yuste prosigue, ahora haciendo gala de un optimismo que posiblemente sea el único instante a lo largo de la obra, y en este punto Marx y Nietzsche sí podrían coincidir, porque ahora Yuste especifica que el cambio en las condiciones materiales de existencia debe venir motivado por la noción de fuerza. En este sentido, quizá habría que matizar que no es la propiedad el mal como tal, sino que es la fuerza la que cosifica los medios y, por tanto, impide ir más allá del bien y del mal:

> Si el medio no cambia, no cambia el hombre… Y el medio es la vivienda, la alimentación, la higiene, el traje, el reposo, el trabajo, los placeres. Cambiemos el medio, hagamos que todo esto, el trabajo y el placer, sea pleno, gustoso, espontáneo, y cambiará el hombre. Y si sus pasiones son ahora destructivas —en este medio odioso— serán entonces creadores –en otro medio saludable… No cabe hablar del *problema social:* no lo hay. Existe dolor en los unos y placer en los otros, porque existe un medio que a aquellos es adverso y a estos favorable… La fuerza mantiene este medio. Y de la fuerza brota la propiedad, y de la propiedad el Estado, el ejército, el matrimonio, la moral [1996: 63].

La tarea del estilo será otro de los temas nietzscheanos que afrontará Yuste, concretamente, sostendrá que la perfección en la novela radicaría en la exposición imperfecta de su discurso, esto es, semejante a la vida en sus incoherencias, imperfecciones, pausas y contradicciones:

> Y este defecto, esta elocuencia y corrección de los diálogos, insoportables, falsos, va desde Cervantes hasta Galdós… Y en la vida no se habla así; se habla con incoherencias, con pausas, párrafos breves, incorrectos…, naturales… Dista mucho de haber llegado a su perfección la novela. Esta misma coherencia y corrección son antiartísticas [1996: 108].

Otro de los puntos de convergencia con el pensamiento nietzscheano, y que también aparecerá en el pensamiento de Unamuno y Zambrano, es considerar que la ciencia se nutre de creencias originarias como sucede con la religión, así lo expresa Yuste: «la Ciencia, en definitiva, no es más que Fe» [1996: 138]. Para Nietzsche no existe ciencia libre de presupuestos, toda ciencia, al igual que toda metafísica, debe poseer un origen, una primera hipótesis para existir, y tal primer principio no es demostrable, tan solo mostrable, es decir, es algo en lo que solo puede creerse y cuya imposición radica en la fuerza:

> No existe, juzgando con rigor, una ciencia libre de presupuestos, el pensamiento de tal ciencia es impensable, es paralógico: siempre tiene que haber allí una filosofía, una fe, para que de esta extraiga la ciencia una dirección, un sentido, un límite, un método, un derecho a existir [GM III, 24].

Azorín viaja a Madrid tras la muerte de Justina y, alejado de su maestro, camina por una ciudad que le resulta asfixiante. Decide alejarse un poco de la capital para coger aire, se desplaza hasta Toledo y tras analizar con frialdad el paisaje, las iglesias y la arquitectura, abandona la opción de continuar paseando y se sienta en una tasca donde bebe aguardiente y reflexiona sobre la naturaleza del arte. Entre sus soliloquios, encontramos que la noción de belleza aparece acompañada de la contemplación, acusa a los españoles de irreflexivos, y asocia dicho carácter a la conquista de América donde, según Azorín, comenzó la metamorfosis del español en un ser de acción, irreflexivo, impoético y cerrado a toda sensación de intimidad estética. Observamos aquí que la noción de arte se aproxima más a Schopenhauer que a Nietzsche, puesto que para el primero la condición del juicio estético es el ascetismo y una suerte de suspender cognitivamente las fatigas de la voluntad, es decir, la mirada del espectador no puede estar contaminada por elementos que interfieran en la conexión ultramundana entre obra e intérprete. Asimismo, la obra de arte produciría, según Schopenhauer y Kant, la apreciación de un desinterés puro. Nietzsche, cuya consideración acerca del artista es opuesta al ascetismo, escribió al respecto:

> Sobre pocas cosas habla Schopenhauer con tanta seguridad como sobre el efecto de la contemplación estética: le atribuye un efecto contrarrestador precisamente del «interés» *sexual,* es decir, parecido al de la lulupina y el alcanfor, y nunca se

cansó de ensalzar, como la gran ventaja y utilidad del estado estético, *ese* liberarse de la «voluntad» [GM III, 6].

El arte para Nietzsche no es una liberación de la voluntad, en el sentido de una tregua salvífica de la batalla entre representación y pulsión, el arte, por el contrario, es el lugar donde se escenifica y se vive esa batalla, es por tanto acción y no contemplación lo que atraviesa la experiencia estética.

Las incoherencias e imperfecciones que debería respetar la narrativa para representar la auténtica vida, con sus contradicciones, frases breves, fugas de ideas, etc., encuentran en este contexto una aproximación y al mismo tiempo distanciamiento del pensamiento de Nietzsche. De acuerdo con la cita anterior, Azorín expone como condición del gusto estético la contemplación y la inacción, no obstante, apenas unas páginas después critica la austeridad del catolicismo y de las formas de vida sumidas en una eterna repetición. Una vez más, consideramos que en este punto Azorín realiza una aproximación al pensamiento de Nietzsche que es empática y al mismo tiempo crítica:

> ¡Esto es estúpido! La austeridad castellana y católica agobia a esta pobre raza paralítica. Todo es pobre, todo es opaco, todo es medido. Aun los que se llaman demagogos son en el fondo unos desdichados reaccionarios. No creen en el dogma religioso, pero conservan la misma moral, la misma estética, la misma economía de la religión que rechazan… Hay que romper la vieja *tabla de valores morales*, como decía Nietzsche.
> Y Azorín, de pie, ha gritado: *¡Viva la imagen! ¡Viva el Error! ¡Viva lo Inmoral!* Los camareros, como es natural, se han quedado estupefactos. Y Azorín ha salido soberbio del café.
> No es posible saber a punto fijo las copas que Azorín ha sorbido. Verdaderamente, se necesita beber mucho para pensar de este modo [1996: 181–182].

No nos resulta difícil atisbar el paralelismo que existe entre la crítica de Nietzsche a Kant y la que realiza Azorín a los denominados demagogos. Nietzsche consideró que la *Crítica de la razón pura* fue un ardid conceptual para legitimar los mismos valores de la moral judeocristiana, ahora instaurados como verdades de razón y leyes apriorísticas del entendimiento. Kant afirmó que la ley moral debe adecuarse a las propias leyes de la razón, así encontraría su propia libertad, en una suerte de universalismo autónomo. Para Nietzsche esto supone un traslado de la confianza de la fe a la confianza de la razón, pero materialmente la moral no ha sufrido alteraciones. No obstante, la simpatía de Azorín respecto a las consignas que proclaman la imagen, el error y lo inmoral, se quedan en meros eslóganes sobre los que se cierra el capítulo sin profundizar en las implicaciones de dicha proclamación, y el lector no sabe con seguridad si dicho pensamiento es producto de una locura estimulada por el alcohol o es la embriaguez de una sabiduría trágica.

El capítulo V de *La voluntad* nos resulta el más interesante para nuestro análisis de la recepción española de Nietzsche por ser allí donde se presenta la apropiación que hace Azorín respecto al eterno retorno, denominado ahora vuelta eterna. La apropiación que hará Azorín se identificará en muchos casos con el propio pensamiento de Nietzsche. No obstante, Azorín realiza una interpretación que es literal y mecanicista de dicha concepción. Como habíamos mencionado anteriormente, los análisis que realiza Azorín en torno a los problemas de la filosofía a menudo se reducen a un comentario crítico sobre la literalidad de los conceptos expresados. Así, la problematización de la vuelta eterna será reducida a una especie de absurdo terminológico, analizando tan solo la noción en su extrema literalidad, y no en el sentido figurativo de la fábula. Las implicaciones vitales que Nietzsche intentó motivar mediante el eterno retorno, como experimento capaz de discernir si nuestra vida es activa o reactiva, estaban relacionados con la capacidad de un individuo para disponer de su fuerza creativa, esto es, la voluntad cuyo poder radica en darse valores a sí mismo. Dicho en otras palabras, el eterno retorno es una fábula que opera a modo de criterio de demarcación para discernir si vivimos de acuerdo al imperativo de nuestra voluntad y buscamos los medios para activar su poder, o si por el contrario nuestra vida transita bajo la sombra de los grandes ideales de nuestra tradición, siendo nuestra voluntad un residuo inercial de la historia. Tal sería el caso del imperativo categórico según la crítica nietzscheana.

La noción de voluntad de poder en su relación con la posibilidad creativa quedará boicoteada por Azorín que, al igual que Baroja, acude al determinismo cultural y natural para expresar la dificultad de llegar a ser lo que es. En este sentido, la actitud de Nietzsche es más jovial porque considera que nuevas interrelaciones entre instintos y cultura son posibles, esto es, vida activa y enseñoramiento del poder es la aspiración del superhombre, quizá no en grado absoluto, pero sí al menos algún tipo de cualidad o *quantum* de fuerza puede alcanzarse como apropiación. Habíamos comentado que el final de *La voluntad* es irónico respecto a esta pretensión, porque mientras Ossorio piensa en educar a su hijo bajo nuevos valores, la madre de su mujer cose en su faja una hoja del evangelio. En Azorín no encontramos ironía respecto a la batalla entre naturaleza y cultura, por ello, escribirá que el poder de la tradición aparece fuertemente estratificado:

> En Madrid no se puede hacer crítica literaria sincera: no hay ni un solo escritor que sepa remontarse por encima de una censura; no hay ni uno solo escritor que pueda remontarse por encima de una censura; no hay ni uno solo que pueda leer con perfecta ataraxia espiritual un adjetivo denigrante para su honra literaria; no hay ni uno solo que pueda hablar indiferente con su censor, sin prejuicios, sin restricciones, sin oídos. ¡Todos son débiles! [1996: 183].

El determinismo cultural se verá afectado por otra resistencia aún mayor que nos recuerda en gran medida a un tipo de escepticismo sobre lo que una voluntad puede, y que nos aproxima una vez más al pesimismo como síntoma de esta generación. Nos referimos al condicionamiento de la naturaleza que, al igual que Baroja con el «cadáver del obispo», nos invita a una imagen del universo como danza de átomos que, en su movimiento cíclico mediante la composición y descomposición, nada sabe acerca de la voluntad humana. En este sentido, Azorín dice: «Un hombre que compone un maravilloso poema o pinta un soberbio lienzo es tan autómata como el labriego que alza y deja caer la azada sobre la tierra, o el obrero que da vueltas a la manivela de una máquina… ¡Los átomos son inexorables!» [1996: 185]. No obstante, el pasaje del «cadáver del obispo» nos recuerda a la horrible sabiduría del Sileno interpretada por Nietzsche como punto inicial que abre la búsqueda y lucha por querer dar valores que orienten nuestra vida. Nos invita a poetizar y dar sentido a la tierra sin la sombra de la tradición cristiana. Baroja embellece la muerte, y en este sentido poetiza la existencia, su composición tiene el mismo carisma que el eterno retorno, porque intenta someter al lector al experimento de concebir el cuerpo sin trascendencia, es decir, retrotraer al ser humano a las condiciones fisiológicas y animales. No sucede así con Azorín, porque a partir de los textos citados deducimos que poco o nada puede hacerse, puesto que toda lucha está destinada a fracasar y la interpretación de la horrible sabiduría del Sileno puede reducirse al más te valiera no haber nacido. En definitiva, para Azorín, estamos determinados fuertemente por la cultura y su decadencia, así como por la naturaleza y su mecanicismo atómico, no hay posibilidad de genio, de héroe ni de alternativa posible, lo único que cabe esperar es la resignación.

Sin embargo, Azorín confiesa que no siente la fatalidad de la vuelta eterna como si fuera el peso más pesado. Consideramos que si Azorín no siente el potencial de la máxima actúa de tal modo que un instante pudiera repetirse eternamente es porque vuelve a abordar los problemas filosóficos en su extrema literalidad, y no como un símbolo a partir del cual vivir de forma alternativa. Azorín hace una lectura de la vuelta eterna en un sentido estrictamente mecanicista: el mundo está compuesto por átomos que se agrupan y se separan eternamente, ese bucle infinito de composición y descomposición es lo que se repite sin que la voluntad humana pueda hacer algo. Azorín desactiva el potencial interpretativo del eterno retorno al reducirlo a una concepción del universo, y lo expresa del siguiente modo: «Yo no siento la angustia que sentía Nietzsche ante la Vuelta Eterna —piensa Azorín—; la sentiría si en cada nuevo resurgimiento tuviera conciencia del anterior» [1996: 187]. El sentido metafórico del eterno retorno es someter al lector al cuestionamiento moral acerca de su vida y problematizar las relaciones entre aparato volitivo y culminación vital en el presente. No se trata de una doctrina determinista como parece interpretar Azorín, por el contrario, es precisamente el hecho de tener conciencia de esa repetición, de una repetición que no es natural ni mecanicista, sino que se trata de una repetición más poderosa, la cultural, la que hace que cada día de la historia sea la repetición de los mismos valores instaurados en los medios de poder. La cultura es la que mecaniza y sacrifica nuestra voluntad. El sentido del eterno retorno es contemplar el poder de la tradición sobre uno mismo, sin embargo, la apropiación que hace Azorín mediante la vuelta eterna sitúa el determinismo en el plano de la naturaleza, esto es, no podemos hacer nada frente a la danza mecanicista de los átomos.

A modo de conclusión, por un lado, diremos que Baroja en su novela *Camino de perfección* y por medio de su personaje, Ossorio, nos invita a un peregrinaje que tiene como componente la lucha trágica entre el deseo y los obstáculos morales que impiden su representación. No obstante, en ese camino, hay una crítica hacia los valores de la sociedad española que deviene en una actitud positiva de una nueva moral: es más inmoral contrariar a un instinto que darle vida. Dicho camino de perfección lo interpretamos paralelo a la tarea de la transvaloración de todos los valores propugnada por Nietzsche. El final de la novela *Camino de perfección* nos hace pensar en dos posibilidades: o bien la fuerza de la voluntad no puede luchar contra el peso de la tradición y enseñorearse de su propia tabla de valores, o bien la existencia solo puede concebirse como lucha trágica donde la voluntad debe estar continuamente haciendo valer su poder a pesar de los impedimentos de la naturaleza y de la cultura. Por otro lado, la novela *La voluntad* de Azorín nos resulta menos esperanzadora respecto al pensamiento nietzscheano. Como hemos defendido, los diálogos y soliloquios representados por Azorín y Yuste nos hacen ver que los problemas filosóficos se siguen fraguando en cuanto meros nominales, no hay, por decirlo de algún modo, una implicación práctica o vivencial, toda la crítica se queda en la mera contemplación docta y en el absurdo de los términos acuñados filosóficamente, así como en el absurdo de la existencia donde el poder gestado es mezquino. En este sentido, la recepción de Nietzsche por Azorín queda a menudo en la mera caricatura y en el delirio de un último coleteo ante la desesperación del ser humano por vivir de acuerdo con su propio deseo. El determinismo cultural y natural es más fuerte en este caso que en la novela de Baroja. No obstante, rescatamos un momento que aparece en *La voluntad* y que podría dejar abierto el resquicio de la transvaloración:

> Las cosas nos llevan de un lado para otro fatalmente; somos de manera que el medio conforma nuestro carácter. Acaso, al través del tiempo, las minúsculas reacciones que el individuo pueda operar contra el medio, lleguen, aunadas, continuadas, a determinar un tipo de hombre fuerte, pletórico de vida, superior. [1996: 187].

En cualquier caso, ambos autores suponen el comienzo de la asimilación de la filosofía de Nietzsche que, en un país que no ha vivido la contrarreforma, el ataque respecto a los valores cristianos se vive de forma traumática y pesimista como dan testimonio ambas obras. Nuestro interés ha sido rescatar la importancia de la recepción de Nietzsche para diagnosticar la realidad española, y como su filosofía aparece en estas dos novelas que resultan paradigmáticas para comprender el contexto del cambio de siglo en España.

Bibliografía

Azorín (1996): *La voluntad*. Ed. Antonio Ramos, Madrid, Biblioteca Nueva.
Baroja, Pío (1972): *Escritos de juventud.* Ed. Manuel Longares, Madrid, Editorial cuadernos para el diálogo.
– (2005): *Camino de perfección,* Madrid, Alianza.
Sobejano, Gonzalo (2004): *Nietzsche en España, 1890–1970,* Madrid, Gredos.

Arno Gimber
Universidad Complutense de Madrid

1916: La recepción española de Friedrich Nietzsche en el contexto de la Gran Guerra

Friedrich Nietzsche es considerado ya en 1873, tras la publicación de la primera parte de las *Consideraciones intempestivas*, aparte de filósofo, filólogo y poeta, uno de los primeros y más meticulosos pensadores de crítica cultural. Con una radicalidad hasta el momento no vista diagnostica el malestar en un mundo en crisis presintiendo ya en el último tercio del siglo xix las grandes catástrofes del xx. Y lo hizo sobre todo acusando, reprobando y desacreditando el nacionalismo alemán.

Sus controvertidas ideas, y de ellas va a tratar esta contribución, fueron utilizadas por los intelectuales españoles divididos entre germanófilos y francófilos para argumentar la implicación a favor de un bando u otro durante el conflicto de la Primera Guerra Mundial. Fue un posicionamiento en contra de la neutralidad del gobierno de España y como tal un momento crucial en la historia del intelectualismo español, comparable al caso de Alfred Dreyfus en Francia pocos años antes, porque la clase erudita se apasionó y sus convicciones divididas conllevaron una discusión de un alto nivel intelectual. Las diferencias entre francófilos y germanófilos fueron más allá de esta simple dualidad al entremezclar otras dimensiones como por ejemplo la de pensadores tradicionales y modernos. Ni siquiera hubo una clara correspondencia con la pertenencia a partidos políticos o a grupos artísticos.

Para entender la verdadera magnitud de este conflicto hay que exponer de antemano que muchos de los intelectuales liberales del momento estaban interesados e influenciados por la cultura y en especial la filosofía alemana, pero su inclinación en los albores de la Gran Guerra no se dirigió hacia la nación germánica. Miguel de Unamuno, por ejemplo, se había declarado decididamente francófilo, pero no iba a renunciar a los, según él, logros que le aportó la cultura alemana. En España, ya a finales del siglo XIX, una gran parte de la burguesía liberal se había educado en el ambiente de apertura intelectual del krausismo y había experimentado una admiración por Alemania, a la que ahora, en tiempos de guerra, parcialmente tuvo que renunciar. La observación es corroborada desde fuera aún en 1932 por el crítico y ensayista Alfred Kerr en su libro *Oh Spanien*:

> Von allen geistigen Einflüssen auf Spanien war deutscher Einfluß ausschlaggebend. Gerade deshalb ergriffen die von deutschem Geist erfüllten spanischen Liberalen Partei gegen [...] den deutschen Militarismus im Krieg. Die spanischen Konservativen aber, die niemals von Philosophie was wissen gewollt, auch von deutscher nicht, traten für Deutschland ein [...]. Komische Welt [Kerr, 1924: 69][1].

Los conservadores a los que Kerr se refiere son los admiradores de la Alemania de los años fundacionales y los devotos del autoritarismo y militarismo prusiano, vencedor de la gran nación francesa. El mediador principal entre esta Alemania y la España conservadora era Johann Fastenrath, un hispanófilo y comerciante de Colonia que en su monumental obra *Walhalla*, un panteón literario de los personajes más ilustres de la cultura alemana, presenta a los, según él, grandes e inmortales alemanes, entre ellos historiadores reaccionarios como Heinrich von Treitschke y Karl Lamprecht o el científico darwinista Ernst Haeckel, además de escritores epigonales como Emanuel Geibel, el conde Aldolf Friedrich von Schack o Paul von Heise. Sin embargo, Heinrich Heine, uno de los críticos más despiadados de la cultura alemana restaurativa, cae en desgracia. En la edición de 1910 de la *Walhalla*, ahora en quince volúmenes, Fastenrath incluye un capítulo sobre Friedrich Nietzsche, escrito en el año de la muerte del filósofo, al que caracteriza en primer lugar como «El "loco dios" que fascinaba al orbe dándole nuevas tablas de la ley» [Fastenrath, 1910: 145].

En este interesante texto el autor deja entrever cierta admiración por el Nietzsche debido a los atributos que emplea. Habla de «el Darwin de la filosofía [...] atrevido, volcánico y profundo». Su filosofía es «un

---

1   «De todas las influencias espirituales en España, la influencia alemana fue la decisiva. Precisamente por ello los liberales españoles, imbuidos del espíritu alemán, tomaron partido contra el militarismo germánico durante la guerra. Sin embargo, los conservadores españoles, que nunca se interesaban por la filosofía, ni siquiera por la alemana, apoyaron a los alemanes... Mundo divertido» (Traducción A.G.).

himno, como la de Heráclito y Empédocles» y su prosa «llena de perfumes narcóticos» [Fastenrath, 1910: 146]. El Fastenrath conservador y antidemocrático aún puede apropiárselo cuando según él, Nietzsche «en la época de las ideas altruísticas y democráticas se hizo el representante de un individualismo aristocrático, titánico, feroz» [Fastenrath, 1910: 146)], pero a la vez:

> [...] me es antipático el filósofo funestísimo para la juventud intelectual [...] el adversario y crítico vehemente, fanático, injusto, del cristianismo [...]. Un abismo me separa del filósofo neocínico y dinamitero, del transformador de las ideas morales, del ateo que niega toda metafísica [...]. Me repugna [...] el alemán que reniega de su patria, del pueblo que ha engendrado a Goethe, Beethoven y Bismarck; del pueblo de los filósofos, del pueblo de la arquitectura gótica [Fastenrath, 1910: 146–147].

Aparte de la crítica de Nietzsche al cristianismo, a Fastenrath le resulta sobre todo repugnante su postura antinacional y antigermánica. Le escandaliza que el *afrancesado* prefiera leer a Schopenhauer en versión francesa y que considere su propio nacimiento en Alemania como un accidente. Y por lo tanto, «todo cristiano y alemán ha de luchar contra él para defender sus ideales» [Fastenrath, 1910: 152–153].

Otro interés bien diferente por la cultura alemana es el que demuestran los representantes del krausismo y de la Institución Libre de Enseñanza. Encuentran en algunos pensadores y artistas alemanes del siglo XIX los modelos para modernizar la sociedad española. Pero ellos también, cuando se acuerdan de la otra faceta de la nación germánica, la que admiran sus adversarios conservadores, se enredan en ciertas contradicciones en sus juicios, que afectan igualmente al punto de vista estético. Emilia Pardo Bazán comenta ya en 1886 que:

> Como vi que los adeptos al [krausismo] consideraban necesario el conocimiento de la lengua alemana, me dediqué a aprenderla, pero así que tuve una tintura, preferí consagrarme a Goethe, Schiller, Bürger y Heine, pues para las obras de metafísica declaro sin rebozo (aunque sería más lúcido afirmar lo contrario), que a menos de estar versadísimo, son preferibles las buenas traducciones francesas, pues ofrecen el hipérbaton alemán ya reducido a la construcción latina [Pardo Bazán, 1886: 36–37].

Pardo Bazán demuestra un interés por los escritores alemanes que son considerados los innovadores de su cultura, pero quien obtuviera la primera cátedra de lenguas neolatinas en España opta por una cultura más ligera, sutil y grácil que la alemana y que encuentra, como el propio Nietzsche tras su ruptura con Richard Wagner, en el mundo francés.

Este planteamiento a manera de introducción sirve para resaltar las contradicciones de una recepción extremadamente enrevesada de la cultura alemana en España, que también afectarán a la acogida de Friedrich Nietzsche. La maraña se hace muy compleja en los albores de la Gran Guerra cuando se produce o se hace visible la escisión entre la clase intelectual española. Rafael Cansinos Assens, en su libro *La nueva literatura* de 1927, constata con cierto estupor que Joaquín Arderíus camina cogido con una mano al manto de Jesús y con la otra a la recia diestra de Nietzsche y no se da cuenta de que los dos personajes, juntos o por separado, a menudo fueron los genios tutelares de escritores e intelectuales españoles a principios del siglo XX, en esta situación de desconcierto cuando España tuvo que enfrentarse a una crisis de valores nacionales y cuando en toda Europa circuló el fantasma de la decadencia de Occidente. En este marco, digamos sombrío y pesimista, hay que situar la recepción de Nietzsche en España durante el primer conflicto bélico del siglo XX, una recepción que está llena de contradicciones.

1. Nietzsche ante Krause

En la correspondencia de Miguel de Unamuno con Francisco Giner de los Ríos aparece una carta dirigida a este y a Manuel Bartolomé Cossío en conjunto que data del 10 de octubre de 1914. Trata de asuntos académicos, pero lo que más le preocupa en este momento al rector de la Universidad de Salamanca es la guerra y sus posibles consecuencias culturales. Defiende en este texto, en sentido contrario al que supone su admiración por muchos pensadores alemanes, su conocida tesis de la *pequeña* cultura, la española, con c minúscula, opuesta a la *Kultur*, con K mayúscula. Relaciona a Friedrich Nietzsche con esta última sobre todo por el concepto del *Übermensch*, que rechaza, ya que lo considera en el sentido del Cristianismo como negación del hombre. Según Unamuno, por encima del hombre solo puede existir Dios.

Giner de los Ríos, el destinatario de la carta, no entró en la dicotomía polémica entre germanófilos y francófilos, pero cuando sus discípulos, los profesores de la Institución Libre de Enseñanza, quisieron tomar posición en el conflicto bélico, lo hicieron evidentemente a favor de Francia. Los krausistas eran liberales y sus ideas eran incompatibles con los valores que defendían los germanófilos.

En el órgano del movimiento, el *Boletín de la Institución Libre de Enseñanza*, se publicó en 1916 un artículo póstumo del propio Giner de los Ríos sobre Nietzsche. Quizá no es casual que aparezca en este número en plena guerra y en plena discusión entre los dos bandos. Nietzsche, fascinado él mismo por la cultura francesa, fue admirado por los germanófilos españoles que vieron en él lucha y fuerza y fue rechazado por los francófilos, como ya se ha visto en la carta de Unamuno, por sus ideas anticristianas relacionadas con la del *Übermensch*, la noción más importante y de las primeras suyas que llegaron a España. Giner de los Ríos, en su texto, no entra en esta polémica y se limita a preguntar desde un punto de vista más bien académico si Nietzsche era anarquista o stirneriano, una interesante pregunta ante el hecho de que hacia 1910 también en Alemania surgió la duda de si Stirner a través de su obra *Der Einzige* había influenciado a Nietzsche. Giner se decanta por la primera opción, es decir lo considera anarquista. Sus preocupaciones por Nietzsche son puramente filosóficas y llega a la conclusión de que «Nietzsche ha sido un enfermo, pero su filosofía no es ciertamente un fenómeno patológico. Resulta, por el contrario, toda una evolución» [Giner de los Ríos, 1916: 48], opinión que sin duda es un intento de conceder a Nietzsche más allá de las riñas entre sus adeptos y sus adversarios un sitio digno en la Historia de la Filosofía fuera del contexto polémico que en España se había creado debido al posicionamiento en la Gran Guerra.

La pregunta es, además, si etiquetar a Nietzsche como anarquista emana en el caso de Giner de los Ríos de una situación en la cual en España el anarquismo se había convertido en realidad política significativa. En noviembre de 1916 se estableció un acuerdo entre la CNT y la UGT para fusionar sus fuerzas e ir a la huelga general que tuvo lugar el 18 de diciembre. Solo duró veinticuatro horas, pero fue el inicio de un período de grandes huelgas, como la del verano de 1917 y la de *La Canadiense* a comienzos de 1919.

Los krausistas, como por ejemplo Manuel Bartolomé Cossío, autor del programa pedagógico de la Institución y anteriormente becario de la Junta para la Ampliación de Estudios en Alemania y Suiza, firmaron a favor de Francia el manifiesto de la Unión Democrática Española para la Liga de la Sociedad de Naciones Libres, publicado el 7 de noviembre de 1918 en la revista *España*, y con ellos lo suscribieron Miguel de Unamuno, Gregorio Marañón, Manuel Azaña, Luis de Zulueta, Ramón Menéndez Pidal, Américo Castro, Ramón Pérez de Ayala y Luis Araquistáin. La otra España, la defensora del pangermanismo, es calificada en este texto de «pétrea e insolidaria» [Aubert 1992: 200], se la atribuye una ausencia de cultura, lo que coincide exactamente con el juicio que lanza el propio Nietzsche ya en 1873 en la primera parte de las *Consideraciones intempestivas* contra Alemania en favor de la cultura francesa. El filósofo seguramente se habría declarado solidario con la máxima del manifiesto: «Hay una fracción del pueblo español que siente una fervorosa solidaridad espiritual con el resto de los pueblos civilizados. No sabemos si es la más numerosa; pero, desde luego, es la más inteligente, la más sensible, la mejor dotada de sentido histórico» [Aubert 1992: 199–200].

2. La gran Guerra

El periodista y novelista Vicente Blasco Ibáñez representa un caso más claro y se decanta en el contexto de la división española entre germanófilos y francófilos de forma rotunda por el bando de estos últimos. Su novela *Los cuatro jinetes del Apocalipsis*, publicada en 1916, es un buen ejemplo de ello. Trata de la familia del español Madariaga, que en la segunda mitad del siglo XIX se había enriquecido en Argentina. Sus dos hijas criollas se casan una con un francés, Marcelo Desnoyers, y la otra con un alemán, Karl Hartrott. Ya la irónica descripción de esta hija, la romántica, y la opinión que de ella tenía su padre, apuntan a una crítica contra lo alemán:

> La Romántica no existía para él [el padre]. Cuando más, le dedicaba un bufido irónico al verla erguida en la puerta a la hora del atardecer contemplando el horizonte, ensangrentado por la muerte del sol, con un codo en el quicio y una mejilla en una mano, imitando la actitud de cierta dama blanca que había visto en un cromo esperando la llegada del caballero de los ensueños [Blasco Ibáñez, 1998: 61].

Es evidente que detrás de este cuadro irónico se esconde una alusión a la ópera *Lohengrin* de Richard Wagner y en general a los pangermanistas del entorno del compositor.

Las dos mujeres se mudan con sus respectivos maridos a sus países y la segunda generación entra como protagonista en el conflicto de la Gran Guerra. Por un lado el hijo de Marcelo, Julio Desnoyers y por otro Julius von Hartrott. La familia alemana, como indica la partícula *von*, entretanto había entrado en la nobleza, lo que acentúa aún más la diferencia con la otra parte de la familia que se mantiene fiel al liberalismo tal y como había emanado del espíritu de la Revolución Francesa. Pero la novela es más que una saga de dos familias emparentadas, como apunta José Manuel Pereiro Otero: «*Los cuatro jinetes del Apocalipsis*, a pesar de utilizar conscientemente ambas ideas [se refiere a la germanofilia y la francofilia], tiene un propósito de mayor alcance: el cuestionamiento epistemológico de la posibilidad de representar la guerra y sus efectos de una forma estrictamente realista» [Pereiro Otero 2009]. Se consiguen estos efectos a través de la inserción de informes sobre las batallas que Blasco Ibáñez mismo había redactado como observador y corresponsal de periódicos españoles.

En cuanto al papel de Friedrich Nietzsche en la obra, no hay que olvidar que la postura del propio filósofo parte de una crítica a la actitud arrogante de los alemanes, los vencedores de la guerra franco-prusiana, en los llamados años fundacionales y se podría calificar de francófila. Por ejemplo, cuando afirma que:

> De todas las malas consecuencias que está acarreando la última guerra sostenida con Francia, acaso la peor de todas ellas sea un error que se halla muy extendido y que incluso es general: el error de la opinión pública y de todos los opinantes públicos que aseveran que también la cultura alemana ha alcanzado la victoria en esa lucha y que por tanto es ahora preciso engalanarla con aquellos florones que corresponden a unos acontecimientos y éxitos tan fuera de lo ordinario. Esa ilusión es sumamente perniciosa […] [CIT: 25].

Son frases clave irrefutables para entender la postura antinacionalista de Nietzsche. De aquí se construye con facilidad, como ya se ha visto en el caso de Fastenrath, la vía de recepción digamos negativa desde el lado conservador que no puede aceptar al intelectual que ensucia su propio nido.

Hemos llegado aquí al *quit* de la cuestión: En el conflicto de la Gran Guerra el pensamiento de Nietzsche sirve de apoyo a ambos bandos. El legado del filósofo es debatido en el cuarto capítulo de la primera parte de la novela *Los cuatro jinetes del Apocalipsis*, en el que Julius von Hartrott —nacido en Argentina, pero asimilado a la cultura alemana— visita a su primo, Julio Desnoyers —nacido igualmente en Argentina, pero asimilado a la cultura francesa—, para advertirle de una segura y rápida victoria del Imperio en la guerra que se avecina. El alemán Julius von Hartrott representaría a los germanófilos españoles cuando considera a Nietzsche el filósofo de la dureza que «había alabado a Bismarck, había tomado parte en la guerra del 70; había glorificado lo alemán»[2] [Blasco Ibáñez, 1998: 138]. Argensola, amigo de Desnoyers, le responde: «—El filósofo ha dicho eso […] y ha dicho otras cosas diferentes, como todos los que piensan mucho. Su doctrina es de orgullo, pero de orgullo individual, no de orgullo de nación ni de raza. Él habló siempre contra "la mentirosa superchería de las razas"» [Blasco Ibáñez, 1998: 138].

Alemania, en opinión de Nietzsche, sigue Argensola, no tenía cultura propia: «Los franceses —había dicho— están a la cabeza de una cultura auténtica y fecunda, sea cual sea su valor, y hasta el presente todos hemos tomado de ella» [Blasco Ibáñez 1998: 138]. Sus odios se concentraban sobre su propio país. «No puedo soportar la vida en Alemania. El espíritu de servilismo y mezquinería penetra por todas partes… Yo no creo más que en la cultura francesa, y todo lo demás que se llama Europa culta me

---

2   Es cierto que hacia 1866 Nietzsche intervino por primera vez directamente en la política alemana. Aunque se había opuesto a la guerra de Prusia contra Austria en 1866, después de los éxitos de Otto von Bismarck se dejó llevar por la ola de patriotismo que había envuelto a Prusia y a los Estados aliados. Nietzsche se unió en aquel momento a un grupo de intelectuales nacional-liberales bajo la dirección de Heinrich von Treitschke a favor del exitoso Bismarck. Tres años más tarde y como se ha señalado arriba, esta admiración se convirtió en una severa postura crítica contra el canciller del recién fundado Imperio alemán.

parece una equivocación. Los raros casos de alta cultura que he encontrado en Alemania eran de origen francés» [Blasco Ibáñez, 1998: 138]. Con estos argumentos, sacados de las *Consideraciones intempestivas*, la novela de tesis se resiste a justificar los esencialismos del nacionalismo alemán y descompone una lectura muy parcial de Nietzsche por parte de los intelectuales españoles conservadores.

Y el Nietzsche al que se refieren los francófilos en la novela de Blasco Ibáñez no es exclusivamente el de las *Contemplaciones intempestivas*. También es el Nietzsche posterior, el representado por obras como *Crepúsculo de los ídolos* de 1889, donde las jerarquías culturales establecidas por los propios alemanes se han invertido: «Alemania, en opinión de Nietzsche, no tenía cultura propia por su carencia de estilo» [Blasco Ibáñez, 1998: 138], dice el bohemio Argensola, de acuerdo también con el ideario tardío del filósofo y en desacuerdo con la lectura simplificada, uniforme y tergiversada realizada por los germanófilos[3].

---

3   Referimos algunas de las citas más importantes de Nietzsche sobre Alemania que sirvieron de referencia a los francófilos. En *Crepúsculo de los ídolos* polemiza de la siguiente forma: «De ninguna cosa adolece más nuestra cultura que de la profusión de presuntuosos mozos de esquina y humanidades fragmentarias; nuestras Universidades son, contra su voluntad, los auténticos invernaderos de esta especie de atrofia de los instintos del espíritu. Y Europa entera tiene ya una noción de eso — la gran política no engaña a nadie ... Alemania es considerada cada vez más como el país plano de Europa» [CI: 79–80]. En *Ecce Homo* se lee: «Lo que en Alemania se llama "profundo" es cabalmente esa suciedad instintiva para consigo mismo de la que acabo de hablar: no se quiere estar en claro acerca de sí mismo. ¿Me sería lícito proponer que se usase la expresión "alemán" como moneda internacional para designar esa depravación psicológica? [...] ¿Han producido los alemanes un solo libro que tenga profundidad? Incluso se les escapa la noción de lo que en un libro es profundo. He conocido personas doctas que consideraban profundo a Kant; me temo que en la corte prusiana se considere profundo al señor von Treitschke. Y cuando yo he alabado ocasionalmente a Stendhal como psicólogo profundo, me ha ocurrido, estando con catedráticos de universidad alemanes, que me han hecho deletrearles el nombre...» [EH: 173–174].

3. Una germanofília *retorcida*

Otro Nietzsche, menos explícito y menos evidente, encontramos en el mismo momento histórico de 1916 en un libro del ya mencionado Rafael Cansinos Assens, que lleva el llamativo título: *Estética y erotismo de la pena de muerte. Estética y erotismo de la guerra*. Se trata de un ensayo donde el traductor de Goethe relaciona la estética de la guerra con una embriaguez dionisíaca; e incluso cuando habla del erotismo de la estética de la pena de muerte, evidentemente conectada con las ideas de Sacher-Masoch, se remonta a Nietzsche puesto que:

> [...] todo fenómeno doloroso puede manifestarse bajo dos aspectos: placer, para el individuo agente o para el paciente. [...] Esta distinción entre sadismo y masoquismo es tan preciosa como aquella otra entre lo dionisíaco y lo apolíneo. El dionisíaco sería aquí el agente, mientras el paciente se abismaría en el éxtasis apolíneo. [...] Es preciso que agente y paciente se confundan en una misma voluntad: casi diríamos en un mismo amor al dolor [Cansinos-Assens, 1916: 98].

Estas ideas tienen su origen en la moral del esclavo y la moral del amo como se encuentran expuestas en la *Genealogía de la moral* y en *Más allá del bien y del mal* de Nietzsche. Cansinos Assens, refiriéndose al instante de la unión entre verdugo y víctima, habla de un momento orgiástico, de la «comunicación directa y religiosa con el gran veneno de la pasión universal» y de la «gran pasión de la humanidad» [Cansinos Assens, 1916: 481]. La alusión a lo apolíneo y lo dionisíaco en estas citas remite claramente al origen nietzscheano. La división que propone el filósofo en el *Origen de la tragedia en el espíritu de la música* se amplía en una dicotomía entre actividad, sadismo y lo dionisíaco por un lado y pasividad, masoquismo y lo apolíneo por otro. Ambas fuerzas se relacionan a través del fenómeno del dolor, y el éxtasis, en que se pierde el masoquista apolíneo, constituye la auténtica experiencia dionisíaca. En 1916, el momento álgido de la guerra, esta referencia significa un claro posicionamiento a favor de una germanofilia, ahora en una faceta visceral e irracional.

Esta admiración germanófila hacia Friedrich Nietzsche se observa igualmente en las obras del novelista y poeta Ricardo León (1877–1943), autor de *bestsellers* en su momento y hoy en día prácticamente olvidado. Por su postura de creyente católico demuestra un claro porte anti-nietzscheano que, sin embargo, deja entrever un tributo hacia el filósofo en varios poemas escritos hacia 1900, como por ejemplo en «El crepúsculo de los dioses» o en «El ocaso del siglo». En este último, fechado en 1898, plasma su percepción negativa de la estética modernista a través de unos versos críticos con respecto a la civilización finisecular:

> Ya nuestro siglo muere; ya el coloso,
> como en la playa el mar tempestuoso,
> sus estruendos y cóleras derrumba:
> muere como nació, fiero y airado,
> por su mismo poder encadenado
> al borde inexorable de su tumba [...].
> Los genios del dolor y de la guerra
> esgrimen sus espadas en la tierra,
> aire de tempestad en torno zumba ...
> las tinieblas avanzan paso a paso ...
> y el sol del siglo, en su sangriento ocaso
> sobre un mar de vergüenza se derrumba
> [León, 1901: 77–80].

Su interés por Nietzsche y también su lucha contra él son constantes. Por ejemplo, en la novela *Amor de caridad* de 1909 aparece San Juan de la Cruz en un sueño del protagonista venciendo dialécticamente al ateísta y nihilista Friedrich Nietzsche.

Pero más interesante en nuestro contexto resulta que Ricardo León formó parte del grupo de escritores y pensadores de la época de las primeras décadas del siglo xx, que se declararon europeístas. León en un principio perteneció a los mauristas que el 18 de diciembre de 1915 firmaron un manifiesto contra los aliados. Defendió tácita y moderadamente una neutralidad tras la cual se escondía un posicionamiento favorable a Alemania.

León, además, trabajó como corresponsal para el periódico *El Imparcial* en Alemania durante la Primera Guerra Mundial y sus crónicas de 1916 darían lugar a la obra que llevaría por título *Europa trágica*, publicada por la editorial Renacimiento en 1917. Constaba en su primera edición de tres jornadas, llamadas «Del Manzanares al Spree», «Verdún» y «Bajo los tilos». Luego amplió el libro en dos volúmenes más y los publicó a principios de 1918 en la misma editorial. En ello diferenció entre la Alemania verdadera —la de Herder o Schiller— y la adulterada —la de Nietzsche—, e idealizó la primera dibujando un alma alemana relacionada con los valores alemanes sencillos, nobles y conservadores.

En sus reflexiones europeístas, sin embargo, se centró en España, como se entrevé por ejemplo en el volumen de ensayos regeneracionistas que publicó en 1916 en plena guerra bajo el nombre *Los caballeros de la Cruz*. En él se pronunció a favor de un alma nacional y en contra de los intelectuales formados en el extranjero, tanto en Francia como en Alemania. El escritor se deslizó hacia un belicismo muy chocante si tenemos en cuenta el pacifismo del que hacía gala en sus primeras obras. En su visión de la nueva Europa tal y como debería surgir del conflicto bélico, pensadores como Karl Marx o Friedrich Nietzsche ya no tienen cabida:

> [La guerra actual] es una lucha de enorme interés por su profunda significación política, intelectual y moral. Es, en resolución, un choque entre dos imperios, dos filosofías, dos mundos. Se trata de decidir por las armas si ha de prevalecer en Occidente el mundo anglosajón o el Imperio germánico, los principios liberales de la revolución burguesa que del Renacimiento acá ha producido un desarrollo gigantesco de la industria humana, de la riqueza y del progreso mecánico —todo ello admirable, pero a costa de una miseria universal y sobre todo de un empobrecimiento del espíritu—, o se ha de imponer un orden nuevo, que entronice los principios —tan viejos, tan perennes— de la subordinación al bien común, a las jerarquías sociales y a la soberanía del Estado. El triunfo y la colaboración de los países latinos y germánicos producirían en el mundo entero, a mi entender, un reflorecimiento juvenil, una nueva primavera espiritual. La Europa futura se enlazaría tal vez, salvando el foso de tres siglos, con aquella otra renaciente, llena de fuerza y vitalidad, ansiosa de nuevos horizontes, pero aún nutrida y repleta de vitaminas medioevales: la Europa de Carlos V ... Como en tiempos del emperador, el mundo actual hierve en pestilencias y herejías. A las de Lutero se suman hoy las de Marx y Nietzsche, tan alemanas las dos [León, 1916: 24].

En la *Europa trágica*, sin embargo, apenas menciona a Nietzsche, hecho extraño teniendo en cuenta su interés anterior en el filósofo y sobre todo sabiendo que estas páginas están llenas de alusiones a los grandes pensadores de Alemania, a Kant, Krause, Hegel, etc. Nietzsche aparece solo dos veces, en el primer capítulo de la segunda jornada, titulada «De Berlín al Mosa», y en el capítulo seis de la tercera parte, «El ocaso de los dioses». La pregunta que inquieta al español ahora es la de cómo ha podido ser que surgiese Nietzsche en la Alemania del arte y de la filosofía idealista, y la cuestión parece tener fácil respuesta: Nietzsche es el símbolo de la moderna evolución del Imperio, una evolución más inclinada hacia los alardes de la fuerza [León 1918–19: 87]. Más que nunca ahora se observa en León una dualidad entre admiración (por parte del nacionalista español germanófilo) y rechazo hacia Nietzsche de quien se considera a sí mismo europeísta católico. Esta tensión se percibe ya claramente en la introducción a *Europa trágica* en la que leemos párrafos enteros de una descripción de la crueldad de la guerra donde la violencia y el ocaso se mezclan con frases heroicas y casi diría de fascinación por la fuerza.

En el tercer libro vuelve a preguntar por el cambio en el carácter nacional alemán, en concreto se pregunta por qué un pueblo tan espiritual, «el pueblo creador por excelencia, el que llenó todo el universo con la gloria de sus poetas y metafísicos» [León, 1918–19 III: 67] cambia y se convierte en bélico. Traza ahora una línea desde el amargo pesimismo de Arthur Schopenhauer y Eduard von Hartmann, las escuelas realistas y fisiológicas de von Kirchmann y Wilhelm Wundt pasando por el entusiasmo por las doctrinas inglesas de la evolución biológica para llegar a la filosofía militar de Nietzsche.

> ¿Murió —vuelvo a decir, […]— la grave, sensible y profunda Germania de Goethe y Schiller, de Herder y Lessing, de Mozart y Beethoven, de Heine y de Juan Pablo, de Fichte, Schelling y Hegel? ¿Murió del todo aquella dulcísima Germania, aquella nación graciosa, tan llena de substancia metafísica, de humor poético, de elegancias y fervores morales, bajo los férreos puños de un Zarathustra demoledor de lo pasado, enemigo de toda tradición, profeta de una estirpe de superhombres egoístas, infieles a la misión de su raza, entregados al culto de la voluntad y de la fuerza? ¿Es su cultura presente, como dicen sus enemigos, una kultura sin alma y sin carácter, vacía para siempre de aquellas puras esencias que perfumaron el corazón de madama Staël? ¿Hay que llorar aquí, bajo la dictadura del empirismo, del militarismo, del positivismo y del odio, la muerte irreparable del Ensueño? [León, 1918–19 III: 260–261].

Hemos vuelto a la cultura unamuniana con «k», y efectivamente ya no es la Alemania de Madame de Staël la que encuentra León en su viaje a Centroeuropa: Pero ¿aquella dulcísima Germania, dónde la ve? Desde luego la de Fichte no puede ser, ni tampoco la de Schelling y otros pensadores imbuidos de antisemitismo. Está claro que la recepción de Nietzsche, la apoteosis de la fuerza, que ahora domina en los escritos de Ricardo León es la dominante en toda Europa en la época de la Gran Guerra y tiene que ver igualmente con el afán de la hermana del filósofo de convertirlo en ideólogo de la guerra.

León, desde una perspectiva de crítica cultural reflexiona en *Europa trágica* constantemente sobre vencedores y vencidos. Más aún, en su repaso por los grandes pensadores alemanes alaba en varias ocasiones a Ulrich von Wilamowitz-Moellendorff, filólogo clásico y rector de la Universidad de Berlín, al que entrevistó en una ocasión. Llama la atención en nuestro contexto este hecho ya que Wilamowitz-Moellendorff fue uno de los grandes adversarios, como se sabe, de Nietzsche. León crea una oposición entre ambos intelectuales siendo Nietzsche el violento y Ulrich von Wilamowitz-Moellendorff el espíritu apacible. Alaba la entereza científica del último gracias a la que más allá del conflicto político mantiene contactos con la academia de los enemigos (excepto con los franceses): «¡Qué hermoso y dulce era vernos unidos por el amor de la verdad» [León, 1918–19 II: 12–13], escribe entusiasmado el periodista para llegar a la conclusión de que «pasarán los odios con la guerra; se calmarán después las pasiones, y tornaremos a trabajar por los mismos ideales […] para una cultura plena, íntegra y armoniosa, hace falta la colaboración de todos; no se bastan el genio latino ni tampoco el germánico; los dos se necesitan y completan. La diversidad de caracteres fecunda y nutre la obra común. El amor a la raza es compatible con el amor a la humanidad» [León, 1918–19 II: 13]. Nietzsche sabía más que nadie, huelga recordar, que los nacionalismos eran la peor enfermedad del siglo XIX.

4. Conclusión

Para acercarnos a la recepción de Friedrich Nietzsche en España nos hemos centrado en el año 1916. Es el año en el que Einstein publica su teoría de la relatividad y Kafka escribe *La metamorfosis*. En la España de aparente neutralidad en la Gran Guerra no hay tranquilidad. Hemos mencionado una huelga general, movimientos obreros y un anarquismo cada vez más presente en la vida política. Cinco autores de índole ideológica muy diferente, Miguel de Unamuno, Francisco Giner de los Ríos, Vicente Blasco Ibáñez, Rafael Cansino Assens y Ricardo León, construyen su propia referencia a Nietzsche, son representantes de recepciones particulares que no cuentan con un denominador común, pero cada una está en coherencia con un contexto histórico e ideológico concluyente. Para la Europa de los individuos fuertes, añorada por los intelectuales conservadores en la crisis de occidente, Nietzsche fue tenido en consideración como crítico de la civilización. Él también hizo propuestas en la dirección de un hombre fuerte que, sea como fuere su interpretación, tenía cierta atracción en los círculos mencionados. A la vez, centrándonos en Ricardo León, observamos un rechazo del filósofo por sus ideas anticristianas.

Nietzsche, tan versátil, propone ideas complejas, a veces contradictorias entre sí, y su recepción, a veces resulta bastante atrevida por no decir aventurada. No hay un solo Nietzsche, y claro, *quidquid recipitur, ad modum recipientis recipitur*. El filósofo se muestra en España al menos tan multifacético como en la propia Alemania.

Bibliografía

AUBERT, PAUL (ed.) (1992): *Les españoles et l'Europe (1890–1939)*, Toulouse, Presses Universitaires du Mirail.
BLASCO IBÁÑEZ, VICENTE (1998): *Los cuatro jinetes del Apocalipsis*, Madrid, Alianza [1916].
CANSINOS ASSENS, RAFAEL (1916): *Estética y erotismo de la pena de muerte. Estética y erotismo de la guerra*, Madrid, Renacimiento.
– (1927): *La nueva literatura 1898–1927. Colección de estudios críticos*, Alcobendas, Arca Ediciones.
FASTENRATH, JOHANNES (1910): *La Walhalla y las glorias de Alemania*, vol. 5, Madrid, Sucesores de Rivadeneyra.
GINER DE LOS RÍOS, FRANCISCO (1916): «Nietzsche», en: *Boletín de la Institución Libre de Enseñanza*, 40, 45–48.
GÓMEZ MOLLEDA, DOLORES (ed.) (1976): *Unamuno «agitador de espíritus» y Giner de los Ríos*, Salamanca, Universidad de Salamanca.

Kerr, Alfred (1924): *Oh Spanien. Eine Reis,* Frankurt/Main, S. Fischer.
León, Ricardo (1901): *La lira de bronce*, Málaga, Tipografía Zambrana Hermanos.
– (1909): *Amor de caridad*, Madrid, El cuento semanal.
– (1916): *Los caballeros de la Cruz*, Madrid, Renacimiento.
– (1918–1919): *Europa trágica*. 3 vol, Madrid, Renacimiento.
López Morillas, Juan (1980): *El krausismo español. Perfil de una aventura intelectual*, México, Fondo de Cultura Económica.
Nietzsche, Friedrich (1988): *Consideraciones intempestivas*, Madrid, Alianza.
– (1989): *Crepúsculo de los ídolos o cómo se filosofa con el martillo*, Madrid, Alianza.
Nietzsche, Friedrich (1999): *Ecce homo. Cómo se llega a ser lo que se es*, San José et al.: Alba.
Pardo Bazán, Emilia (1886): *Apuntes autobiográficos*, Barcelona, Daniel Cortezo.
Pereiro Otero, Manuel (2009): «Tautologías bélicas: *Los cuatro jinetes del apocalipsis* cabalgan hacia el génesis», en: *Vanderbilt e-Jornal of Luso-Hispanic* (último acceso: 19 de agosto 2017).
Sobejano, Gonzalo (2004): *Nietzsche en España (1890–1970)*, Madrid, Gredos.

CARLOS ANDRÉS GIL
California State University-Stanislaus

Nietzsche, Einstein y Juan Ramón Jiménez: esbozo para una episteme novecentista

EN EL ENSAYO TITULADO «El sentido histórico de la teoría de Einstein» que agrega Ortega y Gasset como último apéndice a *El tema de nuestro tiempo* (que vio la luz en plena guerra civil española, en 1938), aparece articulada con gran brillantez una idea que ha pasado desapercibida a los seguidores del filósofo madrileño, y que solo décadas más tarde Michel Foucault, en *Las palabras y las cosas* (1966), entronizaría en el vocabulario filosófico contemporáneo de la posmodernidad con su concepto de *episteme*[1].

Ortega saca allí a la luz lo que denomina las «tendencias generales que han actuado en la invención de esta teoría» (se refiere a la teoría de la relatividad especial de Einstein) para descubrir «el dibujo de una sensibilidad nueva, antagónica de la reinante en los últimos siglos» [1959: 141].

Comienza Ortega contraponiendo el relativismo de Einstein al de Galileo y Newton. Mientras que los últimos creían todavía en un espacio y en un tiempo absolutos[2], Einstein asienta su teoría de la relatividad especial (1905) en la liquidación de tal concepción del espacio-tiempo. El relativismo clásico reflejaba básicamente un defecto: la física de Newton y Galileo era relativa solo desde el punto de vista de un observador empírico ubicado en el espacio y el tiempo, mientras que con la

---

1   Foucault parte de que existe una discontinuidad entre las diferentes épocas y entiende la *episteme* tanto como el conjunto de aprioris históricos y códigos fundamentales desarrollados en una cierta cultura, así como el conjunto de relaciones que se encuentran en la base de una época dada. Dicha discontinuidad, cuando se produce, no se da solo en el ámbito de una disciplina sino en muchas disciplinas dispares.
2   Estas son las palabras de Ortega: «Para estos [Galileo y Newton], las determinaciones empíricas de duración, colocación y movimientos son relativas porque creen en la existencia de un espacio, un tiempo y un movimiento absolutos» [1959: 141–2].

teoría de la relatividad de Einstein, desaparece la idea de una realidad absoluta, que si bien estaba siempre fuera del alcance de un observador empírico, actuaba como referente irrenunciable con un papel semejante al de la cosa en sí en la filosofía transcendental de Kant. Pero al desparecer lo absoluto, la realidad aprehendida por un observador concreto en el espacio-tiempo es la realidad misma y no una aproximación relativa con respecto a un universo absoluto y verdadero, inasequible al observador empírico[3].

En la teoría de la relatividad de Einstein, el relativismo no se opone al absolutismo. Nuestro conocimiento no es ya defectuoso respecto de una realidad absoluta. Al haberse esfumado esta, y con ella la visión platónica dualista, nuestro conocimiento aparece de repente investido de una validez absoluta.

En el presente artículo me propongo poner de manifiesto que ese dibujo de una sensibilidad nueva que con buen olfato detectaba Ortega en la teoría de la relatividad especial de Einstein, se encontraba ya claramente trazado en la filosofía de Nietzsche, y muy especialmente en el aforismo de *El crepúsculo de los ídolos* titulado «Historia de un error». Al mismo tiempo mostraré cómo esa misma sensibilidad, a la que bien podríamos etiquetar con el término foucaultiano de *episteme*, se plasma en el emblemático poema de Juan Ramón Jiménez, «Vino, primero, pura», de *Eternidades* (1918).

En el aforismo «Historia de un error» el pensador alemán condensa su interpretación de la historia de la filosofía en seis pasos. La historia habría comenzado con Platón y terminará con el heraldo de la filosofía nietzscheana, Zaratustra:

1. El mundo verdadero, alcanzable para el sabio, el piadoso, el virtuoso, — él vive en ese mundo, *él es ese mundo*.

---

[3] «Supongamos que por unas u otras razones alguien cree forzoso negar la existencia de esos inasequibles absolutos en el espacio, el tiempo y la transferencia. En el mismo instante, las determinaciones concretas, que antes parecían relativas en el mal sentido de la palabra, libres de la comparación con lo absoluto, se convierten en las únicas que expresan la realidad. No habrá ya una realidad absoluta (inasequible) y otra relativa en comparación con aquella. Habrá una sola realidad y esta será la que la física positiva aproximadamente describe» [Ortega, 1959:142].

(La forma más antigua de la Idea, relativamente inteligente, simple, convincente. Transcripción de la proposición «yo, Platón, *soy* la verdad».)
2. El mundo verdadero, inasequible por ahora, pero prometido al sabio, al piadoso, al virtuoso («al pecador que hace penitencia»).
(Progreso de la Idea: esta se hace más sutil, más insidiosa, más inaprensible, — *se hace mujer*, se hace cristiana…)
3. El mundo verdadero, inasequible, indemostrable, imprometible, pero, ya en cuanto pensado, un consuelo, una obligación, un imperativo.
(En el fondo, el viejo sol, pero visto a través de la niebla y el escepticismo; la Idea, sublimizada, pálida, nórdica, königsburguense.)
4. El mundo verdadero — ¿inalcanzable? En todo caso, inalcanzado. Y en cuanto inalcanzado, también *desconocido*. Por consiguiente, tampoco consolador, redentor, generador de obligaciones: ¿a qué podría obligarnos algo desconocido?…
(Mañana gris. Primer bostezo de la razón. Canto del gallo del positivismo.)
5. El «mundo verdadero» — una idea que ya no sirve para nada, que ya ni siquiera obliga, — una idea que se ha hecho inútil, superflua, *por consiguiente* una idea refutada: ¡eliminémosla!
(Día claro; desayuno; retorno del *bon sens* y de la alegre serenidad; rubor avergonzado de Platón; ruido endiablado de todos los espíritus libres.)
6. Hemos eliminado el mundo verdadero: ¿qué mundo ha quedado?, ¿quizá el aparente?… ¡No!, ¡*al eliminar el mundo verdadero hemos eliminado también el aparente*!
(Mediodía; instante de la sombra más corta; final del error más duradero; punto culminante de la humanidad; INCIPIT ZARATHUSTRA.) [CI «Cómo el "mundo verdadero" acabó convirtiéndose en una fábula»].

El aforismo da cuenta de la creación y la eliminación del «mundo verdadero» en seis pasos que culminan en la destrucción de la dicotomía, mundo aparente/mundo verdadero, que recorre la historia entera del pensamiento occidental. La sensibilidad reinante durante más de veinte siglos basada en dicha dicotomía es reemplazada por otra nueva. Y la superación de esa idea del «mundo verdadero» jubilosamente proclamada por Zaratustra como el punto culminante de la humanidad, tiene su correlato en el abandono por parte de la física de un espacio y un tiempo absolutos[4]. La nueva sensibilidad detectada por Ortega en la teoría de la relatividad no es sino una versión de la que Zaratustra experimenta. Antes de argumentar que también esta es la sensibilidad que late en el poema de Juan Ramón.

Según la teoría poética de Harold Bloom expuesta en sus libros *The Anxiety of Influence* y *A Map of Misreading*, todo *poeta fuerte*, siguiendo su terminología, está desesperadamente obsesionado con un poeta anterior que de algún modo representa el papel de padre freudiano a quien el hijo debe primero imitar y finalmente desbancar por medio de un acto de reescritura. Estoy básicamente de acuerdo con la idea de que al menos para algunos poetas —Juan Ramón Jiménez entre ellos— esta relación con un escritor anterior resulta crucial. Y en el caso del poeta moguereño, el escritor padre no es otro que el filósofo considerado a menudo como mentor de los noventayochistas: Friedrich Nietzsche. Especialmente relevante me parece el sentido que Bloom da al concepto de influencia poética situándola a un nivel más profundo que las meras similitudes formales o verbales[5]:

En el estudio que nos ocupa más allá del sorprendente paralelismo formal que señalaremos entre el texto de Nietzsche «Historia de un error» y el poema de *Eternidades*, «Vino primero pura» encontramos

---

4   Albert Einstein en un artículo de 1905, «On the Electrodynamics of Moving Bodies», desarrolla la teoría de la relatividad especial, que construye en base a dos postulados que se contradicen en la física clásica: 1. Las leyes de la física son iguales para todos los observadores que se encuentren en un sistema de referencia inercial (con movimiento uniforme de unos con respecto a otros). 2. La velocidad de la luz en el vacío es la misma para cualquier observador (independientemente de su movimiento relativo o del movimiento de la fuente de luz). Una vez eliminado el espacio absoluto con este último postulado, lo único que nos queda es un espacio-tiempo relativista, que ya no es relativo respecto de aquel, algo meramente aparente, sino válido por sí mismo.

5   Así lo explica Bloom en *The Anxiety of Influence*: «Poetic influence in the sense I give to it has almost nothing to do with the verbal resemblances between one poet and another [...] What Blake called Spiritual Form at once the aboriginal political self and the True Subject is what the ephebe is so dangerously obliged to the precursor for even processing» [1997:19–20].

una forma espiritual común, conformando un paralelismo básico que actúa «en las profundidades» entre la filosofía de Zaratustra y el concepto juanramoniano de poesía desnuda, al tener ambas como fundamento el rechazo de la duplicación de mundos (mundo verdadero frente a un mundo aparente).

El descubrimiento de esta forma espiritual común entre la principal contribución de la filosofía de Nietzsche y la poética juanramoniana no carece de consecuencias puesto que nos permite rechazar las lecturas esencialistas o platonizantes de los poemas de Juan Ramón Jiménez tantas veces practicadas[6].

Buena parte de la crítica ha venido admitiendo que Juan Ramón Jiménez se inspiró en el poema «A coat», de Yeats[7]. Si bien es cierto que no faltan similitudes evidentes entre ambos poemas creo que la exageración de esta semejanza podría limitar la comprensión del poema de Juan

---

6   Un ejemplo de este tipo de lectura nos lo brinda Víctor García de la Concha, quien en su introducción a *Eternidades* en la edición de Taurus con motivo del primer centenario del nacimiento del poeta plasma del modo siguiente la distinción juanramoniana entre literatura y poesía: «La literatura —en verso o en prosa, factores para Juan Ramón accidentales— es para él algo racional que se mueve por medio de la lógica en el campo de la cultura y que en última instancia sirve a un objetivo propagandístico o didáctico. Inserta en las coordenadas de la Historia, la literatura resulta mimética, por fuerza, y no puede darnos más que la traducción de una belleza superficial o relativa. En verso o en prosa, la poesía es, por el contrario, una fuerza que más allá de lo cultural y de lo histórico, actúa en lo desconocido, en el ámbito del arte y en busca de lo trascendente que anida en cada hecho o en cada cosa: justo, que persigue la captación de las *eternidades* de lo inmediato y cotidiano» [1982:25–26]. Si, como mostraremos, el poema de Jiménez se inserta perfectamente en el ámbito de la episteme novecentista, no puede ni de lejos buscar lo trascendente sino quedarse jubilosamente en la inmanencia.

7   John Wilcox es quien más por extenso se ha ocupado en poner de manifiesto el paralelo de ambos poemas en su artículo: «Naked versus Pure Poetry in Juan Ramón Jiménez» tras señalar la también posible influencia apuntada por otros críticos de la canción séptima del Gitanjali de Rabindranath Tagore y después de comparar la estructura verbal figuras retóricas y la posición del clímax en los tres poemas Willcox llega a la conclusión de que entre el poema de Yeats y el de Juan Ramón se dan unas profundas semejanzas estructurales que no se dan con el poema de Tagore. Todo lo cual le lleva a postular la existencia de una influencia directa de «A Coat» en el poema de Juan Ramón.

Ramón y dejarlo reducido a una simple afirmación de la simplicidad como valor estético y un banal rechazo de la ornamentalidad.

Ambos poemas coinciden en la metáfora del vestido y de la desnudez y en la preferencia por esta última, pero existen también diferencias que no pueden pasarse por alto: en el poema de Yeats es el hablante lírico el que fabrica los ropajes de la canción y el vulgo quien se prenda de ellos. En el poema de Juan Ramón, por el contrario, es la poesía misma la que realiza las acciones de vestirse y desvestirse provocando con ello en el hablante lírico una serie de reacciones afectivas y conceptuales complejas que desbordan el estrecho marco del poema de Yeats.

Antes de proponer una relectura del poema de Juan Ramón en sintonía con la nueva sensibilidad que Ortega detecta en la teoría de la relatividad especial de Einstein y que como he apuntado más arriba se encuentra plasmada en la filosofía de Nietzsche, quizá no resulte del todo inoportuno señalar el bien documentado conocimiento y admiración que Juan Ramón tenía de la obra de Nietzsche.

Gonzalo Sobejano, en su libro *Nietzsche en España* nos da cuenta de cómo Juan Ramón había leído al filósofo alemán en traducción francesa en la casa de su amigo el doctor Simarro: «En las mismas *Conversaciones con Juan Ramón* de Ricardo Gullón, precisaba el poeta que en casa de Simarro había encontrado los libros de Nietzsche en traducciones francesas y que eso era hacia 1905 o 1906» [1967: 605].

Más adelante Sobejano menciona el poema «En flor 50» del libro *La estación total* como expresión del imperativo nietzscheano del eterno retorno de lo idéntico: «En general, la visión poética de *La estación total* (y la de *animal de fondo* en libro posterior) es en el autor de *Eternidades* la consagración de la experiencia estética del instante eterno, sueño de la eternidad en el tiempo, vivencia de la totalidad cíclica: lo conocido y dicho, con terror y entusiasmo, por Zaratustra» [1967: 607].

Más reveladora si cabe resulta una nota a pie de página en el libro de Paul R. Olson, Circle of Paradox: *Time and Essence in the Poetry of Juan Ramón Jiménez* según la cual el propio Juan Ramón habría reconocido la fuerte influencia de Nietzsche en su poesía: «Among the papers in the Sala Zenobia y Juan Ramón Jiménez of the library of the University of Puerto Rico are several notes listing the names of various writers who influenced the poet, particularly in his early years (the title of the note is simply «Fuentes de mi poesía»). Included in one of them is the name of Nietzsche with *mucho* (in parenthesis) following it» [1967: 199].

Finalmente, en un artículo titulado «Árbol arraigado y pleamar: respuesta a la transformación de la decadencia y la estética en Juan Ramón Jiménez y Nietzsche», John Wilcox estudia las preocupaciones a ideas comunes a ambos autores sobre la relación entre decadencia y estética y concluye que «el conocimiento de Nietzsche enriquece nuestra lectura de los textos juanramonianos y agudiza nuestra comprensión de Juan Ramón como un artista de su época» [1981: 513].

Pero acudamos al mencionado poema, «Vino, primero, pura», uno de sus poemas más emblemáticos, donde Juan Ramón Jiménez nos presenta una trayectoria a la vez circular y paradójica de la poesía:

> Vino, primero, pura,
> vestida de inocencia.
> Y la amé como un niño.
>
> Luego se fue vistiendo
> de no sé qué ropajes.
> Y la fui odiando, sin saberlo.
>
> Llegó a ser una reina,
> fastuosa de tesoros…
> ¡Qué iracundia de yel y sin sentido!
>
> … Mas se fue desnudando.
> Y yo le sonreía.
>
> Se quedó con la túnica
> de su inocencia antigua.
> Creí de nuevo en ella.
>
> Y se quitó la túnica,
> y apareció desnuda toda…
> ¡Oh pasión de mi vida, poesía
> desnuda, mía para siempre!

La lectura más convencional y repetida de este poema es que en él el poeta traza su propia trayectoria poética en diferentes fases que jalonan su búsqueda de la esencia poética. La lectura que propongo aquí del poema, sin embargo, resalta en él esa nueva sensibilidad que detectaba Ortega en la teoría de Einstein y que hemos entroncado con la filosofía de Nietzsche. De manera mucho más específica, encontramos entre el poema juanramoniano y el aforismo de Nietzsche antes citado una serie de afinidades que van mucho más allá de lo formal. Pero comencemos por estas similitudes en la forma[8] y veamos más detalladamente de qué manera coinciden casi punto por punto las seis etapas de la historia de Nietzsche con momentos del poema de Juan Ramón.

En el estadio primero el amor del niño hacia la poesía que aparece vestida de inocencia se corresponde con la relación de Platón hacia el mundo verdadero que nos presenta el texto de Nietzsche. De la misma forma que el mundo verdadero no es diferenciable de la figura del filósofo sabio, piadoso y virtuoso (Platón), la poesía como objeto de amor para el niño, especialmente si todavía no ha alcanzado la fase simbólica lacaniana del lenguaje, no es algo que el poeta pueda ver como diferenciado de sí mismo.

En la fase segunda del texto de Nietzsche, la idea platónica se refina al hacerse cristiana y «mujer», que para Nietzsche es emblema a la vez que lo superficial y de lo incomprensible. Paralelamente, en la estrofa segunda, la «poesía» de Juan Ramón también se viste con ropas extrañas que provocan un odio creciente (todavía sin explicar) del hablante lírico.

En ambos textos la etapa tercera representa la cima de la mistificación. En el texto de Nietzsche, se hace referencia a la demostración kantiana de la inviabilidad de la metafísica como ciencia, a pesar de que el filósofo de Königsburg sigue apoyándose en las ideas de Dios, Libertad e Inmortalidad, aunque solo sea como ideales de la razón. La metafísica sigue acumulando tesoros al igual que la odiosa reina en que se ha convertido la poesía en el poema de Juan Ramón. De la misma forma que la filosofía de Kant no sabe deshacerse de esas ideas indemostrables que acaba recuperando en el imperativo categórico del deber por el deber, la protagonista del poema se ha convertido en esta etapa en una reina rodeada de falsos tesoros, que el hablante encuentra sin sentido.

El punto de inflexión en ambos textos se encuentra en la fase cuarta. En la historia de Nietzsche, con el positivismo comienza el amanecer y el cielo se despeja para que el sol reluzca de nuevo: si el mundo inteligible es lo desconocido, ya no puede exigir el lugar de privilegio que le otorgaba la filosofía de Kant. La razón comienza también a despejarse

---

8   Resumo a continuación lo que ya publiqué en un artículo anterior, «Flor sin tallo y sin raíz: la poética modernista de Juan Ramón Jiménez» (2001).

y a despojarse de sus viejos errores como también la poesía de Juan Ramón a desnudarse ante la complacencia del hablante: «… mas se fue desnudando / y yo le sonreía».

Tanto en el texto de Nietzsche como en el de Juan Ramón, la etapa quinta es el del retorno de la primera (en el caso del aforismo nietzscheano, lo que retorna es en realidad una etapa preliminar, anterior a la introducción de la idea de mundo verdadero por Platón) y se caracteriza por el retorno de la alegría ante el reconocimiento de lo primigenio. En el aforismo de Nietzsche, el mundo verdadero se ha convertido en una idea inútil y superflua, no solo indemostrable como en la filosofía de Kant, sino claramente refutada y, por tanto, desechable. Con su eliminación, retorna la jovialidad de los espíritus libres. Y no otro es el sentido de la sonrisa del hablante lírico en el poema de Juan Ramón ante el retorno de la poesía a su antigua indumentaria: la túnica de la inocencia, que muy pronto vamos a descubrir como prolegómeno de la desnudez.

Y la etapa sexta representa en ambos textos un estadio que retorna, de cierta forma, a una situación anterior a la etapa primera: el mundo terrenal como único mundo con sentido inmanente, antes de la aparición de la noción de mundo verdadero, y la poesía mujer presumiblemente desnuda antes de vestirse (paradójicamente) con una túnica de inocencia que es la misma desnudez[9]. Pero en realidad no se trata de un mero retorno, porque en el caso de Nietzsche, al eliminarse el mundo verdadero, el aparente deja de tener sentido también —de la misma manera que en la física relativista de Einstein, al desaparecer el espacio absoluto, desaparece también el relativismo de Galileo y de Newton— y la realidad vuelve a coincidir consigo misma sin sombras, dobleces ni ropajes extraños: el sol se encuentra en el punto más alto (mediodía) y cada cosa parece lo que es y es lo que parece. En el poema de Juan Ramón, incluso la túnica de la inocencia originaria desaparece. La lógica es de nuevo la misma: en el proceso de despojarse de los ropajes y tesoros falsos y superfluos, la poesía acaba descubriendo que puede también desechar esa túnica originaria para alcanzar una desnudez jubilosa, como solo puede serlo después de haber permanecido velada por tanto tiempo.

---

9   Valdría quizá la pena explorar la relación esta túnica de la inocencia de Juan Ramón con el concepto nietzscheano de la inocencia del devenir.

Es importante notar que, si bien el proceso glosado en ambos textos es cíclico, lo que se obtiene en la fase final es algo radicalmente diferente del punto de partida. La completa eliminación del mundo verdadero en el texto de Nietzsche supone la eliminación también del mundo aparente porque lo que ha quedado superado ha sido precisamente el dualismo que daba sentido a ambos conceptos. Por eso en la fase sexta comienza el único mundo de Zaratustra, que no es posible sino en virtud del devenir de la historia del error que consiste precisamente en la publicación del mundo. En el estadio primitivo anterior al error, consistente en la invención platónica del concepto de verdad faltaba la conciencia monista, que solamente quien —como Zaratustra— ha superado el dualismo, puede poseer. Y es con esta nueva conciencia, o por seguir con el término orteguiano con esta sensibilidad nueva, que se puede despojar al mundo sensible de su degradante consideración de mera apariencia. De manera análoga, Einstein desecha las mediciones relativistas tal y como eran concebidas por la física clásica, al dejar de tener sentido la idea de un espacio absoluto. Y tampoco la poesía desnuda del poema de Juan Ramón es un simple retorno al estadio inicial de poesía pura sino algo sustancialmente diferente. Es ahora una poesía vestida de desnudez y de inocencia. La nueva condición se ha adquirido, como en el caso de Nietzsche y de Einstein son de alguna forma los paradigmas de la nueva episteme, al despojarse de los falsos abalorios acumulados a lo largo del tiempo. De esa forma, el mundo percibido, que ya no es apariencia e imitación respecto de lo verdadero, ya no es relativo respecto de algo absoluto, y ya no es una reina fastuosa de tesoros, al rechazar las ideas falsas se reviste de todos los atributos positivos de que antes gozaba el ultra-mundo, el espacio absoluto y la poesía convertida en reina.

Una vez apuntados los paralelismos formales entre el aforismo de Nietzsche y el poema de Juan Ramón, podemos dar un paso más y afirmar que la filosofía de la inmanencia de Nietzsche es también la que impregna el concepto de poesía desnuda de Juan Ramón. Hablando de la desnudez poética de Juan Ramón, en el libro titulado *La poética de Juan Ramón*, escribe Francisco Javier Blasco Pascual:

> El tema de la *desnudez* poética tiene un alcance mayor que el habitualmente admitido. No habla Juan Ramón solo de desnudez expresiva. Habla sobre todo de *desnudez* en la intuición misma… la exigencia de desnudez expresiva es consecuencia de otra exigencia primera y más profunda. Es la misma «realidad contemplada»

en la experiencia política la que ha de ser *desnuda*, esto es, libre del velo de interpretaciones que el hombre ha ido dándole a lo largo de la historia; libre de las convenciones no solo retóricas, sino históricas, ideológicas y culturales [1981: 324].

Y si de algo da cuenta precisamente el aforismo «Historia de un error» es de la superación de las convenciones históricas, ideológicas y culturales a la hora de contemplar la realidad. Zaratustra alcanza a contemplar la realidad sin la convención ideológica y errónea del mundo verdadero. El instante del mediodía de Zaratustra, donde no existe ya la dicotomía de lo verdadero y lo aparente, donde no se crean sombras ni duplicaciones de ningún tipo, y que se corresponde en la teoría de la relatividad especial con el rechazo de la idea errónea del espacio absoluto, tiene su correlato poético en Juan Ramón y su búsqueda de la desnudez poética. Es necesario despojar a la poesía del velo de interpretaciones, de esos ropajes que se le han ido acumulando y que poco a poco la han convertido en algo odioso, por falso, incluyendo la idea platonizante de que la poesía es una mera aproximación a un estado místico inefable (idea que se encuentra de manera paradigmática en Bécquer, por ejemplo). En el poema comentado se encuentra, por el contrario, una afirmación del carácter monista del fenómeno poético. La poesía desnuda no es duplicación, ni copia, ni mensaje, sino la creación de su propia realidad. Como en la «Historia de un error», como en la física relativista, solamente cuando la poesía se despoja de los falsos tesoros sin sentido y de los extraños ropajes, como el mundo verdadero y el espacio absoluto, se llega jubilosamente a la desnudez.

Bibliografía

ANDRÉS GIL, CARLOS MIGUEL (2001): «Flor sin tallo y sin raíz: la poética modernista de Juan Ramón Jiménez», *Unidad*, III, 89–104.
BLASCO PASCUAL, FRANCISCO J. (1981): *La poética de Juan Ramón Jiménez*, Salamanca, Acta salmanticensia.
BLOOM, HAROLD (1997): *The Anxiety of Influence*, New York, Oxford University Press.

– (1975): *A Map of Misreading*, Oxford, Oxford University Press.
FOUCAULT, MICHEL (1982): *Las palabras y las cosas*, Madrid, Siglo veintiuno de España editores.
GARCÍA DE LA CONCHA, VÍCTOR (1982): «Edición y prólogo» a Juan Ramón Jiménez, *Eternidades*, Madrid, Taurus.
JIMÉNEZ, JUAN RAMÓN (1982): *Eternidades*, Madrid, Taurus.
LOTMAN, YURI (1976): *Analysis of the Poetic Text*, Ann Arbor, Ardis.
OLSON, PAUL R. (1967): *Circle of Paradox: Time and Essence in the Poetry of Juan Ramón Jiménez*, Baltimore, John Hopkins Press.
ORTEGA Y GASSET, JOSÉ (1959): *El tema de nuestro tiempo*, Madrid, Espasa Calpe.
SOBEJANO, GONZALO (1967): *Nietzsche en España*, Madrid, Gredos.
WILCOX, JOHN C. (1981): «Árbol arraigado y pleamar: respuesta a la transformación de la decadencia y la estética en Juan Ramón y Nietzsche», *La Torre*, 29, 151–193.
– (1983): «Naked vs. Pure Poetry in Juan Ramón, with Remarks on the Impact of W.B. Yeats», *Hispania*, 66, 511–521.

Sergio Santiago Romero
Universidad Complutense de Madrid
Instituto del Teatro de Madrid

Tres trágicos dionisíacos: Valle-Inclán, Nieva y Arrabal

> *¿Quién de vosotros puede a la vez reír y estar elevado?*
> *Quien asciende a las montañas más altas se ríe de todas las*
> *tragedias, de las del teatro y de las de la vida*
>
> Así habló Zaratustra

La primera edición española de *Die Geburt der Tragödie* apareció en algún momento de 1900 o 1901. Fue publicada por la editorial Rodríguez Serra con el título de *El origen de la tragedia o Helenismo y pesimismo*, con traducción de Luis Jiménez García de Luna, que también fue traductor de Goethe, Schopenhauer y, más tarde, de otro texto nietzscheano: *El anticristo: ensayo de una transmutación de todos los valores* (1902). Gonzalo Sobejano demostró que las traducciones de Jiménez García de Luna, a pesar de venderse como *directas del alemán*, estaban mediatizadas, o al menos fuertemente cotejadas, con ediciones en francés [2004: 78]. Esta temprana traducción, a la que siguieron otras que han sido oportunamente estudiadas por el maestro, ilustra la idea de que el pensamiento estético y teatral de Nietzsche llegó a España en los albores de la llamada Edad de Plata. Su transmisión no se quedó en lo literario, sino que cualquier estudio de recepción del filósofo debe hacerse cargo de la importancia de las tertulias, las conferencias y la docencia universitaria —terrenos en absoluta efervescencia a principios de siglo— para comprender con integridad el influjo de los presupuestos filosóficos de Nietzsche.

En el caso del teatro, las ideas del filósofo alemán guardan una profunda relación con las de otros grandes teóricos y teatristas que auspiciaron la renovación de la escena europea. Artaud, Appia, Gordon Craig, Ball, D'Annunzio, Piscator, entre otros, hicieron suya la idea nietzscheana del teatro como obra de arte total, espectáculo integral y orgánico, cuyo orden ontológico es independiente del orden de la vida, con la que ya no guardará vínculos de plagio mimémico [García-Ramos, 2014a: 445]. La irrupción de los escenarios giratorios, de la música como elemento constitutivo del drama, y el regreso a formas performáticas primitivas acompañará el proceso de estilización y carnavalización dionisíaca del teatro propias del expresionismo del siglo XX, que se halla en la raíz de casi todos los conatos de vanguardia teatral. La pugna con la estética realista no morirá con estos intentos de renovación, y por ello podemos rastrear disoluciones y emergencias de la estética expresionista a lo largo de toda la centuria. Valle-Inclán, Nieva y Arrabal, cuyas dramaturgias ocupan la mayor parte del siglo en España, son un magnífico ejemplo para estudiar la presencia del expresionismo dionisíaco tragedizante en nuestro país. El análisis de la poética teatral de los tres autores nos permitirá demostrar la continuidad cambiante de lo que hemos dado en llamar *tragedias dionisíacas*, es decir, tragedias donde el elemento dionisíaco, o cualquier otro componente de influencia nietzscheana, sea un rasgo vertebrador. No son los únicos dramaturgos de los que podríamos habernos ocupado. Antes de la Guerra Civil, las dramaturgias de Jacinto Grau, Jacinto Benavente o Gómez de la Serna podrían ofrecernos resultados muy interesantes en un estudio similar, y lo mismo sucedería con las de Salvador Espriu, Lauro Olmo o Rodríguez Méndez, ya en la posguerra. Como decimos, las aproximaciones para completar lo relativo al teatro dionisíaco influido por Nietzsche, aún dispersas y escasas, precisan de un estudio integral que, como los de Alonso Valero en el caso de la poesía, las sintetice y complete.

Nietzsche y el expresionismo teatral: hacia la carnavalización de la tragedia

La principal hipótesis de nuestra investigación es que Nietzsche propone, o al menos provocó, la gestación de un modelo de tragedia expresionista que desfigura el melodrama naturalista decimonónico mediante diversos procedimientos de carnavalización dionisíaca.

Que el origen de la tragedia se encuentra en la farsa primitiva podría haberlo dicho Nietzsche o, en general, cualquiera. No en vano esa es la única noticia que nos da Aristóteles sobre el nacimiento del género, si bien es verdad que lo hace en un pasaje de la *Poética* harto difícil de interpretar:

> Pues ya que surgió [la tragedia] en principio de la improvisación, tanto ella como la comedia, la una de los que daban salida al ditirambo [ἐξαρχόντων τὸν διθύραμβον], la otra de los que lo hacían a partir de los cantos fálicos [ἀπὸ τῶν τὰ φαλλικὰ] —que todavía siguen vigentes en muchas ciudades—, fue creciendo poco a poco [...]. Y además la grandiosidad, pues partiendo de los pequeños argumentos [μύθων] y de la dicción cómica, ya que se desarrolló a partir de lo satírico [τὸ ἐκ σατυρικοῦ], se dignificó tarde [...] [*Poética* 1449 a (10–20)][1].

Poca importancia tiene que a nivel historiográfico Lesky demostrara en 1938 que existe una conexión clara entre el ditirambo primitivo y el drama de sátiros [*ἐκ σατυρικοῦ*], y que, por esto mismo, este drama satírico y la tragedia no son, en puridad, géneros teatrales diferentes, puesto que de lo contrario no podrían haber sido escritos por los mismos autores, según la propia concepción griega de los géneros [2001: 82–87]. Decimos que esta constatación es irrelevante porque lo importante para nuestra investigación es que Nietzsche, medio siglo antes, coincidía con esta hipótesis de Lesky. Aunque en sus anotaciones personales de 1869 exprese ciertas reticencias, el filósofo acaba por aceptar los orígenes farsescos de la tragedia. Estos fragmentos tan tempranos, que coinciden con la redacción de los escritos preparatorios para *Die Geburt der Tragödie*, son de especial relevancia por la trascendencia que puedan tener en la constitución semántica del concepto de lo dionisíaco. En sus peregrinas especulaciones etimológicas del otoño del 69, el filósofo se topa de bruces con el vínculo de la tragedia y los festivales de la vendimia:

> Es muy significativa la antigua denominación de la comedia, τρυγῳδία, «canto del mosto»: esto me lleva a una nueva derivación de τραγῳδία: «canto del vinagre». τάργανον quiere decir «vinagre», por consiguiente ταργῳδία se transforma en τραγῳδία. Entonces, su origen procedería del drama satírico: ¡importantísimo! Canciones antiquísimas de la vendimia, unas dulces y desenfrenadas como el mosto, otras ásperas y astringentes como el vinagre. Esto son sólo imágenes, es absurdo que el mosto fuese el premio del vencedor [FP I, 1(67): 106].

---

1 Sigo la traducción de Alicia Villar en Alianza (2013).

Sin embargo, el titubeante filólogo duda de esta idea y muestra inmediatamente sus objeciones:

> Es importante que en Sición se cantasen poesías a Adrasto, que después fueron transferidas oficialmente a Dioniso. No eran ciertamente dramas satíricos: ¿qué tiene que ver Adrasto con los sátiros? Se trataba justamente de misterios.
> ¿Había una forma de poesía en la que estaba latente como en germen la tragedia, el drama satírico y la comedia?
> ¿Será el drama satírico el estadio previo de la tragedia y de la comedia?
> ¿No es el nacimiento de la tragedia a partir del ditirambo una deducción falsa de la evolución efectiva del drama a partir del ditirambo en la época de Timoteo, etc.?
> ¿De ahí procede quizá la falsa etimología τράγων ᾠδή? [FP I, 1(67): 78].

Muy poco después, Nietzsche vuelve a admitir el vínculo entre tragedia y drama satírico, aunque le parece «singularmente extraño» [*ist mir wunderlich fremd*]. En cualquier caso, como si considerara que los coros fálicos serían un origen ya sí excesivamente grosero, diferencia estos de aquel género de ditirambo que diera nacimiento a la tragedia: «El origen del drama satírico me parece singularmente extraño: ya lo dice el nombre. En todo caso, hay que distinguir el ditirambo de las *phallica*» [FP I, 1(69): 79].

La principal consecuencia que se desgrana de todas estas reflexiones sobre el origen de la tragedia es que el estilo de esta debió de ser completamente anti-naturalista y anti-objetivo, es decir, que la tragedia originaria era rotundamente expresionista y que, por tanto, el modelo artístico supremo que llevara a su renacimiento debía de ser necesariamente anti-naturalista también. Poseemos numerosos ejemplos que nos hablan del desprecio nietzscheano por el teatro realista, desde sonadas burlas a Ibsen —a quien llama «vieja virgencita» en *Ecce Homo*— hasta la condena de todo el arte realista —entendido como arte objetivo y arte que imita, arte mimético— por tratarse de «arte deshonesto» [*unehrliche Kunst*] puesto que, a diferencia de la retórica, no reconoce su «engaño» [FP I, 32 (14): 574]. En *El nacimiento de la tragedia* el filósofo relaciona la introducción del coro en el género con la estilización del mismo, y se cuestiona la posibilidad de gestar un arte *vivo* y *auténtico* a través de la mímesis mal entendida del naturalismo decimonónico:

> La introducción del coro es el paso decisivo con el que se declara abierta y lealmente la guerra a todo naturalismo en el arte. […] Yo temo que con nuestra actual

veneración de lo natural y lo real hayamos llegado, por el contrario, al polo opuesto de todo idealismo, a saber, a la región de los museos de figuras de cera (NT, 7: 92)[2].

En el verano-otoño de 1873 Nietzsche escribió un fragmento póstumo donde vuelvía a señalar la ineficacia del realismo, por ejemplo, en el teatro histórico: «el drama histórico no puede ser a ningún precio de anticuario; Shakespeare tiene razón al hacer aparecer en escena a los romanos como si fueran ingleses» [FP I, 29 (117): 526]. A continuación, habla sobre las diferencias entre el recitado natural y el poético de los actores, y se congratula de haber situado en el drama musical, esto es, en el drama estilizado, antinatural y expresionista, «los efectos supremos de la tragedia», porque esta estilización concede «una posición más libre en relación con el drama hablado». Nietzsche considera que el arte supremo tendría que ser, al fin, realista, pero que las circunstancias —el hombre contemporáneo desconoce qué es lo natural-real— imponen que el arte transite hacia el estilo natural a través del «hierático»: «Hay que recorrer el camino hacia el estilo, no se debe saltar por encima de él: no se podrá eludir el "estilo" hieráticamente condicionado, es decir, una convención» [FP I, 29 (117): 527].

Es interesante la asociación que encontramos en este fragmento póstumo entre la estética teatral anti-realista con la música y el hieratismo, que el pensador vincula en otros textos con las inexpresivas máscaras que portaban los actores trágicos[3]. Junto con el coro y la música, es la máscara uno de los elementos que para Nietzsche más determinaban el anti-naturalismo de la tragedia griega. Así lo expone en *La visión dionisíaca del mundo*, donde comenta que la máscara constituye «el indicio más claro de este desdén por la apariencia» [NT: 304]. Además,

---

2   Podrían traerse a colación numerosos ejemplos que van en la misma línea, y que ahorramos al lector por no ser este nuestro objeto de estudio principal. Sin ir más lejos, en dos fragmentos consecutivos de 1873 Nietzsche alaba la estilización teatral de Goethe [*der stilisierte Mensch*] y pone en evidencia la contradicción *in terminis* que encierra la voluntad contemporánea de imitar a los griegos con actitudes tan poco griegas como el naturalismo y la sencillez [FP I, 29 (118)–(119): 527].

3   Una vez más podríamos aportar varios casos en los que Nietzsche identifica el *estilo representativo* del drama musical griego con el hieratismo y el estatismo de las figuras, cuyo movimiento asocia a ratos con la escultura y las demás artes plásticas. Vid. Vgr. [FP I, 25 [1]:450].

en un fragmento póstumo de 1869–1870 señala que el uso de la máscara se encuentra en el origen del «drama antiguo» [FP I, 3 (38): 106].

Como vemos, en las investigaciones previas a la publicación de su primera obra Nietzsche no escatimó tiempo en imaginar la *mise-en-scène* de la tragedia ática. Y a su reconstrucción mental del espectáculo no paraba de acudir la visión de enormes fantoches con grandes máscaras y altos coturnos que desproporcionan el rostro y agigantan la estatura, respectivamente. Se figuraba también el lentísimo movimiento y la declamación cuasi-operística de estos seres y, en fin, bosquejaba los perfiles de una tragedia deformante, ritual y estilizada, hierática en sus ademanes y con cierta tendencia estética a la infantilización de las formas o, al menos, a la muñequización de los personajes, tanto en su aspecto físico como en su somero bocetaje psicológico: «[…] Máscaras sin rasgos individuales: dimensiones enormes, y por eso muchas escenas plásticamente lentas y largas: un ritmo lentísimo del conjunto: dominaba el *andante*» [FP I, 1(76): 81]. Si la tragedia griega era para Nietzsche este producto de orígenes báquicos festivos[4] y resultados claramente expresionistas, no puede extrañarnos que él y su teoría de lo dionisíaco hayan pasado a la historia como elementos inexcusables en cualquier reflexión sobre lo trágico-grotesco en el arte en general y en el teatro en particular.

El descubrimiento de la raíz farsesca de la tragedia griega o, mejor aún, la carnavalización de la tragedia contemporánea que acompaña a dicho hallazgo, provocó también la irrupción del mundo de la risa en la tragedia. No es, sin embargo, la risa ciceroniana del *turpitudo et deformitas sine dolore*, sino algo más complejo: la risa trágica, que solo puede ser explicada desde la naturaleza poliédrica del componente dionisíaco. Pongamos un ejemplo. La lectura de *Los cuernos de don Friolera*, de Valle-Inclán, hace reír con una desoladora historia de resonancias clásicas en la que un padre mata a su hija a causa de la macabra sonrisa del destino. La risa del espectador del esperpento es, así, amarga y lacerante; nos reímos sabiendo por qué —por el grotesco, por la exageración lingüística, por la propia socarronería demiúrgica con que el autor mira a

---

4 El filósofo llega a enunciar, muy sorprendido: «Por tanto, desde el comienzo el diálogo es algo natural, con ambientes vaciados y ocasión constante de burlas y bromas, de naturaleza completamente personal; una comedia carnavalesca, un baile de disfraces que atraviesa la ciudad» [FP I, 1 (69): 79].

sus personajes—, pero no sabemos *de qué*: ¿Qué nos puede hacer tanta gracia en esta historia tan definitivamente irreparable, tan cruelmente inesperada e inevitable? O quizás sabemos de qué nos burlamos, y embebidos por la fiesta total de la ceremonia trágica, dionisíaca en lo más profundo de su arrebato orgiástico, de su descarga báquica, somos incapaces de reprimir la alegría. Pero incluso subsumidos en ese océano de locura y crueldad, late en nuestra conciencia el absurdo, el sinsentido, la ausencia inútil de la víctima sacrificada. Este sentimiento asociado a la risa trágica es probablemente la expresión más nítida del sentido que para Nietzsche posee lo dionisíaco: «En la alegría más alta resuenan el grito del espanto o el lamento nostálgico por una pérdida insustituible» [NT, 2: 59].

Según el propio Nietzsche, ni el humor ni los finales «felices» estuvieron nunca excluidos de la tragedia ática[5]. En realidad, la exclusión del mundo de la risa y la parodia del arte serio es una idea tardía que nada tiene que ver con el concepto de «seriedad abierta» que Bajtín, por ejemplo, atribuye a la alta cultura antigua. Para el autor soviético, esta clase de seriedad «no teme la parodia, ni la ironía, ni las formas de risa restringida, porque intuye que participa en un mundo incompleto, con el que forma un todo» [1987: 112]. Vemos que el gran teórico de lo carnavalesco coincide esencialmente con Nietzsche al señalar que existe una complementariedad latente en la obra trágica —llámese oposición entre lo apolíneo/dionisíaco, o de otro modo— que se conjuga en la obra seria de un modo polémico, pero no excluyente:

> La verdadera risa, ambivalente y universal, no excluye lo serio, sino que lo purifica y lo completa. Lo purifica de dogmatismo, de unilateralidad, de esclerosis, de fanatismo y espíritu categórico, del miedo y la intimidación, del didactismo, de la ingenuidad y de las ilusiones, de la nefasta fijación a un único nivel, y del agotamiento.

---

5   La cuestión de los finales felices y, sobre todo, del optimismo trágico de Eurípides, ha desatado largas polémicas entre los comentaristas contemporáneos de Nietzsche. Nuestra perspectiva, desarrollada en otros lugares, trata de alejarse del concepto acrítico de «final feliz»/«acabar bien» — ¿«feliz» para quién? ¿«bien» en qué orden moral?—, y vincula el optimismo euripídeo que tanto censura Nietzsche con la *ratio socrática*, es decir, con la *comprensión o explicabilidad racional* de lo trágico, en oposición con la naturaleza irracional y absurda de la tragedia primitiva [Santiago Romero 2016: 88–96].

> La risa impide a lo serio la fijación, y su aislamiento con respecto a la integridad ambivalente [Bajtín, 1987: 112].

Como Bajtín, Nietzsche considera que la risa dionisíaca —cuyo contenido enuncia el coro en la tragedia griega— es una descarga purificadora sobre la dignidad apolínea de los personajes que dialogan. De este modo, lo sublime acompaña a lo ridículo, y en consecuencia, la risa al llanto. Nietzsche expone con claridad en *La visión dionisíaca del mundo* que la tragedia nace no para sofocar lo dionisíaco, sino para hacerlo convivir con lo apolíneo en un equilibrio inestable y arriesgado:

> Se trataba de transformar aquellos pensamientos de náusea sobre lo espantoso y absurdo de la existencia en representaciones con las que se pueda vivir: esas representaciones son lo *sublime* [*das Erhabene*], sometimiento artístico de lo espantoso, y lo *ridículo* [*das Lächerliche*], descarga artística de la náusea de lo absurdo. Estos dos elementos, entreverados uno con otro, se unen para formar una obra de arte que recuerda la embriaguez, que juega con la embriaguez [NT: 298][6].

La tragedia es, pues, el resultado de imbricar lo sublime y lo absurdo, fuerzas que sitúan al propio género más allá de la bella apariencia y de la verdad. La tragedia es para Nietzsche un *«mundo intermedio»* entre la apariencia y la verdad donde aún es posible la reconciliación de Apolo y Dionisos y, por ende, la convivencia del absurdo y lo sublime, o de la alegría y el dolor:

> En el actor teatral reconocemos nosotros al hombre dionisíaco, poeta, cantor, bailarín instintivo, pero como hombre dionisíaco *representado*. El actor teatral intenta alcanzar el modelo de hombre dionisíaco en el estremecimiento de la sublimidad, o también en el estremecimiento de la carcajada: va más allá de la belleza, y sin embargo no busca la verdad. Permanece oscilando entre ambas [NT: 299].

---

[6] En otro lugar hemos analizado el diálogo que, en nuestra opinión, parece entablar Nietzsche con Aristóteles a través de estos dos conceptos. Desde esta perspectiva, lo sublime y lo ridículo, como estatutos del espanto de vivir y del absurdo incomprensible del devenir, dialogan con los aristotélicos conceptos de piedad [ἐλέου] y temor [φόβου]. A su vez, la noción nietzscheana de «consuelo metafísico» [*metaphysischen Trostes*] dialoga con la catarsis aristotélica [κάθαρσις] [Santiago Romero, 2016: 91–92].

No podemos olvidar, para concluir esta reflexión, que Nietzsche conectaba lo que él llama el «estremecimiento de la carcajada» [*Erschütterung des Gelächters*] con el placer de la crueldad. Es la tesis fundamental que esgrime en el tratado segundo de *La Genealogía de la moral*, al considerar «el goce causado por la violentación» como una «propiedad *normal* del hombre» [GM II, 5–6: 94–96]. Para Nietzsche «sin crueldad no hay fiesta», pero no solo en la cultura popular, sino que el filósofo apunta «hacia la espiritualización y "divinización" siempre crecientes de la crueldad, que atraviesan la historia entera de la cultura superior» [GM II, 6: 96–97]. La conexión de lo carnavalesco con el placer de la crueldad permite entender mejor la posición distanciada del coro trágico y del pueblo, subsumidos en el furor de las potencias dionisíacas, que se ejercitan en la veneración de la embriaguez, del éxtasis sexual o del placer de ver sufrir [NT: 286].

La incorporación del expediente de lo dionisíaco como germen de lo trágico contribuyó, al menos en el caso español, al conocido proceso de «reteatralización» que experimentó la escena española en el primer tercio del siglo XX, y cuyo resultado más conocido, aunque no el único, es el esperpento de Valle-Inclán [2003: 2419]. Este proceso de renovación teatral, cuyas huellas pueden rastrearse también en algunas obras de Benavente, Azorín, Baroja, Grau, García Lorca, Rivas Cherif, etc., auspicia el retorno a las formas primitivas o exóticas del teatro —la farsa, la *Commedia dell'Arte*, el teatro de títeres, el teatro de siluetas, el auto sacramental, el entremés, la mojiganga, la pantomima— con el objetivo de encontrar en ellas una vitalidad o frescura ausentes ya del acartonado drama decimonónico. Un proceso de *aniñar* el teatro para aniñar los ojos del público, como indica Benavente en el prólogo de *Los intereses creados*. Así pretendían romper con todas las convenciones realistas que habían dominado los escenarios en las décadas anteriores. A menudo se olvida que dentro de esta «reteatralización» el género más privilegiado al que se retornó fue precisamente el más primitivo de todos: la tragedia, muchas veces vertida en el cauce de las otras formas primarias recuperadas —farsas trágicas, como *Martes de carnaval*, de Valle; autos sacramentales tragedizantes como *El público*, de Lorca, etc.—. La máxima lorquiana de que «hay que volver a la tragedia» [1967: 1759] da cuenta de este novedoso interés por el género en los dramaturgos de la Edad de Plata.

La Guerra Civil dio al traste con todos los movimientos de vanguardia e impuso una *literatura de trinchera* que diseminó por completo los afanes renovadores de los años 20 y 30. La muerte de algunas figuras señeras —Valle-Inclán, el propio Lorca— y el exilio de la inmensa mayoría de las restantes —Grau, Casona, Alberti— marcó un cambio fundamental en los estilos. La posguerra y el medio siglo, bajo el estro del neorrealismo italiano, impusieron una vez más un estilo decantadamente naturalista para la tragedia, como atestiguan las obras mayores de Buero Vallejo y Sastre. Durante estos años, los dramaturgos continúan pensando en la tragedia desde el marco conceptual nietzscheano de lo apolíneo y lo dionisíaco, como demuestra, por ejemplo, la abundante obra crítica de Buero al respecto, pero posponen u olvidan la cuestión de la carnavalización dionisíaca del género [Santiago Romero, 2018]. Sin embargo, a partir de los años 60 el realismo compitió con —o a veces evolucionó hacia— una segunda ola de reteatralización: el experimentalismo neovanguardista de los años 60 y 70 [Huerta Calvo, 2005: 608–609]. La dramaturgia de algunos autores de esta corriente —Olmo, Rodríguez Méndez, Muñiz— sugiere el advenimiento de una segunda etapa para la tragedia dionisíaca de cuño farsesco.

Así las cosas, el mapa completo del siglo esboza los dos principales caminos de la tragedia dionisíaca en España: l *serio*, que ejemplifican García Lorca y Buero a ambos lados del río de la Guerra, y el *carnavalesco*, que representan Valle, Nieva o Arrabal, y que es del que nos ocuparemos en las próximas páginas.

El esperpento como modelo trágico de Valle-Inclán

En lo relativo a la influencia de Nietzsche en Valle-Inclán, quisiéramos principiar señalando que consideramos inexacta la idea de Buero Vallejo según la cual García Lorca defendió la recuperación de la tragedia ante la renuncia de Valle-Inclán a cultivar el género [Doménech, 2008: 30]. Sea o no cierto que García Lorca entendiera en este sentido la famosa sentencia de *Luces de bohemia* —«la tragedia nuestra no es tragedia»—, lo cierto es que la crítica contemporánea ha ofrecido razones para creer que, en puridad, el esperpento es uno de los varios modelos trágicos que propuso Valle-Inclán a lo largo de su producción [Dougherty, 2008: 471]. Preferimos esta hipótesis a la que niega la tragicidad del esperpento porque, en primer lugar, Dougherty ofrece una interpretación integral del canon valleinclanesco. Frente a la tesis de que el dramaturgo «abandonó» la tragedia en favor del esperpento después de haber escrito *Las comedias bárbaras* o *Divinas palabras* —lo cual implicaría, además, sostener que no existen rasgos expresionistas en las llamadas «tragedias», cosa que resulta harto problemática—, Dougherty nos presenta a Valle-Inclán como un dramaturgo esencialmente trágico, que propuso a lo largo de su carrera diferentes soluciones para recuperar la tragedia. La principal diferencia entre todas estas soluciones no sería más que una diferente tensión en lo referente al expresionismo —mayor deformación en los esperpentos— y a lo dionisíaco —mayor carga de inversión moral o telurismo en las obras del llamado ciclo mítico—.

La idea de Dougherty de que el problema de lo trágico es la preocupación teatral más señera de Valle nos parece más adecuada, además, porque creemos que es la que mejor interpreta el famoso pasaje de la escena duodécima de *Luces de bohemia*, que suele citarse, por cierto, de forma sesgada:

> MAX._ ¡Don Latino de Hispalis, grotesco personaje, te inmortalizaré en una novela!
> DON LATINO._ Una tragedia, Max.
> MAX._ La tragedia nuestra no es tragedia.
> DON LATINO._ ¡Pues algo será!
> MAX._ El Esperpento. [2002: 932]

Efectivamente, lo que Max le dice a don Latino no es que nuestra tragedia «no es», es decir, que no exista. Valle-Inclán nunca niega la existencia de la tragedia española, y de hecho acepta que «algo será», algo debe de ser. Y no en vano él mismo da la respuesta: nuestra tragedia es el esperpento. Las alusiones posteriores a Goya, y las que luego ha hecho la crítica a Quevedo, Ramón de la Cruz o Arniches como ascendientes del esperpento, no invalidan la idea de que estamos ante un modelo de tragedia grotesca, o de farsa trágica o, sencillamente, de tragedia expresionista carnavalizada. La irrupción del humor o de la risa ritual amarga, cuya conexión con Nietzsche hemos ejemplificado en el apartado anterior, terminan de anudar la naturaleza dual del esperpento como tragedia y como farsa al mismo tiempo.

En el prólogo de *Los cuernos de don Friolera* Valle-Inclán, por boca de don Estrafalario, nos dice que la actitud del autor —y, por tanto, la del espectador— de un esperpento es similar a la de un titiritero con sus muñecos, o a la «dignidad demiúrgica» de un dios que mira a sus insignificantes criaturas: «En tanto ese Bululú, ni un solo momento deja de considerarse superior por naturaleza, a los muñecos de su tabanque» [2002: 997]. Esta perspectiva es idéntica, aunque formulada en otros términos, a la expresada por Valle en la famosa entrevista concedida a Gregorio Martínez Sierra, donde señala que el esperpento mira a sus personajes desde el aire. Resulta curiosa la coincidencia entre esta idea y la expresada por Nietzsche a propósito del coro de la tragedia ática. El coro es entendido por el pensador como metonimia de la masa popular dionisíaca. Puesto sobre la ladera de los promontorios, el espectador ático ve desde arriba a los dioses y a los héroes, con la misma distancia demiúrgica y crítica de la que habla Valle:

> El público de espectadores, tal como lo conocemos nosotros, fue desconocido para los griegos en sus teatros, dada la estructura en forma de terrazas del espacio reservado a los espectadores, que se elevaba en arcos concéntricos, érale posible a cada uno *mirar desde arriba* [übersehen], con toda propiedad, el mundo cultural entero que le rodeaba, e imaginarse, en un saciado mirar, coreuta el mismo [NT, 8: 98–99].

Leyendo estas palabras del filósofo, no parece descabellado aceptar la tesis de Smith, para quien «Valle-Inclán aprendió en Nietzsche la estructura esperpéntica más importante, la deformación y la degradación o rebajamiento de un mito» [1989: 63].

Sobejano detectó con solvencia la influencia nietzscheana en «el amoralismo esteticista y la apoteosis de la fuerza» del marqués de Bradomín y de don Juan Manuel de Montenegro, protagonista de las *Comedias bárbaras*, y también fue el primero en poner en realce la influencia que la dicotomía Apolo/Dionisos tiene en las disquisiciones de *La lámpara maravillosa* acerca de la tragedia[7]. Sobejano llega a concluir que «Valle-Inclán es tal vez el escritor español en quien la

---

7   El reciente trabajo de Misael Vergara [2016] amplifica y da densidad teórica a este brillante hallazgo de Sobejano.

dualidad "Apolo-Dionisos" manifiesta una pugnacidad más intensa y sostenida [...] a pesar de que conociera poco o mal a este pensador ni le nombrara nunca»[8] [Sobejano, 2004: 227]. Pero, a pesar de la brillantez de estas consideraciones, no se dice una sola palabra sobre el carácter dionisíaco del esperpento. Ni siquiera, y es llamativo, se hace mención al personaje de Zaratustra en *Luces de bohemia*, que es una inequívoca prueba de que Valle conocía *Also sprach Zarathustra* de primera mano, como enseguida demostraremos. En primer lugar, ni Zaratustra ni Zoroastro son personajes conocidos ni mencionados en exceso en la tradición española, pero desde luego la aparición del profeta como «Zaratustra» se debe sin duda a la influencia nietzscheana: cualquier fuente ajena a Nietzsche que Valle hubiera podido conocer le habría llevado al nombre de Zoroastro, que era el *habitual* en España[9]. En segundo lugar, porque la caracterización que se nos hace en *Luces de bohemia* de este personaje está íntimamente ligada con el contenido de la obra del filósofo, con coincidencias difícilmente sostenibles sin que medie la lectura del libro por parte de Valle. Zaratustra vive, en la obra de Nietzsche, en una caverna [*Höhle*] rodeado de animales. Aunque solo sabemos la identidad de sus dos animales heráldicos —el águila y la serpiente—, a los que se suma un transfigurado león en «El signo», último capítulo de la obra, hemos de suponer que vive con muchos más, pues en «El convaleciente» todos sus animales se asustan y huyen en una variopinta estampida: «escaparon todos los animales, –volando, revoloteando, arrastrándose, saltando, según que les hubiesen tocado en suerte patas o alas» [*Za* III: 302]. El Zaratustra

---

8   Esta última afirmación debe ponerse en cuarentena, puesto que, a la luz de nuestra investigación, cada vez parece más claro que el conocimiento que Valle tuvo de Nietzsche distaba mucho de ser superficial. Además, desde la moderna concepción de la intertextualidad que manejamos actualmente, es difícil sostener que cuando Valle habla de la «vida dionisíaca» o de «los musicales senderos de la selva panida» en *La lámpara maravillosa* no esté haciendo una alusión bastante explícita a Nietzsche.

9   Prueba de ello es que, según apunta el propio Sobejano, alguno de los traductores pioneros del filósofo, como Luis Jiménez García de Luna, empleaba la voz «Zoroastro» para traducir del alemán «Zarathustra» [2004: 77]. El CORDE, por su parte, desconoce la voz «Zaratustra» y solo recoge un caso de «Zoroastro» en un libro de astrología de 1690. Covarrubias sí recoge la entrada «Zoroastes», a quien define como «rey de los bactrianos» y «primer inventor de la arte Mágica».

valleinclanesco vive también en una «cueva» rodeado de animales: un loro, un perro, un gato, etc. Podemos ver en el loro una degradación del águila heráldica del profeta, y en el gato lo propio con respecto del león, aunque esto es así solo porque también está presente en la escena el otro animal heráldico, la serpiente, que Zaratustra, de tez aria, como buen iraní, lleva anudada al cuello: «la cara de tocino rancio y la bufanda de verde serpiente» [Valle-Inclán, 2002: 881]. También encontramos una cierta concomitancia entre el ambiente de tertulia que se describe en el entorno de Zaratustra —Max, don Latino, don Peregrino Gay— y el de la reunión de discípulos que tiene lugar en la caverna del profeta en la última parte del texto nietzscheano: el rey de la derecha, el rey de la izquierda, el viejo mago, el papa, el mendigo voluntario, la sombra, el concienzudo del espíritu, el triste adivino y el asno. Se trata, en los dos casos, de sendas retahílas de personajes grotescos reunidos en torno a la figura de un Zaratustra para hablar de una nueva humanidad, porque no podemos olvidar que el tema fundamental de la conversación de la segunda escena de *Luces de bohemia* es la regeneración del ser español: «Maestro, tenemos que rehacer el concepto religioso en el arquetipo del Hombre-Dios —dice don Gay—. Hacer la Revolución Cristiana, con todas las exageraciones del Evangelio» [2002: 884].

Pero si un rasgo dionisíaco tiene en común toda la dramaturgia de Valle es sin duda lo que Nietzsche llamaba «la embriaguez del sufrimiento» [*Der Rausch des Leidens*]. Me refiero al éxtasis, emparentado con las bebidas narcóticas, que permite al hombre asistir a la desmesura de la naturaleza y al espectáculo impetuoso de su sustantiva tragicidad, pues permite conocer «el terrible instinto de existir y a la vez la incesante muerte de todo lo que comienza a existir» [NT: 292]. La «veneración del vino» [FP I, 3 (43): 107] es elevada a categoría de atmósfera en toda la dramaturgia valleinclanesca, hasta el punto de que podemos hablar de una suerte de *cosmos ebrio* que tiñe el sustrato de sus tragedias y condiciona su trama. ¿O no son las incandescencias espirituosas del alcohol las que alumbran con tenebrismo deformante las escenas de aquella tragedia a la que, por ello mismo, dio Valle en llamar *Luces de bohemia*? ¿No es la bohemia de los cristales rotos que pisan Max y Latino, el cristal del «fondo del vaso» en donde se encuentra el espejo deformante de la tragedia? Los ejemplos son absolutamente innumerables. Las conversaciones que loan el licor dionisíaco menudean en las tres *Comedias bárbaras*; sobre todo se asocia el alcohol con dos personajes, don Galán y Fuso Negro, que enseguida definiremos como máscaras de Dioniso. Lo mismo sucede con los *pactos alcohólicos*, ritos de paso que introducen la mediación narcótica para dar carta de naturaleza a un acuerdo entre personajes. Ejemplos de estos pactos rituales son el acuerdo al que llegan Marica del Reino y Mari-Gaila para repartirse los beneficios del dornajo en *Divinas palabras*, que sellan con una copa de aguardiente a rebosar (2002: 543), o el pacto al que llegan la Raposa y la Madre de la Mozuela en *Ligazón* para prostituir a la niña, y también el acuerdo entre la propia Mozuela y el Afilador, que primero sellan con «una copa de anisete» y, luego, con la ingesta de la propia sangre, en una ceremonia vampírica de innegables connotaciones dionisíacas [2002:1100 y 1109]. Lo singular es que estos ritos, que podrían ser un mero acto social, acaban siempre desmandados y, en su desmesura, hacen que la embriaguez alcance un estatuto axial en la ambientación de las piezas. Pensemos, por ejemplo, que la Raposa y la madre de *Ligazón* no se limitan a brindar para sellar el pacto, sino que, cuando salen «a la penumbra lunaria del emparrado» —nuevo símbolo de Dionisos— son «dos sombras calamocanas con leria tartajosa, esguinces y vaivenes», es decir, se encuentran en un estado etílico extremado [2002: 1101]. En *Divinas palabras* tiene lugar otro ritual alcohólico que deviene en desmesura, pues la inocente celebración que Miguelín y La Tatula desarrollan para ver borracho al Idiota concluye con la muerte de este tras un episodio de convulsiones y gritos propio de un poseído, bien por el diablo, bien por Dionisos [2002: 565–567]. La importancia de esta *muerte por embriaguez dionisíaca* no es menor, puesto que en última instancia dinamiza el desenlace de la obra y convierte al Idiota en el principal motor de la tragedia. El mismo procedimiento —desenvolver la tragicidad a raíz de un rito de emborrachamiento— encontramos en *Los cuernos de don Friolera*: que doña Loreta haga beber repetidamente a Friolera —«¿Intentas embriagarme?», pregunta el avisado coronel— explica la sinrazón que le llevará luego a disparar el arma sin ton ni son y, naturalmente, a errar el tiro y matar a su hija [2002: 1020–1021].

De la mano del *cosmos ebrio* irrumpen en la obra teatral de Valle-Inclán ciertas figuras de connotación satánica o anticrística que, sin duda, pueden considerarse máscaras de Dioniso[10]. La más evidente de todas ellas es el personaje de El Cabrío, el trasgo que aparece en *Divinas palabras* para tentar a Mari-Gaila. La irrupción de este demonio que adquiere la figura del animal trágico —el cabrón— es crucial porque entona un grito orgiástico —«¡Jujurujú!» [2002: 569–570] que podemos comparar con la exhalación de las bancantes —¡*Evohé!*—, porque en la escena final, cuando la masa popular, que Valle denomina irónicamente «El Coro de Relinchos», se ve poseída por el furor dionisíaco de la crueldad y persigue a la semidesnuda Mari-Gaila, entona sin cesar el mismo grito que el Cabrío, «¡Jujurujú!», dando a entender que, como las servidoras de Dionisos, los aldeanos también están poseídos por las potencias barbáricas del oscuro dios [2002: 590–591]. La cuestión del grito dionisíaco en la obra de Valle no es baladí, puesto que se repite numerosas veces, sobre todo en el ciclo galaico, donde otros seres asociados o asociables con Dionisos lo profieren recurrentemente. Don Galán, en *Águila de blasón*, no para de hipar un significativo «¡Jujú» que recuerda mucho a la carcajada del Cabrío [2002: 335 y ss], y el apasionante personaje de Fuso Negro grita continuamente en *Romance de lobos* un mantra —«¡Tou, tou, tou!»— que se verá extendido en *Cara de plata* en otro aún más alocado: «¡Touporroutou!». Gritos estos dos últimos que, por cierto, guardan obvias similitudes fonéticas con el «¡Tunturuntún!» que gritan los rapaces y el «Coro de la foliada» a lo largo de la tercera escena de *Divinas palabras* [2002: 577 y ss.]. García-Ramos fue el primero en apreciar la conexión entre los gritos de Fuso en las *Comedias bárbaras* y el grito bacanal, y también la relación del grito con la descarga dionisíaca, cuestión de la que Nietzsche habla en repetidas ocasiones [García-Ramos, 2014b: 48]. Al poner nosotros en realce todos los demás ejemplos, creemos posible sostener que Valle-Inclán ensayó durante una parte importante de su obra la traducción contemporánea de instancias tan propias del arcaico ritual dionisíaco como son estas exclamaciones extáticas.

---

10   Aunque no hay espacio aquí para tematizar esta cuestión, en España lo dionisíaco fue interpretado en numerosas ocasiones como *lo demoníaco*, posiblemente por el impacto que causó el furibundo ateísmo anti-cristiano de Nietzsche. Por ello, en muchas ocasiones la exploración contemporánea de lo siniestro y lo satánico —con todas sus implicaciones de inversión moral, contravalor y elogio de la *maldad*— nos lleva directamente a la filosofía del alemán.

Podría continuarse con la exposición de elementos nietzscheanos en la tragedia valleinclanesca, pero con los mencionados creemos probada la sensible impronta que dejó el filósofo en la dramaturgia del autor gallego. Más aún que en el Zaratustra de *Luces*, el personaje proto-esperpéntico de Fuso Negro —cuyas iniciales son, ¿casualmente?, F. N.— es un dechado de sabiduría ultrahumana. Un ser que, como Zaratustra —tanto el de Valle como el de Nietzsche— vive también en una cueva de la que sale para acudir a la plaza del mercado y, ante el estupor de todos cuantos le tachan de loco, proclamar la llegada del apocalipsis y la inversión general de todos los valores, que hará del mundo una oscura y excitante tierra prometida:

> FUSO NEGRO._ ¡Qué buena idea, de mala idea, soltar el vino todo que hay en el mundo, todo a correr en una fuente de cien mil tornos! ¡Qué idea más buena! ¡Y que las vacas, en vez de bostas, vertiesen panes por debajo del rabo! ¡Otra buena idea! Pero ¡de mérito! Todo anda mal. El mundo va descaminado. Yo sé el remedio, y otros lo saben: ninguno lo declara. Al primero que hable, cuatro tiros, mandamiento del cabrón Gobierno. Satanás podía gobernar el mundo a satisfacción de unos y de otros. ¡Touporroutóu! Siendo, como es, tan lagarto, podía darse con todos la lengua [2002: 306–307].

Farsa, furia y calamidad: la reópera como tragedia dionisíaca

La apuesta de calificar a Francisco Nieva como un trágico es tan provocadora como trivial resulta motejar su teatro de dionisíaco. La obra dramática nieviana demuestra cuán apasionante resultaría discutir si elemento dionisíaco puede desligarse de lo trágico y convertirse en una fuerza anti-trágica—para Nietzsche parece claro que la respuesta es negativa—, o si, por el contrario, lo dionisíaco actúa como un poso trágico incluso en las expresiones más grotescas de la farsa y el carnaval. Lo dionisíaco y lo trágico parecen un binomio excluyente si se los busca en los textos de Nieva, un autor «poco trágico y nada realista», como señala Huerta Calvo, que, sin embargo, se imbuye en lo nietzscheano a través del amor a la máscara y al «descubrimiento de lo inferior y telúrico» [2017: 15 y 19].

La tragedia y lo trágico son, a pesar de todo, un componente axial de la poética nieviana, en la que el pensador alemán desempeña un rol principal, como prueba el hecho de que Nieva encabezara su «Breve poética teatral» con un lema de *La genealogía de la moral*: «Nada es verdad, todo está permitido»[11]. No es de extrañar esta cita, porque el propio Nieva habla en sus memorias del temprano conocimiento que tuvo de Nietzsche a través de Baroja [Nieva, 2002: 391].

Por otro lado, no hay duda de que Nieva asume el proyecto de carnavalización de la tragedia de tiempos de Valle-Inclán[12]. Por ejemplo, al comienzo de *Corazón de arpía*, una «Farsa atelana», el personaje del Músico-Relator casi parafrasea la escena duodécima de *Luces de bohemia*: «En tiempos muy antiguos y más alegres que estos se producían las mismas cosas que ahora, pero en tono sublime» [Nieva, 2007: 1103][13].

La raíz dionisíaco-carnavalesca de Nieva brota de su particular concepción del Barroco y de la fiesta colectiva. Francisco Peña habla de una relación con las imágenes orgiásticas de El Bosco, «donde domina la tentación, la magia lo irracional». En prosecución de Artaud, el teatro de Nieva busca constituirse como una «orgía barroca en la que exploten las fuerzas primitivas y primarias y todo se convierta en una fiesta» [Peña, 2010: 16]. Este barroquismo se puede apreciar tanto en su innovación lingüística como en su puesta en escena y también en su

---

11 Aunque Nieva atribuye a Nietzsche estas palabras, se trata de una cita que el filósofo hace en el aforismo 24 del tratado tercero. Nietzsche trae a colación este lema de la Orden de los Asesinos porque considera que este mantra —que habla de cómo el desprendimiento de la verdad nos acerca a la auténtica libertad— caracteriza a los auténticos espíritus libres [GM, III, 24: 217–218].

12 La concomitancia entre los dos autores se ha señalado recurrentemente en toda la tradición crítica nieviana. Desde que José Monleón la apuntara, destacamos las aportaciones de Jesús Rubio Jiménez [1994] o de Antonio González al respecto [1999: 48 y 56]. Tampoco para Barrajón Muñoz hay duda de que Nieva siga la estela de la deformación expresionista del «teatro reteatralizado» de Valle y Lorca [2007: XLV y LI].

13 Se trata de una de las obras más dionisíacas del autor, en la que la irrupción de dos personajes en concretos, un Fauno mudo y una Bacante, podría dar mucho de sí en un pormenorizado análisis que aquí, por razones de espacio, omitimos.

dramaturgia plástica[14]. Si analizamos la interesante escenificación que diseñó Pérez de la Fuente para el estreno absoluto de *Pelo de tormenta* entenderemos con facilidad a qué se refiere Peña con «orgía barroca». Al convertir el escenario del María Guerrero en una suerte de coso taurino, el director logró la incorporación del público en la escena al romper la diferencia entre espectador y actor, tal como suponía Nietzsche que acontecía en el teatro griego. Para Nieva, la participación del público en la ceremonia teatral es imprescindible —«todos son intérpretes del aquelarre», dice en su poema-poética [2007:1861]—, y por ello hará tanto hincapié en la recuperación del coro. Nieva define este personaje colectivo de un modo muy nietzscheano, como el «eco del conflicto en el pueblo» y como «un elemento indestructible y siempre renaciente». Como Nietzsche, Nieva concentra en este personaje-pueblo la descarga de lo dionisíaco sobre el mundo más o menos apolíneo del resto de personajes; por eso califica el coro como «alocado, dispuesto al desafuero, orgiástico, justa o injustamente vengativo, burlón, anhelante, caprichoso, mágico e ilógico» [2007: 1897].

Otro elemento de sintonía con las tesis nietzscheanas sobre la tragedia es la singular importancia que confiere Nieva a la música en su teatro, hasta el punto de haber agrupado algunas de sus obras más logradas bajo el marbete de «reóperas». Esta concepción nietzscheano-wagneriana del teatro trágico queda perfectamente expuesta en el breve texto que antecede a muchas ediciones de *Pelo de tormenta*, en el que Nieva explica qué entiende por *reópera*:

> La reópera es una modalidad de teatro de breve escritura, susceptible de un profuso desarrollo en manos de un *maestro de ceremonias*. Teatro abierto, para introducir formas y reformas de carácter visual: bailes, desfiles, escenografía cambiante y efectista. Se trata, pues, de un cañamazo inductor, un guion conciso

---

14 La estética del Seiscientos ha sido una constante de los montajes nievianos desde el famoso estreno de *Pelo de tormenta* de 1997 (dirigido por Pérez de la Fuente), presidido por unas monumentales puertas que recordaban a la *Porte de l'Enfer* de Rodin, hasta el montaje de *Salvator Rosa o el artista* (2014, dirigido por Guillermo Heras). En lo relativo a su actividad como figurinista y escenógrafo, bastan como ejemplo los estupendos bocetos para el vestuario de *La dama duende* del 66 (dirigida por José Luis Alonso) para comprobar que el sincretismo, la mezcolanza y el *horror vacui* son una característica básica de su estética.

sobre el que pueden engarfiarse otras intenciones y conceptos. El texto puede ser musicado, convertido en canción o melopea, e igualmente desarrollado en improvisaciones o añadidos marginales. [...] Es preferible que el espacio teatral, cubierto o descubierto, sea amplio y capaz de acoger una distribución imaginativa y sorprendente [2007: 203].

Justo después de esta invitación a pensar en la obra como en un festival pagano o en un «desfile triunfal al modo barroco», Nieva insiste en que debemos leer su texto como si leyéramos «un *libretto* de ópera». Como vemos, el autor coincide con Nietzsche al pensar que lo esencial de su teatro, como en la tragedia griega, no está en el texto, sino en el realce musical del mismo, pues «solo partiendo del espíritu de la música comprendemos la alegría por la aniquilación del individuo» [NT, 16: 166][15]. La música permite, para Nietzsche, comprender la sustancial diferencia entre el público griego y el contemporáneo: para los primeros la tragedia era vivida, en su espanto y piedad, con alegría festiva. En el teatro de Nieva la posibilidad de una vivencia gozosa de la aniquilación total es introducida por el conjunto de elementos musicales y parateatrales —bailes, desfiles, ceremonias profanas— que, en suma, componen lo que una parte de la crítica ha llamado *poliparodia*[16] [Becker, 2005]. Nuevamente, el teatro de Nieva hace vibrar la voz terrible del ser tras «la alegría más alta». Él mismo parece parafrasear a Nietzsche en estas palabras, en las que habla de *Carlota Basilfinder*: «Muchas réplicas de esta obra mueven a risa, pero, por debajo, prima un ambiente de sobra melancólico y opresivo. Es lo *trágico fundamental*, como alfombra de

---

15 Cfr. Todo lo expuesto por Nietzsche en el escrito preparatorio *El drama musical griego*, que principia con esta contundente afirmación: «lo que el ateniense entendía por *tragedia* nosotros lo subsumiremos acaso en el concepto de *gran ópera*» [NT: 237].
16 Hablamos de «aniquilación total» porque, a pesar de que hay obras donde la aniquilación es individual, al modo clásico —caso de *El paño de las injurias* o de *Salvator Rosa o el artista*—, es más propio de las grandes obras nievianas el planteamiento de un clima apocalíptico, de desbaratamiento general de las diferentes estructuras de poder. Es el caso de *Pelo de tormenta* y, muy especialmente, de *Nosferatu*.

una payasada. Lo he utilizado casi constantemente en mi forma de tramar teatro» [Nieva en Barrajón, 2007: LII][17].

Varios elementos enunciados por Nieva en su «Breve poética teatral» son relecturas, cuando no paráfrasis, de conceptos o ideas nietzscheanas. En el conocido poema que sintetiza su concepción del teatro declara que plantea sus obras desde la deformación expresionista («vida alucinada e intensa», «alteración y disfraz»). El teatro es un «crimen», una «ceremonia ilegal», «tentación siempre renovada», y sirve para poner en solfa el irracionalismo y nuestras pulsiones inconscientes, pues constituye «el más allá de nuestra conciencia». En definitiva, el teatro es para Nieva toda una celebración del éxtasis dionisíaco, que el autor sintetiza en dos adecuados sintagmas: «el gran cercado orgiástico y sin evasión», «jubiloso furor sin tregua» [2007: 1861].

Más adelante, en la prolija explicación de su poema, Nieva emprende una larga paráfrasis del tratado segundo de *La genealogía de la moral*, dedicado, como es sabido, al análisis de la culpa [S*chuld*] y la mala conciencia [*schlechtes Gewissen*]. Así, en el apartado «una estética del delito» Nieva apunta, como Nietzsche, que vivimos en una sociedad basada en culpabilización del conocimiento: «la culpa es la frontera que atravesamos o dejamos de atravesar cuando se trata de ir más allá hacia una totalización del ser, o quedarse más acá, preservando al hombre de su acabamiento y destrucción» [2007: 1884]. Nieva plantea entonces la necesidad de un teatro en su «forma originaria», es decir, un teatro «que libere entera e impunemente el pleno sentido trágico con el que pudiera expresarse toda la luz y la sombra del corazón del hombre» [2007: 1884]. El dramaturgo hace suyo el propósito nietzscheano de regresar a la forma ancestral de la tragedia que pueda mostrar, a través de la insoluble pugna entre lo apolíneo y lo dionisíaco, la entera naturaleza humana. Pero en una sociedad que ha hecho de la culpa un criterio epistemológico, un teatro así sería delito: «solo una cultura muy en su origen o muy exhausta pudiera permitirse ese delictivo placer, gustar —si así puede

---

17   La tensión entre la risa y el llanto, como la de lo apolíneo y lo dionisíaco, es irresoluble en el teatro de Nieva y, de hecho, como veremos enseguida, la esencia de lo trágico reside en esa irresolubilidad. Esta queda perfectamente ejemplificada en el divertido final de *Tórtolas, crepúsculo y... telón*, donde la tragedia no puede consumarse porque «no se puede matar a una persona que ríe tanto» [2007: 705].

decirse— el terror pánico de ver representadas las partes más oscuras, las más inexploradas o contenidas del corazón humano» [2007: 1885][18]. Lo que se extrae de estas palabras es que, al igual que hemos visto en el caso de Valle-Inclán, para Nieva la discusión teatral básica es la tragedia porque, de existir ese teatro que pusiera sobre la mesa todo lo oculto del hombre, ese teatro «sería tragedia»:

> ¿Existe pues, en realidad, aquel teatro que, de ser así, sería como un irrefrenable sueño trágico, el exaltado espejo de la verdad interior que todos temen? ¿No reflejaría toda la culpa social y, muchas veces, toda nuestra complacencia con ella?
> De ser así, reflejaría lo irremediable. Sería tragedia.
> ¿Sabemos bien lo que fue, lo que puede ser el teatro?
> Pero su tentación —así presentada— nos inquieta, nos conmueve, porque intuimos que aquel *infinito trágico* había de consumarse en algo parecido a una revolución incesante [2007: 1885].

Más allá de la *culpabilización de la cultura* nos espera, de nuevo, la tragedia. Para Nieva la tragedia implica «la contemplación de una realidad insoluble», que identifica con la oposición apolíneo-dionisíaca: «El antiguo teatro, la confusa orgía saturnal, extrae toda su grandeza emocional —dolor, placer— de esa indómita totalidad» [2007: 1889]. De las muchas formas de aproximarse a una totalidad insoluble, Nieva escoge la risa liberadora, que entronca perfectamente con el concepto nietzscheano de «descarga dionisíaca». El absurdo crea un espacio privilegiado y maldito, mientras que el humor pone en evidencia y cierra dialécticamente el carácter aporético de lo trágico. Por eso el humor es una dimensión más de la tragedia. La risa y el grotesco son la respuesta liberadora que encuentra ante el irreconciliable binomio [Nieva, 2007: 1889].

Pero... ¿cómo puede combatirse la culpa para llegar a la contemplación de la aporía trágica primordial? Para responder a esta pregunta Nieva vuelve a echar mano de *La genealogía de la moral* y acuña el concepto de «contravalor», traducción en trazo grueso de la nietzscheana «transvaloración» [*Unwertung*]. En *contravalor* es «el envés de los

---

18 Cfr. con [NT, 24: 234]: «¡cuánto tuvo que sufrir este pueblo para poder llegar a ser tan bello», y con *La visión dionisíaca del mundo*, parágrafo 2: «El griego conoció los horrores y espantos de la existencia, mas, para poder vivir, los encubrió» [NT: 289].

valores tenidos por positivos», dice Nieva. Se trata de llevar a término el proyecto nietzscheano de demostrar que lo que hasta ahora hemos llamado *bueno* es en realidad *malo*, y viceversa [GM, I, 7–11]. Detrás de cada valor tenido por malo, nos dice Nieva parafraseando al filósofo, se esconde un aspecto positivo —aristocrático, diría Nietzsche—. La culpa invierte la polaridad de los valores, y de ella extrae Nieva aquella «payasada» tras la cual late la tragedia:

> Acaso por consciencia de que todos los valores, desprovistos de su aplicación práctica o moral, culpabilizados, perversos y lesivos, permanecen como un complejo vital positivo-negativo en círculo cerrado y en perpetua situación de afirmación-negación, inversión, mudanza, transacción. Nada es perfectamente malo ni bueno, a pesar de lo que nos indica esa aguja imantada que es la culpa. De este último fracaso humano extraigo mis efectos cómicos, sin dudar tampoco que los extraigo del fondo mismo de la tragedia [2007: 1890].

A pesar de las diferencias genéricas establecidas por el propio Nieva para su obra (teatro furioso, teatro de farsa y calamidad, teatro de crónica y estampa, etc.), la presencia de elementos nietzscheanos puede detectarse de forma más o menos homogénea en toda su producción, aunque muy especialmente en el llamado «teatro furioso», que por su carácter más esquemático y virulento es propicio a la emergencia de lo dionisíaco. En cualquier caso, creemos con Barrajón-Muñoz que Nieva siempre trata de plasmar en su teatro una «tentación delictiva», es decir, una ventana a lo prohibido a través de la inversión de lo convencional —contravalor— y a través del ofrecimiento de diversos modos de transgresión sexual, moral, etc. [2007: LIV–LV]. Esta espita es por donde se cuela algo así como «el virus de lo dionisíaco», que es lo que el personaje de Nosferatu Pitiflauti está dispuesto a inocular en toda la Humanidad:

> NOSFERATU._ Je, je. [...] La catástrofe es la orgullosa medalla de los catastróficos. *¡Muera el bien* público! Es una indeseable sosería. [...] ¿Quién dice que Nosferatu no puede ser feliz? Ya *se relajan las hormas del mundo* a la mayor velocidad. Todo ser humano que se precie me llama en secreto para alguna mordedura. Todos se venden y lo venden todo por *el éxtasis que no conocen.* ¡No habría de ser feliz yo, si en mi diente está el foco más problemático, *la bacteria lúbrica por excelencia*! Aún se esconden vergonzosos, para perder el sentido común. Pero el tiempo llegará en que mi negocio prospere. Ya he logrado entrar en palacio y picar muy alto. [...] [2007: 249] (los destacados son míos).

El fragmento anterior de *Nosferatu* se desarrolla en una línea claramente derivada de *La genealogía de la moral*. Como Nietzsche, Nieva quiere que el hombre conozca y se haga cargo de lo que hay de luz y sombra en él, de bondad y maldad, de instinto y de pulsión. Nosferatu quiere que su aprendiz aprenda «a chupar en firme» [2007: 248] para expandir este *virus* («en mi diente está el foco más problemático, la bacteria lúbrica por excelencia») y, así, conseguir que «muera el bien público» y que «se relajen las hormas del mundo» mediante la aplicación del contravalor («¿Qué importa ser cruel?», se acaba de preguntar el buen discípulo del vampiro [2007: 248]). Nosferatu propone que asumamos la verdadera y ambivalente naturaleza que nos conforma; solo así el hombre podrá aspirar a su liberación o salvación. Desde ahí hemos de leer el recurrente clima apocalíptico de las obras nievianas: siempre proclaman de algún modo el fin del mundo porque la ceremonia teatral se yergue como una suerte de juicio postrero, de transvaloración general y de comienzo de una nueva era, semejante a la que propone Nietzsche en *El Anticristo*.

El desvelamiento de todos los aspectos oscuros del ser humano y aceptarnos *tal y como somos* emparenta a Nieva con la idea nietzscheana de la responsabilidad enunciada en *La genealogía*, donde se considera un «privilegio extraordinario la conciencia de esta extraña libertad, de este poder sobre sí y sobre el destino» [GM, II, 2: 87]. La responsabilidad nietzscheana también vincula a Nieva con la interesante noción de «pureza del mal» de la que habla Camus en su *Calígula*. No en vano, el francés hizo decir a su emperador algo —«tú eres puro en el bien como yo soy puro en el mal»— muy similar a lo que comenta Azul en *Nosferatu*: «soy tan pura en mi malicia que me dejaría crucificar, aunque vestida de gitana» [2007: 251]. La inocencia del mal brota del ejercicio de la responsabilidad —*asumo las consecuencias de todos mis actos, por perniciosos que sean, y no los gestiono desde la culpa sino desde la noble aceptación*—, y permite evidenciar una parte del hombre que no debe ser olvidada. Como efectivamente habían puesto de manifiesto, antes que Nieva, Nietzsche, Artaud o Camus, cuando se olvida o entierra el espectro de la maldad humana, ese fantasma se empodera, libera y actúa con plena impunidad: «¡cuánta sangre y horror hay en el fondo de todas las "cosas buenas"» [GM, II, 3: 90].

El teatro pánico de F. Arrabal

Terminaremos pronto nuestras ya dilatadas reflexiones, pero antes quisiéramos decir unas palabras sobre quien es, quizás, el último gran trágico dionisíaco de nuestro teatro: el melillense Fernando Arrabal. Nos limitaremos a bosquejar un par de cuestiones relacionadas con la estructura actancial de su dramaturgia, y también sobre a la naturaleza dionisíaca de su llamado *teatro pánico*. La crítica mayoritaria del autor se ha centrado en trazar brillantes lecturas desde la sociocrítica y la escuela marxista, lo que ha hecho caer en el olvido la naturaleza expresionista y orgiástica del teatro arrabaliano. La tesis doctoral de Domingo Pujante, «La obra pánica de Fernando Arrabal y Roland Topor» [2002], constituye una interesante salvedad en este panorama, y por ello aludiremos a ella en varias ocasiones[19]. No en vano, Pan era uno de los acompañantes del cortejo de Dionisos, como el Sileno al que Nietzsche hace alusión repetidamente en *El nacimiento de la tragedia*. Pan, Sileno y Dionisos comparten carácter y atributos, unidos como están los tres por la jovialidad festiva y por las figuras del fauno y del macho cabrío. Por ello no es de extrañar que lo que Pujante llama «eclosión pánica» tuviera lugar apenas unos meses después de la constitución del *Teatro del misterio orgiástico* de Hermann Nitsch [2002: 190].

El teatro de Arrabal trasluce una latencia trágica, tanto en las obras del absurdo prepánico, que Torres Monreal denomina «primer teatro ingenuo», hasta las obras pánicas, que se corresponden con un estilo nítidamente posvanguardista o neosurrealista. Torres Monreal habla de «contrapunto tragicómico» para referirse a la tensión que se da, en el

---

19   Pensemos, por ejemplo, que los tres elementos constitutivos de la poética pánica de Arrabal, «memoria, el azar y la confusión» [Pujante, 2002: 276], tienen importantes resonancias en términos nietzscheanos como el olvido defendido en *La genealogía* o en *Así habló Zaratustra* como rasgo del hombre superior, o el Gigante Azar enunciado también por el profeta. La hipótesis de que el nietzscheísmo llega a Arrabal a través de Artaud y Bataille, tal como parece defender Pujante, no me parece descabellada, pero pospongo mis conclusiones al respecto por carecer actualmente de datos suficientes que la confirmen o refuten.

teatro absurdo, entre lo trágico y el humor. Esta contraposición provoca que sea «risible para el espectador lo que para los personajes resulta desventurado o hasta trágico» [2009: 18]. Exactamente igual que sucede en el teatro de Nieva, lo trágico-pánico es el resultado de la degradación expresionista que introduce el humor:

> Lo trágico aparece patente en la degradación propia del drama absurdo (notemos que, en razón de su debilitación argumental, todo sería prolongable; los elementos degradatorios se encargarán de hacer progresar a su fin la historia de la obra). Cuando los finales se resisten, lo trágico aparece de un modo súbito, repentino. Es el caso de *Pic-Nic*. Caso no frecuente. Lo frecuente es que el drama conlleve su propia su propia progresión degradante. Es lo trágico, con presagios de muerte, en *El triciclo*. O en *Guernica*, obra que no convendría calificar de absurda en su totalidad [Monreal, 2009: 19].

Lo cierto, en cualquier caso, es que Arrabal ha ofrecido a la historia del teatro español un puñado de buenas tragedias que pueden reconocerse fácilmente como tales —*Guernica*, Los *amores imposibles, Breviario de amor de un halterófilo, Carta de amor como un suplicio chino*, entre las mejores de todas ellas—, y otro grupo de obras —entre las que podemos destacar, por su brillantez, *Pic-Nic, El triciclo, El laberinto* o *Fando y Lis*— en las que la carnavalización dionisíaca, traída ahora desde el prisma del absurdo, puede alejar estas piezas del molde de la tragedia *seria*, pero sin duda las acerca al modelo de *lo trágico infinito* de Nieva, del esperpento de Valle y, por tanto, al expresionismo defendido por Nietzsche. Pensemos, por ejemplo, en el hermoso final de *Pic-Nic*, en el que esta pobre familia, que ignora los resortes del funcionamiento de una guerra, decide comer y bailar en medio de un campo de batalla. En medio de la alegría que preside su tierna de ceremonia de amor y amistad, vibra de nuevo el espanto, la muerte, lo inevitable:

> [SRA. TEPÁN] pone el disco. Bailan, llenos de alegría, ZAPO con ZEPO y la SRA. TEPÁN con su marido. Suena el teléfono de campaña. Ninguno de los cuatro lo oye. Siguen, muy animados, bailando. El teléfono suena otra vez. Continúa el baile. Comienza de nuevo la batalla con gran ruido de bombazos, tiros y ametralladoras. Ellos no se dan cuenta de nada y continúan bailando alegremente. Una ráfaga de ametralladora los siega a los cuatro. Caen al suelo, muertos. Sin duda, una bala ha rozado al gramófono: el disco repite y repite, sin salir del mismo surco. Se oye durante un rato el disco rayado, que continuará hasta el final de

la obra. Entran, por la izquierda, los dos camilleros. Llevan la camilla vacía. Inmediatamente, cae el TELÓN [2009: 136].

Notemos cómo, una vez más, es la presencia de la música —el disco que ensordece las balas y el teléfono, y que sigue sonando aún después de la muerte— la que hace sobrellevable la desoladora situación que pone en escena Arrabal. El interés por la música se mantiene en otras piezas del autor de forma explícita, como sucede en el caso de *Dios tentado por las matemáticas* (1957), que lleva por subtítulo —antes fue título de una primera versión— «orquestación teatral en cuatro partes». Se trata de un complejísimo espectáculo sin texto para el que Arrabal escribe la dramaturgia de una partitura-objeto —una suerte de gran máquina surrealista que genera sonidos y por la que deambulan actores—. En esta nueva concepción de *música plástica* la voz y la literatura quedan por completo relegadas. Más tradicional, pero no menos interesante, es el caso de *Ars amandi*, una «ópera pánica», según subtitula el propio autor, en la que los efectos audiovisuales son el hilo conductor y, en puridad, el núcleo de la obra. La asociación de la música con la tragedia la apunta de un modo muy irónico el Viejo de *El triciclo*, que ofrece a Climando un emblema pánico-dionisíaco —la flauta—, para que el espíritu de la música acompañe a Climando en su final: «Si quieres te presto la flauta para que mueras con música». La pobre víctima acepta este rito de paso y recibe el instrumento «como un tesoro» [Arrabal, 2009: 173].

Francisco Torres Monreal propuso una constante estructural en la dramaturgia de Arrabal que remite a la oposición «siervo, esclavo // dueño, señor, doblada por la oposición dominado, oprimido // dominante, opresor». Para Torres Monreal, los personajes del grupo de los dominantes se organizan jerárquicamente a través de relaciones de sumisión y autoridad, mientras que los personajes oprimidos se relacionan horizontalmente a través del amor y la amistad. A su vez, ambos grupos interactúan a través de predicados relacionados siempre con el odio (de los opresores a los oprimidos, y no al revés) [1981: 61–62]. El trabajo fundamental de los oprimidos es el mantenimiento del sistema que determinadas potencias de los oprimidos (la infantilidad, el juego, la inocencia, el propio desconocimiento de las reglas del sistema, que se subvierten sin querer) amenazan con desarticular. Nos parece un modelo de análisis muy rico, que se aplica de forma muy evidente a algunas piezas de la primera etapa de Arrabal, como *El triciclo* o *El laberinto*, pero que también es extendible a obras posteriores[20].

Lo que importa a nuestro análisis es que este esquema sitúa a los personajes arrabalianos en un doble ángulo con respecto a las potencias dionisíacas. Por un lado, los opresores, artífices de la crueldad, que se enseñorean tanto en el uso de la fuerza como en el de la apropiación del sentido, de los resortes hermenéuticos del poder, esto es, del sentido común [GM, II, 12:111] e impiden con ello una rebelión de los esclavos.

Uno de los métodos más visitados por los opresores para mantener a raya a los esclavos es la crueldad y el sadismo. Se trata de una crueldad en sentido nietzscheano, a saber, entendida como «la gran alegría festiva de la humanidad más antigua» [GM, II, 6: 95]. Por ejemplo, *Fando y Lis* nos presenta un terrible carrusel de escenas de sadismo sobre el personaje femenino, que resultan poderosamente excitantes para el opresor, Fando:

> Lis._ No puedo, Fando.
> Fando._ ¡Inténtalo!.
> Lis._ Fando, no me hagas sufrir.
> Fando._ (*Fuera de sí*) ¡Te digo que lo intentes! ¡Arrástrate! […]
> Lis._ No puedo
> (*Fando va al carrito y saca una correa*).
> Fando._ Inténtalo o te pegaré.
> Lis._ No me pegues. Estoy mala.
> (*Fando azota a Lis con violencia*)
> Fando._ Arrástrate.
> *Lis hace un esfuerzo supremo y logra arrastrarse. Fando la contempla con palpitante emoción.*
> Lis._ No puedo más.
> Fando._ ¡Más, más!
> Lis._ No me vuelvas a pegar.
> Fando._ ¡Arrástrate! (*Fando la vuelve a azotar. Lis se arrastra titubeando*) […]
> [Arrabal, 2009: 207–208].

Destaca en este fragmento la «emoción palpitante» de Fando al ver el martirio de Lis, y su deliberada insistencia en prolongar cíclicamente

---

20 Por poner un ejemplo, encontramos este esquema en *Los amores imposibles*, donde los amantes —La Princesa y Cara de Perro— se ven fatalmente separados por Cara de Toro y por el padre de la princesa, un hombre-elefante que parece ejercer un papel similar al del Juez en *El laberinto*.

la tortura para seguir *gozando* de sus efectos. Leer *Fando y Lis* nos permite evocar con viveza las palabras nietzscheanas: «Ver-sufrir produce bienestar; hacer-sufrir, más bienestar todavía —esta es una tesis dura, pero es un axioma antiguo, poderoso, humano, demasiado humano—» [GM, II, 6: 96].

Pero, por otra parte, encontramos que en el universo de Arrabal estos pretendidos esclavos no son tales, sino individuos enajenados del sistema y que, por tanto, carecen de la mala conciencia y del rencor propios de un *siervo moral* como el tematizado por Nietzsche. Ángel Berenguer ha vinculado la situación de estos oprimidos del teatro de Arrabal con el concepto de exilio, pues es *extranjería* —en el sentido de personajes que se sienten enajenados del sistema de poder— lo que experimentan. Los personajes oprimidos pertenecen siempre, nos dicen Berenguer, a un estrato social completamente aislado de los resortes de funcionamiento del poder, y por ello mismo renuncian al «intento de comunicación» con «la monolítica impenetrabilidad del franquismo como estructura política totalitaria». Frente a los que de algún modo establecen un diálogo con el sistema —«generalmente el sistema los recupera»— los no-adictos incomunicados con el sistema desarrollan «un tipo específico de conciencia de exilio», que es «inevitable» porque «el sistema es impenetrable, intransformable y niega todo futuro al sector social de los marginados», de modo que el sistema «resulta totalmente extraño e incomprensible al universo de los no-adictos» [2012: 38].

Así las cosas, los esclavos arrabalianos, carentes de rencor y mala conciencia, se nos presentan más bien como aquel *camello* del que Zaratustra nos habla, y que se transforma primero en león y, luego, en niño. No en vano, su principal característica es la infantilidad: si algo nos permite entender la distancia entre su mundo y el de los opresores, es la distancia que existe entre el mundo de los niños y el de los adultos. El niño es, como sabemos, la metáfora preferida por Nietzsche para presentar al ultrahombre, porque «inocencia es el niño, y olvido, un nuevo comienzo, un juego, una rueda que se mueve por sí misma, un primer movimiento, un santo decir sí» [Za, I, «De las tres transformaciones»: 55]. Los personajes infantiles de Arrabal —pienso que Mita, Climando y Apal, de *El triciclo*, son un caso paradigmático de este tipo actancial— transforman las estructuras del sistema opresor en el que están desde la ternura y el amor que les une, una genuina voluntad de poder creada en el paraíso de la infancia que se torna en una fuerza capaz de romper las cadenas de la opresión. Esta particular fuerza del sí del niño, es decir, la potencialidad ultrahumana de estos personajes de Arrabal, les hace capaces, asimismo, de enseñorearse, empoderarse, proscribir el sentido moral establecido y proponer uno nuevo.

Bibliografía

ARRABAL, FERNANDO (2009): *Teatro completo* (dos volúmenes). Ed. Francisco Torres Monreal, León, Everest.
BAJTÍN, MIJAIL (1995): *La cultura popular en la Edad Media y en el Renacimiento. El contexto de François Rabelais*, Madrid, Alianza [1941].
BARRAJÓN, JESÚS (2007): «Introducción» a Francisco Nieva, *Obra completa. I Teatro*. Ed. Juan Francisco Peña, Madrid, Espasa-Calpe, XLV–LXXX.
BECKER, ANGELICA (2005): «La poliparodia. Una nueva modalidad teatral de Francisco Nieva», en: Jesús Barrajón (coord.), *Francisco Nieva*, Madrid, Universidad Complutense, 235–255.
BERENGUER, ÁNGEL (2012): «Introducción» a Fernando Arrabal, *Pic-Nic. El triciclo. El laberinto*, Madrid, Cátedra, 13–126 [1977].
DOMÉNECH, RICARDO (2008): *Federico García Lorca y la tragedia española*, Madrid, Fundamentos.
DOUGHERTY, DRU (2008): «Valle-Inclán y la tragedia contemporánea», en: *Anales de la literatura española contemporánea*, 33.2, 469–500.
GARCÍA LORCA, FEDERICO (1967): «Federico García Lorca y la tragedia», en: *Obras completas*. Ed. Arturo del Hoyo, Madrid, Aguilar, 1758–1760.
GARCÍA PASCUAL, RAQUEL (2006): *Formas e imágenes grotescas en el teatro español contemporáneo*, Madrid, Fundación Universitaria Española.
GARCÍA-RAMOS MERLO, JORGE (2014a): «El coro en la renovación teatral de Cipriano Rivas Cherif», en: *Signa*, 23, 443–469.
– (2014b): «La sexualidad dionisíaca en las *Comedias bárbaras* de Valle-Inclán», en: *Theatralia: revista de poética del teatro*, 16, 39–52.

González, Antonio (1999): «Introducción» a Francisco Nieva, *Malditas sean coronada y sus hijas. Delirio del amor hostil*. Ed. Antonio Gómez, Madrid, Cátedra, 11–117.
Huerta Calvo, Javier (2017): «Francisco Nieva: todo el teatro es carnaval», en: *Campo de Agramante. Revista de literatura*, 26, 5–21.
– (2005): «El teatro breve de Domingo Miras», en: Domingo Miras, *Teatro escogido*. Vol. 2, coord. Virtudes Serrano, Madrid, Asociación de Autores de Teatro.
Lesky, Albin (2001): *La tragedia griega*, Barcelona, Acantilado.
Muñoz-Alonso López, Agustín (2003): «Gómez de la Serna y el teatro de vanguardia», en: Javier Huerta Calvo (coord.), *Historia del teatro español. Volumen II: Del siglo xviii a la época actual*, Madrid, Gredos, 2419–2454.
Nietzsche, Friedrich (2007): *Fragmentos póstumos (1869–1874)*, vol. 1. Trad. Luis Enrique de Santiago Guervós, Madrid, Tecnos.
– (2008): *Así habló Zaratustra*. Trad. Andrés Sánchez Pascual, Madrid, Alianza [1883–1885].
– (2012): *El nacimiento de la tragedia*. Trad. Andrés Sánchez Pascual, Madrid, Alianza [1871].
– (2013): *La genealogía de la moral*. Trad. Andrés Sánchez Pascual, Madrid, Alianza [1887].
Nieva, Francisco (2002): *Las cosas como fueron. Memorias*, Madrid, Espasa-Calpe.
– (2007): *Obra completa. I Teatro*. Ed. Juan Francisco Peña, Madrid, Espasa-Calpe.
Peña, Francisco (2010): «*No sé cómo decirlo*, o la práctica del teatro de la crueldad», en: Francisco Nieva, *No sé cómo decirlo; Malditas sean Coronada y sus hijas*, Madrid, Huerga y Fierro, 15–17.
Pujante, Domingo (2002): *La obra pánica de Fernando Arrabal y Roland Topor* [tesis doctoral], Valencia, Universidad.
Rubio Jiménez, Jesús (1994): «Prolegómenos para un estudio de las relaciones entre Francisco Nieva y Valle-Inclán », en: *Ínsula*, 566, 14–15.
Santiago Romero, Sergio (2016): «Oscura raíz del grito. Tragedia y *amor fati*. Notas sobre la *tragedia dionisíaca*», en: *Atlantis. Revista de pensamiento y educación*, 4, 87–102.
– (2018): "Esperaré sin esperanza": ecos nietzscheanos en *La tejedora de sueños* de Antonio Buero Vallejo», en: Javier Huerta y

Julio Vélez (coords.), Valle Inclán y Buero Vallejo: *Esperpento y tragedia en la España contemporánea*, Madrid, Antígona.

SMITH, ALAN E. (1989): «*Luces de bohemia* y la figura de Cristo: Valle-Inclán, Nietzsche y los románticos alemanes», en: *Hispanic Review*, 57.1, 57–7.

SOBEJANO, GONZALO (1967): *Nietzsche en España*, Madrid, Gredos.

STEINER, GEORGE (2011): *La muerte de la tragedia*. Trad. Enrinque Luis Revol, Madrid, Siruela [1961].

TORRES MONREAL, FRANCISCO (2009): «Introducción» a Fernando Arrabal, *Teatro completo* (dos volúmenes). Ed. Francisco Torres Monreal, León, Everest, 1–118.

– (1981): *Introducción al teatro de Arrabal*, Editorial Godoy.

VALLE-INCLÁN, RAMÓN DEL (2002): *Obra completa. Volumen II: Teatro, poesía, varia*, Madrid, Espasa-Calpe.

VERGARA MELO, MISAEL (2016): «Algunos apuntes sobre Nietzsche y *La lámpara* maravillosa», en: *Anales de la literatura española contemporánea, ALEC*, 41.3, 107–132.

Encarna Alonso Valero
Universidad de Granada

Nietzsche en la poesía del Veintisiete[1]

Las dos primeras décadas del siglo XX son el periodo básico para la formación y la primera socialización de los poetas del Veintisiete, por lo que es fundamental atender a cómo se reinterpreta el pensamiento de Nietzsche en ese momento y, sobre todo, tratar de mostrar las condiciones que hicieron posible la formación de las disposiciones que constituyen lo que, con Pierre Bourdieu, podríamos denominar el *habitus* filosófico de los agentes que protagonizan esta historia.

Los inicios de las trayectorias de estos poetas se enmarcan en un momento de efervescencia en la atención de buena parte del campo literario español del momento a la figura de Nietzsche y, en particular, de varias de las figuras más influyentes en la socialización del Veintisiete.

Dicho en otros términos, leer a Nietzsche o aludir a temas reconocibles de su pensamiento se había convertido para estos poetas en una marca simbólica positiva. Quizá no sería aventurado decir, dentro de la concepción cultural e intelectual elitista en la que ese proceso se desarrolla, que era también un signo de distinción, en el sentido de Bourdieu (1988). No se trata, por supuesto, de un cálculo consciente ni estratégico individual sino de una adhesión naturalizada a determinados valores (en forma de *habitus* o, como en este caso, de capital cultural) que en cierto momento ocupan una posición estratégica en el espacio social y/o cultural al que nos refiramos.

Si nos situamos a principios de la década de los 20 en España (como en la mayor parte de Europa), la palabra que nos sale al paso inmediatamente en la historia literaria y cultural es la de vanguardia. La efervescencia de la vanguardia europea se enmarca en lo sustancial en

---

1   Este trabajo es resultado del proyecto de I+D «La configuración del patrón poético español tras la Guerra Civil: relaciones literarias, culturales y sociales» (FFI2013-44041-P).

el periodo que marcan dos hitos cronológicos: 1909, fecha de aparición del «Manifiesto futurista», y 1929, año en el que se publica el «Segundo Manifiesto del Surrealismo». Como España no produce en primera instancia estos movimientos, sino que llegan por refracción, aquí la cronología siempre aparece un poco retrasada con respecto a Europa.

En España, el comienzo del Ultraísmo (como es sabido, el único movimiento de vanguardia autóctono, junto con el Creacionismo, aunque el segundo puede considerarse una rama del cubismo literario y la estética del primero es una amalgama de distintos movimientos de vanguardia europeos y otros elementos nuevos como el cine americano) puede datarse a finales de 1918 (en octubre de ese año Isaac del Vando Villar funda la revista *Grecia*) o principios de 1919, año en el que lo nuevo se abre paso de manera decidida. A la altura de 1923 el Ultraísmo militante puede darse por extinguido o, dicho de manera más exacta, entra en un período de latencia o de hibridación, ya que su presencia continúa, si bien de manera soterrada, en los textos del grupo del Veintisiete.

En la década de los años 10 y primera mitad de los 20 (es decir, cuando comienzan a formarse y socializarse los poetas del Veintisiete, en el inicio de sus trayectorias) se reeditaron en España obras de Nietzsche ya anteriormente traducidas, se publicaron algunas selecciones y se tradujeron obras. Además, aparecen comentarios y estudios críticos en revistas importantes del periodo [Sobejano 1967: 495–519].

Dejando a un lado la espesa presencia de Nietzsche en los autores del Noventayocho, tenemos que detenernos en dos figuras claves que son insoslayables a la hora de comprender la estética del Veintisiete y en particular la presencia nietzscheana tal como la asimilan estos poetas: Ramón Gómez de la Serna y, por supuesto, José Ortega y Gasset.

Como hemos señalado, a finales de los años 10 y principios de los 20 aparecen diferentes comentarios y estudios sobre la obra nietzscheana en revistas importantes en el campo literario del momento. De entre ellas, sobresale tanto por su empeño en la difusión de Nietzsche en España como por su interés para estudiar la poesía de la primera etapa del Veintisiete la revista *Prometeo,* dirigida y promovida por Gómez de la Serna.

El entusiasmo de Ramón Gómez de la Serna por Nietzsche en estos años deja su impronta en muchas páginas de la revista, así como en sus conferencias y en su obra literaria, marcando una visión de la obra de Nietzsche que pasará al Veintisiete en la forma más de una referencia difusa que de un conocimiento riguroso de su obra y su pensamiento. Como dice Soberano, Gómez de la Serna «propone una asimilación biótica o nutricia del ideario de Nietzsche frente al aprovechamiento intelectual y literario hasta entonces dominante» [1967: 506]. En efecto, su asimilación es distinta a la del Noventayocho y marcará de manera mucho más profunda la presencia nietzscheana en los poetas del Veintisiete.

Muy pronto (ya desde el número tres de *Prometeo*, en 1909, en el que aparece, dentro del artículo «Movimiento intelectual», un largo apartado titulado «Nietzsche») se detecta esa revisión del ideario nietzscheano. En esa integración ramoniana del autor de Zaratustra hay que ver, además de un síntoma de contagio del futurismo de Marinetti, como demuestran los siguientes números de *Prometeo,* un presagio del «báquico primitivismo de las Vanguardias» [Sobejano 1967: 508]. De la lectura que Ramón hace de Nietzsche nos importa retener su distancia de la más intelectual, ética y regeneradora que llevó a cabo el Noventayocho y la defensa de un programa vitalista de carácter orgánico: «por una parte, se adhiere al vitalismo de este filósofo, como sus predecesores habían hecho; por otra, despoja ese vitalismo de implicaciones morales, regeneradoras, patrióticas, haciéndolo consistir en un fenómeno casi orgánico» [Sobejano 1967: 508].

Del mismo modo, en «El concepto de la nueva literatura» [Gómez de la Serna 1996: 149–176], también de 1909, ofrece Gómez de la Serna un discurso que supone una declaración de principios y un síntoma evidente de sus aspiraciones literarias: «La primera influencia de la literatura es la vida, esta vida de hoy desvelada, corita, contundente como nunca, bajo una inaudita invasión de luz» [1996: 151]. La vida, por tanto, y no la historia, tiene que ser la marca de la nueva literatura, negadora de lo anterior. Es fácil reconocer en esa proclama de insurrección contra el pasado y de negación de la historia la huella nietzscheana, que probablemente en este punto (como en muchos otros: la exaltación de la fuerza, de la juventud, del espíritu dominador, en la órbita del superhombre) debió de llegar de modo casi simultáneo a Gómez de la Serna y a Marinetti, dentro de la relectura de ese Nietzsche europeo de *fin de siècle* de la que ambos se nutren, como puede verse en la «Proclama futurista a los españoles» [Brihuega 1982: 89–90].

El propio Gómez de la Serna expone explícitamente esa deuda en «El concepto de la nueva literatura» al tratar la irrupción de la vida en la literatura: «Hoy no se puede escribir una página ignorando a Nietzsche. Esta es cuestión capital de ignorarlo o no ignorarlo todo. Al decir Nietzsche, digo todo lo otro y lo esotro. Acojo ese nombre como un símbolo. Su influencia filosófica, audaz, heroica, descarada, no es de él, es del periodo por que pasamos» [1996: 152]. Observa, por tanto, el propio Ramón que la influencia de Nietzsche tiene en ese momento más de superficial y difusa, de símbolo, según sus propias palabras, que de conocimiento real de su pensamiento.

Gómez de la Serna señala a Nietzsche como culminación de la nueva cultura y teórico básico del vitalismo. El rechazo de Gómez de la Serna por la literatura anterior no responde solamente a un afán de demolición de todo lo heredado sino al hecho de que «no hay en esa literatura ni un apasionamiento, ni una blasfemia, ni un equívoco, ni una impertinencia, ni un desmán. No hay en ella un *estado de cuerpo*. Toda ella está hecha con un reposo, ético, lógico, canónico, insoportable» [1996: 156]. Frente al reposo de la literatura anterior, los nuevos discursos son acción y vida, están escritos en un estilo en el que están asimilados «glóbulos rojos, semen, retina, dermis y epidermis» [1996: 156].

¿Cuáles son los caminos mediante los que Nietzsche hará acto de presencia en las vanguardias poéticas de nuestro siglo, adhiriéndose fundamentalmente a ese vitalismo del filósofo? Y sobre todo, ¿cómo se puede imbricar ese descubrimiento del cuerpo a la manera nietzscheana, esa recuperación del sentido de la tierra, en las temáticas poéticas del Veintisiete en general y en las de los poetas más marcados por el filósofo en particular?

El pacto con la vida por encima de la literatura singulariza gran parte de la poesía del Veintisiete. Pero la singulariza desde su raíz, en tanto que designio de escritura que compromete a la vida en el poema como nunca hasta ahora, con la excepción de los malditos que, con Rimbaud a la cabeza, son herederos del gran vuelco romántico en ese preciso sentido. Esta actitud voluntarista que llega a fundir por completo vida y poesía presenta todavía dos posibilidades, dependiendo de dónde se coloque el acento: se puede convertir la propia vida en poesía (Rimbaud, Rubén Darío) o se puede convertir a la poesía en vida (Nietzsche).

Poetizar la vida o vitalizar la escritura son las dos opciones del vitalismo poético en sentido estricto, y son las dos líneas básicas en torno a las cuales se configuran las poéticas contemporáneas y su radicalización en las vanguardias.

La categoría del vitalismo poético tal como se construye en los poetas del Veintisiete es incomprensible sin Nietzsche. La vida aparece contenida en las entrañas mismas del poema desde el momento en el que la escritura es una pasión vital, hacer poesía no es algo sustancialmente distinto de estar vivo [García 2001].

No es casual que el fin o el resquebrajamiento del Ultraísmo militante coincida con la fundación por Ortega de la *Revista de Occidente* en 1923, momento en que empieza a dar sus frutos «el programa de reforma cultural promovido por Ortega, cuyos primeros beneficiarios son los jóvenes, a cuyo alcance se pone la oportunidad de formar parte de unas "élites" intelectuales tal como las proyecta Ortega» [Soria Olmedo 2007: 27].

La filosofía de la vida de Ortega es la otra clave de bóveda, de una importancia aún más decisiva para los jóvenes del Veintisiete: su concepción de la vida como quehacer, su planteamiento jovial y lúdico de la existencia. Tal es para Ortega el tema de nuestro tiempo, que la razón vital ocupe el lugar que le corresponde y que le niega la cultura del momento: «*El tema de nuestro tiempo* consiste en someter la razón a la vitalidad, localizarla dentro de lo biológico, supeditarla a lo espontáneo. Dentro de pocos años parecerá absurdo que se haya exigido a la vida ponerse al servicio de la cultura. La misión del tiempo nuevo es precisamente convertir la relación y mostrar que es la cultura, la razón, el arte, la ética quienes han de servir a la vida» [Ortega y Gasset 1983: 178].

Si en *El tema de nuestro tiempo* Ortega establece las dimensiones lúdica y creativa de la vida como armas contra el culturalismo, también en *La deshumanización del arte* aparecen unidos los conceptos de arte y juego. Según Ortega, una de las características fundamentales del arte nuevo es su carácter de broma, de puro juego de las formas, y dada la intrascendencia de este arte nuevo, quedaría plenamente justificada su autonomía respecto de los contenidos: «El artista de ahora nos invita a que contemplemos un arte que es una broma, que es, esencialmente, la burla de sí mismo» [1996: 86–87]. Es la manera de salvar las contradicciones que llevaba consigo afirmar, dentro de su filosofía de la vida y de renovado interés por el cuerpo, que «la nueva sensibilidad está dominada por un asco a lo humano en el arte» [1996: 70].

¿Qué papel ocupa el cuerpo para la «nueva sensibilidad» y el «arte joven»? Deshumanizar significa, como hemos dicho, verdadero asco hacia las formas vivas o de los seres vivientes. La metáfora es un instrumento desrealizador, pero aquí la salida a la contradicción radica en la «inevitable ironía» del arte nuevo, en su carácter de broma o de juego, en su «intrascendencia», y en el hecho de que solicita «ser aproximado al triunfo de los deportes y los juegos. Son dos hechos hermanos» [1996: 89]. El nuevo arte, por tanto, definido en términos de juego, de transgresión, supone el triunfo de los valores de la juventud y del cuerpo sobre los de la senectud y el espíritu. Y añade Ortega con un destello de nietzscheanismo claro: «El culto al cuerpo es eternamente síntoma de inspiración pueril, porque solo es bello y ágil en la mocedad, mientras el culto al espíritu indica voluntad de envejecimiento, porque solo llega a plenitud cuando el cuerpo el cuerpo ha entrado en decadencia. El triunfo del deporte significa la victoria de los valores de juventud sobre los valores de senectud» [1996: 89].

Como hemos señalado, la categoría del vitalismo poético, que llega a los poetas del Veintisiete a través de esas dos vías fundamentales (Gómez de la Serna y Ortega), es incomprensible sin Nietzsche. Tenemos que reflexionar sobre el modo en que esa ideología de la vida se materializa en las prácticas poéticas de los autores del Veintisiete. Nos vamos a centrar en Vicente Aleixandre y Federico García Lorca, dos de los autores en los que es más espesa esa presencia nietzscheana.

En Aleixandre encontramos, como en Nietzsche, un vitalismo optimista ante la posibilidad de reintegrarse a través del amor en el origen, en la unidad perdida.

Nietzsche y Schopenhauer delimitan el marco ideológico dentro del cual Aleixandre hace equivaler las temáticas del amor y de la muerte. La ecuación entre los dos polos casa perfectamente con una visión del mundo fundamentada en la anulación de la pluralidad a partir de una ciega voluntad de vivir en lo universal, en la corriente desintegradora de las individuaciones. Desde esa óptica, el voluntarismo aleixandrino aparece alimentado por una raíz trágica. No obstante, la recuperación de la unidad del ser, la comunicación con la gran entraña de la Naturaleza, no constituye impedimento para que, sin ninguna preocupación por el más allá, los cuerpos, materialidad de los cuerpos, sea destruida amorosamente, besada, descuartizada, herida o muerta, dentro de un activismo frenético y de una voluntad insaciable de vida que recuerdan los planteamientos fuertes de Nietzsche [García 2001].

Espadas como labios y *La destrucción o el amor* son ejemplos claros de la asimilación del ideario de Nietzsche y de la forma en la que ello se lleva a cabo.

Las fieras que, en la poesía de Aleixandre, «desgarran, aniquilan, devoran, no hacen nada que se salga fuera de sus instintos primarios de vida» [García 2001: 284–285], tal como vemos en «La selva y el mar»:

> Oh la blancura súbita,
> las ojeras violáceas de unos ojos marchitos,
> cuando las fieras muestran sus espadas o dientes
> como latidos de un corazón que casi todo lo ignora,
> menos el amor,
> al descubierto en los cuellos allá donde la arteria golpea,
> donde no se sabe si es el amor o el odio
> lo que reluce en los blancos colmillos.
>
> Acariciar la fosca melena
> mientras se siente la poderosa garra en la tierra,
> mientras las raíces de los árboles, temblorosas,
> sienten las uñas profundas
> como un amor que así invade [Aleixandre 1993: 117–118].

La concepción de la muerte como un acto vital más aparece también en el poema «Las águilas», donde se hace manifiesta la inocencia de lo natural y la idea, de claro cuño nietzscheano, de la deslimitación y de la reunificación de lo múltiple en la unidad primera. Se hace manifiesta la armonía del reino animal, de los predadores y sus víctimas sobre todo, y la obsesiva idea de la deslimitación y del fusionismo de lo diverso. Nunca como aquí se alza Aleixandre a la comprensión del signo de la violencia o del poderío que la vida, la vida verdaderamente vivida, lleva aparejado. Nos muestra Aleixandre que, tal como Nietzsche había establecido, la vida ascendente lleva consigo el signo de poder, y de nuevo la ejemplifica de una manera animal, para mostrar la absoluta inocencia de la vida:

> El sol que cuaja en las pupilas,
> que a las pupilas mira libremente,
> es ave inmarcesible, vencedor de los pechos
> donde hundir su furor contra un cuerpo amarrado.

> Las violentas alas
> que azotan rostros como eclipses,
> que parten venas de zafiro muerto,
> que seccionan la sangre coagulada,
> rompen el viento en mil pedazos,
> mármol o espacio impenetrable
> donde una mano muerta detenida
> es el claror que en la noche fulgura.
>
> Águilas como abismos,
> como montes altísimos,
> derriban majestades, troncos polvorientos,
> esa verde hiedra que en los muslos
> finge la lengua vegetal casi viva.
>
> Se aproxima el momento en que la dicha consiste
> en desvestir de piel a los cuerpos humanos,
> en que el celeste ojo victorioso
> vea solo a la tierra como sangre que gira.
>
> Águilas de metal sonorísimo,
> arpas furiosas con su voz casi humana,
> cantan la ira de amar los corazones,
> amarlos con las garras estrujando su muerte [1993: 216–217].

Son obvias las reminiscencias nietzscheanas en esta idea de que la fortaleza se expresa en el aumento de los impulsos vitales, dentro de ese voluntarismo vitalista que incluye la concepción agresiva de la vida. También viene inmediatamente a la mente la imagen del águila que acompaña a Zaratustra, que sería inútil proyectar sobre estos versos si no fuera por esa dureza del metal de las alas, del hierro de los picos, por esa ira destructora (hecha verbal incluso: «azotar», «seccionar», «romper», «estrujar»…).

No hay que olvidar que el otro animal de Zaratustra es una serpiente; los dos animales, el águila y la serpiente, expresan el eterno retorno como alianza, mostrando la absoluta inocencia del devenir. En *La destrucción o el amor* encontramos el poema «Cobra», en: el que, como en el caso de «Las águilas» (y también en «Cobra» aparece el águila), el depredador impone su violencia y su dominio. De nuevo, se trata de una acción completamente inocente porque la cobra no hace más que seguir sus impulsos vitales:

> Pasa y repasa el mundo,
> cadena de cuerpos o sangres que se tocan,
> cuando la piel entera ha huido como un águila
> que oculta el sol. ¡Oh cobra, ama, ama!
>
> Ama bultos o naves o quejidos,
> ama todo despacio, cuerpo a cuerpo,
> entre muslos de fríos o entre pechos
> del tamaño de pechos apretados.
>
> Labios, dientes o flores, nieves largas;
> tierra debajo convulsa derivando.
> Ama el fondo con sangre donde brilla.
> El mundo vibra [1993: 202–203].

La pérdida de los límites siempre es gozosa en Aleixandre, que aunque los viva angustiosamente, los ablanda con el amor y los sojuzga finalmente con la muerte. La destrucción no está puesta al servicio de un más allá sino que es en sí misma un hecho poderosamente vital (lo mismo ocurre en el caso de García Lorca, aunque dentro de una problemática distinta). Nietzsche afila de nuevo su sombra detrás de estos versos de *Sombra del paraíso,* uno de los poemarios fundamentales de la primera posguerra:

> Bebed, bebeb la rota pasión de un mediodía
> que en el cenit revienta sus luces y os abrasa
> volcadamente entero, y os funde. ¡Muerte hermosa vital,
> ascua del día! ¡Selva virgen que en llamas te destruyes! [1990: 111].

La tematización del mediodía aparece aquí vinculada a la muerte, que corona un mundo enardecido. La muerte se convierte en un acto vital más, y esta asimilación del ideario de Nietzsche es una de las claves para analizar el vitalismo de Aleixandre, tan espesamente erótico, y su singularidad frente a los otros vitalismos del Veintisiete (Salinas, Guillén o incluso Alberti).

Si aquí era a la muerte, en otros lugares el mediodía aparece vinculado expresamente al amor (que, dentro de la especial problemática aleixandrina supone lo mismo); es lo que encontramos en «Se querían» («Mediodía perfecto, se querían tan íntimos, / mal altísimo y joven, intimidad extensa», 1993: 221) o en «Libertad»:

> El aroma el no esfuerzo para perdurar
> para ascender
> para perderse en el deseo alto pero lograble
> todo está dichosamente presidido por el mediodía
> por lo radioso sin fin que abarca el mundo como un amor [1993: 101].

El amor cuerpo a cuerpo que hemos visto en los leones, los tigres o las águilas, cuando es trasladado al contexto del amor entre humanos, será vivido por su calidad de pasión con idénticos rasgos de lucha:

> Quiero morir de día, cuando aman los leones,
> cuando las mariposas vuelan sobre los lagos,
> cuando el nenúfar surte de un agua verde o fría,
> soñoliento y extraño bajo la luz rosada.
>
> Quiero morir al límite de los bosques tendidos,
> de los bosques que alzan los brazos.
> Cuando canta la selva en alto y el sol quema
> las melenas, las pieles o un amor que destruye [1993: 201].

Además de la concepción de la muerte como un acto poderosamente vital, es significativa la frecuencia de las formas «quiero» o «no quiero», no solamente en este poema sino en toda *La destrucción o el amor* [Puccini 1979: 95; Alonso Valero, 2003: 72–73]. Resulta especialmente llamativo el poema «Soy el destino» [Aleixandre 1993: 191–192] por ese vitalismo de filiación nietzscheana que, en los versos aleixandrinos, une muerte y amor con la seguridad en el propio cuerpo y la propia vida, autónoma con respecto a cualquier otra instancia:

> No quiero, no, clamar, alzar la lengua,
> proyectarla como esa piedra que se estrella en la frente,
> que quiebra los cristales de esos inmensos cielos
> tras los que nadie escucha el rumor de la vida.
>
> Quiero vivir, vivir como la hierba dura,
> como el cierzo o la nieve, como el carbón vigilante,
> como el futuro de un niño que todavía no nace,
> como el contacto de los amantes cuando la luna los ignora [1993: 191–192].

La asimilación que García Lorca hace de Nietzsche recorre toda su producción (poética, teatral y en prosa) y marca algunos de los pilares fundamentales de su obra, como la concepción de lo trágico [Alonso Valero 2005, 2008].

Al estudiar la relación que existe entre el yo poético de *Poeta en Nueva York* y Zaratustra, la primera similitud que nos sale al paso viene dada por el hecho de que todo el anuncio de lo que tendrá que venir motiva en *Poeta en Nueva York* que el yo poético asuma la retórica del profeta.

También comparten este yo poético y Zaratustra el conocimiento de que la ficción de la identidad rígida y estable nos proporcionaba un rostro conocido al que poder seguir llamando yo; el sujeto, por tanto, era el último baluarte de la certeza y la ilusión ontológica por excelencia que fomentaba el lenguaje:

> Quiero llorar diciendo mi nombre,
> rosa, niño y abeto a la orilla de este lago,
> para decir mi verdad de hombre de sangre
> matando en mí la burla y la sugestión del vocablo.
>
> No, no. Yo no pregunto, yo deseo.
> Voz mía libertada que me lames las manos.
> En el laberinto de biombos es mi desnudo el que recibe
> la luna de castigo y el reloj encenizado.
>
> Así hablaba yo.
> Así hablaba yo cuando Saturno detuvo los trenes
> y la bruma y el Sueño y la Muerte me estaban buscando.
> Me estaban buscando
> allí donde mugen las vacas que tienen patitas de paje
> y allí donde flota mi cuerpo entre los equilibrios contrarios [García Lorca 1996a: 538].

Si para decir la verdad «de hombre de sangre», hay que matar «la burla y la sugestión del vocablo». Nietzsche denunció con vehemencia la falsedad del concepto; sobre el modelo del cuerpo, niega la noción moderna de sujeto, de «yo», y reivindica un cuerpo como campo donde se dan cita fuerzas de signo contrario, un campo de «equilibrios contrarios», tal como dice Lorca. El hombre dionisíaco es un cuerpo, una pluralidad compuesta por la serie de todos los afectos, pulsiones, fuerzas, un auténtico motor de desear: «No, no. Yo no pregunto. Yo deseo».

Para que ese espíritu dionisíaco llegue a ser posible es fundamental recuperar el sentido de la tierra y olvidar las ficciones supraterrenales. Zaratustra lanza sus iras contra los despreciadores de la vida, los que, incapaces de soportar la realidad tal como es, valoran por encima de todo un mundo que no existe, lo que equivale a valorar la muerte por encima de la vida. Esta recuperación del sentido de la tierra («No hay dolor en la voz. Aquí solo existe la Tierra. / La Tierra con sus puertas de siempre / que llevan al rubor de los frutos»; García Lorca 1996a: 535) justifica «una lectura materialista del Padrenuestro: en nombre de Cristo y en nombre del Amor los oprimidos de la gran ciudad han de rebelarse contra la falsificación del mensaje que efectúa la máxima autoridad de la Iglesia» [Soria Olmedo 1999: 213]:

> Porque queremos el pan nuestro de cada día,
> flor de aliso y perenne ternura desgranada,
> porque queremos que se cumpla la voluntad de la Tierra
> que da sus frutos para todos [García Lorca 1996a: 563].

De este modo, Lorca «reescribe los conocidos párrafos nietzscheanos en un sentido social, más que teológico, puesto que lo indudable de la alusión no implica una adhesión total al "ateísmo consecuente" de Nietzsche» [Soria Olmedo 1999: 214].

En este punto es fundamental el problema de la decisión, pues la profecía del yo poético de *Poeta en Nueva York,* como la de Zaratustra, no es algo que tenga que suceder necesariamente sino que es una posibilidad que el ser humano tendrá que ganarse. Tanto la llegada del superhombre, en el caso de Nietzsche, como la llegada de un nuevo orden que favorezca la vida y la naturaleza, en el de García Lorca, dependen de una decisión que habrá que tomar, aunque en el caso de Lorca la cuestión de la decisión para recuperar el sentido de la tierra está atravesada por una problemática fuertemente política.

El nacimiento de la tragedia es sin duda la fase del pensamiento nietzscheano que más influyó en la poética de García Lorca y es fundamental para comprender la conferencia «Juego y teoría del duende», que expone el núcleo y el anclaje ideológico más maduro de lo que desde 1928 denomina su «nueva manera espiritualista» [Alonso Valero 2005], pues «las consecuencias de esta lectura de Nietzsche se proyectan sobre su poesía y su teatro. Legitiman la idea del erotismo ligado al cuerpo, el dolor y la muerte que sustentan *Diván del Tamarit* y los *Sonetos*. Alientan la idea de la tragedia en *Bodas de sangre* y *Yerma*. Alientan el metateatro, la dialéctica entre teatro y vida del llamado "teatro imposible"» [Soria Olmedo 1999: 221].

En esta conferencia plantea García Lorca que es la música el arte paradigmático del duende, noción que presenta claras analogías con lo dionisíaco nietzscheano: «todas las artes son capaces de duende, pero donde encuentra más campo, como es natural, es en la música, en la danza, y en la poesía hablada, ya que estas necesitan un cuerpo vivo que interprete, porque son formas que nacen y mueren de un modo perpetuo y alzan sus contornos sobre un presente exacto» [García Lorca 1996b: 155]. La concepción lorquiana de la música capta el reconocimiento del Nietzsche seguidor de Schopenhauer de la música como paradigma de todo arte, la música que va más allá de la combinatoria de sonidos, la música que necesita del grito y del cuerpo («La Niña de los Peines tuvo que desgarrar su voz porque sabía que la estaba oyendo gente exquisita que no pedía formas sino tuétano de formas, música pura con el cuerpo sucinto para poderse mantener en el aire»; García Lorca, 1996b: 154) y habla de la danza, de la poesía hablada, de un cuerpo vivo que interprete.

Como explica el propio Lorca, el duende «es, en suma, el espíritu de la Tierra, el mismo duende que abrasó el corazón de Nietzsche, que lo buscaba en sus formas exteriores sobre el puente de Rialto o en la música de Bizet, sin encontrarlo y sin saber que el duende que él perseguía había saltado de los misterios griegos a las bailarinas de Cádiz o al dionisíaco grito degollado de la siguiriya de Silverio» [1996b: 151]. Solamente unas líneas después el duende es situado en la cima de una tríada (ángel, musa y duende) en cierta manera análoga a la de «Imaginación, inspiración, evasión», y de nuevo aparece aquí Nietzsche (al que llama «artista»), junto a Cézanne, el pintor que, según se nos dice en el «Sketch de la nueva pintura», inicia el afán constructivo de la pintura moderna: «Toda hombre, todo artista, llámese Nietzsche o Cézanne, cada escala que sube en la torre de su perfección es a costa de la lucha que sostiene con su duende, no con su ángel, como se ha dicho, ni con su musa» [1996b: 152]. García Lorca, empleando, como a lo largo de toda la conferencia, una cuidadosa batería de citas que entromete la literatura extranjera y la reflexión sobre lo irracional, señala que «ángel y musa vienen de fuera; el ángel da luces y la musa formas» [1996b: 152]: «En cambio, al duende hay que despertarlo en las últimas habitaciones de la sangre» [1996b: 152]. La musa, como la imaginación, está enferma de límites, mientras que el duende es el motor de la evasión, como en la pintura surrealista de Miró.

La obra de arte es el resultado de la lucha que el artista sostiene con su duende, una realidad indefinible pero necesariamente abocada a la muerte, pues «el duende no llega si no ve posibilidad de muerte, si no sabe que ha de rondar su casa, si no tiene seguridad que ha de mecer esas ramas que todos llevamos, que no tienen, que no tendrán consuelo» [1996b: 159]. La compensación de tal lucha está en la posibilidad de acceder a la comunicación correspondida, y de ahí la predilección por el teatro como actividad que favorece dicha comunicación. Así lo dice Lorca también en las palabras a un periodista en 1935: «Tengo ansia por que me quieran las grandes masas. Es una idea nietzscheana. Por eso a mí Nietzsche me lastima el corazón» [García Lorca, 1996b: 615].

Bibliografía

ALEIXANDRE, VICENTE (1990): *Sombra del paraíso,* Madrid, Clásicos Castalia.
– (1993): *Espadas como labios. La destrucción o el amor,* Madrid, Clásicos Castalia.
ALONSO VALERO, ENCARNA (2003): *Solo locos, solo poetas (sobre Nietzsche en la joven literatura),* Granada, Universidad de Granada.
– (2005): *«No preguntarme nada» (Variaciones sobre tema lorquiano),* Granada, Atrio.
– (2008): *La tragedia del nacimiento. El teatro de Federico García Lorca,* Granada, Atrio.
BOURDIEU, PIERRE (1988): *La distinción. Criterio y bases sociales del gusto,* Madrid, Taurus.
BRIHUEGA, JAIME (1982): *Manifiestos, proclamas, panfletos y textos doctrinales (Las vanguardias artísticas en España: 1910–1931),* Madrid, Cátedra.
GARCÍA, MIGUEL ÁNGEL (2001): *Vicente Aleixandre, la poesía y la historia,* Granada, Comares.
GARCÍA LORCA, FEDERICO (1996a): *Obras Completas I. Poesía,* Barcelona, Galaxia Gutenberg, Círculo de Lectores.

– (1996b): *Obras Completas III. Prosa,* Barcelona, Galaxia Gutenberg, Círculo de Lectores.
GÓMEZ DE LA SERNA, RAMÓN (1996): *Obras completas I, «Prometeo» I. Escritos de juventud (1905–1913),* Barcelona, Galaxia Gutenberg, Círculo de Lectores.
ORTEGA Y GASSET, JOSÉ (1983): *El tema de nuestro tiempo,* en *Obras completas III,* Madrid, Alianza editorial, Revista de Occidente, 145–203.
– (1996): *La deshumanización del arte y otros ensayos de estética,* Madrid, Espasa-Calpe.
PUCCINI, DARÍO (1979): *La palabra poética de Vicente Aleixandre,* Barcelona, Ariel.
SOBEJANO, GONZALO (1967): *Nietzsche en España,* Madrid, Gredos.
SORIA OLMEDO, ANDRÉS (1999): «Me lastima el corazón: Federico García Lorca y Federico Nietzsche», en: Francisco Javier Díez de Revenga y Mariano de Paco (eds.), *Tres poetas, tres amigos. Estudios sobre Vicente Aleixandre, Federico García Lorca y Dámaso Alonso*, Murcia, Caja Murcia, Obra Cultural, 205–223.

Violeta Catalina Badea
Universidad Complutense de Madrid

«Crear algo mejor que el hombre»: la tragedia del devenir o la vida como obra de arte en el teatro de Jacinto Grau

A modo de introducción: contextualizando a Jacinto Grau y Friedrich Nietzsche

La obra dramática del escritor catalán Jacinto Grau (1877–1958) ha sido en gran parte poco valorada durante medio siglo por el público español. Desconocemos si esto fue debido a la vanidad del propio dramaturgo[1] o a su crítica a los representantes teatrales por llevar al escenario un tipo de teatro distinto al que él mismo defendía en sus obras[2]. El objetivo de Grau parecía ser renovar el teatro español y buscar un nuevo teatro que produjera en el lector sensaciones más intensas y ofrecerle conocimientos culturales a través de la puesta en escena antes que representar un teatro dirigido mayormente a los intereses económicos. Sus obras no parecieron convencer a todos los críticos, como es el caso de Gonzalo Torrente Ballester, quien al realizar un estudio de sus

---

1 Luciano García Lozano «Unamuno y Grau» [1971: 591] «Estas palabras de Grau, describiendo algunos rasgos del carácter unamuniano, tienen mucho de autorretrato; porque si Grau no se equivoca al definir a don Miguel, tampoco los propios contemporáneos de nuestro dramaturgo estaban nada lejos al perfilarnos un Jacinto Grau temperamental, vanidoso, egoísta, protesten *y* envidioso, intolerante ante lo mediocre, pero intransigente también muchas veces hasta la injusticia y la falta de respeto.» García Lozano hace referencia al trabajo que Grau dedica a Unamuno en su obra *Unamuno y la España de su tiempo*, 12–13.
2 *Vid.* Peral Vega, Emilio (2009), «Introducción» a *El Señor de Pigmalión*, Madrid, Biblioteca Nueva, 48–49; García Lorenzo, Luciano (1971) «Introducción» a *Teatro selecto de Jacinto Grau*, Madrid, Escelicer, 23–26.

obras, no quedó convencido con la reivindicación del catalán. Además, el crítico considera que «el teatro de Grau, el cual forma, junto con el de Valle o Unamuno, un grupo valiosísimo pero destinado a minorías selectas, que es el teatro para leer» [1965: 271–272]. Quizás aquí podamos hallar otra de las razones de la marginalidad de Jacinto Grau sobre el escenario español.

No obstante, a pesar de recibir críticas duras y ver sus obras estrenadas más en el extranjero que sobre el escenario español, varios críticos han intentado rescatar su figura y elevar su teatro a los niveles de Lorca y Azorín. Entre ellos, encontramos a José Díaz Fernández: «Yo consigno con toda firmeza al final de estas notas dos nombres que por haber emprendido un camino independiente y sincero sufren la dura oposición de mayorías y minorías teatrales: Jacinto Grau y Azorín» [2006: 423]. Sin embargo, para Janet W. Díaz el teatro de Grau representa el antecedente de García Lorca así como el responsable en mantener el teatro español dentro de las vanguardias europeas [1967: 23]. Otros[3] vieron en Grau un continuo refugio en la farsa dramática debido al poco entendimiento de sus textos. Su obra ha sido analizada y valorada para que el escritor catalán reciba el sitio que se merece en el teatro español en trabajos como los de William Giuliano[4], Óscar Fernández[5] y Emilio Peral Vega. Este último critica la falta de interés hacia los textos de Grau y realiza un amplio estudio en su introducción a *El Señor de Pigmalión* para recuperar y alabar su obra[6].

---

3   Rodríguez Salcedo «rehuía el fracaso directo y se refugiaba en la farsa dramática que tiene siempre, en relación con el resto del drama, un mayor grado de "teatralidad"» [1966: 22].

4   El inglés dedicó gran parte de su investigación a las obras de Jacinto Grau escribiendo numerosos artículos, así como una valiosísima tesis doctoral en torno a la vida y las obras del catalán. De la tesis recogeremos la carta que Jacinto Grau le envío al propio crítico donde afirma la influencia de Friedrich Nietzsche en su trayectoria literaria.

5   Fernandez, Óscar (1955): *Jacinto Grau's Dramatic Technique*, tésis inédita, University of Wisconsin.

6   Peral Vega, Emilio (2009), «Introducción» a *El Señor de Pigmalión*, Madrid, Biblioteca Nueva, 11–146: «Tampoco abundaron las aproximaciones académicas a la obra de Grau: pero, por encima de la cantidad, conviene notar cómo la mayor parte de ellas proviene del hispanismo americano y anglosajón, que, una vez más, volvía a mostrar una amplitud de miras y un deseo de revisión respecto

Nuestro estudio aborda la obra de Jacinto Grau con el propósito de identificar y analizar la manifestación del pensamiento de Friedrich Nietzsche. El teatro de vanguardia de Jacinto Grau cita a Nietzsche (1858–1900) en sus textos de forma directa[7] e indirecta. Sabemos gracias al estudio de Emilio Peral Vega que Grau había leído a Nietzsche: «su afición a la lectura; son los años consagrados a Nietzsche, autor que conoció de primera mano gracias a su maestro Maragall, Schopenhauer y Unamuno, trío capital en la actitud literaria y vital de Grau» [2009: 16]. Además, el dramaturgo afirma sentirse influido por Nietzsche en su carta a William Giuliano,[8] quien la menciona en su tesis doctoral sobre la vida y obra de Grau. Miguel Navascués identifica en el teatro de Grau algunos temas nietzscheanos, especialmente, en *La Señora guapa,* aunque no los desarrolla en su estudio de las obras principales del catalán *El teatro de Jacinto Grau:*

> Muchos los temas de Grau tienen un lógico antecedente en las ideas de este filósofo alemán del siglo XIX. La exaltación de la fuerza de la voluntad individual, del super-hombre, del héroe que vive en peligro pero con propósitos, la crítica mordaz de la moral tradicional y de la desvitalizada sociedad moderna; así como la noción del amor como un deseo egoísta de posesión y la atracción sexual como un duelo en el cual el hombre debe asegurar su dominio natural o ser aplastado [1975: 136–137].

A parte de esta enumeración de influencias nietzscheanas, Gonzalo Sobejano también realiza un breve repaso a la posible conexión entre Nietzsche y Grau en su estudio *Nietzsche en España,* donde desarrolla una investigación acerca de la relación de Nietzsche y la mayoría de los escritores españoles. Lo que Gonzalo Sobejano encuentra en Grau de

---

    del canon de los que, no en pocas ocasiones, adolecía —más que adolece—la filología realizada en nuestro país» [p. 14].

7 Cabe mencionar en este caso la alusión directa de Grau a Nietzsche en *El burlador que no se burla*, donde el catalán toma a Nietzsche como referente en uno de los diálogos. Están debatiendo Avendaño y Gáldez sobre la posible locura de otro personaje: «Quizá padezca una parálisis general progresiva, como Nietzsche» [p. 656], en *Teatro Selecto de Jacinto Grau,* Madrid, Escelicer, 1971. Aunque en este ejemplo se trata de una de las obras dramáticas de Grau, el escritor alude a Nietzsche en varios de sus ensayos y estudios.

8 *Vid.* Giuliano, William (1950): *Life and Works of Jacinto Grau*, tésis inédita, University of Michigan, 61–63.

nietzscheano es el «individualismo, violencia, fe en la voluntad, desdén hacia las muchedumbres y otras notas de afinidad con el pensamiento de un filósofo que hubo de conocer» [1967: 603]. Se detiene de forma esporádica en *El señor de Pigmalión*.

Con el propósito de ampliar estas alusiones a Nietzsche en el teatro de Grau, utilizaremos como corpus de análisis sobre todo las siguientes obras: *El señor de Pigmalión, El burlador que no se burla* y *La señora guapa*. Nos vamos a servir de estos textos para examinar la hipótesis que planteamos en nuestro título: la tragedia del devenir o la vida como obra de arte. A lo largo del estudio se podrá observar cómo a partir de estas ideas surgirán además otros temas nietzscheanos en los que nos detendremos como son la tragedia, el ultrahombre, la *ultramujer*, la figura de la mujer, la voluntad de poder, la crítica de la moral tradicional, la crueldad, etc.

Como base para los capítulos que vamos a proponer a continuación, cabría mencionar primero la visión que tanto Nietzsche como Grau tienen de la tragedia. En el concepto que ambos autores han acuñado de la tragedia podemos identificar varios puntos de conexión. Nietzsche, fascinado por la tragedia griega y gran lector de la *Poética* de Aristóteles, introduce los conceptos de lo apolíneo y lo dionisíaco y plantea su modelo de tragedia en *El Nacimiento de la tragedia*. En la introducción al *Teatro selecto* de Jacinto Grau, García Lozano hace explícita la influencia del concepto nietzscheano de tragedia en el escritor catalán: «su teoría de la tragedia es la misma de Nietzsche en su obra *Die Geburt der Tragödie*, donde estudia la duplicidad apolíneo y dionisíaco, produciendo, según el filósofo alemán, la unión de ambos sentidos de la tragedia ática» [1971: 33].

En el prólogo a su obra *Teatro. El Conde Alarcos. Las gafas de don Telesforo o Un loco de buen capricho. Destino*, Grau define su concepto de tragedia:

> La tragedia, en su magnífico sentido *dionisíaco,* en su ingente furor báquico, no vive en el mundo por sus hechos luctuosos, sino por lo que tiene de liberación, de apolínea contemplación, proyectando fuera de nosotros el dolor humano, superándolo con la sabiduría, viéndolo con belleza, sobreponiendo el ánimo sereno al destino terriblemente enemigo y cruel. Nacer es ya el principio de toda tragedia, y cuando se es héroe todo dolor tiene alegría [1954: 17].

Ya desde estas palabras de Grau podemos identificar una clarísima conexión con aquello que Nietzsche entiende por tragedia. Una posible lectura nietzscheana de la definición de tragedia de Grau podría ser que al hacer de los hechos trágicos o descarnados vividos una tragedia, proyectamos estos hechos y los abstraemos. Se trataría de una abstracción aristotélica, es decir, de hechos particulares a hechos generales. Y que, en consecuencia, contemplaríamos esta tragedia con apolínea sabiduría. No obstante, es cuando conseguimos pasar estos hechos trágicos por el filtro de la razón cuando nos sobreponemos o más bien superamos ese dolor humano. Hallamos aquí un vínculo entre Nietzsche y Grau sobre todo en su aceptación de la vida como tragedia. Si para Grau nacer es el principio de toda tragedia, para Nietzsche la vida en sí misma es trágica.

En las obras de Jacinto Grau abunda la recuperación de mitos, la creación de heroínas y héroes, el amor como posesión, el hombre que domina o el hombre aplastado por la mujer, etc. Todos estos temas son tratados desde una perspectiva nihilista, puesto que Grau acepta el nihilismo como «internal factor and determining force» [Oakley 2014: 57]. La búsqueda de teatralidad del catalán surge de una tragedia nihilista, que necesita de una fuerza determinante en los personajes para no quedarse sumergidos en el pesimismo, la decadencia y la negación de la vida. R. Oakley localiza en el teatro de Grau al héroe nietzscheano: «Grau is playing with what Nietzsche called an original hero, be it Promethean, Oedipal, or Christian in which active sin drives the tragic plot towards a renewed awareness of the world. The clash between nihilism and modernism is poignant in Grau's avant-garde dramas, which have internalized cyclical structures of time that challenge the linear development of rational plots from the nineteenth century» [2014: 93]. El uso del héroe nietzscheano, el ultrahombre, revela a través de los actos trágicos en los que se encuentra envuelto, una conciencia del mundo, de la realidad. El investigador también hace referencia al concepto del tiempo circular y lineal que Grau adopta de Nietzsche. Esto es así, ya que el programa filosófico de Nietzsche del ultrahombre debe afirmar el eterno retorno y negar la linealidad del tiempo. En las obras que hemos escogido se expone el paso de la tragedia nihilista a la tragedia del devenir. Es decir, los personajes necesitan para salir del nihilismo lo *ultrahumano* sea de la mano del ultrahombre o de la *ultramujer*. El devenir y la creación de sus vidas como obras de artes les arrastran a algunos de ellos a su propia tragedia. Para unir a los dos escritores bajo un mismo concepto de tragedia, vamos a utilizar el término de *tragedia dionisíaca*, que Sergio Santiago Romero acuña.[9]

El señor de Pigmalión y la *Über-marionette* como «algo mejor que el hombre»

El Señor de Pigmalión (1921) es considerada la obra maestra de Jacinto Grau e incluso una de las «mejores piezas dramáticas de nuestro teatro contemporáneo» [García Lozano 1971: 598]. Grau retoma el mito de Pigmalión, cuyo origen se halla en *Las metamorfosis* de Ovidio[10]. También se inspira en otra de las obras que versiona el mito como es el caso de Bernard Shaw. Nos confirma esta última lectura Peral Vega: «dramaturgos tales como Shakespeare, Hebbel, Maeterlinck, D'Annunzio y Bernard Shaw» [2009: 16]. A diferencia del mito original, en la versión de Grau, Pigmalión es un representante teatral que ha conseguido dar vida a sus títeres. Los muñecos personifican cualidades del ser humano y actúan sobre el escenario al igual que unos actores. La cualidad que más interesa a Pigmalión es la soberbia y la belleza que encarna Pomponina, el único personaje femenino principal. Pigmalión afirma estar enamorado de la muñeca a la que ha dado vida. Los personajes – los muñecos que más interesan a nuestro estudio son Pomponina, Urdemalas, Juan el Tonto y su creador Pigmalión. Los títeres de Pigmalión se pueden entender como *über-marionettes*. Este concepto acuñado por Edward Gordon Craig define a las marionetas como un nuevo tipo de actor. Peral Vega explica que este término figura un «muñeco [que] desde su no ser (*life in death*) asegura una vida eterna del teatro» [2009: 51]. Las *über-marionettes* o *por*

---

9   Santiago Romero, Sergio (2016): «*Die Geburt der Tragödie* tuvo un influjo tal sobre el teatro del siglo xx que llegó a producir un nuevo género dramático que hemos dado en llamar *tragedia nietzscheana* o, sencillamente, *tragedia dionisíaca*» [2016: 87].
10 *Vid.* Ovidio: *Las metamorfosis,* introducción de José Antonio Enríquez. Trad. y notas de Ely Leonetti Jungl, Madrid, Espasa Calpe 1995, pp. 346–347.

encima (más allá) de las marionetas de Pigmalión desenlazan la tragedia de su creador.

Al final de la obra Pigmalión sufre el castigo de los dioses al igual que Prometeo con quien se identifica: «un día prescindiré de ellos (los muñecos), porque les habré superado y quizá me castiguen un día los dioses, como al propio Prometeo» [*Pigmalión* 500–501][11]. Gonzalo Sobejano percibe en el símil entre Pigmalión y Prometeo el enlace entre Nietzsche y Grau: «Y en la voluntad prometeica de este hombre es en donde aparecen ciertos acordes nietzscheanos, así por el ansia de superación como por el descontento de lo existente y lo imaginado» [1967: 603–604]. Tomamos esta identificación nietzscheana que Sobejano no llega a desarrollar como punto de partida para nuestro capítulo. El objetivo de Pigmalión coincide en cierto modo con Prometeo quien desafía a los dioses al robar su fuego y ofrecérselo a los humanos. Pigmalión pretende robar el secreto de los dioses para crear muñecos con vida. No obstante, ambos acaban castigados: Prometeo encadenado y Pigmalión asesinado por sus muñecos. En *El perfecto wagneriano,* Bernard Shaw, a quien ya hemos adelantado que Grau solía leer, defiende que «Al igual que Prometeo, debemos ponernos a trabajar para crear nuevos hombres» [2011: 251]. De acuerdo con las palabras de Shaw, el Pigmalión de Grau también aspiraba a crear un nuevo hombre o mejor dicho, un muñeco ideal, por encima del hombre. Para Bernard Shaw, el nuevo hombre estaría encarnado en el ultrahombre nietzscheano[12]. No es la primera vez que el irlandés hace alusión a esta comparación. También en *Man and Superman*, identifica a Prometeo con el ultrahombre de Nietzsche en el discurso del Diablo: «It was he [Nietzsche] who *raked up* the Superman, who is as old as Prometheus» [2000: 226]. Es Eduardo Valls Oyarzun quien se encarga de analizar este paralelo entre Prometeo y el ultrahombre nietzscheano: «La necesidad de transgredir el ser [y los avatares que esto trae consigo] constituye la clave para entender "al individuo de aspiraciones titánicas" [*NT*, p. 97]. Esta necesidad explica muy bien

---

11 Todas las citas se hacen desde esta edición Grau, Jacinto (1971): *El teatro selecto de Jacinto Grau*, ed. Luciano García Lozano, Madrid, Escélicer [en adelante, abreviado *Pigmalión*].

12 Véase la aclaración de Eduardo Valls Oyarzun [2011] sobre la diferencia entre el Superhombre y el Ultrahombre [*Übermensch*] [2011: 58–64].

la naturaleza de, por ejemplo, Prometeo, el titán que descubre sus "talentos teogónicos" [Safranski, Rüdiger: 291] y que se sitúa en el origen de la estirpe *ultrahumana*» [2017: 65]. Además, no hay que olvidar que la primera portada de *El nacimiento de la tragedia* de Nietzsche tenía la imagen de Prometeo encadenado: una viñeta dibujada por Leopold Rau[13]. La propuesta de Nietzsche del ultrahombre se expande en este caso desde Prometeo hasta Pigmalión.

Para Nietzsche, el ultrahombre representa al creador de nuevos valores, que ya ha conseguido sustituir la moral tradicional por la amoralidad. Nietzsche afirma en *Más allá del bien y del mal* que el ultrahombre debe ser capaz de «una transvaloración de los valores bajo cuya presión y martillo nuevos se templaría una conciencia, se transformaría en bronce un corazón, de modo que soportase el *peso* de semejante responsabilidad» [MBM, 203].

Aunque Pigmalión trataba de crear algo (nuevo) superior al hombre a través de su voluntad de poder y del desafío a los dioses, su resultado no puede estar más lejos del ultrahombre nietzscheano (Prometeo): «crear algo mejor que el hombre» [*Pigmalión* 493]. Estas diferencias se pueden identificar en cuanto a sí mismo como a sus muñecos. Por una parte, Pigmalión ha creado unos muñecos que no están *más allá del bien ni del mal* y que no representan al paradigma del nuevo hombre, sino unos títeres que encarnan los vicios del hombre llevados al extremo: la maldad, la soberbia, la vanidad, la estupidez. Así los define Pigmalión cuando Don Lucio le pregunta qué es lo que representan sus muñecos: «Farsas cómicas, la mayor parte […] Mis muñecos son, en su mayoría, grotescos. Tipos populares españoles. Alguno de ellos de cuidado, se me creció entre las manos cuando lo hacía» [*Pigmalión* 489–490]. A pesar de simbolizar los instintos más bajos del ser humano [*vid.* Navascués 1975: 107], los títeres forman parte de la vida: «son la misma vida» [*Pigmalión* 526].

Por otra parte, tampoco en Pigmalión se revelan cualidades ultrahumanas más allá de su necesidad de transgredir el ser. Pigmalión defiende ser el dueño de su destino al modo del ultrahombre, pero no se

---

13 *Vid.* Nietzsche, Friedrich (2004): *El nacimiento de la tragedia* [NT: 39–40; 275–276]. Para las citas nietzscheanas, sigo las traducciones de Andrés Sánchez Pascual en Alianza.

crea a sí mismo como este. Su objetivo final se limita a controlar el destino de sus títeres: «Nació en mí la idea de crear artificialmente el actor ideal, mecánico, sin vanidad, sin rebeldías, sumiso al poeta creador, como la masa en los dedos de los escultores» [*Pigmalión* 492]. Pigmalión juega a ser un Dios que controla la vida de sus creaciones, una vida que es «única hasta ahora entre muñecos, más interesante que la de muchos hombres» [*Pigmalión* 485].

Su creación hace alusión a la caída del hombre por el pecado original, es decir, el hombre es una naturaleza caída y al final se vuelve desgraciado, puesto que puede elegir (el bien y el mal) y decide optar por el mal. El resultado de su creación hace eco de la tragedia del devenir: Pigmalión pretendía «crear al actor mecánico ideal» [Miguel Navascués 1975: 97], pero en realidad su tragedia se puede comprender en cuanto qué puede hacer el hombre por sus propios medios. Pigmalión ha creado a las *über-marionettes* para regocijarse de su poder sobre los muñecos. La vida de los títeres no se puede concebir como una obra de arte puesta en escena por Pigmalión, sino más bien una vida de esclavitud. A lo largo del texto, podemos ver cómo la creación (la obra de arte para Pigmalión) es independiente de su artista creador. Grau muestra cómo los muñecos son independientes de su dueño. Pigmalión hasta el final del texto no es consciente de que ha perdido el dominio sobre sus muñecos:

> Todo artista de veras está siempre por encima de su obra y piensa superarla. La admira y la desprecia. Estoy haciendo ahora algo mecánico más asombroso que tú y mejor que el hombre. Rebelaros contra mí es tan inútil como escaparos. Yo soy el hombre, *el fuerte, el amo, el creador*. Vosotros *sois mis juguetes, mis peleles, mis bufones... ¡Nada!* ¡Tan míos sois como esta fusta con que os azoto! Yo haré muy en breve algo mejor que el hombre; pero vosotros no sois todavía más que polichinelas- de mi teatro, capricho ingenioso de mi fantasía y habilidad de mecánico, esclavos míos, en fin. ¡Sois un prodigio, y no sois nada! [*Pigmalión* 580–581][14].

Hallamos aquí un paralelo entre la moral de los señores y de los esclavos que cuyo origen analiza Nietzsche en *La Genealogía de la Moral*.[15] La primera se identificaría «con el concepto de "bueno" en el sentido

---

14   La cursiva es mía.
15   Tras analizar el origen de estas dos morales así como sus características, Nietzsche propone una nueva *moral de señores*, cuyo mero objetivo sea reformular los conceptos de *bueno* y *malo*, en cuanto que afirman la vida.

de "nobleza de espíritu", de "nobleza", de "espíritu superior", de "espíritu privilegiado"» [GM, I, 4][16], mientras que la segunda equivaldría a los «conceptos "vil", "plebeyo", "bajo" finalmente en "malo"» [GM, I, 4]. Puesto que Nietzsche considera estos conceptos del bien y del mal como una *vieja ficción*, el ultrahombre como individuo amoral deberá llevar a cabo la transvaloración de los valores.

Lejos de ser el ultrahombre nietzscheano, Pigmalión se identifica como el «fuerte, el amo, el creador», es decir, con la moral de los señores, mientras que contempla a sus creaciones como unos «esclavos»: «juguetes, peleles, bufones». Los muñecos también son conscientes de su condición, así como de su desfavorable situación, comienzan a planificar su escapada: «¿Qué desea Pigmalión? Dominarnos. ¿Qué queremos nosotros? Ser libres. ¿Quién es el fuerte? El. ¿Y los débiles? LUCAS. —Nosotros, por desgracia / URDEMALAS. — O por fortuna. El mundo es de los débiles astutos» [*Pigmalión* 573–574].

Los muñecos acaban rebelándose contra su señor llevando así a cabo lo que Nietzsche define como *la rebelión de los esclavos*, que «comienza cuando el *resentimiento* se hace creador y alumbra valores: el resentimiento de esos seres a los que está vedada la auténtica reacción, la reacción del acto» [GM, I, 10]. Esto se debe a que Pigmalión impone su autoridad y elimina su libertad. El resentimiento y el odio que Pigmalión identifica en sus muñecos incrementa sus tácticas de poder: «Logré infundirles tal vida, que necesito sujetarlos, vigilarlos y conducirlos bien. Sospecho que a veces en la soledad, salen de sus cajas y viven a mis espaldas, tramando diabluras. Además, me odian» [*Pigmalión* 488]. Para Miguel Navascués, la obra se resume en dos grandes conflictos: «De un lado, los títeres con su propósito de buscar emancipación, de liberarse del control de su creador y amo. Del otro, los seres humanos desean controlar a los muñecos para sus propios intereses, o sea que, su acción es manipular y dominar a aquellos seres mecánicos» [1975: 99].

El dominio de Pigmalión sobre los muñecos muestra un cierto grado de placer al modo nietzscheano de entender la crueldad. Defiende Nietzsche que el hombre disfruta al dominar al otro: «[un] *sentimiento de bienestar*, el bienestar de tener derecho a ejercer sin escrúpulos el

---

16 Se cita desde Nietzsche, Friedrich (2003): *La genealogía de la moral*, ed. Diego Sánchez Meca. Trad. José Luis López y López de Lizaga, Madrid, Tecnos.

poder propio sobre alguien impotente, la voluptuosidad de *faire le mal pour le plaisir de le faire*» [GM, II, 5]. No olvidemos que Pigmalión puede dejar en libertad a sus muñecos si así lo quisiera. Sin embargo, su plan es deshacerse de estos muñecos para crear otros *mejores*, es decir, que no se rebelen contra su poder.

Los muñecos con Urdemalas al frente llevan a cabo un plan para librarse de Pigmalión y para salvar a Pomponina quien había sido secuestrada por el director. Cada muñeco tiene una razón para huir, pero el objetivo común es la libertad. Finalmente, Urdemalas consigue convencer a algunos muñecos escaparse. Es curioso que Urdemalas, quien es descrito constantemente en el texto como el diablo Mefistófeles[17], sea el encargado de convencer a escaparse a los muñecos. Cuando los muñecos le preguntan cómo hacerlo, Urdemalas sentencia: «Hagamos el mal, purificador mal […] Intentando el desorden y el caos en nuestra grey, mejores que la injusticia. Hagamos el mal, el mal, el purificador mal» [*Pigmalión* 574]. Pigmalión le describe como una maldad progresiva: «Es mi muñeco más complicado y difícil de hacer y tan inteligente como yo. No se puede conseguir ya más, ni construir mejor una cabeza artificial. Solo que es progresivamente malo» [*Pigmalión* 511].

La maldad que personifica Urdemalas forma parte del ser humano. Recordemos que Nietzsche afirma que el hombre hace el *mal por el placer de hacerlo* y que la crueldad constituye «la gran alegría festiva de la humanidad pretérita» [GM, II, 6]. El muñeco Urdemalas sería un claro ejemplo además de ser consciente de su maldad así como de su necesidad: «Yo soy necesario en las farsas. Sin mí no sería posible ni el teatro, ni este mundo nuestro, ni el tuyo, ni el otro que dices que hay. Soy, pues, algo preciso, indispensable» [*Pigmalión* 511–512]. Miguel Navascués distingue entre dos tipos de maldades: la maldad inteligente y consciente que encarna Urdemalas y la maldad inconsciente de Juan el Tonto [1975: 102]. Es debido a esta conciencia que Urdemalas solo ve el mal como salida de su esclavitud bajo el mandato de Pigmalión. Richard Lee Ezell también defiende que Pigmalión ha retratado a Urdemalas como el mal a sabiendas que así representaría el reflejo de la

---

17   Así lo describe Pigmalión en el estreno de sus títeres. «Pedro Urdemalas, enjuto, anguloso, con cierto aspecto clerical; peinado corto, echado hacia atrás; rostro fino, afeitado, agudo, inteligente; cejas mefistofélicas» [*Pigmalión* 34].

humanidad: «Since Pigmalion's puppets are reflections of himself and mankind, it is this, the most intelligent, who represents the force of darkness in man — the Satan figure» [1971: 233].

Al final de la obra, los muñecos se enfrentan a Pigmalión. Cabe rescatar algunos diálogos. En el enfrentamiento con Urdemalas, Pigmalión mantiene su posición despótica: «[…] Sois un prodigio, y no sois nada / Urdemalas.—Como tú. Tanto orgullo y eres un efímero; acabarás también en nada, como todos los hombres» [*Pigmalión* 580–581]. Urdemalas trata de concienciar a su creador en el último momento haciendo hincapié en el nihilismo en el que está sometido el ser humano. También Don Lindo le muestra a Pigmalión su frustración. Preocupado por su estética narcisista, le pregunta: «DON LINDO_ ¿Por qué me has dado vida, Pigmalión, para hacerme tan desgraciado? /PIGMALIÓN._ Por la misma razón que Dios me dio vida a mí y al mundo sin consultárnoslo» [*Pigmalión* 517]. Sus palabras hacen eco a Frankenstein. Urdemalas dispara a Pigmalión y da lugar al soliloquio final repleto de connotaciones nihilistas a parte de las ya vistas en sus enfrentamientos con los muñecos:

> Me desangro, me muero solo, sin nadie que me auxilie!… Los dioses vencen eternamente, aniquilando al que quiere robarles su secreto… Iba a superar al ser humano, y mis primeros autómatas de ensayo me matan alevosamente. Triste sino del hombre héroe, humillado continuamente hasta ahora, en su soberbia, por los propios fantoches de su fantasía! [*Pigmalión* 585–586].

Consciente de que ahora ha dejado de ser el amo, el creador, el señor de sus muñecos y que se ha convertido en el esclavo de sus juguetes, Pigmalión hace alusión a su desafío a los dioses. Ni siquiera su amor a Pomponina puede salvarle de su castigo. Para Pigmalión, Pomponina es una muñeca «bellísima, como esas imaginarias princesas de los cuentos, y tan ligera y vana» [*Pigmalión* 488] que se ha apoderado de su vida y con quien él iba a escaparse.[18] No obstante, Pigmalión

---

18 A lo largo del texto, hay varias alusiones directas al mito de Pigmalión: «Como se enamoró famoso rey de Chipre, cuyo nombre he tomado, de la estatua que esculpió, me he enamorado yo de Pomponina. Imposible idear nada más hermoso ni más frágil […] Yo no puedo suplicar a Venus, como el tantico Pigmalión, que anime a Pomponina, cual animó a la famosa estatua, porque mi muñeca y todos sus compañeros son ya seres animados, vivos, y pasarían por personas verdaderas si no fueran conmigo» [*Pigmalión* 488–489].

no le ha dado la capacidad de amar a la muñeca. Richard Lee Ezell defiende que:

> His love for the puppet Pomponina cannot be returned by this selfish representation of his vain passion for freedom from human limits. If in her resentment of his power over her she does represent his resentment of his own nature, she cannot love him because he has not endowed her with that capacity […] the culmination of Pygmalion's self-denial of life is found in his murder by his own creatures. Because he did not accept his limitations, he has created and tried to control a form of life that now robs him of the life he does have in order to free themselves of him [1971: 224–225].

Pigmalión rechaza la vida y desprecia su propia naturaleza a través de la creación de Pomponina y resto de muñecos. El protagonista critica la desgracia del hombre: la vida, ya que para él representa la nada. Irónicamente, es Juan el Tonto el personaje quien pone fin a la vida de Pigmalión, aunque este en última instancia le suplica clemencia. Así como Pigmalión le contesta a Don Lindo que le creó para ser desgraciado como Dios hizo con el ser humano, así Juan el Tonto adelanta la tragedia del devenir de su creador mediante un simple sonido: *cu-cu*.

La señora guapa: incendiando la vida

Definida como «tres actos de comedia seria para gente frívola», *La señora guapa* (1932) es una de tantas obras grauianas que han pasado desapercibidas. El personaje principal aparece en *Tres locos del mundo*, pero a diferencia de la anterior, Grau decide esta vez posicionar a La señora guapa en primer lugar. Su personaje carece de otro nombre según explica Grau en el Prólogo a la edición que recoge ambas obras: «no he puesto más nombre que el adjetivo con que se la denominaba, porque es en sí, una fémina representativa» [1953: 15]. A lo largo del texto, la visión limitada que tiene Grau de la mujer se hace patente en varios de los diálogos, así como en el prólogo.

La comedia escenifica la vida de unos personajes de clase alta, en especial, de la Señora guapa que tratan de evadirse del nihilismo de distintas formas. La Señora se dedica a seducir y engañar a los hombres, que fácilmente caen rendidos ante su belleza. La señora entiende el matrimonio como un negocio y así se casa en varias ocasiones. No obstante, antes de celebrar la boda con su última conquista, Héctor, va a visitar a una adivina celebre. Esta le confiesa que en sus visiones la Señora no llegará a casarse con Héctor debido a un gran acontecimiento que dará un giro importante a su vida.

Como lector de Nietzsche, Grau se ve envuelto e influido por el nihilismo y el decadentismo y así lo manifiesta en esta comedia. Algunas de las características del fin de siglo las enumera Juan Herrero Senés:

> la angustia existencial, la protesta contra el desarrollo históricamente objetivo, las fantasías de autodestrucción, el despertar del irracionalismo, el intento de escapar del comercialismo y de la preponderancia económica, el sincretismo cristiano-pagano, el culto a la belleza, la consciencia de decadencia [pesimismo], la crítica de la civilización democrática, la obsesión por la muerte desde la perspectiva individual y por la dicotomía genio/locura, la ubicación del sujeto en el paisaje urbano, la exclusión total de ideales de compasión o regeneración social, el cosmopolitismo mezclado con el nacionalismo… [2002: 31].

Para vencer estos rasgos comunes en la concepción finisecular, Nietzsche propone una alternativa vital: la «justificación estética de la vida» [Herrero Senés 2002: 25]. Para superar el nihilismo en el que se encuentra sumergido el ser humano: la negación de la vida, la muerte de Dios [GC, III: 125], la pérdida de la creencia en el Cristianismo, el hombre debe primero asumir el nihilismo. De esta forma podrá escapar de la angustia existencial y del pesimismo que arrastra consigo el fin de siglo. Se requiere al ultrahombre (*Übermensch*) que a través de su voluntad de poder puede enfrentarse al nihilismo, aceptarlo y vencerlo a través de la aceptación del eterno retorno, es decir, «el amor a todas las cosas, *¡con tal de que vivan!*» [Za, III, «El caminante»: 223]. Hay que dejar atrás la visión fatalista de la vida y abrazar la concepción circular del tiempo: la necesidad de vivir como si esta fuera la única vida posible [Ávila Crespo, 1986: 364]. El hombre debe amar la vida, pues es un proceso y se repetirá infinitas veces. El ultrahombre concibe la vida sin una finalidad y «revaloriza la más minúscula parte […] haciéndola apetecible, visible, perfilando sus detalles, dotándole de forma bella» [Herrero Senés, 2002: 119]. De esta manera, el ultrahombre que carece ya de Dios, sobrevive al malestar finisecular y ama la vida con sus tristezas y alegrías. Aquellos que no consiguen superar al nihilismo, quedan sumergidos en un desprecio hacia la vida. Solamente el ultrahombre afirma la vida en su totalidad y hace de sí mismo un objeto estético, es decir, una obra de arte.

En *La señora guapa*, algunos de los personajes como es el caso de Héctor, el futuro marido de La señora, no consiguen entender la vida a la manera nietzscheana: «¡Con mis treinta años, tengo ya vivido tanto! Hastiado de todo» [*Señora* 154][19]. A diferencia de estos, La señora guapa parece encarnar algunas de las características de lo ultrahumano. Al igual que el resto de personajes, La señora es un personaje que experimenta hastío en la vida. Para soslayar esta gran angustia existencial que le atormenta, la señora se evade en su estética y en su afán de dominación de los hombres. La erótica del poder junto a su egolatría y vanidad consiguen encubrir su malestar espiritual mientras que los demás personajes quedan dominados por el aburrimiento: «empieza a surgir un cierto hastío» [*Señora* 119]. La temática del aburrimiento es incluso anterior a Nietzsche, ya que los existencialistas se preocupaban también por el aburrimiento estético. La señora guapa «lleva ya, muy a pesar suyo, consigo, igual que se lleva una lacra, un hastío… ese hastío profundo, trágico, desnudo como una vida en desastre» [*Señora* 190]. No obstante, La señora guapa consigue hacerse con su vida de manera que pueda tener un control y un dominio sobre sí misma. A través de una fuerte voluntad de poder, La señora aclama ser la dueña de su destino afirmando la muerte de Dios: «yo no tengo más Dios que yo misma» [*Señora* 170]. La seguridad en su poder de dominio sobre la vida y los hombres figura casi a modo de leitmotiv a lo largo de la obra: la Señora recuerda en cada diálogo su postura de superioridad «Porque quiero. Ya sabes que cuando me lo propongo tengo un gran dominio sobre mí misma» [*Señora* 113]. Para este personaje, la vida es aquello que uno mismo crea a su antojo y no comprende la actitud de los otros personajes. A los hombres les humilla recriminándoles la falta de voluntad de poder para vivir: «yo, dueña de mí, orgullosa, dominadora, en lo mejor de mi edad, en pleno apogeo» [*Señora* 133].

---

19   Todas las citas se hacen desde esta edición Grau, Jacinto (1953): *Los tres locos del mundo. La Señora Guapa*, Buenos Aires, Editorial Losada [en adelante, *Señora*].

Tanto sus discursos como la visión que el resto de personajes exponen sobre La señora guapa, llevan a pensar que comparte algunos rasgos con la *ultramujer*. Cabe aclarar que el origen de este término: «pertenece al ámbito de la crítica literaria y no al programa filosófico de Nietzsche» [Valls Oyarzun 2017: 183]. El término «*ultramujer*» no figura en el canon nietzscheano, aunque muchas de sus explicaciones apuntan hacia esta idea. Eduardo Valls Oyarzun lo describe como un término propio de la crítica literaria [pues en dicho ámbito, el término sí tiene tradición] y lo desarrolla por primera vez de manera sistemática [Valls Oyarzun, 2017: 179–187].

La Señora guapa se percibe a sí misma como una obra de arte. También el resto de personajes elevan su belleza y su modo de vida de la misma manera. Decía Herrero Senés que «aquel capaz de seleccionar [...] y combinar los actos que constituyen su vida de tal manera que la secuencia así formada *tenga la apariencia* de una obra de arte, con lo que él mismo y todo aquello que le rodea se convierten *en la realidad* en obras de arte» [2002: 118]. Asimismo, otra de las características de la *ultramujer* es la belleza exaltada por los demás. Para comprobar si La Señora guapa representa el programa nietzscheano de la *ultramujer* es necesario detenerse en cada una de sus características.

El primer rasgo sería la estética de la mujer fatal (La señora guapa), cuya belleza fascina a los personajes. En su encuentro con la Adivina, esta define a La señora como una *femme fatale*:

> Tiene usted un gran deleite en desplegar sus gestos de mujer excepcionalmente guapa y en dominar con ellos [...] se complace íntimamente en su coquetería, saborea, masca usted el gran efecto que causa y se complace en la envidia que da a las mujeres y en el trastorno que produce en los hombres, buscando toda ocasión de jugar con ellos, como si fuese unos chirimbolos inofensivos [*Señora* 118].

La manera en la que La señora encuentra placer en dominar y en causar un efecto en el resto de personajes recuerda a la sensación de bienestar que también sentía Pigmalión con sus muñecos. La descarga de poder sobre un impotente produce placer al individuo tal como defiende Nietzsche [*vid.* GM, II, 5]. Aunque existe una gran variedad de descripciones acerca de la estética de La señora nos detendremos solamente en algunos de ellos. Grau presenta a su personaje principal al principio de la comedia como una mujer de «de rostro bellísimo, un poco insolente y un mucho provocativo. Su figura, sus ademanes, sus movimientos de una elasticidad voluptuosa y mareante, toda ella, en fin, es el más acabado trasunto del encanto femenino, en su máxima representación. Luce un traje sencillo de calle, del mejor gusto» [*Señora* 109-110]. Uno de los ejemplos más significativos del poder de su belleza así como su modo de vida se encuentra en una conversación entre La Señora, Lilí y Perico:

> SEÑORA._ Yo no tengo culpa de que sus novios se enamoren de mí.
> LILÍ._ No, si viéndote se comprende todo. ¡Estás divina hija! ¡A todas horas divina!
> PERICO._ ¡Para volverse loco como su difunto marido!
> LILÍ._ Es una suerte ser como tú. Muy fría por dentro, volcánica por fuera y en plan tempestad.
> PERICO._ ¡De ciclón! *Cosa bárbara* que dice Héctor.
> LILÍ._ La verdad es que eres y no lo digo por el volumen, *mucho mejor*, para lo que se estila.
> PERICO._ *La super mujer*[20]. Yo no sé cómo no se dedica usted al arte. Me río de Greta Garbo y de la mujer fatal [*Señora* 143-144].

La multitud de descripciones que se hallan en este diálogo sirven de modelo para comprender la belleza fatal de La Señora así como su efecto: juega con los hombres, les engaña en sus negocios, acepta matrimonios por dinero y conquista a los maridos de otras. Perico, un personaje secundario, define a La Señora como la *supermujer* e insiste en la relación de La Señora con el arte, lo que nos lleva a recordar la noción de vida como obra de arte llevada a cabo por la *ultramujer*. También se puede identificar otro de los rasgos de la *ultramujer* nietzscheana: el disfrute de los placeres dionisíacos. La Señora se guía por estos placeres, pues vive con desenfreno sus instintos. Se aprovecha de su belleza para llevar a cabo sus propósitos sin considerar el daño que puede causar: «perder yo mi dominio sobre Héctor, o sobre cualquier hombre, que yo me propongo manejar a mi antojo, es un desatino suponerlo» [*Señora* 169].

Su voluntad de poder —también característica de la *ultramujer*— representa el instrumento para desatar la tragedia en la vida de los personajes. Aquellos fascinados por su belleza, quedan dominados por La señora. Héctor, el futuro marido de la protagonista, reconocer haber perdido el control sobre su vida desde que ha conocido a La señora: «Estoy entregado a esa mujer, dominado ya sin remedio. Me altera todo

---

20   Esta cursiva es mía.

mi tiempo. He perdido la voluntad» [*Señora* 123]. El director, otra de sus víctimas, reflexiona posteriormente sobre la influencia de La señora en su vida: «La verdadera catástrofe será el final. Esa mujer deja siempre un recuerdo trágico» [*Señora* 123]. La señora lleva consigo misma la tragedia, una tragedia del devenir, que involucra a todo aquel que se acerque. La señora manifiesta un disfrute *nietzscheano* en causar tragedias allá donde va *por el placer de hacerlo*: «Lilí._ Tanto que te gustan a ti las emociones. / Señora._ Las que yo produzco solo […] Lilí._ A ti, en cambio, no te gustan más que cuando su amor puede producir un cataclismo» [*Señora* 143].

Sin embargo, en el acto final de la obra La señora fracasa en su intento de llevar a cabo el programa nietzscheano de la *ultramujer*. Una de las características más significativas de lo ultrahumano sin la cual no es posible desarrollar el programa de Nietzsche es la afirmación del eterno retorno. Valls Oyarzun encuentra en la circularidad del tiempo una novedad dentro de las características de la *ultramujer*: «el anhelo telúrico, la vocación estética, la voluntad de poder, (y esto es novedad) una percepción cíclica del tiempo» [2017: 187]. Precisamente, es este el rasgo que La Señora no manifiesta, pues para amar la vida con el dolor y la alegría, hay que comprenderla como un proceso hermenéutico [Gianni Vattimo 1992: 42]. La vida debe entenderse como un proceso y no como un proceso cerrado dialécticamente [*vid.* Deleuze 1993: 17]. En consecuencia, para desarrollar el programa nietzscheano de lo ultrahumano hay que percibir la vida sin una justificación existencial, ya que es cíclica.

En una conversación entre La señora y Héctor en la cual este último le recrimina que su anterior marido terminase loco en el manicomio, La Señora arremete contra él: «¡Nada de terminar! Es muy desagradable terminar una cosa. Por eso es tan triste la muerte. Por lo que tiene de término. Acabar una vida. ¡Qué triste!» [*Señora* 147]. Lejos de la *ultramujer*, La Señora no se aferra a la vida, sino que no acepta la muerte como parte de la vida.

Un ejemplo claro de su fracaso como *ultramujer* se ofrece en la escena final entre la protagonista y su criado Antonio. Este consigue convencer a La Señora de que su deber es estar junto a él y no a jugar con los hombres. Antonio se presenta como «un hombre dueño de sí» [*Señora* 178] con gran seguridad y autocontrol preparado para acabar la libertad de La señora. El criado no muestra rasgos nihilistas y tampoco está envuelto en el aburrimiento estético como el resto de personajes masculinos con los que La señora había tratado. Para él, aquellas víctimas no eran más que «espectros de hombres. Teorías de macho con pantalones. Maniquís animados, en una palabra» [*Señora* 185]. Antonio hace alusión a la moral de los fuertes (los señores) y los débiles (los esclavos) en medio de su disputa con La señora:

> ANTONIO._ Pero débil [se refiere al director] para luchar con usted. Por tanto, un hombre anulado.
> SEÑORA GUAPA._ ¿Anulado, por qué?
> ANTONIO._ Porque usted, como la hembra del alacrán, destruye al macho […] la vida en estos casos críticos sobre todo es siempre del más fuerte [*Señora* 188].

Para el criado, las víctimas de La señora representaban a los hombres esclavos, cuya voluntad había sido anulada, mientras que los fuertes son aquellos que mantienen firme su voluntad de poder. Si La señora había pensado hasta ahora que ella pertenecía a la moral de los señores, desde que Antonio se pronuncia ante ella, para él, esta pasa a formar parte de la moral de los esclavos. Sus armas de seducción como mujer fatal no serán de gran utilidad con el criado.

Antonio se define a sí mismo como el primer hombre de la vida de La señora, un nuevo hombre, el ultrahombre: «Soy un hombre digno de su especie, lo que se llama un hombre, con toda la naturaleza y las pasiones de los hombres, un hombre cualquiera digno de llamarse hombre, que pasa casualmente por tu camino, se enamora y se te lleva» [*Señora* 196]. Con gran dominio sobre sí mismo, Antonio trata a la protagonista del mismo modo que ella había tratado a los otros personajes. En cada uno de sus discursos manifiesta una fuerte voluntad de poder con la que consigue siempre todo lo que desea:

> ANTONIO._ Le advierto que me es igual lo que me diga y lo que piense. Cuando yo quiero, *quiero de veras una cosa,* no suelo contar con la voluntad de esa cosa para tomarla.
> SEÑORA._ ¡Idiota! ¡Yo soy una mujer y no una cosa!
> ANTONIO._ Me es lo mismo para el caso. La apetezco, la quiero y vengo a llevármela […] Va usted a seguirme voluntariamente, con la docilidad de un hermoso animalito doméstico, que es lo que viene a ser la mujer, para un varón fuerte como yo [*Señora* 183].

Antonio anula la voluntad de La señora y pretende que La señora se convierta para él en *un animalito doméstico*. Su visión de la mujer está relacionada con el concepto del *ángel de hogar* que surgió en el siglo XVIII[21]. La protagonista se resiste defendiendo su libertad como la *nueva mujer*[22]:

> SEÑORA GUAPA._ ¡Yo soy libre! ¡Ama de mí misma! ¡Y no puedo, no quiero ser dominada![...] ¡La mujer es tan libre como el hombre!
> ANTONIO._ Es tan libre como el hombre mientras no encuentre al hombre. S. Y cuando lo encuentra también [...] cuando lo encuentra de veras, gran suerte para ella, se regala con la inmensa dicha de satisfacerse en la fuerza ajena, *dándose toda al amor*[23].
> SEÑORA GUAPA._ Una mujer de hoy no puede aceptar ese lenguaje.

---

21 Coventry Patmore utiliza por primera vez el término *ángel del hogar* en su conocidísimo poema con el mismo nombre «Angel in the house» [1854]. El poeta toma como ejemplo a su esposa Emily para describir cómo debería ser el comportamiento ideal de la mujer: «Man must be pleased; but him to please/Is woman's pleasure; down the gulf/Of his condoled necessities/She casts her best, she flings herself./How often flings for nought, and yokes/Her heart to an icicle or whim,/Whose each impatient word provokes/Another, not from her, but him;/While she, too gentle even to force/His penitence by kind replies,/Waits by, expecting his remorse,/With pardon in her pitying eyes;/And if he once, by shame oppress'd,/A comfortable word confers,/She leans and weeps against his breast,/And seems to think the sin was hers;/Or any eye to see her charms,/At any time, she's still his wife,/Dearly devoted to his arms;/She loves with love that cannot tire;/And when, ah woe, she loves alone,/Through passionate duty love springs higher,/As grass grows taller round a stone». En «The angel in the house», book I, canto IX, en Patmore, Derek (1931): *Selected Poems of Coventry Patmore*. London: editorial Chatto & Windus.

22 En los *años locos* (caracterizado mayormente como un periodo de revolución socio-económica y por la adquisición del derecho a voto por parte de las mujeres) se nos describe en la *Historia de las mujeres* a la *nueva mujer* en Inglaterra y Estados Unidos en un nuevo tipo de mujer: «[...] que intentaba conquistar su identidad y su autonomía en detrimento de los convencionalismos. Marcada por los ideales socialistas y anarquistas y por el rechazo del puritanismo victoriano, la defensa del *free love* [...] la joven liberada [...] asidua en los *dancings* y entusiasta de las faldas cortas» [D. Georges, P. Michelle 1993: 128]. Aunque en este volumen se habla de la evolución de la *nueva mujer* en Inglaterra y Estados Unidos, el término también se puede aplicar a la época en la Grau había escrito esta comedia.

23 La cursiva es mía.

> ANTONIO._ ¿Qué es una mujer de hoy? Un artificio de las conveniencias de su época. Estoy hablando de una verdadera mujer de todos los tiempos, fuera de las cambiantes opiniones corrientes de los días en los que vive [*Señora* 193].

Sin embargo, Antonio no acepta la posibilidad de que exista «una mujer de hoy». La única función que puede desempeñar la mujer es ser la «verdadera mujer de todos los tiempos», una mujer que no cambia y que no se deja influir por las vertientes del tiempo. Por ello, concibe a la *nueva mujer* como un artificio. Aunque La señora procura defender su libertad como lo había hecho hasta entonces, Antonio reniega de su libertad. Para el criado, la libertad no significa disfrutar de los placeres dionisíacos ni vivir con desenfreno los instintos como La señora:

> SEÑORA GUAPA._ […] he sido libre y defenderé mi libertad.
> ANTONIO._ Tú no defiendes tu libertad.
> SEÑORA GUAPA._: ¿Ah, no?
> ANTONIO._ No, porque nadie defiende lo que no tiene.
> SEÑORA GUAPA._ ¿De modo que yo que he hecho siempre lo que he querido, no tengo libertad?
> ANTONIO._ No, porque la verdadera libertad no se tiene, sino se conquista y lo que tú crees libertad, ha sido esclavitud de tus nervios sin educar, de tus caprichos y de una vida frívola, despreciable, sin sentido ni objeto [*Señora* 195].

Antonio considera que debe ser él el encargado de educar los instintos de La señora, pues hasta ahora ella había vivido como una esclava de sus propios instintos. La visión de Antonio acerca de la mujer es en gran parte una consecuencia de la lectura limitada que Jacinto Grau había realizado de Nietzsche. En la Introducción al *Teatro Selecto*, Luciano García Lorenzo describe a La señora guapa como un «personaje lleno de fuerza, herencia de Nietzsche una vez más, se enfrentará […] a su destino y con él a su fracaso […] al aparecer un hombre, un Superman, aún más fuerte que ella y más héroe» [1971: 87]. Para García Lorenzo, la protagonista no simboliza más que el deseo de Grau para divulgar sus conocimientos de Nietzsche y resto de autores de su tiempo. La visión de mujer de Grau la encontramos en el mismo prólogo a *La señora guapa* escrito por él mismo: «Esta idea social de la mujer, vista como dependiente del hombre, se funda en su íntima estructura psicológica, en lo que hoy se entiende por el inconsciente, en un imburlable mandato de la naturaleza, que la destina a estar subordinada al varón» [1953: 16].

Más adelante, Grau defiende que filósofos como Nietzsche despreciaban a la mujer. A través del personaje de Antonio, Jacinto Grau sentencia el deber y el rol que debe tener la mujer en uno de los diálogos más polémicos del texto:

> ANTONIO._ No hay ninguna verdadera mujer que en el fondo, no busque un poseedor resuelto, un amo despótico, que no pueda destruir.
> SEÑORA GUAPA._ ¡Un amo! ¡Qué palabra más odiosa! ¡Un amo!
> ANTONIO._ ¡Más que un amo! ¡Un dios! Por señorío masculino, por soberanía de un *sexo que ha robado el fuego a los dioses* [...] Ese hombre, único digno de la especie, busca en la mujer el solaz del *guerrero*, el divino descanso de un placer infinito [...]
> SEÑORA GUAPA._ ¿Y a esa mujer qué le está reservado?
> ANTONIO._ Ser el remanso voluptuoso en la áspera lucha del vivir.
> SEÑORA GUAPA._ ¿Nada más que un remanso?
> ANTONIO._ La mujer solo puede ser plenamente feliz, plenamente mujer, cumpliendo su fin más alto, su mejor destino, trabajando con un hombre pero entregando toda su alma [*Señora* 192–193][24].

En este enfrentamiento de ideas podemos ver reflejada la lectura que Grau había hecho de Nietzsche así como nuevamente una referencia directa a Prometeo. Antonio defiende que la mujer busca siempre un hombre que la subordine en lugar de un hombre que ella pueda dominar como La señora. Es una alusión directa a la *Gaya Ciencia* donde podemos comprobar la interpretación que Grau había hecho de Nietzsche: «lo que la mujer entiende por amor es suficientemente claro: perfecto abandono (no solo entrega) del alma y cuerpo sin ningún miramiento, sin ninguna prevención (…) la mujer quiere que ser tomada, recibida como posesión» [GC, V, 363]. Claro está que la filosofía del alemán está repleta de ambigüedades y de un lenguaje metafórico que ha sido muy criticado por las feministas. No obstante, en la filosofía de Nietzsche se hallan dos tipos de visiones sobre la mujer. Por una parte, Nietzsche hace alusión a la mujer cristiana, que se ha dejado subordinar por el tiempo y la historia. Y, por otra parte, la mujer *afirmada* (la *ultramujer*) que no necesita de ese «poseedor y amo despótico», sino que se afirma a sí misma. Es una mujer afirmada en cuanto que es vida y eternidad

---

24 La cursiva es mía.

a la vez. Elvira Burgos Díaz realiza un estudio exhaustivo de cómo las feministas han criticado la misoginia de las líneas de Nietzsche, sin adentrarse realmente en todas las metáforas que Nietzsche expresa en su obra. Burgos Díaz explica que en el *Nacimiento de la Tragedia,* el filósofo ofrece como ejemplo la relación entre el varón y la mujer para formular la contraposición entre el pecado activo como virtud prometeica y el mito semítico del pecado original, es decir, el mundo griego antiguo y el mundo judeo-cristiano [2000: 83]. Burgos Díaz critica cómo el Cristianismo ha dotado a la mujer de la responsabilidad del pecado original y afirma que Nietzsche no participa de la definición cristiana de mujer: «No afirma la existencia de una identidad inmutable de sexo-género, sino afirma que la noción "mujer" está construida ideológica-culturalmente» [2000: 85]. Recordemos pues como en *Humano demasiado humano*, Nietzsche alega:

> *El parásito.* Denota una carencia total de actitud noble que alguien prefiera vivir en la dependencia, a costa de otros, solo para no tener, que trabajar, habitualmente con un secreto encono contra aquellos de los que depende. Una tal actitud es mucho más frecuente, también mucho más perdonable (por razones históricas), entre las mujeres que entre los hombres [HH, VI: 356].

Nietzsche defiende que la mujer no es una mujer dependiente de su género, sino de la historia, justificando de esta manera su actitud dependiente hacia el hombre (que el filósofo afirma en gran parte de sus textos). A diferencia de la mujer dependiente, el concepto de mujer afirmada que define Burgos Díaz se puede asociar de forma directa con la *ultramujer* nietzscheana: «mujer afirmada y afirmativa que implica también una negación de cómo la tradición representa a la mujer» [2000: 90]. La investigadora se apoya en los *Espolones. Los estilos de Nietzsche* de Derrida para rescatar los tres estilos de Nietzsche ante la mujer que Derrida identifica: «las dos primeras figuras son atacadas y rechazadas-una por ser potencia de mentir y otra de verdad por la posición reactiva que las mujeres asumen. Y la tercera es afirmada en cuanto que es potencia afirmativa y activa, la mujer es afirmada por ella misma y en ella misma» [2000: 80–81]. Sin duda, La señora guapa trata de adoptar el papel de la tercera mujer, es decir, de la mujer afirmada. Sin embargo, al final de la obra fracasa, pues asume la visión que Antonio poseía de la mujer: la mujer de la historia.

En el mismo diálogo entre Antonio y La señora hallamos otra interpretación por parte de Grau de la filosofía de Nietzsche: la necesidad del *guerrero* en la vida de la mujer. Nietzsche afirma que «la vida es una mujer» [GC, IV: 339] así como que «Valerosos, despreocupados, irónicos, violentos – así nos quiere la sabiduría: es una mujer, ama siempre únicamente un guerrero» [Za, I, «Del leer y el escribir»: 74]. Por una parte, respecto a la primera metáfora, Valls Oyarzun defiende que «En primer lugar, afirma la presencia de un velo apolíneo que domine lo monstruoso en el fondo dionisíaco y, en segundo, la representación del pensamiento abismal o eterno retorno» [2017: 179]. La primera característica es dominante en La señora, sin embargo, no acepta el eterno retorno. En consecuencia, si la vida es una mujer y hay que vivir según la doctrina del *eterno retorno*, doctrina que sigue el ultrahombre, en este caso, la *ultramujer*, La señora no representa la encarnación del eterno femenino. Por otra parte, respecto a la segunda metáfora, la sabiduría (la vida) se identifica nuevamente con la mujer. Esta mujer ama al guerrero siendo este aquel humano con una gran voluntad de poder para decir sí a la vida. Sin embargo, Grau entiende al guerrero como un *amo despótico* que debe poseer una mujer que encarne «el divino descanso de un placer infinito» (el ángel del hogar).

El ultrahombre es el encargado de reafirmar la vida tras el nihilismo y el decadentismo del fin de siglo. Su objetivo no debe ser cosificar la vida, y por tanto, la mujer. El látigo que la anciana aconseja llevar consigo a Zaratustra si va a encontrarse con mujeres, según Burgos Díaz, no simboliza un instrumento de violencia ni mucho menos una herramienta para etiquetar a la mujer como débil y subordinada. El látigo representa «la fuerza de acción, tensión sexual y activa la voluntad» [2000: 90][25].

---

25   Además, dada la ambigüedad de los textos de Nietzsche, se pueden realizar diferentes interpretaciones acerca de aquello que simboliza el látigo. No puede pasar desapercibida la ilustración del 1882 en la cual Lou-Andreas Salomé dirige con un látigo en la mano el carro, tirado por Paul Rée y Nietzsche. La ilustración muestra precisamente lo opuesto que las críticas han visto reflejado en las palabras de la anciana de Zaratustra. En la ilustración, se puede ver como Salomé es la mujer dominante y los dos hombres están subordinados. Si se tiene en cuenta que ambos estaban fascinados por la belleza y la inteligencia de Salomé, se puede encontrar aquí la respuesta del poder que Salomé ejercía sobre los dos. Es precisamente en esta ilustración donde los papeles se intercambian, ya no se trata de

En esta comedia tanto Antonio como La señora no constituyen el programa nietzscheano de lo ultrahumano, a pesar de sus intentos fallidos. El ultrahombre y la *ultramujer* deben comprender la vida y lo humano del mismo modo que Zaratustra para quien la vida es una mujer, sabiduría y eternidad. El ultrahombre busca la mujer —símbolo de la eternidad—, es decir, del eterno retorno. Antonio, en cambio, busca en La señora a la mujer cristiana y esta, lejos de ser la mujer afirmada, acede a sus deseos. La señora acepta las convenciones sociales de las que tanto había rehuido.

Aunque el discurso de Antonio progresa de forma lenta, finalmente, La señora pierde el dominio sobre sí misma y afirma que: «no hay defensa contra el destino» [*Señora* 198]. Pues su destino ahora es pertenecer a Antonio, ya que ha aceptado su ofrecimiento:

> (…) voy a pulsar cual un instrumento maravilloso, no usado; esa alma tuya que va a conmover por primera vez el amante fuerte, sediento de ir aspirando todo el alentar de tu ser, todos los ímpetus de tu vivir soterrado, estancado, mareante como un vino de siglos, para que yo me embriague de alegría, bebiéndote ávido (….) ¡Quiero quemar tu boca! ¡Incendiar tu vida! [*Señora* 197].

La tragedia del devenir de La señora guapa es querer hacer de su vida una obra de arte y fracasar en su intento de encarnar a la *ultramujer* nietzscheana. La tragedia de Antonio es pensar que a través de su débil discurso de un fallido intento de ultrahombre «La vida es lo que quieren que sea los que la viven» [*Señora* 201]. Pues *no basta con hacer lo que uno quiere, sino con ser primero de los que pueden querer*[26].

---

    un ultrahombre, sino de una ultramujer. Este hecho se refleja también en la adaptación cinematográfica de Liliana Cavani en *Más allá del bien y del mal* (1977). De modo que, incluso si se aplican las palabras de Burgos Diaz, el látigo que lleva Salomé en la ilustración representa justamente la tensión sexual entre los tres, lo cual le permite a Salomé dirigir la fuerza de acción y activa su voluntad de poder sobre los dos hombres.

26 «Haced siempre lo que queráis, pero sed primero de los que pueden querer» [Za, III, «De la virtud empequeñecedora»: 246].

El burlador «tan dueño de sí, anda llamando la vida en la palma de la mano»

Interesado en el mito de Don Juan, Jacinto Grau escribió dos obras dedicadas al archiconocido conquistador: *El burlador que no se burla* (1927) y *Don Juan de Carillana* (1913). Prestaremos especial atención a la primera obra, pues el mismo Grau afirma que es la mejor en definir su concepto del mito. Para críticos como Torrente Ballester, esta versión es simplemente «es una serie de ideas sobre Don Juan expuestas teatralmente» [1957: 300], mientras que para Valbuena Prat presenciamos al Don Juan de la Generación del 27 [1967: 168]. Y Peral Vega defiende que «Don Juan es, a la postre, la máscara de la farsa por antonomasia – donde encontramos las piezas más sobresalientes de Grau» [2009: 44].

Las escenas tragicómicas de una vida y una muerte resumen las peripecias del conde de Mayolas (Don Juan). El conde nace en el seno de una familia de clase alta y hereda de su madre, la indiferencia y de su padre, sus andanzas con otras mujeres. Guiado por un *ciego impulso vital*, Don Juan encarna al héroe dionisíaco que actúa enfrente de la razón apolínea. A través de sus conquistas, el protagonista representa el enfrentamiento entre lo dionisíaco y lo apolíneo. Finalmente, vence lo dionisíaco.

El análisis de nuestro estudio se va centrar en la manifestación de cualidades *ultrahumanas* (*Übermensch*) en este Don Juan. Ya desde el comienzo de la obra percibimos ciertos ecos a Zaratustra. La abuela de Don Juan, doña María, suplica en sus rezos que su hija diera a luz al ultrahombre:

> DOÑA MARÍA._ ¡Por Dios, Virgen mía, que nazca un hombre y no un ciruelo!… y que deje memoria tras de sí, ya que no gloriosa, digna al menos de ser recordada… Todo, Virgen mía, todo…, menos uno de esos seres vulgares, aburridos y anodinos, como el vivir vacío y gris de esta vieja provincia de España, tan dejadas una y otra, hace tiempo, de tu mano… ¡Que nazca un hombre, Virgen mía, un hombre digno de serlo al menos! [*Burlador* 613][27].

---

27 Todas las citas se hacen desde esta edición Grau, Jacinto (1971): *El teatro selecto de Jacinto Grau*, ed. Luciano García Lozano, Madrid, Escélicer [en adelante, *Burlador*].

Doña María no desea un hombre sumergido en el hastío y el aburrimiento[28], que sufra de la *gran náusea*, sino un hombre que deje huella allá donde va. La náusea a la que nos referimos es aquella a la que Nietzsche hace alusión y que ya hemos tratado en *La señora guapa*: «a todos vosotros que sufrís de *la gran náusea* como yo, a quienes el viejo Dios se les ha muerto sin que todavía ningún nuevo Dios yazga en la cuna entre pañales [...] yo os conozco, hombres superiores» [Za, IV, «La canción de la melancolía»: 403]. Doña María aclama a ese hombre superior, al ultrahombre, del mismo modo que Zaratustra pide a las mujeres que su voluntad respecto al embarazo sea: «¡Ojalá diese yo a luz el superhombre!» [Za, I, «De viejecillas y jovencillas»: 110]. El deseo de doña María se cumple y Laura da luz a ese hombre, cuyo *vivir no es vacío*.

Ya desde su adolescencia, presenciamos las aventuras del conde de Mayolas. Gloria, la prima de Don Juan, es la prometida del profesor Eugenio. Cansada del «ideal tranquilo, corriente» [*Burlador* 616], se enamora del conde. Regañada por doña Laura, la madre de Don Juan, pues las criadas ven salir al conde de su habitación, la joven se suicida. Comienza así la tragedia y con ella las andanzas de Don Juan, quien pasea como «un mozo arrogante, con sombrero de alas anchas y sin abriguillo puesto como capa, sobre los hombros» [*Burlador* 634]. Doña María, consciente tanto de su deseo concedido como de la falta de culpabilidad en el suicidio de Gloria, teme aún así los acontecimientos trágicos que están por venir: «mi nieto, que empieza a pasar por la vida dejando un rastro de dolor y de sangre» [*Burlador* 634].

Don Juan es acusado ya desde el primer cuadro por Eugenio, ya que este considera que su don de conquista con las mujeres solo provoca la tragedia en el resto de personajes. Sin una mujer que se libre de la pasión del conde que todo lo arrolla, Eugenio describe a Don Juan como «lleno de donaire, sin saber de dolor, sensible solo a las exaltaciones y pétreo para todo lo que no le afecte: un elemento humano, en fin, un puro impulso cósmico, más que un hombre...» [*Burlador* 623]. Respecto a esta descripción, cabe mencionar dos asuntos: por una parte, en el prólogo a la obra, Jacinto Grau afirma que si Don Juan *no sabe de dolor* es porque «engendra el dolor ajeno liberándose del suyo» [1971: 582]. Consideramos que Don Juan no causa dolor a conciencia, pues si fuera

---

28   En varias de las obras de Jacinto Grau se repite el tema del aburrimiento y hastío.

así, mostraría un cierto grado de placer en hacer el mal a la manera nietzscheana. Por otra parte, hallamos de nuevo otra alusión al ultrahombre en las palabras de Eugenio: Don Juan es algo *más que un hombre, es un puente tendido entre el hombre y el superhombre*.

Con el fin de comprobar si realmente Don Juan representa el programa nietzscheano del ultrahombre, cabe hacer referencia al resto de sus conquistas, de las cuales sí podemos ser testigos, ya que en el caso de Gloria, Grau ausenta al conde en los diálogos. En el cuadro segundo «Don Juan entre mujeres», el conde Mayolas intenta que Adelia se rinda a sus deseos y que tome su corazón como ningún otra lo había hecho: «Adelia._ Pero ¿qué hombre es usted? / Don Juan._ No sé. Solo sé que voy a ti con toda mi vida […] Cuando quiero a una mujer, solo a ella deseo / Adelia._ Déjeme…/ Don Juan._ ¿Cómo dejarte, si me abrasa el deseo insaciable de ser tú misma? / Adelia._ ¿De ser yo misma? Don Juan._ Quisiera fundirme en ti. Ser tú [*Burlador* 637–638]. Don Juan ofrece a sus conquistas la posibilidad de deshacerse del hastío y la monotonía en la que viven. Al igual que La señora guapa, Don Juan también sufre ese hastío, pero para liberarse de él, ama, fantasea y vive con ansias insaciables. Antes de que Adelia caiga en sus brazos, entra su hermana Hortensia quien se había entregado a él pocos días antes:

> Hortensia._ ¡Tú con mi hermana, y hace apenas unos días me tenías en tus brazos y parecías morir de amor por mí!
> Don Juan._ ¡Y moría de amor!
> Adelia._ ¡Toda tú eres engaño!
> Don Juan._ Precisamente es lo que no soy. Digo siempre la verdad, lo que siento.
> Hortensia._ ¿Cómo puede mentirse así?
> Don Juan._ No miento jamás a las mujeres.
> Adelia._ ¿Qué no mientes?
> Hortensia._ ¿Tú tienes valor de decir que no mientes?
> Don Juan._ Repito que nunca. Lo soy todo, menos hipócrita.
> Adelia._ Bien te llaman Don Juan.
> Don Juan._ Yo no sé nada de ese Don Juan al que todos me comparan. Ni, además, me importa ese mito. Yo soy como soy. Quiero con toda mi vida cuando quiero, y nunca llevo máscara de falsedad [*Burlador* 640].

Hortensia le reprocha sus mentiras, puesto que no comprende que ahora esté conquistando de la misma forma y con el mismo ardor a su hermana Adelia. Don Juan se defiende a través de la sinceridad. Don Juan no es un burlador de mujeres, sino un *burlador que no se burla*. Ama a cada mujer con la misma intensidad que la anterior. Sin embargo, su pasión y su amor por ellas es fugaz y dura un instante. Aquí se halla la tragedia de este Don Juan: «[no] puede amar de otro modo que como ama: con intenso y fugaz arrebato» [Grau 1971: 590]. Las hermanas le comparan con el mito original de Don Juan, pero él reniega de cualquier comparación, ya que él no usa *máscaras de falsedad* para conquistar. Su amor es sincero, aunque efímero. En el prólogo, Grau defiende al personaje arremetiendo en contra de los mitos donjuanescos anteriores: «hay una diferencia tan esencial como del arrogante héroe de Tirso al Don Juan de Zorrilla, que al desmentirse a sí mismo enamorándose hondamente, con querer de alma, deja de ser lo que es Don Juan» [1971: 590]. Tras este enfrentamiento, el conde de Mayolas vuelve a infiltrarse en la casa y conquista finalmente a Adelia.

Don Juan es analizado y criticado por los personajes masculinos de la obra. Arriaza[29], un escrito de fama, pretende desenmascarar a Don Juan en sus artículos y conferencias: «A Don Juan le dimos vida los españoles. Lo he dicho ya en un artículo. La poligamia la trajeron los moros, la mujer encerrada y ofrecida como un encanto más del paraíso de Mahoma» [*Burlador* 655]. De nuevo se hace alusión al mito original y se critica el aumento de conquistas que está teniendo Don Juan. Otros incluso procuran tenderle una trampa instruyendo a sus mujeres para engañar a Don Juan como es el caso de Ordóñez: «Don Juan es una vulgar modalidad biológica y un majadero; y ese condesito de Mayolas, un señorito imbécil y baratero, al que voy a destripar con la ayuda de mi mujer» [*Burlador* 659–660]. En medio de estos complots en contra de Don Juan, el personaje Suárez menciona el miedo que la sociedad manifiesta cuando aparece un individuo superior que puede trastornar sus convenciones sociales: «La sociedad está en todas partes conspirando contra la virilidad de cada uno de sus miembros y en cuanto surge un gran carácter, o se le desconoce, o se inicia contra él una lucha sorda […] eso es un pánico instintivo y colectivo de rebaño, que ventea de lejos al lobo» [*Burlador* 661]. En sus palabras resuena el eco nietzscheano acerca del *rebaño*, de la *rebelión* debida al resentimiento.

---

29   Gáldez [otro personaje] opina sobre Arriaza haciendo una referencia directa a Nietzsche: «Quizá padezca una parálisis general progresiva, como Nietzsche» [*Burlador* 656].

En cambio, Suárez y Goriones tratan de entender la naturaleza del conde: «SUÁREZ._ Que ese hombre, *como el Don Juan de veras*, no le da importancia a su vida, es indudable./GORIONES._ Consideremos primero lo espontáneo, un puro fenómeno vital, y luego lo racional. Punto de vista socrático. Ironía ante el impulso animal» [*Burlador* 659][30]. Hallamos en las reflexiones de los dos personajes la naturaleza de Don Juan: se mueve guiándose por su impulso, por lo espontáneo, por un *puro fenómeno vital,* que es la vida. Don Juan disfruta de los placeres e instintos dionisíacos dejando atrás la razón apolínea. A modo del ultrahombre nietzscheano, Don Juan consigue sus objetivos mediante la voluntad de poder. Se trata de una voluntad activa a través de la cual el conde afirma el instante y realiza el ofrecimiento: vivir con desenfreno los instintos durante aquel instante. Es por ello que sus conquistas a pesar de conocer su naturaleza aceptan su ofrecimiento: «y como tu vida ha sido hasta ahora muy tranquila, buscas una gran emoción inesperada, que se te ofrece al paso» [*Burlador* 663]. El ciego impulso vital mediante el cual se mueve Don Juan brinda a la vida de las mujeres esa *gran emoción inesperada*. Actúa al mismo tiempo como un vampiro que en vez de succionar su energía, les procura un libre albedrío efímero durante un instante lleno de pasión y frenesí. Un claro ejemplo de este símil entre el vampiro[31] y el conde

---

30 Aunque Goriones se refiere aquí a los Donjuanes anteriores al Burlador, Jacinto Grau sentencia en el Prólogo que el conde Mayolas representa el: «Don Juan que a mí se me antoja verdadero» [1971: 594].

31 Respeto a esta relación entre el vampiro y Don Juan, Peral Vega identifica brevemente un posible símil entre Drácula y el conde de Mayolas: «se hace explícita la relación entre el seductor sevillano y la figura del conde Drácula, pues, en ambos, las rendidas féminas ofrecen su sangre en un acto de inmolación consentida» [2009: 43–44]. No obstante, en *Dracula* de Bram Stocker, las víctimas no ofrecen su sangre de forma voluntaria y consciente: el vampiro ataca a Lucy de noche hipnotizándola para así poder beber su sangre cada noche hasta matarla; y actúa de la misma forma con Mina, pero esta es salvada en última instancia. Asimismo, Peral Vega afirma que en el *Burlador* es Afra quien exclama tener sed de Don Juan y ocurre exactamente al revés. Se puede considerar una identificación del conde de Mayolas con el vampiro en cuanto que Mayolas realiza el ofrecimiento a sus víctimas. Ellas, embriagadas por su impulso vital y belleza, aceptan. También esta identificación se manifiesta en la descripción que rescata Peral Vega acerca de Don Juan así como en su explicación acerca del castigo que recibe Don Juan al final de la obra [la sed eterna]: «Tenía una sed como un cuchillo, recién esmolao, de esas que hielan, y un mirar de lumbre, de los que se meten dentro y le revuelven

Mayolas lo hallamos en medio de la conquista de Afra: «Don Juan._ [...] Tengo una sed de ti.../Afra._ (*Loca fuera de sí*) ¡Toma mi sangre! ¡Mátame, anda, mátame!» [*Burlador* 678–680]. Afra *entrega su vida* a Don Juan para disfrutar del impulso vital.

Al final de la obra, en el quinto acto «Don Juan y los fantasmas», el conde recibe una carta donde le informan que pronto morirá, ya que había sido envenenado. Durante el delirio que le produce el veneno, Don Juan tiene visiones con el Diablo y tres figuras: el destino, la vida y finalmente, la muerte. El Diablo le insinúa enfrentarse a Dios junto a él: «¿Por qué antes de morir no se rebela usted contra Dios, como yo, y se une usted a mi falange? [...] Don Juan._ La rebeldía supone tener un amo contra quien rebelarse, y yo no tengo ninguno» [*Burlador* 694]. Don Juan rechaza su oferta, pues él es el amo y dueño de sí mismo. Asimismo, niega la existencia de Dios. Don Juan ha hecho de su vida una obra de arte, ha creado su vida y ha guiado su destino allá donde le han llevado sus instintos. La muerte de Dios es un tema muy recurrente tanto en los textos de Nietzsche y en los textos de Jacinto Grau como ya hemos comprobado[32]. El diablo insiste y le informa del castigo eterno (la *sed eterna*) que va a sufrir por el daño que ha hecho: su prima Gloria se suicida, se enfrentan dos hermanas por su amor y acaba asesinando en un duelo a El Rendueles. Aunque Gloria se suicida debido a las duras palabras de doña Laura y El Rendueles les habría matado a él y a Afra, Don Juan es castigado al final del acto con la muerte. Antes de que llegue al final de su vida, el Diablo le explica su castigo:

> cada vez que vuelva usted a la tierra vendrá usted sediento, y se irá de ella más sediento que vino, inconmovible a Dios, al diablo y a todo lo que no sea usted mismo [...] Sus entusiasmos duran instantes, pero su sed aumenta y permanece, porque usted es un místico sensual sin saberlo, y la sensualidad es un medio de cansar la carne y acrecer la sed, y su sed es su castigo temporal, que le llevará a otro castigo mayor, que ya ha sufrido y volverá a sufrir [*Burlador* 697].

Don Juan no puede ni desea recibir la salvación cristiana al final de la obra. Su muerte es consecuencia de su egoísmo y no por haberse

---

a una la sangre y las entrañas... Y cuando se reía le echaban un brillo los dientes» [*Burlador* 672].
32 *Vid.* [*Za* 403], [*GC* 40] y *vid., infra*.

burlado del Comendador. Por tanto, su castigo no es ir al Infierno, sino a un lugar abandonado por la ilusión donde sufrirá eternamente su castigo [*vid.* Villagrá Saura 2003–2004: 270]. Tras la inútil discusión con el Diablo, aparecen las tres figuras. La Vida y el Destino tratan de concienciar al conde de Mayolas de que su vida y por tanto, su destino, están a punto de terminar. Sin embargo, Don Juan mantiene su ideal hasta el final: «Qué me importa mi destino. Mi destino soy yo» [*Burlador* 699]. Don Juan, el ultrahombre, se enfrenta a la Vida y al Destino sin miedo, pues ha hecho de su vida la creación que ha deseado: «tu vida termina, don Juan, y con ella yo, tu destino./DON JUAN._ me es tan indiferente tu vida de sombra como la mía carnal» [*Burlador* 699]. Después, aparece la Figura negra, pero el conde de Mayolas no teme a la muerte ni a la eternidad:

> DON JUAN._ La eternidad es una palabra sin sentido. Algo inmóvil y fijo, que no existe. Dentro de mí siento que todo es movimiento. La eternidad no es nada.
> FIGURA NEGRA._ Pronto entrarás en ella, don Juan. Entraré en otra danza desconocida, de la que me daré cuenta o no. Después de todo, ¿morir qué es? Algo tan repetido, natural y sin importancia como el respirar o estornudar [*Burlador* 701].

Para Don Juan la eternidad es inexistente. En cambio, afirma el *eterno retorno* como el ultrahombre. Solamente afirmando el eterno retorno, se puede conquistar el tiempo. Don Juan entiende la vida como movimiento y la muerte como otra *danza desconocida*. Se pregunta por el significado de la muerte y la define a través del *eterno retorno de todas las cosas*, puesto que la muerte para el conde es algo *repetido* y natural. De la misma manera que el ultrahombre nietzscheano, Don Juan acepta la muerte como parte de la vida [*vid.* Deleuze 1993: 17 y Vattimo 1992: 42][33]. Por esta razón, no se arrepiente de sus acciones en las dos ocasiones que se le plantea la posibilidad por Adelia [*vid. Burlador* 643] y por la muerte: «FIGURA NEGRA._ ¿No te arrepientes, Don Juan, de tanta palabra vana, y caricia inútil, y beso estéril?/ DON JUAN._ No me arrepiento de nada [*Burlador* 703]. La muerte le enseña a Don Juan visiones, espectros de las personas con las que se había cruzado. Todos son hombres disgustados y enfadados, pero ningún rostro de mujer.

---

33 *Vid. Infra.*

Sabemos que en el epílogo de la obra, «Resonancia de Don Juan», aparecen varios personajes femeninos que recuerdan a Don Juan, tal como había deseado su abuela doña María: que su nieto fuera eterno en la memoria de los demás y que dejase huella. Las mujeres, aparentemente conquistas de Don Juan, se refieren al conde de Mayolas como un hombre que en un instante había conseguido deshacerlas del hastío, ya que: «produce en las mujeres un deslumbramiento que ya no volverán a sentir más y el resto de su vida les parece vacío ante lo sentido, deseando inconscientemente al hombre que así las ha seducido, todavía irresistible para ellas» [Grau 1971: 592]. En el discurso final de las mujeres, Grau vuelve a manifestar su visión de la mujer del mismo modo que en el resto de obras que hemos analizado: «toda mujer como yo, que desea dominar, es porque tal vez echa de menos quien la domine a ella, porque, en el fondo, todas las mujeres buscan un amo sin saberlo» [*Burlador* 712].

Don Juan no se arrepiente ni acepta las consideraciones del Diablo y de las tres figuras, puesto que encarna al hombre estético, cuya finalidad en la vida ha sido «siempre el *futuro* (que reclama ser dotado de apariencia artística) para vivir más intensamente el presente, eternizado en el instante como obra de arte» [Herrero Senés 2002: 123]. Don Juan, el hombre estético por excelencia, ha hecho de su vida una obra de arte y ha eternizado cada instante. Como un gran niño, el ultrahombre [Za, I, «De las tres transformaciones»: 55] Don Juan ha sabido jugar y reír en el mundo [vid. *Burlador* 704]. Ha vivido su vida según sus instintos. A diferencia del *Don Juan de Carillana* (1913), quien ha sido burlado por su propio destino, este Don Juan se presenta a sí mismo como un *burlador que no se burla*. Jacinto Grau expone en el prólogo que su tragedia es no darse cuenta de su «naturaleza elemental, invariable, fija en su estructura, incapaz de progreso ni regresión» [1971: 590]. Por ello, Don Juan no muestra ningún rasgo de arrepentimiento por haber vivido su vida según lo dionisíaco. El quinto cuadro acaba con Don Juan abrazando la muerte: «Sigue…sigue llegando a mí, así, tan sigilosamente como la novia ávida, que se nos acerca callado amorosa, seguirá de su voluntad y de su deseo» [*Burlador* 704]. Don Juan acepta su vida, su destino y abraza su muerte guiándose *eternamente hacia lo incierto*.

A modo de conclusión: «¡Al infierno, si allí se ama!»

La recepción de Nietzsche en España tuvo una repercusión muy significativa en los escritores españoles. Autores como Jacinto Grau han tratado mostrar la influencia nietzscheana en sus obras. Para Gonzalo Sobejano, la Generación del Novecentismo (de la cual forma parte Grau) «son nietzscheístas, aunque en menor medida» [1967: 639–640]. Lo cierto es que Grau se podría considerar un escritor *nietzscheísta*, pues, tanto en sus obras como en sus estudios alude a Nietzsche. Algunas de sus obras manifiestan los temas pertenecientes a la filosofía del alemán a partir de la cual podemos deducir la propia interpretación que Grau había realizado de Nietzsche. La vanguardia y el movimiento del Romanticismo alemán llegaron a España años más tarde. Así, los personajes de Grau sufren de la gran náusea y del nihilismo, que en Alemania ya había transcurrido socialmente. En sus obras, los personajes encarnan a la burguesía española que lucha contra el hastío en búsqueda de nuevos valores.

El resto de obras que no hemos analizado también utilizan temas nietzscheanos. Merece especial mención *El conde Alarcos*, donde encontramos varias similitudes con dos textos de Oscar Wilde: *Salomé* y «Cumpleaños de la Infanta». El personaje de la infanta de Grau parece poseer una fortísima voluntad de poder, de modo que los personajes masculinos quedan dominados por ella y cumplen sus deseos: pide a su padre el rey que el conde Alarcos asesine a su mujer, ya que hace años durante la infancia le había prometido amor eterno. El rey, manipulado y amenazado, obliga al conde a cumplir el deseo de la infanta. El conde asesina a su esposa entre remordimientos. A primera vista, la actitud de la infanta recuerda a la crueldad nietzscheana de la infanta de Wilde[34]. Después, el diálogo entre la infanta y el rey también hace eco de la conversación entre Salomé y el tetrarca, cuando esta le pide la cabeza del profeta en una bandeja de plata. El tetrarca se resiste, le ofrece todos sus tesoros, pero al final acepta. Sin embargo, a diferencia de Salomé,

---

34   *Vid*. Valls Oyarzun, Eduardo (2006). *Formación y Representación de la ideología moderna en la literatura inglesa del siglo* XIX [tesis doctoral], Madrid, Universidad Complutense de Madrid, 2006.

quien sí encarna a la *ultramujer* nietzscheana[35], la infanta de Grau actúa en todo momento influenciada por su nodriza, quien encuentra en el capricho infantil de la infanta una excusa para vengarse del rey. La infanta no representa a la *ultramujer*, pues las motivaciones últimas pertenecen a la nodriza. La infanta carece de la exaltación de subjetividad propia del ultrahombre, ya que es manipulada por la nodriza. Su deseo es el amor caprichoso e infantil de una niña[36]. El personaje es víctima del nihilismo, pues al estar hastiada de vivir, crea ese capricho desde al aburrimiento. La infanta no es dueña de sí misma como la *ultramujer*, sino que es el capricho quien se adueña de su vida y funciona como un imperativo. Aunque acepta su castigo y su destino al final del texto («al infierno, si allí se ama»), la infanta actúa movida por su capricho infantil y la venganza de la nodriza.

En las tres obras que hemos escogido, los protagonistas afrontan a la desazón y se ven envueltos en lo que hemos llamado la tragedia del devenir. Pigmalión, lejos de identificarse con el ultrahombre Prometeo, transgrede el espacio de los dioses para crear y esclavizar a sus muñecos. Acaba encerrado en una realidad limitada (enamorado de su muñeca Pomponina). La señora guapa aspira a ser la *ultramujer* nietzscheana a lo largo del texto, pero acaba vencida por otro fracaso del ultrahombre, Antonio, el criado. La señora desempeña la función de transgresora a diferencia del resto de personajes, pero finalmente, acepta las convenciones sociales de su época: huir con Antonio e interiorizar su papel como ángel del hogar. En ambas obras está muy presente la moral de los señores y de los esclavos. El único personaje de los tres textos que encaja en el programa nietzscheano es el conde de Mayolas. Don Juan representa el ultrahombre que convierte su vida en una obra de arte. Vive en el estadio estético y abraza todo aquello que se le presenta, ya que asume su destino (el *amor fati*). Su muerte le convierte en el ultrahombre desde un punto de vista nietzscheano. En su enfrentamiento final con el Diablo y las tres figuras, Don Juan defiende que vive en el

---

35 *Vid.* Badea, Catalina (2014): «Más allá de la belleza y del placer: máscaras de crueldad en Oscar Wilde», *JACLR* (*Journal of Artistic Creation and Literary Research*) 2.2: 1–42.
36 Cuando Nietzsche se refiere al superhombre como un niño, no se refiere a los caprichos infantiles de esto, sino del superhombre como niño en cuanto que se crea a sí mismo.

instante y no en la eternidad, pues, vive en lo inmediato. La eternidad no simboliza nada para él, ya que él no se desenvuelve fuera del tiempo. Allí no tiene sentido estar, puesto que los actos no tienen trascendencia. Don Juan es el hombre estético que anhela lo inmediato: lo que es y deja de ser a cada momento. Su tragedia es dionisíaca, pues se guía por sus instintos, acepta el *amor fati* y halla la belleza en el instante. El conde, a diferencia del Don Juan de Carillana, sí se proclama dueño de su destino, al igual que *El caballero Varona*. No obstante, al igual que en *Destino,* su pasión que todo lo arrolla y arrastra le conducen a la muerte. Parece que los textos de Jacinto Grau acaban en su mayoría en tragedia, pues, *el mal dice que nos ama pero después de habernos conducido la muerte*[37].

Bibliografía

ÁVILA CRESPO, REMEDIOS (1986): *Nietzsche y la redención del azar*, Granada, Universidad de Granada.

BURGOS DÍAZ, ELVIRA (2000): «Afirmando las diferencias. El feminismo de Nietzsche», en: *Asparkía*, XI, 77–93.

DELEUZE, GILLES (1993): *Nietzsche y la filosofía*. Trad. Carmelo Artal, Barcelona, Anagrama.

DÍAZ FERNÁNDEZ, JOSÉ (2006): *Prosas*. Ed. Nigel Dennis, Madrid, Fundación Santander Central Hispano.

DIAZ W., JANET (1967): «Twentieth Century Spanish Theater at a Glance», en: *Romance Notes*, 9.1, 22–27.

DUBY, G., PERROT, M. (1993). *Historia de las mujeres. Vol. 5: El siglo xx,* Madrid, Santillana.

EZELL, RICHARD LEE (1971): *The theater of Jacinto Grau: A depiction of Man* [tésis inédita], Oklahoma, University of Oklahoma.

FERNÁNDEZ, ÓSCAR (1955): *Jacinto Grau's Dramatic Technique*, tesis inédita, University of Wisconsin.

---

37 La cursiva es referencia de Jean-Luc Marino (1993): *Prolegómenos a la Caridad*, Madrid, Caparros, p. 26.

García Lorenzo, Luciano. (1971a): «Unamuno y Jacinto Grau», en: *AIH. Actas IV*, 589–598.
García Lorenzo, Luciano (1971b): «Introducción» a *Teatro selecto de Jacinto Grau*, Madrid, Escelicer.
Giuliano, William (1950): *Life and Works of Jacinto Grau*, [tésis inédita], Michigan, University of Michigan.
Grau, Jacinto (1953a): *Los tres locos del mundo. La Señora Guapa*, Buenos Aires, Editorial Losada.
– (1953b): «Prólogo» a Jacinto Grau, *Los tres locos del mundo. La Señora Guapa*, Buenos Aires, Editorial Losada, 14–19.
– (1954a): *El conde Alarcos. El Conde Alarcos. Las gafas de don Telesforo o Un loco de buen capricho. Destino,* Buenos Aires, Losada.
– (1954b): «Prólogo» a Jacinto Grau, *El conde Alarcos. Teatro. El Conde Alarcos. Las gafas de don Telesforo o Un loco de buen capricho. Destino,* Buenos Aires, Losada, 11–24.
– (1971a): *El teatro selecto de Jacinto Grau*. Ed. Luciano García Lozano, Madrid, Escélicer.
– (1971b): «*Ante la figura de Don Juan*. Prólogo al *Burlador que no se burla*», en: *El teatro selecto de Jacinto Grau*, Madrid, Escélicer, 589–596.
Herrero Senés, Juan (2002): *La inocencia del devenir*, Madrid, Biblioteca Nueva.
Navascués, Miguel (1975): *El teatro de Jacinto Grau*, Madrid, Colección Nova Scholar.
Nietzsche, Friedrich (2014): *Obras completas. Vol. III: Obras de madurez*. Ed. Diego Sánchez Meca, trads. Jaime Aspiunza y Marco Parmeggiani, Madrid, Tecnos.
– (2007): *Más allá del bien y del mal*. Trad. Andrés Sánchez Pascual, Madrid, Alianza Editorial [abreviado MBM].
– (2004): *El nacimiento de la tragedia*. Trad. Andrés Sánchez Pascual, Madrid: Alianza Editorial [abreviado NT].
– (2003): *Así habló Zaratustra*. Trad. Andrés Sánchez Pascual, Madrid, Alianza Editorial [abreviado Za].
– (2003): *La genealogía de la moral*. Ed. Diego Sánchez Meca. Trad. José Luis López y López de Lizaga, Madrid, Tecnos [abreviado GM].
Oakley, Tyler R. (2014): *Nihilism in turn-of-the-century Spanish drama* [tésis inédita], University of North Carolina at Chapel Hill.

Ovidio (1995): *Las metamorfosis*. Trad. Ely Leonetti Jungl, Madrid, Espasa Calpe.
Patmore, Derek (1931): *Selected Poems of Coventry Patmore*, London, Editorial Chatto / Windus.
Peral Vega, Emilio (2009): «Introducción» a Jacinto Grau, *El Señor de Pigmalión*, Madrid, Biblioteca Nueva.
Rodríguez Salcedo, Gerardo (1966): «Introducción al teatro de Jacinto Grau», en: *Los papeles de Son Armadans*, XLII, 124 (Julio), 12–42.
Santiago Romero, Sergio (2016): «Oscura raíz del grito. Tragedia y *amor fati*: notas sobre la *tragedia dionisíaca*», en: *Atlantis. Revista de pensamiento y de educación*, 4, 87–102.
Shaw, Bernard (2011): *El perfecto wagneriano*. Trad. y ed. Eduardo Valls Oyarzun, Madrid, Alianza.
– (2000): *Man and Superman*, London, Penguin Classics.
Sobejano, Gonzalo (1967): *Nietzsche en España*, Madrid, Gredos.
Torrente Ballester, Gonzalo (1965): *Panorama de la Literatura Española Contemporánea,* Madrid, Guadarrama.
– (1982): «Don Juan tratado y maltratado», en: *Ensayos críticos*, Barcelona, Ediciones Destino, 313–315.
Valbuena Prat, Ángel (1967): «El teatro de Jacinto Grau y su situación especial», en: Guillermo Díaz Plaja (ed.), *Historia General de las Literaturas Hispánicas*, vol. 6, Barcelona, Vergara, 165–169.
Valls Oyarzun, Eduardo (2017): *Dueños del tiempo y del espanto. Genealogía nietzscheana de la responsabilidad en la narrativa victoriana*, Madrid, Escolar y Mayo.
– (2011): «Estudio preliminar» a *El perfecto wagneriano*, Madrid, Alianza.
– (2006): *Formación y Representación de la ideología moderna en la literatura inglesa del siglo* XIX [tesis doctoral], Madrid, Universidad Complutense de Madrid (12/05/2006).
Vattimo, Gianni (1992): *Más allá del sujeto: Nietzsche, Heidegger y la hermenéutica*. Trad. Juan Carlos Gentile Vitale, Barcelona, Paidós.
Villagrá Saura, Katy (2004): «Don Juan y los fantasmas», en: *Castilla*, 267–280.

Lucía Cotarelo Esteban
Universidad Complutense de Madrid

Vivencia nietzscheana de la divinidad en la poesía de posguerra

La cruz y la espada fundidas, forja de un régimen dictatorial que a fuego y sangre impuso un nuevo sistema político social, una religiosidad propia. Su yunque: el medievalizante sistema de jerarquías eclesiásticas y la espiritualidad basada en un Dios propio del Antiguo Testamento, capaz de subyugar al pueblo temeroso. Justiciero, autoritario y cruel, se configuró reflejo, con su imaginario, del clima de violencia y dominación del Franquismo. El hombre herido se debate entonces entre el deseo de rendirse a los brazos consoladores que aplaquen sus males, y el de alzarse contra el rostro impasible que habría de velarle, empático y responsabilizado: «al cristianismo hay que definirlo agónicamente, en función de lucha» [Unamuno 1996: 89], una lucha de fe que se vio intensificada por las desastrosas consecuencias de la Guerra Civil. Es esta amarga condición, compleja y paradójica, la que saturó durante décadas una lírica que poetas y críticos se han esforzado por sistematizar sin considerar a veces lo suficientemente su profundidad. Binomios se establecen diferenciando una poesía arraigada y una desarraigada [Alonso 1988], poetas en torno a las revistas Garcilaso y Espadaña, interés por la esencia y por la existencia, fe en Dios y fe en el hombre, etc[1]. Actúa

---

[1] Martínez Perera [2008: 105–138] realiza en el capítulo «Lectura crítica de la poesía existencial española de posguerra» una revisión crítica del estado de estos estudios, señalando algunos títulos esenciales como: *Poesía española contemporánea. Las generaciones de posguerra* (1974) de José Luis Cano; *Un cuarto de siglo de poesía española* (1966), de José María Castellet; *La poesía en el siglo xx: desde 1939* (1983) de José Paulino Ayuso; *La poesía española de 1935 a 1975* (1987) y *Poesía española de posguerra. Teoría e historia de sus movimientos* (1973) de García de la Concha, etc.

sobre el historiador de la literatura la necesidad de acotar el objeto de estudio, pues a pesar de la amplitud de estas clasificaciones de difuminados límites, por su temática existencial y tono paradójico gran parte del conjunto poético da muestra de una oscilación —lucha agónica— que impide su catalogación. ¿Dónde una fe inquebrantable, dónde un convencimiento nihilista puro entre estos poetas que abordan la divinidad?

Se suma a este hecho el producto de un segundo inconveniente que suelen presentar las clasificaciones estéticas y agrupaciones generacionales —su característico canon excluyente y olvidadizo—, en este caso ya reivindicado por estudiosos como Naharro-Calderón [1991]: la poca atención prestada a la España del exilio por parte de la crítica, a excepción de algunos casos particulares, y la escasez de estudios acerca de la confluencia entre las Españas del interior y del exterior. Las «poéticas de posguerra» que se restringen al área nacional ofrecen perspectivas cercenadas, e impiden la dilucidación de otras formas de experiencia espiritual². Esta situación invita a plantear cuál sería la clasificación propuesta de considerar entre estas poéticas orientadas a lo divino la amplia obra de exilio de un poeta como Juan Ramón Jiménez —en tanto que nacido, educado y experimentante de una misma tragedia—.

Jiménez fue un hijo de la Modernidad, bautizado por un Modernismo de gran poder ecléctico e innovador que, comenzando por Federico de Onís y pasando por él mismo, se ha coincidido en considerar como *época* o *espíritu de época* imbuido por un entrecruzado de tendencias, disciplinas artísticas y campos del conocimiento.³ Como algunos críticos han señalado [Devlin 1983; Ward 2002] son numerosas las ideas compartidas –añadidas a las influencias– entre el espíritu modernista y la filosofía nietzscheana. La obra del filósofo circulaba desde la época

---

2   Cabe añadir que durante los primeros años de aquel exilio que prometía ser provisional –a la espera de una resolución favorable para las potencias democráticas en la II Guerra Mundial–, ni siquiera se produjo en el extranjero una ruptura con respecto a la patria y su vida cultural, sino una relativa continuación. La ruptura vendría, lentamente, después, y con ella un intento resignado de articular un nuevo modo de vida y de creación.

3   «En Francia, Parnasianismo y Simbolismo, con el Impresionismo en pintura, son los equivalentes del Modernismo. Este nombre abarca en España tanto al Parnasianismo como al Simbolismo, por distintos que estos sean» [Jiménez en Gullón, 1958: 51]: matización y entrecruzado de corrientes europeas.

finisecular, en fin, por buena parte de Europa acercándose a la frontera española a través de Francia, donde se publicaron más de medio centenar de ediciones en torno a 1900 [Ward 2002; Sobejano 2004]. Como señala Ward [2002] la influencia de Nietzsche en los escritores españoles es parcial pero latente: «numerosos escritores de la llamada primera generación modernista expresan el pensamiento de Nietzsche sin haberlo leído (aunque varios sí lo conocieron) porque sus ideas estaban en el aire» [499]. El mismo Juan Ramón mencionaba sus ávidas lecturas del filósofo con tan solo 17 años a través del neurólogo vinculado a la ILE Luis Simarro, tras una de sus crisis nerviosas de juventud [Jiménez en Gullón 1958: 58], y sentenciaba muchos años después: «Ibsen y Nietzsche están en el comienzo del Modernismo» [Jiménez en Gullón 1958: 50]. Entre las mencionadas ideas compartidas que Ward señala, y que tan grande impacto tienen en la poesía juanramoniana, se encuentran algunas tan característicamente modernistas como la crisis moral, la valoración suprema del arte —inseparable y elevador del devenir humano—, la distinción entre el selecto artista y el «rebaño», y lo espiritual. A ciertas ideas del Romanticismo, Panteísmo y Hermetismo, se sumó en este último aspecto un concepto espiritual nietzscheano «que no tenía nada que ver con la moral cristiana: una especie de euforia por penetrar en los misterios del cosmos» [514] que recorre y determina la búsqueda de lo sagrado en la obra de poetas como Jiménez, quien declaraba: «La evolución, la sucesión, el devenir de lo poético mío ha sido y es una sucesión de encuentro con una idea de dios»[4].

    Atender a la producción de exilio de este autor permite contemplar una verdadera quiebra con respecto a los modelos nacionales de poesía de posguerra de naturaleza religiosa sobre los que aislada e insistentemente tanto se ha reflexionado; se producen diferentes experiencias, actitudes resultantes, y consecuentes concepciones de lo divino, que vienen a desarrollar cosmovisiones y concepciones del yo y lo sagrado esencialmente opuestas: una de gran proximidad a la filosofía de Nietzsche; otra identificable con la radicalmente enfrentada figura del «penitente de espíritu» [Za, v, 2]. Si bien el exilio cubrió parcialmente la obra de Jiménez con un velo oscurecido —así lo demuestran los

---

4   «Nota del autor» para *Dios deseado y deseante* [en la *Tercera antolojía poética*, 1970:1034–1037].

dolidos versos de *En el otro costado* [1999]—, le brindó también la posibilidad de crecer en un clima ajeno al Régimen represor y a sus nociones religiosas que dio lugar a un último *Dios deseado y deseante* de plenitud. El malestar de los existencialistas, derivado de una tensión entre un cristianismo decadente incapaz de sostenerse y un nihilismo sobrecogedor, dificultó una ascensión semejante a la juanramoniana que permitiera la superación emocional e intelectual de ambos modelos a la que Nietzsche aspiró [Jaspers 1990].

Con el Simbolismo, el poeta cobra un papel primordial en tanto que contemplador de la naturaleza y experimentante de una totalidad subyacente en ella, particular intuición del orden cósmico relegado al ser de sensibilidad superior capaz de percibir su armoniosa composición y belleza. «El alma del poeta / se orienta hacia el misterio. / Solo el poeta puede / mirar lo que está lejos» —Antonio Machado en «Introducción a los sueños»—; los poetas son «almas videntes [...] claraboya o lucerna a cuyo través se columbran atisbos de esa universal conciencia» —Pérez de Ayala [Lozano Marco 2006: 12–13]—; «la Naturaleza tiene alma [...] tienen alma las cosas, y los grandes artistas saben verla y trasladarla a sus versos o a su prosa» —Martínez Ruiz [Lozano Marco 2002: 39–40]—. El Modernismo es tiempo para el poeta que desde la torre de marfil orienta su voz, según palabras de Juan Ramón, «hacia la minoría, siempre», pues sus libros pertenecen –como reza *El Anticristo* en su «Prólogo»– «a los menos [...] por fuerza, por altura de alma» [AC]. Convencido de un «orden de castas» en el cual los «preponderantemente espirituales» representan «los menos» [AC: 57], Nietzsche sitúa entre esos componentes superiores de la humanidad a «los contemplativos», los «pensantes-sintientes»: los poetas.

> Los hombres superiores se diferencian de los más bajos en que ellos ven y escuchan indeciblemente más [...] El mundo llegará a ser siempre más pleno para aquel que crece hacia las alturas de la humanidad [...] A él, en tanto poeta, ciertamente, le es propia la vis contemplativa [fuerza contemplativa] y el volver la mirada hacia su obra, pero a la vez, y antes que nada, también la vis creativa [fuerza creadora] [...] Nosotros, los pensantes-sintientes, somos los que real y continuamente hacemos algo que aún no está allí [GC: 301].

Según Jiménez el poeta es «clarividente» que «se mueve dentro del misterio y el encanto del mundo» [2010: 90–91], discurso afín a las ideas Modernistas con las que entronca de un modo totalmente sutil el aforismo nietzscheano. El poeta es, como aseguraba Nietzsche, contemplador —«al hombre pensativo y sensitivo / que ha cultivado su esperar […] Premio es de un dios hacerlo ver […] / estos tesoros de la tierra madre / que otros hombres no saben anhelar» [1999: 230] —, y también creador, del modo en que lo es la naturaleza —«Todo se cambia, se renueva / se trasmuta / como yo trasmuté, yo renové, yo cambié / el mundo que yo vi / en espresión de vida y en espresión de muerte» [1999: 163]—. La naturaleza es «eje de relación en el Simbolismo» [Juan Ramón, 2010: XXII] —, fuente indiscutible de símbolos que configuran una cosmovisión panteísta —universo de totalidad infinita, absoluto—. La naturaleza es símbolo de vida y renovación a través de sus ciclos de *eterno retorno*; es motivo de plenitud terrenal, e inspiración que invita al yo a aspirar a una supravivencia semejante.

La figura del yo juanramoniano se caracteriza por cobrar un papel primordial en su poesía rebasando incluso las posibilidades hasta el momento concebidas por el Modernismo, al experimentar una primera evolución hacia un yo poético expandido, disperso, fusionado con el universo natural, y una segunda hacia un yo poético centralizado, concentrado, contenedor de ese universo. Obsérvese la evolución: «¡Qué inmensa desgarradura / la de mi vida con el todo, / *para estar, con todo yo, / en cada cosa*» —de *Piedra y cielo* (1919) [2010: 289]—; «Ya no sirve esta voz ni esta mirada. / No nos basta esta forma. Hay que salir / y ser en otro ser el otro ser. / *Perpetuar nuestra esplosión gozosa*» —de *La estación total* (1923–36) [1994: 24]—; «Yo le he ganado ya al mundo / mi mundo. La inmensidad / ajena de antes, es hoy / *mi inmensidad, mi verdad*» —*Voces de mi copla* (1945) [1981: 69]—. «Esta conciencia que me rodeó / en toda mi vida, / como halo, aurora, atmósfera de mi ser mío, / se me ha metido ahora dentro» y «El todo eterno […] es el todo interno» — *Animal de fondo (Dios deseado y deseante)* (1949) [1999: 168/297]—: microcosmos contenedor del macrocosmos[5]. Juan Ramón, motivado por la espiritual ética simbolista —más que por su estética formal—, abstrae para su producción última el concepto esencial de *cosmovisión universal*, espacio poético absoluto liderado por la *conciencia* —concepto amplio, abstracto y trascendente, llámese dios, naturaleza, belleza—. Esta ascensión final es lograda gracias a la particular concepción de lo divino

---

5   Las cursivas de las anteriores citas poéticas son propias.

de *Animal de fondo (Dios deseado y deseante)*: «Hoy concreto yo lo divino como una conciencia única, justa, universal de la belleza que está dentro de nosotros y fuera también y al mismo tiempo […] para mí todo es, o puede ser belleza y poesía, expresión de la belleza»[6].

El yo juanramoniano, con lo que hasta aquí tan brevemente se ha mostrado, es asimilable al nietzscheano «ser contemplativo», así como a la figura del «niño» que es espíritu creador, afirmador, conquistador de «*su* mundo»[7]. Muestra en su plenitud una elevación vitalista e introspección —orientada a un mismo microcosmos contenedor del macrocosmos— propia de Zaratustra —«Vosotros miráis hacia arriba cuando deseáis elevación—. Y yo miro hacia abajo, porque estoy elevado […] *un dios baila por medio de mí*» [Za, I, «Del leer y el escribir»]; «mi alma es un surtidor […] Luz soy yo […] yo vivo dentro de mi propia luz, yo *reabsorbo en mí todas las llamas que de mí salen*» [Za, II, «La canción de la noche»]; «Yo amo a aquel cuya alma está tan llena que se olvida de sí mismo, y *todas las cosas están dentro de él*» [Za, IV][8]. Ha de considerarse en este punto que se trata en todo momento de símbolos que actúan como referentes de sensaciones y experiencias, no postulados como verdades, error en que había caído el cristianismo. Es un yo que aspira y se dirige siempre hacia la altura, hacia el crecimiento, cuyo modelo vital es la naturaleza, y que en su plenitud alcanza una omnipresencia o supravivencia. Un yo que es potencia deseosa de quebrar la crisálida, conduciéndose así hasta un estadio propio de un dios[9]. «La vida misma es para mí instinto de crecimiento, de duración, de acumulación

---

6 «Nota del autor» para *Dios deseado y deseante* [en la *Tercera antolojía poética*, 1970:1034–1037].
7 Siguiendo un patrón casi idéntico al de la triple evolución Nietzscheana, el manifiesto creacionista de Vicente Huidobro sintetizado entre los versos de *Altazor* aludía en su «Prefacio» a la muerte del creador y a la evolución del hombre en poeta, y del poeta en mago —poeta creacionista capaz de cegar al creador primero—. Esa es la figura que se asimila al «niño» o yo juanramoniano que, como se ha planteado antes, es incluso capaz de continuar el movimiento creador y transmutador de los ciclos naturales —entidad simbolista suprema, sagrada—.
8 Las cursivas son, una vez más, propias, y no del autor.
9 «¡Constituya de ahora en adelante vuestro honor no el lugar de donde venís, sino el lugar adonde vais! Vuestra voluntad y vuestro pie, que quieren ir más allá de vosotros mismos, ¡eso constituya vuestro nuevo honor!» [Za, III, «Tablas viejas y nuevas»].

de fuerzas de poder» [AC: 6]. El yo juanramoniano se configura de este modo perfecta encarnación del *Übermensch*.

Al atender a la representación del yo poético en la obra de algunas de las figuras nacionales más relevantes, pueden encontrarse analogías de connotación radicalmente opuesta a las juanramonianas, distantes de aquel yo que es amo de sí mismo, creador poderoso y nunca criatura desvalida. Se trata de un ser débil y dependiente, en el camino oscuro «oveja sola / hombre de Dios» (Valverde, «Salmo inicial» [de Luis 1969: 373]) que otea en la oscuridad en busca del camino señalado, por cuyas venas circula pesadamente «la ausencia enorme» (Morales, «En una tarde de desengaño y pena» [Morales 2004: 170]), por cuya garganta, la *condenada* «voz de arrepentimiento» que anhela *patéticamente* atraer la atención y piedad del Salvador (Montesinos, «Oración final» [1969: 234]). Un ser que no alcanza siquiera la categoría superior que en el mundo natural habría de ostentar, quedando reducido a «insecto que pudo lo mismo no haber sido» (Valverde, «Salmo de la mano de Dios» [Champourcín 1972: 362]), a «animal sin luz y sin camino» (Bousoño, «Salmo desesperado», [1969: 294]); a mero «barro que dejaste en el misterio» (García Nieto, «La hora undécima» [1969: 90–93]). El poeta existencialista confirma, tanto a través de su aceptación como de su negación de Dios, sentirse «arrojado misteriosamente / en esta vida» (Gaos, «En destierro», [1969: 204]), ser *esclavo* de una realidad que ampliamente lo supera, de una divinidad a la que se supedita.

Parte de la crítica se ha ocupado de diferenciar dos tipos de existencialismos[10], uno cristiano (Kierkegaard, Dostoievski, Unamuno) que algunos consideran intrínseco a la propia religiosidad en tanto que no es sino *lucha agónica* unamuniana —«¿No cabría mejor decir que el existencialismo es otra forma de hablar el cristianismo? [...] Su rama de savia cristiana no ha suscitado cristianos seguros y tranquilos en su edificio doctrinal; esto hubiera sido contrario al espíritu de su pensamiento» [Mountier 1973: 14–18]—. Otro ateo (Sartre), nacido de la coyuntura cristiana que amenaza con su nihilismo a un ser humano que llega a reconocer la soledad y el vacío como sus únicas y profundas verdades: «La muerte de Dios, en lo inmediato suprime lo suprasensible (homología de

---

10 Algunos autores añaden como tercer tipo el existencialismo agnóstico (Camus, Heidegger).

Dios) y también la contraparte, lo sensible. Ambos a la vez. Resultado: nada de donde asirse, descentramiento y deriva» [Ríos 1996: 21]. Pero al margen de esta dicotomía, la mayoría de estos poetas parece debatirse, como dije, entre dos posibilidades existenciales igual de devastadoras e imposibles de satisfacer al hombre: la de la existencia de un dios que cesa de ser consuelo al castigar al hombre con su abandono, y la de una no existencia que conduce a la soledad radical. Tanto aquellos que muestran una mayor confianza en la posibilidad de salvación como aquellos que responden con rebeldía ante la divinidad revelan un mismo yugo. No cesa, al fin y al cabo, la incertidumbre, la inquietud, las increpaciones, el dolor. Se trata de una muestra más de que Dios prevalece como constante y losa, pues «los sentimientos generales agradables: están condicionados por la confianza en Dios», y el malestar procede de la ejecución de una falsa «voluntad libre» que «ha sido inventada esencialmente con la finalidad de castigar, es decir, de querer-encontrar-culpables» [CI, «Error de las causas imaginarias», 7], de crear un «remordimiento de conciencia del rebaño» [GC: 117][11]. En la fe está la paz, y en la duda y la rebeldía, el malestar producido por un cristianismo decadente: «El reducir algo desconocido a algo conocido alivia, tranquiliza, satisface, proporciona además un sentimiento de poder. Con lo desconocido vienen dados el peligro, la inquietud, la preocupación» [CI, «Los cuatro grandes errores», 5]. La verdadera superación de esa «conciencia de rebaño» que estos autores no logran alcanzar en su producción —al menos durante las décadas de los '40 y '50— es la única solución capaz de ofrecer una reorientación de la conciencia que les aproxime a la serenidad de Jiménez, que se deriva de un interés nietzscheano por el «más acá» y, en consecuencia, por la vida [Ríos 1996: 15].

La consecuencia literaria de la tensión entre fe ciega y rebeldía es una «dinámica dialéctica y paradójica de los motivos poéticos religiosos» [Martínez Perera 2008: 180] que afloran cargados de ambivalencia, compartidos por el canto de fe y el de desesperanza —que en ocasiones

---

11 «En ese entonces la "voluntad libre" tenía a la mala conciencia en su más próxima vecindad: y mientras menos libremente uno actuase, mientras más se expresase en la acción el instinto de rebaño y no el sentido personal, más moralmente se valoraba uno a sí mismo. Todo lo que causaba un perjuicio al rebaño, fuese que el individuo lo hubiese querido o no, provocaba en aquel tiempo un remordimiento de conciencia al individuo» [GC: 110].

conviven en un mismo autor, e incluso en un mismo poema—. El recorrido por algunos estudios críticos sobre la poesía de la época revela una serie de motivos constantes: la soledad u orfandad del hombre y el silencio impasible de Dios, la duda y la búsqueda necesitada de un Dios perdido, y un paradójico anhelo de muerte redentora y temor ante el devenir de la fugaz existencia humana [Rodríguez 1977; Martínez Perera 2008; Payne 2014].

Hijos de la ira: soledad u orfandad del hombre y silencio impasible de Dios

> *Tengo miedo de ser náufrago solitario,*
> *Miedo de que me ignores.*
> [Alonso, «En la sombra»]

Frente a la capacidad creadora del «yo contemplativo» que ejecuta libremente su voluntad, se encuentra el ser creado que es súbdito —amable, resignado o confrontador— de la voluntad divina, lo que Nietzsche consideraba debilidad humana gestante del «principio de la fe»[12]. Cristianos convencidos y rebeldes son igualmente hijos enfrentados a un patriarca que ejerce egoístamente su voluntad arrojándolos al mundo y determinando sus existencias —«Somos tus hijos, sí, los que naciste, / los que, desnudos en su carne humana, / nos ofrecemos, como tristes campos, / al odio o al amor de tus dos garras» (Hidalgo, «Muerte» [Hidalgo 1976: 74])—. Hijos son, sobre los que el creador ejerce también su olvido posterior —«El hombre ha ido / volviéndose del barro que le diste. / Dejado de tu mano lo pusiste / sobre la tierra ya, sobre el olvido» (Montesinos, «El arrepentimiento» [de Luis 1969: 239])—, huérfanos desprendidos de un Padre impasible que les abandona a su suerte —«A la deriva voy por los senderos, / encendida de amor como una antorcha. / Pero Tú vas dejando

---

12 «Quien no sabe introducir su voluntad en las cosas introduce en ellas al menos un sentido: es decir, cree que hay ya allí dentro una voluntad (principio de la fe)» [CI: 18].

yertamente / la blanca indiferencia de tu huella» (Zardoya, «Solo el aire, Señor» [1969: 121])—, e ignora insistentemente sus súplicas —«Dios mío, dime / si somos solo sombras fugitivas, / sueños de tu rencor, llamas que avivas / con tu viento» (Gaos, «Pregunta» [Gaos 1982:205])—. Esta compleja relación invade el sentir del hombre de un modo inapelable, fatal, haciéndole víctima autocompasiva de este *patriarcado divino*[13]. «El hombre de fe, el creyente de toda especie es, por necesidad, un hombre dependiente […] la esclavitud, es la condición única y última bajo la que prospera el hombre débil de voluntad» [AC: 54]. En el fin del dolor quedan la queja, y la demanda de una respuesta que nunca llega: «Y en mi insignificante trascendencia, / levanto un haz de sangre o de preguntas / y un eco de silencio me responde […] después de todo, / Tú me diste esta voz con que te llamo» (Manuel Alcántara, «La palabra de Dios» [1969: 430]). Naturalezas diferentes o esencias, estadios del ser son los que les distancian irremediablemente; hombre y Dios son, incapaces de comunicación alguna: «¡Soy un barro llagado en la garganta, / una boca sin voz para cantarte!» (Zardoya, «A Cristo» [1969: 121–123]). Algunos encuentran sarcásticamente un motivo para este silencio: «¿qué aullas, can, qué gimes? / ¿Se te ha perdido el amo? / No: se ha muerto […] Solo. Estás solo» (Alonso, «Hombre» [Alonso 1979: 115]). Y para otros desfallece entre lamentos una abrasiva y estoica conclusión: «Solo está el hombre. El mundo, inmenso, gira» (Otero, «Vivo y mortal» [Otero 1997: 32]).

Duda y amor sobre el Ser Supremo: búsqueda necesitada de un Dios perdido

> *«Señor, / dime quién eres, / ilumina quién eres, / dime quién soy también, / y por qué la tristeza de ser hombre»* [Panero, *«Tú que andas sobre la nieve»*]

Frente a la altamente sensitiva capacidad escrutadora del «contemplativo» yo juanramoniano, se alza la incertidumbre que envuelve a todo

---

13 «La compasión obstaculiza en conjunto la ley de la evolución, que es la ley de la selección […] la compasión es la práctica del nihilismo […] instinto depresivo y contagioso» [AC: 7].

lo divino, aun habiéndose arrancado el opaco telón de la fe ciega, pues no ha sido sino para indagar con la mirada en un mundo igualmente infranqueable. Se quiebra la fe, de su herida mana la paradoja: «¡Cree mi corazón, y no le basta / a mi razón su fe!» (Garciasol, «Monólogo del perdido» [de Luis 1969: 76]). La simbólica claridad lumínica de tantos poemas juanramonianos se torna oscuridad de un Dios huidizo y constantemente buscado al que se pide «No cruces alumbrado por la sombra, / incendiado con luz de sombra espesa» (Bousoño, «Salmo sombrío» [1969: 293]). Desesperado, el yo busca y encuentra aquel silencio desconsolador: «Con voz de espadas clamo por mi sangre, / rebusco con mis manos en la tierra / y escarbo en mi cerebro con mis ansias. / Y silencio, silencio, mudez tensa» (Garciasol, «Hombre en soledad», [de Luis 1969: 73]).

Y frente a la clara voz afirmadora, segura, que avanza hacia los misterios sin obstáculo en su vereda, el tono siempre dubitativo del existencialista —«"Yo no sé qué hacer; yo soy todo eso que no sabe qué hacer" – suspira el hombre moderno…» [AC: 1]—. Muchas son las respuestas que escapan a su «silenciosa / ignorancia del alma» (Panero, «El templo vacío» [Champourcín 1972: 236]): la *monstruosa* naturaleza del hombre —«Dime / si somos solo sombras fugitivas, / sueños de tu rencor» (Gaos, «Pregunta» [Gaos 1982: 205])—; la del postrero mundo —cielo como «vasta pregunta silenciosa» (Morales, «Cielo en la tarde» [Morales 2004: 184]), muerte que es «abismo ignorado» (Valverde, «Elegía para mi muerte» [1972: 364])—; la del mismo, y más monstruoso aún, Creador –«Desde entonces te siento, Señor, ya tan lejano, / que no sé si es que existes o fuiste solo un sueño» (Hidalgo, «Mano de Dios» [Higaldo 1976: 74]); «¿Ardes sin tregua tras el cielo negro, / o habitas solamente en mi palabra?» (Hidalgo, «Verbo de Dios» [1976: 78]). La ausencia de Dios puede ser evidencia de la soledad temida, y sin embargo no será para algunos, como Leopoldo Panero, signo de su no existencia, sino «dolorosa constancia de que Dios existe porque se le echa en falta» [Santiago 2015: 141].

El propio poeta, en su divagar, se contradice a veces blandiendo su fe y su incredulidad a partes iguales. Así lo hace Dámaso Alonso a lo largo de su obra, siendo *Hijos de la ira* una buena muestra de ello con poemas como «El alma era lo mismo que una ranita verde» junto a un desolador «Hombre»; o un llamativo Gaos que se debate entre el directo y espontáneo «¡Historias!» —«No hubo, ni hay, ni habrá paraíso / en la tierra ni en el cielo. […] No hubo, ni hay, ni habrá otra vida / distinta de esta. […] la historia, / profana o sagrada, es un mito» [Gaos 1982: 120]— y el arrepentido y beato «Abjuración» –«Acepta esta abjuración, haz que crean en esta pública confesión mía, / en la que, lleno de pesar, me retracto de todos mis desvíos y errores. / Si, por mi culpa, me creyeron ateo y blasfemo, / que ahora me crean […] llamado por ti, Supremo Hacedor, poeta por antonomasia, único creador verdadero […] el camino, la verdad y la vida» [Gaos 1982: 277].

Los poemas se transforman a veces en flujo que «preguntas son de fuego / que nadie supo responder» (Otero, «Estos sonetos» [Otero 1997: 35]). ¿Dónde esas verdades? A la introspección juanramoniana se opone un intento de hallar voluntades y respuestas en una otredad que no es, siquiera, constante y segura, pero que se anhela con dolor y resquicios de esperanza.

Oscura noticia: paradójico anhelo de muerte redentora y temor ante la fugaz existencia humana

«Nada es tan necesario al hombre como un trozo de mar /
y un margen de esperanza más allá de la muerte» [Otero, «A punto de caer»]

Frente a la supravivencia vitalista del yo poético de Jiménez —formulada en simbolismos de plenitud espacial y temporal—, la fugacidad de un yo poético consciente del fin, bien esperanzado porque desemboque en la vida eterna que ahora no disfruta, bien temeroso porque lo arroje al abismo de lo desconocido. Esta bifurcación determina una clara separación entre el predicador de la vida y la naturaleza que es Juan Ramón Jiménez, y aquellos a los que Nietzsche denominó «predicadores de la muerte» [Za, I, «De los trasmundanos»]. Considera el filósofo que una de las grandes amenazas que representa el cristianismo es su orientación antitética a la naturaleza, lo cual se produce en varios sentidos. La moral cristiana es antinatural en tanto que castiga ciertas pasiones e instintos de tendencia puramente humana [AC: 15; CI: «La moral como contranaturaleza», 4]: una de las bases de la crítica nietzscheana hacia el cristianismo es precisamente esta negación que, antes que ensalzar e incluir dentro del marco de lo «bueno» a lo humanamente natural, incita por medio de la represión moral al sentimiento de culpabilidad creando el concepto de «pecado». «El cristianismo es una metafísica del verdugo...» [CI, «Error de la voluntad libre»: 7]. En segundo lugar, el cristianismo es antinatural en tanto que orienta su filosofía no hacia la vida —focalizada en el mundo terrenal, más acá—, sino hacia la muerte —mundo celeste, más allá—, despojando así de todo sentido a la existencia [AC: 43]. Se invierte peligrosamente el «centro de gravedad», y el hombre «aguarda a la muerte con *impaciencia*, y en ella a Dios» [Rodríguez 1977: 78]. El único sentido hallado en la fe herida es la esperanza. El hombre de fe positiviza hasta la idealización la misma realidad que atormenta al dubitativo. Nietzsche establece dos estadios en un proceso de evolución en que bien podríamos enmarcar a los poetas nacionales primero, a Jiménez después:

> Bajo el dominio de los pensamientos religiosos uno se ha acostumbrado a la representación de «otro mundo (detrás, abajo, arriba)», y ante la aniquilación de los pensamientos religiosos siente un incómodo vacío y carencia —y a partir de este sentimiento crece luego un «otro mundo», pero ahora uno solamente metafísico y ya no más religioso [GC: 151].

Dios simboliza un nítido «no a la vida»: «Ved la muerte; mirad cómo Dios nos la endulza / y nos lleva hacia ella de la mano, / cómo nos la prepara antes, igual que un lecho...» (Valverde, «Salmo de la mano de Dios» [Champourcín 1972: 362]). Propone, además, lo que Nietzsche entendió como verdadera injusticia igualadora —democracia cristiana ante la muerte— que imposibilita la ascensión del ser único —tan Modernista—: «el veneno de la doctrina "idénticos derechos para todos"» [AC: 43]. El mismo vivir encuentra su sentido en tanto que tiempo de espera, destiempo que es muerte en vida, un «contemplar el mundo derramado, / como una vasta muerte que nos hiela o abrasa» (Hidalgo, «Vivir doloroso» [Hidalgo 1976: 77]), pues, ganando terreno a la vida durante su propio transcurso, «La muerte espera siempre, entre los años / [...] va creciendo en nosotros, sin remedio / con un dulce terror de fría nieve» (Hidalgo, «Espera siempre» [1976: 65]). Hidalgo es uno de los poetas más constantes en su reflexión sobre la muerte. Junto a tal pesimismo vital, Hidalgo expresa la incertidumbre: «[...] Señor, ¿los que han muerto, / es la noche o el día lo que alcanzan?» (Hidalgo, «Muerte» [1976: 74]); «¿He de morir, Señor, / para encontrar la brecha / por donde derramarme / en tu luz verdadera?» (Hidalgo, «Manos que te buscan» [1976: 78]). Y finalmente, aflora la necesidad de una esperanza sólida, el deseo fervoroso de una voz paternal, de un abrazo tranquilizador que aplaque en la noche el temor: «¡Tengo miedo a ese pozo vacío, / a esa noche sin fondo, aunque esté Dios detrás! / [...] Oh Señor, anestésiame la muerte» (Valverde, «Elegía para mi muerte» [Champourcín 1972: 364]); «Si supiera, Señor, que tú me esperas / en el borde implacable de la muerte, / iría hacia tu luz como una lanza» (Hidalgo, «Si supiera, Señor...» [1976: 75]); «Dime, oh Dios, que no es quimera / la esperanza, la fe, y aunque así fuera, / engáñame —¿no puedes tal vez?— para / poder dormir, soñar hasta que muera» (Gaos, «No me mueve, mi Dios, para odiarte» [Gaos 1982: 270]).

«A los que sufren hay que mantenerlos en pie con una esperanza que no pueda ser contradicha por ninguna realidad – que no quede suprimida por un cumplimiento: una esperanza del más allá» [AC: 23]. Sin embargo, cuando este «mundo verdadero» sobre el que se vuelca la esperanza, antaño parciamente asequible, confiable, prometible, es ya «inasequible, indemostrable, imprometible», queda que sea, al menos, «consuelo» para el hombre de fe [CI: «Cómo el "mundo verdadero" acabó convirtiéndose en una fábula»]: desconsuelo para aquel que entona el «Monólogo del perdido» ya referido: «¡Cree mi corazón, y no le basta / a mi razón su fe!» (Garciasol, «Monólogo del perdido» [de Luis 1969: 76]. Pocos serán aquellos que, como Blas de Otero, impongan su voz con rebeldía contra esta condena vital: «Y yo de pie, tenaz, brazos abiertos, / Gritando no morir» (Otero, «Gritando no morir» [1977: 52]).

Conclusiones

Frente a aquel nietzscheano Juan Ramón, los antinietzscheanos *penitentes de espíritu* —dícese del «poeta y mago que acaba por volver su espíritu

Vivencia nietzscheana de la divinidad en la poesía de posguerra   175

contra sí mismo» [Za, IV]—, enfermando, aliándose con los *moribundos, predicadores de trasmundos*. Sin duda se trata de una cuestión todavía matizable, perspectiva en la que, sumándose a los actuales estudios sobre la poética religiosa de la posguerra, habría de continuarse ahondando. Paralela a la emocional e intelectual evolución juanramoniana de desprendimiento de un modelo de divinidad y constitución de otro, se ha producido en estos poetas un mismo abandono – aunque indeseado, temido, y cargado de nostalgia– del modelo, en favor de una religiosidad *insufrible*. Del siguiente modo predicaba aquel penitente nietzscheano –mago caído en desgracia–, en palabras e ideas tan afines a las recién leídas:

> EL MAGO
> «¿Quién me calienta, quién me ama todavía?
> ¡Dadme manos ardientes!
> ¡Dadme braseros para el corazón!
> ¡Postrado en tierra, temblando de horror,[14]
> [...]
> ¡Tú, cazador oculto detrás de nubes!
> Fulminado a tierra por ti,
> Ojo burlón que me miras desde lo oscuro:
> — Así yazgo,
> Me encorvo, me retuerzo, atormentado
> Por todas las eternas torturas,
> Herido
> Por ti, el más cruel de los cazadores,
> ¡Tú desconocido — Dios![15]
> [...]
> ¡Tú atormentador!
> ¡Tú — Dios-verdugo!
> ¿O es que debo, como el perro,
> Arrastrarme delante de ti?
> ¿Sumiso, fuera de mí de entusiasmo,
> Menear la cola declarándote — mi amor?
> ¡En vano! ¡Sigue pinchando,

---

14 El yo es ser necesitado, como aquellas criaturas desvalidas, que implora «temblando» como un niño, que busca piedad y clama exaltadamente agonizando, compadeciéndose de su abandono.
15 Se caracteriza al ser superior que impone su voluntad, para quien el yo es esclavo y víctima: desconocido —«detrás de las nubes», «desde lo oscuro»—, y violento, cruel torturador del hombre —tan próximo a la figura divina de Blas de Otero—.

Cruelísimo aguijón![16]
[...]
Habla por fin,
¿Qué quieres tú, salteador de caminos, de mí?
¡Tú oculto por el rayo! ¡Desconocido! Habla,
¿Qué quieres tú, desconocido Dios?[17]
[...]
¡Se fue!
¡Huyó también él,
Mi último y único compañero,
Mi gran enemigo,
Mi desconocido,
Mi Dios-verdugo! —
¡No! ¡Vuelve
Con todas tus torturas!
¡Oh, vuelve
Al último de todos los solitarios!
¡Todos los arroyos de mis lágrimas
Corren hacia ti!
¡Y la última llama de mi corazón —
Para ti se alza ardiente!
¡Oh, vuelve,
Mi desconocido Dios!¡Mi dolor!¡Mi última —felicidad! [Za, IV].

Cuál pueda ser el papel de lo sagrado, lo divino, ha quedado resuelto en estos últimos versos, que son perfecta armonización de todas las paradojas previas —entorno al yo y la confusa fe— en la resultante agonía cristiana: el mismo ser que es «enemigo», «verdugo», «dolor» del hombre, es también «único compañero», «felicidad» suya. Un Dios que se presuponía virtuoso se convierte en objeto de desconfianza al convertirse en contrapunto del dolor del yo, naciendo la incomprensión; un mismo Dios que, en paradoja amorosa, es el único capaz de ser bálsamo. Se ama a Dios, pero se le culpa; Dios lo es todo, pero nunca es suficiente: «Dios aparece y desaparece, está lejos y está cerca, consuela y desconcierta.

---

16   Paradojas del Yo, antes autodeclarado víctima y ahora rebelde ante el «Dios verdugo», negándose a la animalización, a la sumisión que se derivaría del considerarse de tan inferior naturaleza con respecto a él.

17   Se le implora, se le pregunta, y él responde con insondable silencio, hasta tal punto alcanza su cruel determinación a abandonar al hombre a su suerte, sean cuales sean sus males.

¿Cómo es posible la entrega a un ser inaferrable?» [Rodríguez 1977:87]. La propia doctrina cristiana desemboca en esta confusión, convirtiendo a Dios en una figura altamente problemática, como advertía Nietzsche: «¿Cómo? ¡Un Dios que ama a los hombres, siempre y cuando estos crean en él, y que lanza miradas y amenazas temibles contra quienes no creen en este amor! ¿Cómo? ¡Un amor restringido es el sentimiento de un Dios todopoderoso!» [GC: 141]; «Quien le ensalza como a Dios del amor no tiene una idea suficientemente alta del amor mismo. ¿No quería este Dios ser también juez? Pero el amante ama más allá de la recompensa o la retribución» [Za, IV].

El juanramoniano *Dios deseado y deseante* también ha sido motivo de una larga búsqueda a lo largo de años de producción poética, pero en este caso, una que puede decirse fructífera. La insatisfecha sed de plenitud de aquellos queda en la poética de Jiménez ampliamente aplacada por un fecundo y sofisticado simbolismo sostenido por una estructura de corte natural —no cristiano—. Naturaleza, belleza, poesía —«expresión de la belleza»—, conciencia universal, componen el haz de elementos complejamente interconectados propios de una divinidad de signo puramente vitalista. La vida experimentada como temporalidad fracturada es superada por uno de los últimos símbolos —hijo del sagrado dios omnipresente—: el mar trascendido y conector de espacios y tiempos, «ultramar», «pleamar» en comunión con el yo, donde aflora la divinidad. «Mar verde y cielo gris y cielo azul / y albatros amorosos en la ola, / y en todo, el sol, y tú en el sol, / mirante / dios deseado y deseante» [Jiménez 1999: 290]. El yo poético termina su trayectoria maravillosamente *endiosado*. Para los *desdiosados*, Dios es salvación, pero también violencia, ira, rencor, castigo —«es lo dulce y lo terrible» (Bousoño, «Sangre de Dios» [de Luis 1969:295])—: «Oh, Dios mío, Dios mío. Tu ira azota / en mi carne de hombre. Por mis venas / tus látigos restallan, y me suenas / como un trueno en mi sangre más remota. / He pecado, Señor, y en cada gota / de la sangre que llevo muerdes, truenas, / hundes fieros cuchillos y me llenas / de un huracán que de tus llagas brota» (Morales, «Pecado» [1969:215]).

«Oh, Dios mío, Dios mío. Tu ira azota / en mi carne de hombre…»
«Mas aquí, Zaratustra no pudo contenerse por más tiempo, tomó su bastón y golpeó con todas sus fuerzas al que se lamentaba…» [Za, IV]

De este breve recorrido cabe considerarse la necesidad de una revisión de esta fructífera y bella etapa poética a la luz de ciertas cuestiones. En primer lugar, la aparente extensión de los síntomas religioso-existenciales que el yo poético de muchas de las composiciones «nacionales» muestra, impidiendo una tan estricta clasificación binaria de sus poéticas. En segundo, la necesidad de desencorsetar el campo de visión «nacional» de estas poéticas de posguerra —y de tantas otras— en favor de modelos más justos con el panorama literario y con sus creadores «desde el exilio». Por último, la naturaleza de un Modernismo que es época aparentemente constante a lo largo de la historia de la literatura española, presente todavía en el panorama de posguerra —«El Modernismo no ha terminado» [Jiménez 2010: 97], decía Jiménez en 1953—, cuyo colorido ideario seguía bebiendo del néctar nietzscheano.

Bibliografía

Primaria

ALONSO, DÁMASO (1979): *Antología poética*, Madrid, Alianza.
DE LUIS, LEOPOLDO (1969): *Poesía Española Contemporánea. Antología (1939-1964). Poesía Religiosa*, Madrid, Alfaguara.
DE OTERO, BLAS (1997): *Ancia*, Madrid, Visor.
GAOS, VICENTE (1982): *Obra poética completa*, Valencia, Institución Alfonso el Magnánimo, Diputación provincial de Valencia.
HIDALGO, JOSÉ LUIS (1976): *Obra poética completa*, Santander, Institución Cultural de Cantabria.
JIMÉNEZ, JUAN RAMÓN (1970): *Tercera antolojía poética*, Madrid, Biblioteca Nueva.
– (1994): *La estación total con Las canciones de la nueva luz*, Barcelona, Tusquets.
– (1999): *Lírica de una Atlántida*, Barcelona, Galaxia Gutenberg.
MORALES, RAFAEL (2004): *Obra poética completa (1943-2003)*, Madrid, Cátedra.

Unamuno, Miguel (1996): *La agonía del cristianismo*, Madrid, Espasa Calpe.

Secundaria

Alonso, Dámaso (1988): *Poetas españoles contemporáneos*, Madrid, Gredos.
Champourcin, Ernestina (1972): *Dios en la poesía actual*, Madrid, La Editorial Católica.
Devlin, John P. (1983) Juan Ramón Jiménez and Nietzsche, Nottingham.
Gullón, Ricardo (1958): *Conversaciones con Juan Ramón*, Madrid, Taurus.
Jaspers, Karl (1990): *Nietzsche y el cristianismo*, Buenos Aires, Leviatán.
Jiménez, Juan Ramón (2010): *El Modernismo. Apuntes de un curso (1953)*, Madrid, Visor Libros.
Naharro-Calderón, José María (coord.) (1991): *El exilio de las Españas de 1939 en las Américas*, Barcelona, Anthropos.
Lozano Marco, Miguel Ángel (coord.) (2002): *Simbolismo y modernismo*, Alicante, Anales de Literatura Española, Universidad de Alicante.
Martínez Perera, Miguel Ángel (2008): *Motivos religiosos en la poesía existencial española de posguerra (1939–1952)* [tesis doctoral], Las Palmas de Gran Canaria, Universidad de las Palmas de Gran Canaria.
Mountier, Emmanuel (1973): *Introducción a los existencialismos*, Madrid, Guardarrama.
Payne, Zachary (2014): *La relación entre la filosofía y la poesía en la posguerra española: El caso de José Luís Hidalgo* [tesis doctoral], Madrid, Universidad Complutense de Madrid.
Ríos, Rubén Horacio (1996): *Ensayo sobre la muerte de Dios: Nietzsche y la cultura contemporánea*, Buenos Aires, Biblios.
Rodríguez, José Manuel (1977): *Dios en la poesía de posguerra*, Pamplona, Eunsa.
Santiago Romero, Sergio (2015): «Teresa de Ávila y la espiritualidad poética del 36», en: Jesús García Rojo (ed.), *Teresa de Jesús. V*

Centenario de su Nacimiento, Historia, Literatura y Pensamiento. Actas del Congreso Internacional Teresiano, Salamanca, Diputación de Salamanca, 133–146.

SOBEJANO, GONZALO (2004): *Nietzsche en España*, Madrid, Gredos.

WARD, THOMAS (2002): «Los posibles caminos de Nietzsche en el Modernismo», en: *Nueva Revista de Filología Hispánica*, L (julio-diciembre), <https://dialnet.unirioja.es/ejemplar/148538> [ref. 26 de octubre de 2015].

Eduardo Valls Oyarzun
Universidad Complutense de Madrid

Sinécdoque: Benet o las «Regiones» nietzscheanas del estilo[1]

I

EN LA RESEÑA QUE PUBLICÓ la *Revista de Libros* a la edición completa de *Herrumbrosas Lanzas* (1983–1986, 1999), José María Gelbenzu apuntaba un detalle muy revelador sobre la concepción del arte novelesco de Juan Benet:

> En más de una ocasión, Juan Benet aventuró la muy atractiva idea de que el verdadero nacimiento de la novela —aún no constituida como tal, ni siquiera en sus modalidades más antiguas— se habría producido en el momento en que un historiador de la Antigüedad hubiese introducido en algún momento de su relato histórico un punto de vista personal; es decir, no se hubiera atenido solamente a lo visto, oído o recopilado sobre el asunto que estuviese historiando sino que, con toda intención y el deseo de realzar el relato, hubiera añadido de su cosecha información procedente de su imaginación; en definitiva, se hubiera ayudado de ella para completar convenientemente el cuadro y, en consecuencia, al introducirse en la narración, optar por la visión personal en determinados momentos [1999: 15].

Gelbenzu subraya la naturaleza individual de la novela en oposición al discurso de la historia como rasgo distintivo de la teoría del autor madrileño. Para Benet, informa Gelbenzu, la novela solo desarrolla su potencial en el momento en que el devenir del discurso histórico da un giro hacia las regiones de la individuación, espacios estos en los que el lenguaje cristaliza como expresión unívoca de una conciencia definida,

---

1 Este capítulo ha sido realizado en el marco del proyecto de investigación "Pensamiento y Representación Literaria y Artística Digital Ante la Crisis de Europa y el Mediterráneo", PR26/16-6B-2, Santander-Complutense.

a su vez, por una serie única de relaciones particulares con el mundo. En la caracterización de la poética benetiana, Gelbenzu sugiere que el discurso de la novela no puede ser ni prestado, ni subrogado (el «historiador de la Antigüedad» no se «[atiene] solamente a lo visto, oído o recopilado»), sino, en verdad, creado. Esta idea de creación debe entenderse como el contraste que produce un destello fulgurante individual *en la penumbra* de la tradición cultural que la ampara.

El contraste (que no oposición dialéctica[2]) entre conciencia individual y conciencia cultural, entre ego creativo y superego creado (no hace falta acudir a Eliot para comprender que aquel destello fulgurante acabará formando parte de la penumbra tradicional) constituye la lente principal de un foco crítico más propio de la tradición anglosajona [Leavis 1948: 7], de la que participan los Henry James, T. S. Eliot, Joseph Conrad o William Faulkner (estos últimos, influencias contrastadas en Benet [López García 1994: 39]), que de la tradición hispana. Todo esto es verdad. No obstante, el ímpetu individual de tal contraste acaso no haya disfrutado de mejor expresión crítica que la prestada por el filósofo alemán Friedrich Nietzsche. En las próximas páginas se explicará cómo el pensamiento nietzscheano sobre la realidad, el lenguaje y el mito informa buena parte de la aproximación poética de Benet, especialmente por cuanto la obra de este aspira, como ya se ha expuesto, a identificar la novela como discurso estético de naturaleza individual. Es, precisamente, en esa concepción radical de la figura del individuo donde nace la estirpe común entre Nietzsche y Benet.

El contraste dialógico (pero, insisto, no dialéctico) que conduce el devenir de la novela según Benet trae consigo inesperadas consecuencias críticas si se precisan bien los elementos que la conforman. Para Benet, «lo visto, lo oído, lo recopilado» [Gelbenzu 1999: 15] forma parte de una concepción común del lenguaje que puede identificarse sin dificultad con la razón ilustrada. Esta, en efecto, funciona como acuerdo discursivo general (moral, ético y político) que articula un conjunto social erigido en comunidad por aceptar, diríase de forma acrítica, el discurso realista que se privilegia por causa precisamente de esa misma razón. La asunción de axiomas verificables, o, al menos, validados al modo positivista (esa es la concepción de la historia que sostiene el

---

2 *Vid., infra.*

argumento benetiano), propio de la razón ilustrada, hace que aquel discurso realista, sobre todo si se sitúa bien en su contexto, se corresponda con la concepción estructuralista clásica del siglo xx (el significante se identifica con un referente en la realidad). Ahora bien, «el punto de vista personal», la reafirmación de lo individual, por el contrario, solo puede distinguirse de «lo visto, lo oído, lo recopilado» [Gelbenzu 1999: 15] desde una perspectiva que mine el fundamento esencialista de la razón ilustrada como acuerdo comunitario. Solo de este modo podría efectuarse el contraste —y el diálogo— entre los dos componentes de la teoría narrativa benetiana, pues, de no ser así, y con independencia del uso ideológico que se diera al espacio discursivo histórico (ya sea como *reafirmación* de la comunidad o como *resistencia* contra esta[3]), tampoco podría darse la condición discursiva individual. Es decir, la concepción de Benet solo puede ser radical por cuanto pone bajo escrutinio el fundamento más elemental que constituye tanto la comunidad dada como su relato. Según Benet, no puede haber novela si esta no asume, en principio, el fundamento discursivo de la historia para, de inmediato, «ponerlo en tela de juicio y [revelar] su falta de pertinencia» [Valdés 2000: xi]. Así las cosas, es lógico que la tensión subyacente distintiva del elemento individual en contraste con el discurso histórico positivista se concentre en el concepto de «estilo»:

> Lo cierto es que son las carreras difíciles las que han colocado al estilo literario en sus cimas más altas, los relatos de hechos, los más interesantes y extraordinarios: la Ilíada, la Divina comedia, el Paraíso perdido, Macbeth, el Quijote... constituyen cada uno por separado un considerable ejemplo *del combate que libra, palabra tras palabra y línea tras línea, el estilo* contra el enorme interés de los hechos relatados [Benet 1999b: 209, la cursiva es mía].

Es función del estilo colocar en el primer plano del drama inherente al acto narrativo el conjunto de fuerzas que constituye *lo individual* de la narración novelesca. Todo estilo que no cumpla con esta función y renuncie, por tanto, a su naturaleza individual condena al relato al colapso estético, a la caída de «la fascinación» «y el encantamiento», la «máscara

---

3   En este sentido se explica la beligerancia por parte de Benet contra el realismo social militante de la literatura de resistencia (no tanto de vanguardia) en la segunda generación de postguerra española.

de la representación» que suscita y lo define [Benet 1999b: 202]. «Por eso el estilo más irresistible no será nunca el de un costumbrista; el más alto exponente de la expresividad de la lengua no se deberá ir a buscar, en ningún caso, entre las prosas castizas, en las descripciones sazonadas con sabores caseros o en la humilde jerga de los silenciosos monjes, los pícaros de corte o los hidalgos hambrientos» [Benet 1999b: 209–210][4]. Se aprecia en estas palabras de Benet una voluntad por desligar el estilo de todo aquello que se instale en la aceptación de la costumbre, es decir, la reafirmación de lo «bajo», lo «soez» o los «sabores caseros». Benet asocia estos componentes costumbristas con la norma, es decir con el acuerdo social: «Creo recordar que Joyce escribió algo parecido; algo así como que el novelista debe hablar de lo ordinario, pues lo extraordinario queda para el periodista. Parece la profesión de fe de un costumbrista; si ese precepto se convirtiera en ley de orden público, habría que retirar de las librerías las mejores novelas que ha escrito el hombre, desde el *Quijote* hasta *Luz de agosto*» [Benet 1999b: 210]. Esta identificación de «lo costumbrista» con «lo ordinario» despeja el panorama para comprender la naturaleza individual del concepto benetiano de «estilo», pues cerca el terreno de su definición y lo circunscribe a un espacio en el que solo pueda darse por causa del contraste, precisamente, con aquellas áreas de lo cotidiano:

> Cuando el estilo del escritor alcanza ese complejo nivel la literatura que sale de su pluma está, bajo la máscara de la representación, ejerciendo sobre el lector una fascinación, una forma de encantamiento que —con la ayuda de conceptos, palabras, sonidos, reminiscencias— forma una unidad de orden superior a la mera representación escrita de un significado concreto a fin de introducirle en un reino prohibido a las luces del entendimiento. No creo que para comprenderlo sea

---

4   Esta célebre crítica a los autores que se acomodan en la «taberna» [Benet 1996: 110 y ss.] resulta acaso la mejor puesta en práctica en la tradición hispana del modelo de «estandarización cultural» propuesto por Adorno y Horkheimer en la *Dialéctica de la Ilustración* [2007: 133–147]. El acomodo repetitivo al estilo costumbrista por parte de los autores de postguerra que renuncian a las cualidades individualizadoras del estilo propuestas por Benet constituye la crítica radical que este vierte contra la tradición novelesca española (la antigua y la reciente). En última instancia, esta «estandarización» del discurso narrativo español implica la crítica a un discurso pretendidamente novelesco pero que no desarrolla un lenguaje capaz de poner en tela de juicio la pertinencia de dicho lenguaje.

preciso recurrir a tantos ejemplos de oscurantismo literario, a tantas muestras (de perfidia, incomunicabilidad o desdén) de un estilo que se ha cerrado sobre sí mismo y que se abre paso por la mente del lector sin exigir de él una intelección, sino una comprensión global por la misma vía de la fascinación de la que él se sirvió para escribir [Benet 1999b: 202–203].

El «reino prohibido a las luces del entendimiento» surge por la naturaleza estética de la fascinación, que, para el novelista, se ubica más allá de las áreas dominadas por la intelección racional. Estas áreas, por el contrario, son producto de una reproducción acrítica del discurso racionalizado, es decir, de una suerte de plantilla verbal adoptada por la tradición, sujeta al «control de la razón» [Benet 1999b: 109], y que deviene, claro, en la reafirmación constante de aquella[5]. En ese sentido y en puridad benetiana, aquel modo narrativo que renuncie a su condición individual mediante el abrazo de lo ordinario, del relato fundado en la razón ilustrada y en el espacio comunitario del que, además, es garante, no debería llamarse, en ningún caso, «estilo». Para evitar la confusión terminológica, Benet señala el verdadero estilo, el «reino prohibido a las luces del entendimiento» con la expresión «Gran Estilo» [Benet 1999b: 216].

Quizá sea momento de recapitular algunas ideas: el estilo, es decir, el «Gran Estilo», la condición individual que debe poseer la novela para poder erigirse en tal, solo puede ser resultado de una fuerza que tienda al *rechazo de la razón ilustrada* en los términos arriba explicados, es decir, como acuerdo general social que articula el espacio comunitario. Vale decir, por tanto, que la revisión personalista, individualizante (si se me permite el neologismo) del género novelesco por parte de Benet es de estirpe *irracionalista*.

La obra de Benet, en efecto, deviene en una feroz enmienda de naturaleza *irracionalista*. Las consecuencias tanto estéticas como ideológicas que se siguen del precepto individualizador benetiano se concretan en «la devastadora crítica a la que [se] somete la tradición racionalista del pensamiento occidental y [el] realismo propio de la

---

5   Ahora bien, al lector atento no debe escapársele el hecho de que, para definir «el reino prohibido a las luces del entendimiento», es necesario *aceptar* y hasta reivindicar la existencia de tales luces. Este es, pues, un buen ejemplo de la función que ejerce la idea de «diferencia» en el estilo de Benet y que se analiza más abajo. *Vid.*, *infra*.

tradición literaria española» en la obra del autor madrileño [Benson 2004: 19]. Y es en esta enmienda crítica irracionalista donde las trazas del pensamiento nietzscheano resultan, en última instancia, insoslayables. Para que la concepción benetiana de la novela mute en el «Gran Estilo» al que aspira el corpus narrativo del autor madrileño [Benson 2004: 27–34], se requiere una concepción tanto del individuo como de la literatura que trascienda todas aquellas realidades del lenguaje que el «discurso racionalista de la cultura occidental» [Benson 2004: 32] ha ayudado a prefijar. Las *regiones* que articulan el substrato individual de la enmienda irracionalista benetiana, como se verá a continuación, son de estirpe nietzscheana: la concepción moderna del mito, el fondo dionisiaco que articula tal concepción, la visión hermenéutica, radicalmente antidialéctica que se sigue de esta idea del mito así como el recurso a la diferencia que, también, dicha concepción del mito trae consigo son rasgos característicos del estilo del autor español cuya genealogía puede rastrearse hasta llegar al pensamiento del filósofo alemán. El cabal funcionamiento de estas características en el corpus benetiano hace que el discurso de Nietzsche logre desentrañar con cierta solvencia el fluir estético y vital propio del «Gran Estilo» del autor.

II

Si el «Gran Estilo» es un espacio —recuérdese, un «*reino prohibido* a las luces del entendimiento»— no debería resultar sorprendente que el canon de Benet se haya construido en torno, también, a la cosmovisión orgánica de un espacio concreto: «Región». En este sentido, el grueso del canon narrativo *regionato* (*Volverás a Región*, *Una meditación*, *En la penumbra*, *Un viaje de invierno*, *La otra casa de Mazón*, *Saúl ante Samuel*, y la serie de *Herrumbrosas Lanzas*) ofrece un espacio de cualidades sobre las que se vuelve, novela tras novela, para aseverar su naturaleza —dígase ya en voz alta— *mítica*. El arranque de *Volverás a Región* (1967) presenta de forma inequívoca esta naturaleza mítica a la que me refiero:

Benet o las «Regiones» nietzschenas del estilo 187

> Es cierto, el viajero que saliendo de Región pretende llegar a su sierra siguiendo el antiguo camino real —porque el moderno dejó de serlo— se ve obligado a atravesar un pequeño y elevado desierto que parece interminable.
> Un momento u otro conocerá el desaliento al sentir que cada paso hacia delante no hace sino alejarlo un poco más de aquellas desconocidas montañas, un día tendrá que abandonar el propósito y demorar aquella remota decisión de escalar su cima más alta, ese pico calizo con forma de mascarilla que conserva imperturbable su leyenda romántica y su penacho de ventisca. O bien —tranquilo, sin desesperación, invadido de una suerte de indiferencia que no dejaría lugar a los reproches— dejará transcurrir su último atardecer, tumbado en la arena de cara al crepúsculo, contemplando cómo en el cielo desnudo esos hermosos, extraños y negros pájaros que han de acabar con él, evolucionan en altos círculos [Benet 1996: 7].

Llama la atención el contraste que se genera entre los espacios del texto. El «camino real» no ha perdido su categoría de *real* (sí de 'perteneciente a la realeza'), pero el camino moderno, dejó de serlo («real», se entiende). Además, el «camino real» no conduce en línea recta hacia la sierra, antes al contrario, aleja al caminante del espacio de llegada convirtiendo este en un anhelo, un deseo de imposible realización por cuanto la topología de ese espacio concreto (la realidad) se entretiene en su naturaleza laberíntica (esto es, en el devenir de la existencia); cada paso hacia delante no hace sino alejar al viajero un poco más de aquellas desconocidas montañas, circunstancia que pone el énfasis en el proceso del viaje en oposición al destino en sí. El destino idealizado, ese «pico calizo con forma de mascarilla que conserva imperturbable su leyenda romántica», por el contrario, se yergue imponente enseñoreándose del trabajo pesaroso inherente al paso —la travesía— por el «pequeño y elevado desierto que parece interminable», imagen franca de ese devenir por los recovecos del hastío que produce el peso de la existencia. La sierra de Región, por su carácter inalcanzable, por el influjo de atracción y rechazo que ejerce sobre el deseo, reclama para sí los galones estéticos que caracterizan la tradición del mito: naturaleza legendaria (es decir, de «relato»), la cualidad de lo inasible y, al mismo tiempo, la eterna presencia dominadora sobre el ámbito real y el metafórico, sobre lo conocido y lo ignorado, sobre lo deseado y lo recordado. La convivencia entre opuestos tan radicales trae consigo otra característica fundamental para entender el espacio de Región, a saber: el mito es inaprensible, sí, mas, precisamente por eso, explica sin ambages la naturaleza del comportamiento humano. La disyuntiva implícita en este comportamiento, a su vez, tiene que ver con la aceptación de «la tragedia de la individuación» [NT: 42]: bien se abandona toda esperanza (pero se continúa el camino), bien deja uno que la ruina lo devore y se entregue a la muerte. El éxito del viaje está completamente descartado. El viaje, no.

La incapacidad para aprehender el mito apunta hacia un espacio radicalmente real pero que se encuentra fuera de la existencia concebida con ímpetu kantiano (espacio, tiempo, razón; historia, si se quiere expresar en términos escolásticos), marcada, sobre todo por la aceptación de la lógica causal imbuida en la concepción clásica del tiempo, el cual, claro, resulta ajeno al mito. Desde este plano estilístico (de vocación mítica), no debe sorprender, por ejemplo, que aparezca al menos un personaje cuya existencia se dé «fuera del tiempo» [García de la Concha 1996: xxxiii]: el Doctor Sebastián; como tampoco puede resultar chocante, desde el plano histórico del discurso, que el resto de personajes «[sean] esclavos del tiempo que los anilla con fuerza centrípeta» [García de la Concha: 1996: xxxiii]. Pero el espacio es mucho más tozudo a este respecto. Al proponer el narrador una *región* que trasciende ese orden básico concreto de la existencia (el tiempo), el estilo revela, precisamente, un espacio en el que solo pueda darse el mito, al menos como representación del vacío infinito que separa al sujeto de fondo dionisiaco de la realidad por causa de la conciencia; como encarnación de la dinámica hermenéutica que ha de articular la relación entre el sujeto y el vacío que lo separa de lo real (esto es, el propio mito). (Cualquier manifestación factual de lo contrario en la configuración del espacio no puede ser entendida de otro modo que no sea la proyección del mismo sujeto atrapado en aquel inexorable anillo del tiempo, pretendido garante, paradójicamente, de una supuesta realidad objetivable)[6]. El espacio vacío que se ha señalado es el mismo del que se ocupa Nietzsche en *Verdad y Mentira en sentido extramoral*. Si bien es cierto que, por una parte:

> Todo lo maravilloso, lo que precisamente nos asombra de las leyes de la naturaleza, lo que reclama nuestra explicación y lo que podría introducir en nosotros la desconfianza respecto al idealismo, reside única y exclusivamente en el rigor matemático y en la inviolabilidad de las representaciones del espacio y del tiempo.

---

6   Buen ejemplo de esto es el aviso de «Se prohíbe el paso» [Benet 1996: 9] que cerca las tierras guardadas por el Numa. *Vid.*, *infra*.

> Sin embargo, esas nociones las producimos nosotros y a partir de nosotros con la misma necesidad que la araña teje su tela [VME: 32].

No menos cierto es que, por otra:

> El impulso hacia la construcción de metáforas, ese impulso fundamental del hombre del que no se puede prescindir ni un solo instante, pues si así se hiciese se prescindiría del hombre mismo, no queda en verdad sujeto y apenas si domado por el hecho de que con sus evanescentes producto, los conceptos, resulta construido un nuevo mundo regular y rígido que le sirve de fortaleza. Busca un nuevo campo para su actividad y otro cauce y lo encuentra en el mito y, sobre todo, en el arte. (…) La diurna vigilia de un pueblo míticamente excitado, como el de los antiguos griegos, es, de hecho, merced al milagro que se opera de continuo, tal y como el mito supone, más parecida al sueño que a la vigilia del pensador científicamente desilusionado [VME: 35].

Solo cuando se acepta que «no hay ninguna causalidad, ninguna exactitud, ninguna expresión, sino, a lo sumo, una conducta estética» [VME: 31] puede recuperarse un espacio relacional con la realidad que acepte la imposibilidad de las estrategias —ya pueden empezar a llamarse *apolíneas*— que, en su conjunto, dan forma a nuestra conciencia. Al aceptar, por el contrario, esta «conducta estética», surge el mito como espacio ordenador que acaso ponga al hombre en contacto con el fondo dionisíaco inaprensible de la realidad. El contacto, claro, es accidental, imposible de sostener, inefable, e inasible, en constante fuga desesperada, por parte del sujeto que solo puede rehacerse a través de su conciencia, una vez ha pasado por dicha experiencia relacional. Esa constante fuga desesperada justifica, por sí sola, la necesidad del viaje como conducta vital «real».

La razón crítica que logra reunir el «Gran Estilo» de Benet en la misma área estética común al pensamiento Nietzsche presupone que las motivaciones artísticas del novelista y el pensador parecen ser, virtualmente, idénticas. La construcción de un estilo que aspire a superar las limitaciones propias del *lenguaje verbal* proviene de una desconfianza radical hacia este como encarnación de la razón, es decir, del ideal ilustrado. Pero trascender los peligros epistemológicos con los que carga el lenguaje verbal y articular en consecuencia una praxis artística ajena a tales peligros no resulta tarea sencilla, y solo parece poder abordarse mediante la denuncia de estos. Los peligros a los que me refiero son la inestabilidad de la representación lingüística ante el devenir vital; la imposibilidad de una comunicación plena mediante el lenguaje verbal; el alejamiento progresivo entre palabra y referente, etc. Es a partir de estas premisas de trabajo (y más por su puesta en práctica que por la revelación consciente de su naturaleza) cuando el estilo benetiano se erige en *mito à la Nietzsche*:

> Ya que los héroes y dioses de dramas míticos tales como los que Wagner escribe como poeta también deben expresarse claramente en palabras, *el primer peligro que entonces se presenta es que este lenguaje verbal despierte en nosotros nuestra personalidad teorética y con ello nos traslade a otra esfera diferente, la que no es mítica*: de manera que mediante la palabra no solo no hubiésemos comprendido con una mayor claridad lo que sucedía ante nosotros, sino que al final no hubiésemos comprendido absolutamente nada. Wagner obliga por ello al lenguaje a que retroceda a un estado originario en el que todavía casi no piensa nada en conceptos, pues en tal estado el mismo lenguaje todavía es poesía, imagen, sentimiento [CIT: 153–154; la cursiva es mía].

La ventaja de llevar el lenguaje (epítome de lo racional) al nebuloso terreno del mito radica en que este «no se basa en un pensamiento, como creen los hijos de una cultura excesivamente artificiosa[7], él mismo es, por el contrario, *una actividad de pensamiento*». Así es, «el mito comunica una representación del mundo, pero en una secuencia de procesos, acciones y sufrimientos», al modo del viaje del lector de Benet, que encuentra en el estilo de *Volverás a Región* «un formidable sistema de pensamiento sin la forma conceptual del pensamiento» [CIT: 152–153, la cursiva es mía] (en *El nacimiento de la tragedia*, Nietzsche identificaría el mito con una «imagen compendiada del mundo» [NT: 189], expresión que cabe también a la perfección en este análisis). El estilo de Benet no difiere en ímpetu (sí, claro, en expresión formal) del de la pléyade de grandes artistas (al menos desde el Simbolismo francés) que emplea el lenguaje verbal precisamente para huir de la representación conceptual e instalarse, sin solución de continuidad, en la esfera del

---

7   Esta crítica de Nietzsche también alude a la cultura materialista heredada de la Ilustración, aquella donde domina, por exceso, el ideal *apolíneo* (la razón ilustrada a la que me refería más arriba). La inocencia dionisíaca de la embriaguez, de la sensualidad del cuerpo, de la voluptuosidad ditirámbica en que se manifiesta el devenir, no participa de la artificiosidad racional que determinan el ideal *apolíneo*.

mito. Pero recuérdese: el mito no «se basa en un pensamiento» sino que *es* «una actividad de pensamiento».

El lenguaje del mito, en el sentido nietzscheano y en oposición al lenguaje del tiempo o la razón, es un lenguaje *preterracional* que se manifiesta previo a la intelección de la experiencia, *porque en sí mismo es* experiencia. La comprensión global del mito no puede supeditarse al discurso racional, reflejo del pensamiento conceptual ilustrado. El mito necesita de otro tipo de conocimiento, otra forma de comprender la experiencia de las emociones que no necesite de la falsificación del concepto (esa «hueste de metáforas, metonimias [y] antropomorfismos» que, además, se promocionan como «verdad» [VME: 25]) para transmitir la verdadera esencia del mito, la representación del mundo. La clave, claro, también viene de Nietzsche: «El placer que el mito trágico produce tiene idéntica patria que la sensación placentera de la disonancia en la música. Lo *dionisiaco*, con su placer primordial percibido incluso en el dolor, es la matriz común de la música y el mito trágico» [NT: 198].

La concepción de lo *dionisíaco* (en oposición a lo *apolíneo*) que Nietzsche presenta en su *Nacimiento de la tragedia* (1874) revela muy bien cuáles son los nuevos pilares estéticos que sostienen el estilo de Benet. El mito de Región se encarna en un espacio estético arraigado en la imitación «de la embriaguez», del despertar de las emociones, del reconocer los afectos, el cuerpo, y, a partir de ahí, la vivencia de la naturaleza indivisible del mundo como devenir, como proceso ante el cual solo cabe relacionarse desde y por la experiencia vivida. Ken Benson lo expresa así: «El objetivo de la poética benetiana (…) es que el lector deguste y disfrute del lenguaje sugestivo y elaborado de la prosa artística, esto es, su poética apela a la "emoción" del lector» [2004: 38], pero creo que Benson se queda corto en su apreciación, pues no termina de afirmar de manera rotunda que la emoción a la que apela nace de la relación *preterracional* radicada en el cuerpo (previa al intelecto), vale decir en «la embriaguez» nietzscheana resultante de la experiencia relacional de este (el cuerpo) con «el substrato dionisiaco del mundo» que constituye «el fundamento de toda existencia» [NT: 202]. Este substrato articula lo terrible, lo monstruoso, el fondo que alberga «la realidad absoluta en la que el individuo se disuelve con placer, o sucumbe con horror» [Safranski 2002: 86]. El espacio de fuerza estética de la embriaguez dionisiaca se opone y se complementa, según Nietzsche, con la comprensión conceptual, racional, claro, de la apariencia del mundo: el elemento *apolíneo*. Para acceder al substrato dionisiaco de lo monstruoso, la conciencia humana solo puede valerse de la «fuerza apolínea transfiguradora» [NT: 202], la cual actúa extendiendo «un velo de belleza sobre su propia esencia» [NT: 201]. Los dos elementos (la embriaguez, vale decir dionisiaca[8], y lo apolíneo) son necesarios y articulan el mito por causa de una suerte de eterno devenir sincrético que paso a explicar a continuación.

La sublime apelación al mito no es el único componente del estilo benetiano. La experiencia mítica, por definición, debe constituirse en espacio eternamente presente, pero al no poder aprehenderse mediante el elemento apolíneo[9], su presencia solo puede tornarse *en ausencia del discurso conceptualizado*. El «Gran Estilo» de Benet capitaliza esta paradoja de manera sutil, incorporándola al fluir verbal para que este filtre la indeterminación del espacio y señale aquellas áreas que rechazan la definición conceptual para sí. Ante estas áreas de indefinición, solo cabe ejercer un proceso hermenéutico de interpretación continua cuyo mejor aliado (ese «eterno devenir sincrético» al que aludía antes), en cualquier caso, es siempre la memoria.

> Pero en ocasiones algo atraviesa esa delicada gelatina que la memoria extiende por doquier —aunque no conoce ni nombra— para asomar con toda su crudeza y herir a una conciencia indefensa, sensible y medrosa que no solo a través de la herida podrá segregar el nuevo humor que la proteja; y entonces se convierte en una costumbre refleja, en conocimiento ficticio, en disimulo ya que, en verdad, el miedo, la piedad o el amor no se llegan nunca a conocer. Hay una palabra para cada uno de esos instantes que, aunque el entendimiento reconoce, la memoria no recuerda jamás; no se transmiten en el tiempo ni siquiera se reproducen porque algo— se preocupará de silenciar y relegar a un tiempo de ficción [Benet 1996: 99].

---

8   La oposición entre las fuerzas de lo *apolíneo* y lo *dionisíaco* no es una mera fórmula para destilar arte químicamente puro, sino más bien una suerte de «ley ontológica fundamental» [Safranski 2002: 84–85]. La energía apolínea es, pues, un canal que transfigura el sustrato monstruoso del mundo para que el Hombre pueda convivir con el ímpetu de su fuerza. Lo dionisiaco es un modo complementario de relacionarse con el sustrato monstruoso. Nietzsche provoca confusión al calificar este sustrato como «dionisiaco». Conviene entender, pues, que en el pensamiento del filósofo conviven una noción ontológica de lo dionisiaco (el fondo de la realidad) con una idea de naturaleza gnoseológica (la experiencia del arte que conduce a la embriaguez).

9   *Vid., infra*, p. 13.

En efecto, la memoria es crucial en este nivel de construcción hermenéutica del estilo porque solo en su seno puede articularse el discurso de la novela, sí, pero también porque obliga al lector a recrear el estilo fuera de ella. La memoria registra la experiencia, es verdad, pero en la obra de Benet, la memoria también carga con la tarea titánica de construir el discurso que administra la experiencia mítica.

Se ha dicho ya que la experiencia mítica no puede aprehenderse en el espacio apolíneo, pero quizá convenga explorar este detalle con más detenimiento, pues también es cierto que aquella experiencia solo puede darse mediante el concurso de *lo apolíneo*. Así es, solo puede darse precisamente por el «enmascaramiento», lo cual se opone a la tradicional idea de «revelación» que la tradición racionalista parecen promover. La experiencia mítica surge en el momento en que aparece la «máscara de la representación» a la que aludía Benet en *La inspiración y el estilo*; y no cuando dicha máscara se levanta, cosa, por otra parte, imposible en la narrativa de Benet. Esto es así porque el enmascaramiento no remite a una verdad conceptual única e inmutable contenida en el significado asociado a la palabra (la identidad entre significante y realidad); sino que, más bien, remite a un proceso constante de interpretación (la máscara es el teatro, el drama, el conflicto en eterna evolución), una realidad en constante movimiento que no puede cerrarse.

Esta condición del «Gran Estilo» benetiano también soporta una explicación nietzscheana. La lectura que Deleuze hace de Nietzsche orienta el sentido de su pensamiento hacia una crítica radical contra el modelo dialéctico hegeliano (también marxista, por cierto); hacia la reivindicación de «lo múltiple, el devenir» y «el azar» como «objetos de *afirmación* pura» [Deleuze 1967: 274] [*cfr.* también, Vattimo 1992: 31–32] en oposición al cierre conceptual que persigue toda tradición dialéctica [Deleuze 1967: 270–277]. La alternativa que Nietzsche opone al progreso teleológico de la dialéctica es la teoría del *eterno retorno*, cuya asunción incondicional no solo es prueba demostrativa de la *voluntad de poder*, sino acaso también, aunque de modo indirecto, de la vida como valor supremo del individuo:

> La imagen del eterno retorno parece servir como prueba para determinar si un individuo considera que su vida es significativa. Visto así, como una teoría existencial, el eterno retorno resulta crucial primero porque indica una actitud deseable ante la vida. Si un individuo logra *afirmar* de forma sincera el eterno retorno,

quiere decirse que dicho individuo, a su vez, estima que su vida tiene un valor intrínseco, es decir, que merece la pena vivirse una y otra vez [Magnus 1996: 37; la traducción es mía].

Así, concebir a un sujeto completamente autónomo como manifestación factual de la *voluntad de poder* orientada hacia el *eterno retorno* equivale a presentarlo como metáfora de la «afirmación y la diferencia» de la vida, en oposición a la concepción del hombre como «unidad sintética de la "negación" que preside el modelo hegeliano» [Schrift 1996: 330]. El *eterno retorno* supone el devenir de lo afirmativo, y lo afirmativo, a su vez, se manifiesta necesariamente en la multiplicidad del devenir (la diferencia): «La diferencia es el objeto de una afirmación práctica inseparable de la esencia y constitutiva de la existencia». Esencia y existencia se dan la mano de forma *ultra*-metafísica en la concepción nietzscheana del *devenir* [Deleuze 1967: 18].

> La lección del eterno retorno es que no hay retorno de lo negativo. El eterno retorno significa que el ser es selección. *Solo retorna lo que afirma, o lo que es afirmado*. El eterno retorno es la *reproducción* del devenir, pero la reproducción del devenir también es la producción de un devenir activo: el superhombre, hijo de Dionisos y Ariana [Deleuze 1967: 264].

La versión teleológica (es decir, dialéctica) de la evolución cancela el *eterno retorno* de Nietzsche por cuanto ampara la afirmación de «lo negativo» en la relación de las fuerzas que entran en juego. En Nietzsche «la relación existencial de una fuerza con otra nunca se concibe como un elemento negativo en la esencia. En su relación con la otra, la fuerza que se hace obedecer no niega la otra o lo que no es, afirma su propia diferencia y goza de [esta]» [Deleuze 1967: 17].

Mencionaba antes que el enmascaramiento no remite una verdad conceptual única e inmutable contenida en el significado asociado a la palabra; sino que, más bien, remite a un proceso constante de interpretación, una realidad en continuo movimiento que no puede cerrarse dialécticamente, es decir, que no acepta la esencia de lo negativo en la relación dinámica de sus fuerzas. Así, la particular aceptación de la diferencia que Deleuze practica en su lectura de Nietzsche permite abrir un punto de vista desde el cual observar con mayor claridad la perpetua afirmación de fuerzas que constituye la experiencia de la vida en el estilo benetiano, que se configura por obra y gracia de un proceso hermenéutico perpetuo (reafirmado con cada nuevo texto que se añade al ciclo regionato) el cual, a su vez, permite al lector no recrear, sino más bien *encarnar* una experiencia individual de la realidad. Benet es consciente de ello:

> Un escuálido galgo de piel canela con manchas de color de iodo olfateaba unos restos al pie de uno de los pilonos y cuando el conductor cambió la marcha para remontar la breve pendiente del repecho de la entrada, escondió el rabo entre las piernas y se retiró con un trotecillo, pegado a la acribillada tapia, en la imposible búsqueda de un algo que su pobre memoria aún recordaba; y que le llevó, cuando pasó la amenaza y el coche se perdió tras la primera revuelta, a seguir la línea de la tapia a aquel mismo trote sin prisa porque sin ninguna esperanza de encontrar aquel algo debía *saber que solo con el movimiento podía olvidar que no la tenía* [1999a: 183; la cursiva es mía].

La negación del movimiento, esto es del proceso hermenéutico que articula la memoria, y la vida como consecuencia del proceder orgánico de esta, conduce al intento fútil, insustancial y grotesco (impropio del «escuálido galgo» que protagoniza la escena anterior, pero inherente —diríase incluso consustancial— al sujeto que se concibe en el horizonte de la razón ilustrada) por cerrar de manera dialéctica la ilusión que ese mismo sujeto percibe como realidad. Resulta, claro, que el cierre dialéctico de la experiencia (la negación que se propicia en el acto de usurpar al fenómeno su realidad por medio de la definición verbal) supone aceptar aquella tradición racionalista que Benet censuraba en sus textos críticos[10]. El arte novelesco de Benet, como ya se ha comentado, rechaza de plano dicha tradición, y encarna en su estilo (a saber, el rasgo distintivo fundamental del arte de la novela) las características anti-dialécticas y ahistóricas que han de oponerse al ímpetu racionalista (llámese positivista, historicista o como quiera llamarse). El arte de Benet funciona gracias al vector de fuerza proyectado por y sobre el contraste absoluto de discursos que conviven (esto es, no se niegan) en la misma región: al universo positivista de certezas absolutas promovido por el narrador como «historiador» se opone la cosmogonía de la alusión y la elisión creadoras de espacios verbales proteicos, multiformes, diríase mejor inefables, y resistentes a la definición (elusivos también incluso

---

10   *Vid.*, *supra*.

para las voces que quieran destacar por su timbre de narrador principal solo para constatar su fracaso como tales, su incapacidad para atrapar y sostener los límites conceptuales «[del] sustantivo» [Benet 1996: 193]). El fluir estilístico de Benet permea todas las estructuras del texto en una construcción orgánica imposible de aprehender en los espacios lógicos que la narrativa estructuralista promueve (entiéndase esta narrativa como aquella que acepta de forma implícita y acrítica una relación estable, fija e inmutable entre lenguaje y aquello que ha de llamarse, por imperativo estético del autor, «realidad»). Así, esta construcción orgánica afecta tanto a la arquitectura de la frase como a la caracterización de los personajes, pasando por la relación del espacio con estos, el fluir de las conciencias y el eterno aplazamiento de su consumación, haciendo un particular uso del tiempo como «ruina» intelectual interpuesta en la relación del sujeto con el fondo mítico de las cosas:

> [En la obra de Benet] el tiempo ha disuelto la trabazón lógica de las cosas, los personajes se sustituyen unos por otros sin aviso previo; usurpan rasgos de sus parientes, vecinos o amigos; viven vidas que recorren paralelas biografías complementarias o antagónicas; y mediante estos desconcertantes procesos expresan la posibilidad (y su reverso: la frustración) de las cosas en el pasado, y su difícil comprensión en el presente [López García 2000: 770].

Ya sea en el seno del relato, ya fuera de él, en el conjunto global de las narraciones Regionatas, el «Gran Estilo» transfiere la función ordenadora del tiempo al espacio mítico de ímpetu nietzscheano, poniendo de manifiesto la tensión constante entre uno (tiempo) y otro (mito). La imposibilidad de concluir tamaña tensión pone además el foco de atención en la propia dinámica tensional, de suerte que el interés narrativo (el verdadero arte novelesco) trasciende la irrealizable síntesis entre discursos. Esta particularidad también tiene consecuencias narrativas reseñables. En cierto sentido, no resulta descabellado afirmar que el ciclo de Región es en sí un hipertexto novelesco, abundante en elementos entrecruzados, personajes que pueblan el espacio verbal para subrayar las fuerzas de creación y destrucción que presiden el ciclo mítico. Puede incluso considerarse el conjunto de todos los textos como una obra magna sobre el intento de colonización que el lenguaje del tiempo, el discurso de la razón ilustrada ordenadora y sus consecuencias sobre la relación del sujeto con ella ha intentado desplegar —de manera fallida— sobre el mito. *Volverás a Región* vuelve a dar la clave sobre este tipo de lectura:

> A medida que el camino se ondula y encrespa el paisaje cambia: al monte bajo suceden esas praderas amplias (por donde se dice que pasta una raza salvaje de caballos enanos) de peligroso aspecto, erizadas y atravesadas por las crestas azuladas y fétidas de la caliza carbonífera, semejantes al espinazo de un monstruo cuaternario que deja transcurrir su letargo con la cabeza hundida en el pantano; (…)
> Hasta que un desordenado e inesperado seto de salgueros y mirtos parece poner fin al viaje con un tronco atravesado a modo de barrera y un anacrónico y casi indescifrable letrero, sujeto a un palo torcido: «Se prohíbe el paso. Propiedad privada» [Benet 1996: 9].

El horizonte que el camino regala al viajero refleja de nuevo las cualidades míticas que adornan Región. El mudar constante de paisaje conduce a «esas praderas amplias» que recuerdan al «espinazo de un monstruo cuaternario». Por si fuera poco, tales praderas destacan por ser el país legendario de una «raza de caballos enanos». La articulación del paisaje parece diseñada para revelar la existencia de un enigma, pero nunca su desenlace. En ese nivel inefable que queda entre la existencia enigmática y la imposibilidad de su solución (la validez de la leyenda por una parte, la percepción del monstruo por otra) es donde brota el mito. Pero claro, no bien se genera este fenómeno del mito cuando aparece, de manera inexorable, el lenguaje racional (en forma de signo escrito) para poner coto a la experiencia que ha originado, precisamente, dicho mito. La prohibición del paso a la finca guardada por el Numa impone límites reales y absolutos, tanto físicos («[se pone] fin al viaje con un tronco atravesado a modo de barrera»), como culturales (la privacidad de la propiedad), llevando así a cabo un intento por contener el fluir permanente de la realidad inasible. Incluso así, el mito se enseñorea del intento por cerrar los límites de la realidad (esa vocación colonial del lenguaje del tiempo) cuestionándose la propia naturaleza interna de dichos límites, y resolviendo, a su vez, que tales límites también crean enigmas irresolubles porque quedan fuera del espacio de la razón[11]: «Lo cierto es que nadie se atreve a negar la existencia del hombre, al que nadie ha visto pero al que nadie tampoco ha podido llegar a ver y cuya

---

11 También puede decirse que estos enigmas reclaman un nuevo proceso hermenéutico para poder ser resueltos; proceso que, en realidad, no es tal, porque en la solución se revelan otros enigmas, que, a su vez, en su solución, revelan otros enigmas y así *ad infinitum*.

imagen parece presidir y proteger los días de decadencia de esa comarca abandonada y arruinada» [Benet 1996: 9]. Al igual que sucede con el doctor Sebastián de *Volverás a Región*, «el sustantivo se [le] escapa» al lector [Benet 1996: 193], pues el sustantivo, la palabra en sí, no logra nunca cerrar en un discurso unívoco (un significante que apunte a un significado con correlato objetivo) la naturaleza del enigma implícito en el *proceso* de la narración.

El fallido intento de colonización por parte del lenguaje histórico, el lenguaje del tiempo, sobre el mito despeja de una vez por todas el panorama crítico sobre la naturaleza del estilo de Benet: «la leyenda se funde en *Volverás a Región* con la historia y lo soñado con lo vivido; en realidad uno y otro plano se imbrican de continuo. Llegados a este punto, conviene explicar que en la estructura básica de la novela la memoria no solo funcionará como fuente de información, sino que ella misma crea y ella misma es la que, en realidad, escribe» [García de la Concha 1996: xxxii]. Así es, debe aceptarse que todos estos conceptos contrarios: mito y tiempo, lenguaje y enigma, han de coexistir para constituir el «Gran Estilo», pues —no se insistirá nunca lo suficiente— es en el contraste, en la acción sincrética donde surge el espacio literario al que Benet dedica su obra. El profesor López García [1994: 58] señala, por ejemplo, uno de los enunciados que mejor descuellan en el canon benetiano, el final de *Volverás a Región*: «Hasta que, con las luces del día, entre dos ladridos de un perro solitario, el eco de un disparo lejano vino a restablecer el silencio habitual del lugar» [Benet 1996: 335]. Asiste al profesor López García toda la razón del mundo cuando vincula este pasaje a la influencia de Joseph Conrad[12] en el autor madrileño porque Conrad y Benet comparten en este punto que la reunión sincrética (que no sintética) de los contrarios encarna el *proceso de la vida* en el estilo, en el «Gran Estilo». Cabe decir, por tanto, que el contraste al que he venido apelando en todo este capítulo y que define la naturaleza de la poética benetiana personifica, en esencia, la *experiencia de vida como fenómeno hermenéutico* que sostiene el

---

12 La influencia de Conrad en Benet, explorada con exhaustiva precisión en la «Introducción» del profesor López García a *El agente secreto* de Joseph Conrad [1994: 1–73] acaso puede ser la vía principal de entrada del sustrato filosófico nietzscheano en la concepción estilística del autor madrileño.

«Gran Estilo» y cualifica a este como *sinécdoque estética* del fondo dionisíaco más profundo.

Y esta no es una cuestión menor. Por ejemplo, resulta que es en dicho contraste, es decir, en la *experiencia de la vida* encarnada en el «Gran Estilo» donde se justifica el sentido existencial que el autor del ciclo regionato proyecta, por ejemplo, sobre la noción de ruina. La presencia de esta figura apunta con claridad hacia la relación entre el lenguaje colonizador de la historia y la resistencia que opone el sustrato mítico que articula el espacio de Región, de suerte que la ruina tiende a «[ofrecer] el correlato objetivo de la historia de los pueblos de Región a la luz de las doctrinas de la evolución y el progreso» [López García 2000: 765][13]. En efecto, la ruina funciona en el único nivel estilístico en el que puede darse un «correlato objetivo» de la miseria engendrada por la relación dinámica del lenguaje del tiempo y el lenguaje del mito. Las sublimes ruinas de Región se proyectan hacia la conciencia de los personajes que pueblan el espacio para recordar (y hacer recordar) que dicha ruina significa «que las personas dejen de ser personas» [Benet 1995: 123], que la realidad objetivable, con sus fortunas e infortunios, sus miedos y esperanzas, sus frustraciones engendradas por el comercio entre memoria y deseo, son consecuencia del intento fútil y amargo por domeñar una tierra que no es «mala… no; [sino] hostil» [Benet 1995: 120]. En tales circunstancias «es mejor no tener nada; ni casa, ni madre, ni fe, ni recuerdos, ni esperanza, ni siquiera un mal pedazo de tierra donde meter el arado cada dos años; porque todas las cosas llevan dentro la posibilidad de arruinarse, y lo pongo que uno tenga le hundirá más bajo todavía, en cuanto se descuide» [Benet 1995: 123]. Claro que el descuido no puede darse si no hay nada que cuidar. La admonición del narrador de «Baalbec una mancha» (1958) confirma de nuevo —y cada vez, en cada texto de Región, como algo «nuevo»— que aquella «posibilidad de la ruina» se da en la relación del sujeto con el espacio, de la proyección comprensiva que los grandes fantasmas de la conciencia y la razón ilustrada ejercen sobre el espacio como si este pudiera

---

13 Me remito al artículo seminal del profesor Dámaso López García, «Volverás a Baalbec» para aquel lector que quiera explorar mejor las distintas áreas de significado que el concepto de la «ruina» articula en el ciclo regionato, en especial en el relato «Baalbec una mancha» (1958).

aprehenderse. Me remito a la hostilidad de la tierra para subrayar la reacción de resistencia contra la vocación colonial que caracteriza al lenguaje de la razón y el tiempo, encarnados en «la casa», «la madre», «la fe», «los recuerdos», «la esperanza» e incluso «el arado», todos ellos manifestaciones factuales de la cultura comunitaria, es decir, expresiones de una actitud relacional heterónoma para con el insondable espacio de una poderosa realidad indomable por sublime. La ruina se trueca, así, en el símbolo aparentemente inmutable (y digo bien, aparentemente, «porque todas las cosas llevan dentro la posibilidad de arruinarse y lo poco que uno tenga le hundirá más bajo todavía» [Benet 1995: 123]) del contraste deletéreo (deletéreo para con el lenguaje de la razón y el tiempo) que sostiene el estilo benetiano, personificación de la experiencia de vida que mencionaba más arriba. Pero la ruina, a la vez, constata uno de los rasgos esenciales que se han apuntado antes: el contraste constitutivo del «Gran Estilo» es radicalmente antidialéctico, pues la destrucción de los fundamentos propios del lenguaje del tiempo no resulta ser absoluta jamás; no se trata de que el espacio mítico erradique el Tiempo, la razón, los valores, la ética, la política o cualesquier otras estructuras culturales ordenadoras de una realidad que aspira a convertirse en absoluta, sino más bien, como ya se ha comentado, que «la leyenda se funde en *Volverás a Región* con la historia» [García de la Concha 1996: xxxii]; que el mito se imbrica con el relato (la narración lógica, racional, obra del lenguaje). La ruina es fruto del contraste sincrético de ambos discursos y, quizá, por eso, reclama siempre volver a ella para continuar el proceso hermenéutico que encarna la vida:

> Está muy claro, pues, que la memoria discurre activada por el Tiempo y que el Tiempo se constituye en el gran vector de fuerza de *Volverás a Región*. He anticipado que el doctor Sebastián aparece fuera del tiempo, y que por eso sus ojos y su vestido no tienen color y sus palabras parecen de otro género. Lo que ocurre en realidad es que él y todos los habitantes de Región son esclavos del tiempo que los anilla con fuerza centrípeta «con su interminable movimiento circular». *Nadie puede escaparse del cerco, del anillo esclavizador; y si alguno se evade por algún tiempo, volverá a Región para cumplir el resto de destino que le queda.* Los habitantes de Región, que no tienen presente —«el presente ya pasó» y cuyo pasado es «lo que no fue», deben vivir, mediante un continuo recuerdo de la memoria inquisitiva, en un futuro que es proyección continua sobre «lo que ya ha sido» [García de la Concha 1996: xxxiii; la cursiva es mía].

Esta vuelta constante a Región coincide, en fin, con la idea de «eterno retorno» como proceso hermenéutico de vida[14], como afirmación de la diferencia, como aseveración de la experiencia presente, pasada y futura. La manifestación del «eterno retorno», encarnación de la memoria y el deseo, de la creación y la ruina, cierra, por fin, el círculo filosófico nietzscheano que caracteriza el «Gran Estilo» de Juan Benet.

Bibliografía

ADORNO, THEODOR W. y HORKHEIMER, MAX (2007): *Dialéctica de la ilustración*. Ed. Tiedeman y trad. Joaquín Chamorro Mielke, Madrid, Akal.
BENET, JUAN (1995): «Baalbec, una mancha», en: *Cuentos completos I*, Madrid, Alianza, 101–139.
– (1999a): *Herrumbrosas lanzas*, Madrid, Alfaguara.
– (1999b): *La inspiración y el estilo*, Madrid, Alfaguara.
– (1996): *Volverás a Región*, Barcelona, Destino.
BENSON, KEN (2004): *Fenomenología del enigma: Juan Benet y el pensamiento literario postestructuralista*, Amsterdam, Nueva York, Rodopi.
DELEUZE, GILLES (1967): *Nietzsche y la filosofía*. Trad. Carmelo Artal, Barcelona, Anagrama.
GARCÍA DE LA CONCHA, VÍCTOR (1996): «Volverás a Región: relato y discurso simbólico. Introducción» a Juan Benet, *Volverás a Región*, Barcelona, Destino, i–lxxxvi.
GELBENZU, JOSÉ MARÍA (1999): «La guerra de Juan Benet: reseña a *Herrumbrosas Lanzas*», Madrid, *Revista de Libros*, 31–32, 13–19.
LEAVIS, F. R. (1948): *The Great Tradition*, London, Penguin.
LÓPEZ GARCÍA, DÁMASO (1994): «Introducción y notas» a Joseph Conrad, *El agente secreto*. Trad. Dámaso López García, Madrid, Cátedra, 1–63.

---

14 *Vid.*, *supra*.

– (2000): «Volverás a Baalbec», en: *Cuadernos de Filología Italiana*, Extraordinario 2, 757–771.
MAGNUS, BERND AND KATHLEEN M. HIGGINS (1996): «Introduction to Nietzsche's Works and Their Themes», en: Bernd Magnus y Kathleen M. Higgins, (eds.), *The Cambridge Companion to Nietzsche*, Cambridge, CUP, 21–68.
NIETZSCHE, FRIEDRICH (2003): «Consideraciones intempestivas (IV): Richard Wagner en Bayreuth», en: *Escritos sobre Wagner*. Ed. y trad. Joan B. Llinares, Madrid, Biblioteca Nueva, 83–183.
– (2000): *El nacimiento de la tragedia*. Trad. Andrés Sánchez Pascual, Madrid, Alianza.
– (2003): «Sobre verdad y mentira en sentido extramoral», en: *Sobre verdad y mentira*. Ed. y trad. Luis M. Valdés y Teresa Orduña, Madrid, Tecnos, 15–38.
SAFRANSKI, RÜDIGER (2002). *Nietzsche: Biografía de su pensamiento*. Trad. Raúl Gabás, Barcelona, Tusquets.
SCHRIFT, ALAN D. (1996): «Nietzsche's French legacy», en: Bernd Magnus y Kathleen M. Higgins (eds.), *The Cambridge Companion to Nietzsche*, en *The Cambridge Companion to Nietzsche*, Cambridge, CUP, 21–68 y 323–355.
VATTIMO, GIANNI (1992): *Más allá del sujeto: Nietzsche, Heidegger y la hermenéutica*. Tad. Juan Carlos Gentile Vitale, Barcelona, Paidós.
VALDÉS, MARIO (2000): «Introducción» a Marzena M. Walkowiak, *A Study of the Narrative Structure of «Una meditación» by Juan Benet*, Lewinston, Queenston, Lampeter, The Edwin Mellen Press, ix–xi.

Bloque II: el Pensamiento

Ana María Leyra
Universidad Complutense de Madrid

El Nietzsche de Pérez de Ayala: de la divulgación a la creatividad

Ramón Pérez de Ayala nace en Oviedo el 9 de agosto de 1880. Estudia con los Jesuitas en Carrión de los Condes donde recibe clases de Julio Cejador y Frauca, eminente filólogo e historiador y también en *La Inmaculada* de Gijón. Realiza estudios superiores en la Universidad de Oviedo y allí primero se interesa por el ámbito de las ciencias, pero pronto cambia su línea de intereses por la carrera de Derecho, aunque su verdadera vocación le llevará por el mundo de las humanidades y la literatura hasta consumar una importante trayectoria de novelista y ensayista.

El momento en el que Pérez de Ayala frecuenta la Universidad de Oviedo es un momento de excepcional vigor intelectual, un momento en el que maestros como Leopoldo Alas, Clarín, o Rafael Altamira, entre otros, imprimen al centro un marcado carácter moderno y progresista. Son grandes maestros, en su opinión, y también en la mía, los que favorecen la aparición de grandes discípulos. El mismo Pérez de Ayala relata esos momentos de su *Alma Mater* y, en un texto titulado *La Universidad de Oviedo*, que figura como prólogo en el libro *Paisajes de reconquista*, de Juan Díaz Caneja (1926) e incluido en el conjunto de ensayos que aparece publicado como *Rincón asturiano* en el tomo I de las obras completas [1963, I: 1131], comenta que entonces se calificaba a la universidad de Oviedo como la Atenas de España.

Aquel ensayo trataba sobre la idea de educación y en él nociones como descubrimiento, creatividad y vida se manifiestan con rigor e insistencia:

> El conocimiento no se recibe, se engendra en uno mismo. Lo bien aprendido es aquello que cada cual por sí descubre, como si lo crease *ab ovo* desde los estratos más hondos, diáfanos y generativos del propio espíritu. [...] Aprendizaje es

crecimiento, desarrollo. El aprendizaje del espíritu conduce a la pubertad del espíritu necesariamente [1963, I: 1134].

Observamos ya en estas líneas que la importancia que concede a la vida, al valor de la crítica, al retorno de la vitalidad del pasado en los tiempos nuevos son ideas que aparecen como constantes de su pensamiento no solo a la hora de rememorar el tiempo de su formación universitaria, sino también como trazos levemente enmascarados de la influencia de sus lecturas clásicas. El enfrentamiento entre clasicismo y modernidad es, en mi opinión, un vestigio del modo en que la filosofía de Nietzsche había renovado los modelos del pensamiento occidental a partir de la profunda y libre lectura de la literatura y la filosofía clásicas.

En un importante estudio sobre la influencia de Nietzsche en España, Gonzalo Sobejano, después de analizar detenidamente el impacto que el pensamiento nietzscheano tuvo en la generación del 98, subraya de qué modo la joven generación que le sigue, la de Ortega, Eugenio D'Ors, Gómez de la Serna y Pérez de Ayala, entre otros, recibe la misma influencia aunque matizada a partir de la distinta situación histórica y social de España. Los jóvenes pensadores, literatos, eruditos de la generación del 14 fueron sin duda deudores del pensamiento del 98, pero adquirieron un rango específico que los iba a diferenciar netamente de sus predecesores. Es el estallido de la primera guerra europea lo que impulsa a la generación del 14 a volver insistentemente los ojos a Europa y a tener en cuenta su pertenencia al espacio europeo de un modo mucho más intenso que la generación precedente. Sobejano nos dice que los nuevos escritores son:

> [...] razonadores, glosadores del panorama vital, tanteadores de rutas, experimentadores, ensayistas; o narradores propensos a la ideación, el poema, el mito; o poetas absolutos, o juglares de todas las cosas [1967: 494].

Es, en consecuencia, el afán de experimentación, la apertura a las influencias de una Europa de la que se sienten miembros y partícipes, o la importancia de una creatividad que afecta a todos los ámbitos de las producciones culturales del país lo que distingue a los jóvenes de la generación de 1914 de los intelectuales que les han precedido. La escritura de Pérez de Ayala es la de un gran maestro, no solo en el sentido de gran escritor, sino en el del compromiso educativo. Comenzaremos entonces por señalar esta faceta del escritor asturiano, su faceta divulgativa.

En 1920 se fundó una revista, *La Pluma*, que dirigió Manuel Azaña y que presentaba una selección de poemas de Nietzsche junto a un ensayo de Ramón Pérez de Ayala, titulado *Apostillas y divagaciones: Nietzsche en 1921 y 1922*. El ensayo sale publicado en varios fragmentos y comprende tres números de la revista: el primero el 19 de diciembre de 1921 con el título *La máscara de Nietzsche*, el segundo el 20 de enero de 1922 y el tercero del 21 de febrero de 1922 llevan el título de *Nietzsche en una cáscara de nuez*. Tanto el primero como los dos siguientes serán recogidos en su día en la publicación de las *Obras Completas* [1963, IV: 1089–1145] bajo el común epígrafe de *En torno a Nietzsche*. Nos encontramos ante una faceta divulgativa por medio de la cual el escritor, el intelectual Pérez de Ayala, procura informar a sus lectores, desde el mejor espíritu de transmisor del conocimiento, de los valores de un pensamiento como el de Nietzsche, no siempre considerados con mesura ni tampoco interpretados con justicia. Son estos dos ensayos dos muestras de la dilatada tarea en la que se compromete Pérez de Ayala con el fin de hacer accesible para un amplio panorama humano, el de sus lectores, temas que abarcan la crítica teatral, el comentario sociopolítico, la estética o la educación, entre otros.

La máscara de Nietzsche es un pequeño ensayo en el que se parte de la publicación del libro *Nietzsche, poeta (Interpretaciones líricas)* de Francisco A. de Icaza. Se trata de informar sobre una publicación, pero enseguida imaginamos que el autor queda atrapado por el personaje, por el nombre, por la figura del filósofo que conoce en profundidad y Pérez de Ayala comienza por la portada, por reconocer en la máscara del filósofo, que la ilustra, toda la carga emocional que un pensamiento tan hondo, tan arrancado de lo más profundo del cuerpo del poeta, suscita en sus lectores. Más allá del estricto contenido de los textos está la imagen física del hombre Nietzsche, que Pérez de Ayala compara con el rostro de Atila:

> Esa nariz eslava, casi tártara... Así debió de ser la de Atila, jefe de hordas. Lo que guiaba a Atila [...] no era el intelecto, sino el instinto; una sutil cualidad orgánica, un olfato maravilloso [1963, IV: 1090].

Es para nuestro escritor el de Nietzsche un pensamiento que arrasa, como arrasaba el guerrero. Pero cuidado porque quien se acerca a él:

[…] permanece embalsamado de Nietzsche. […] He ahí un riesgo: marearse, obsesionarse, santificarse y mixtificarse. […] Nietzsche cuidó bien de afianzar los pies en la pura zoología. Aunque tímido y enfermo Nietzsche estaba animado como ningún otro hombre histórico de la más saludable y fecunda animalidad, la animalidad en su modo inmanente de operar, o sea fuerza propulsora y creadora de la vida en su perdurable evolución; tendencia a trascender y superar los tipos ya logrados. A esta fuerza ciega Nietzsche la dotó de conciencia humana y la coaguló en un símbolo poético: el superhombre. Nadie como Nietzsche mostró tanta fe en los destinos terrenos del hombre [1963, IV: 1093].

También el ceño de la máscara de Nietzsche tiene una lejana remembranza del alma asiática ante el misterio del Universo. Para Pérez de Ayala, en esa frente fruncida se puede leer la gran pregunta, el gran dolor, el último enigma: «Cómo se ha de soportar el dolor del vivir; he aquí el problema» [1963, IV: 1093]. La descripción de la máscara en el ensayo concluye con una rotundidad que nos sobresalta: «Atila, azote de Dios. Nietzsche, azote de Dios. ¡Oh candidez!» [1963, IV: 1093].

La lectura divulgativa de Nietzsche en Pérez de Ayala nos fascina porque logra una ecuanimidad raras veces alcanzada cuando se trata de hablar de aquellos pensadores que nos han marcado profundamente, a quienes debemos todo y que, en efecto, nos llegan a «marear, obsesionar, santificar o mixtificar». De Pérez de Ayala podríamos decir, empleando la propia terminología nietzscheana, que no es un devoto, sino «un transfigurado»; alguien que, fecundado por los pensamientos del filósofo, puede a su vez pensar y crear con una fuerza y una originalidad inusitadas, huyendo de los tópicos y llevando a cabo un esfuerzo de comprensión que permita transmitir las enseñanzas del filósofo alemán en una equilibrada interpretación de su pensamiento.

El segundo ensayo se titula «Nietzsche en una cáscara de nuez». El título surge a partir de los textos del propio Nietzsche: «Ocúltese bajo una dura cáscara la compasión por el amigo, debes dejarte un diente en esta. Así tendrá la delicadeza y la dulzura que le corresponden.» [Za, «Del amigo»] y «Solo por el valorar existe el valor: y sin el valorar estaría vacía la nuez de la existencia» [Za, «De las mil metas y de la única meta»].

Pérez de Ayala concilia la propia metáfora nietzscheana con la necesidad de compilar tan extensa obra en las pocas páginas de una publicación periódica. El que escribe en un periódico se debe a sus lectores y debe también, ante la necesidad de exponer sus textos en el menor tiempo posible y en el menor espacio posible, obligarse a sintetizar las ideas del filósofo con la mayor claridad y veracidad. Pérez de Ayala compara su tarea, no solo difícil sino también desmesurada, con el empeño de un benedictino que quiso copiar la Biblia en un grano de arroz, de ahí la cáscara de nuez y nos advierte que seguirá la ruta trazada por el propio Nietzsche en su obra *Ecce Homo* [1963, IV: 1094]. Optará pues por seguir los pasos de la biografía.

Una de las características del modo por el que Pérez de Ayala enfrenta la terminología nietzscheana es modificando los vocablos con el fin de que el lector supere el conocimiento del filósofo alemán a través de tópicos o ideas estereotipadas. Gonzalo Sobejano ha señalado con acierto cómo el autor prefiere decir «conato de transvaloración de todos los valores», en lugar de «ensayo», «deseo de potencia» o «ansiedad de dominio» en lugar de «voluntad de poder» y «la repetición indefinida» en lugar de «el eterno retorno». En un intento de provocar la reflexión del lector, las palabras manidas se sustituyen por otras equivalentes que despierten del letargo las mentes acostumbradas a percibir a Nietzsche como un pensamiento ya conocido. Es así como se nos citan sus obras: *El conocimiento de la tragedia* y *Pensamientos extemporáneos (o intempestivos)*. Y ante el debate entre filólogos y genealogistas respecto a *El nacimiento de la tragedia* o *El origen de la tragedia*, Pérez de Ayala nos ofrece muy pronto esta alternativa interesante al entender la obra de Nietzsche, *El nacimiento de la tragedia*, como un intento de penetrar en el sentido del fenómeno trágico y de su relación más genuina con la filosofía.

La crítica de la biología ocupa al Pérez de Ayala que piensa sobre Nietzsche para contrarrestar una idea de la naturaleza competitiva y sustituirla por la idea de una naturaleza colaboradora:

> ¿Que, en efecto, una partida de ajedrez y la batalla del Marne son hechos homogéneos y demuestran la necesidad cronológica de la lucha? Entonces, si esa necesidad se consuma lo mismo con entrambos hechos, no hay para qué las luchas cruentas, y es suficiente, científicamente, que las guerras entre pueblos se resuelvan con una partida de ajedrez. […] existe también en el hombre una parte superbiológica, cuya misión se cifra en corregir y beneficiar las necesidades biológicas. […] ¡Cuidado con la biología! Lo menos malo que os puede ocurrir por la aplicación desmesurada de la biología es caer en ridículo. En cuanto el hombre pertenece a la zoología, como ejemplar, miembro o individuum de una especie, ni más ni menos que otros animales, en este aspecto el hombre es objeto de la biología como lo entendió

Platón al exigir al Estado el escrúpulo biológico en la mejora y hermoseamiento de la raza. Pero en cuanto el hombre es individuo (individuum: no ya una pequeña división de un gran grupo, sino una unidad indivisible), en lo moral, en lo religioso, en lo político, en lo estético, el hombre es superbiológico y se rige por complejas leyes racionales y sentimentales desconocidas en el resto de la Naturaleza, donde imperan leyes físicas simples [1963, IV: 1107].

El ensayo avanza planteando en opinión de Pérez de Ayala la incompatibilidad entre la idea de superhombre y la idea de eterno retorno. Por una parte el superhombre es un nuevo símbolo, pero este grandioso símbolo se enfrenta al tiempo lineal entendido como progreso y no como decurso de lo circular:

De la idea de la evolución a lo Heráclito, junto con la idea de selección natural darwiniana, que ya expone Empédocles, extrajo Nietzsche el vaticinio del superhombre. De la idea del «todo fluye» de Heráclito, junto con la idea griega de la limitación del universo (el griego no concebía el infinito), aceptadas ambas por Nietzsche, llegó este a la intuición de lo que él llamó «la eterna recurrencia», por el siguiente camino: si el universo es un *quantum* de materia y de energía limitado, dentro de un espacio limitado, por largas y numerosas que sean las combinaciones de sus elementos, a lo largo de su eterno flujo deberán ser, asimismo, limitadas esas combinaciones, y todas las cosas, con intervalos incalculables de edades, se repetirán eternamente. Cuando Nietzsche intuyó esta visión cósmica superactual (incompatible, por cierto, con la intuición del superhombre), un escalofrío transió el meollo de los huesos y sintió el vértigo platónico [1963, IV: 1094].

Para Ramón Pérez de Ayala esta incompatibilidad reside en pensar a la vez en el hombre del futuro y en la eternalización del presente, en conciliar el ser superior que profetiza Zaratustra bailando con los pies ligeros, su símbolo, con la realidad contundente de lo dado que se repite hasta el infinito. Pérez de Ayala lo expresa en estos términos:

Aceptamos, en conclusión, que Nietzsche ha dilatado los horizontes del alma humana, que ha creado un nuevo símbolo y con él una nueva y tumultuosa fuerza motriz del espíritu. Tan tumultuosa, que las más de las veces se gasifica sin poder someterse a rendimiento práctico [1963, IV: 1121].

Más adelante puntualiza el porqué de esta conclusión:

O el universo y la vida son un círculo o son una curva ascendente, inacabable en la novedad de su derrotero. Si son un círculo y todo ha de repetirse, ¿por qué ha de situarse en el Superhombre, y no en el hombre, la pleamar de la vida y la victoria

El Nietzsche de Pérez de Ayala: de la divulgación a la creatividad

suprema? Y si no hay razón para que el hombre sea el ápice de la evolución, ¿por qué lo ha de ser el Superhombre y no el supra superhombre, el post supra superhombre, y así sucesivamente? Y en tal caso, adiós a la repetición indefinida [1963, IV: 1142].

Por otra parte, existe en Ramón Pérez de Ayala, frente a la ensayística y divulgativa, otra faceta, la faceta creativa, la de sus poemas y novelas, y que ha llevado a la crítica, no sin razón, a considerarlo un literato más que un pensador o un filósofo. Sin embargo, Pérez de Ayala formula en su literatura ideas que claramente proceden de la atmósfera filosófica en la que se ha formado y a la que permanece firmemente unido su pensamiento.

Hay en la obra poética de Pérez de Ayala una evidente muestra de ese ser humano en proceso que todos somos. Él mismo explica que en un principio, en su juventud, en 1903 da a conocer su primer libro poético *La paz del sendero*, un poema de mocedad, de adolescencia; después, ya en su juventud, escribe *El sendero innumerable* y, por último, *El sendero andante* constituye la expresión más depurada de su poesía de madurez.

Elegimos para comentar aquí un fragmento de *El sendero innumerable*. El poema lleva por título *Un ejemplo*, en él se narra el ideal encuentro al pie del mar entre nuestro poeta y San Agustín, el Santo de Hipona. El poema se divide en varios fragmentos: la llegada del Santo a la playa, la conocida descripción del encuentro con el niño que cava un hoyo para meter dentro todo el mar, intento imposible en la misma medida que comprender el misterio de la Trinidad y, como conclusión el fragmento que lleva por título: «Coloquio con Sant Agostino», donde el poeta, después de bajar «de la roca llamada *El Pensieroso*», entabla conversación con el Santo:

> Coloquio con Sant Agostino
> —Oh tú, diserto prelado,
> doctor sapiente,
> ardiente africano,
> ¿qué haces ahí de rodillas?
> —Penitencia por un pecado.
> El pecado del intelecto,
> que es el pecado satánico
> de querer comprenderlo todo
> y abarcar los misterios más altos.
> —Agostino, obispo de Hipona,
> doctor diserto, a lo que alcanzo,

el querer comprenderlo todo
es un anhelo virtuoso y magnánimo.
—Es el pecado de Satanás.
—Y a Satanás, ¿quién lo ha creado?
—Adivinas mi torcedor.
El origen del mal, ¿en dónde hallarlo?
—El mal no existe.
Lo que dicen que es malo, no es malo
si nuestro amor allí ponemos
y en su ley de existencia penetramos,
si con ello nos confundimos,
de nuestro egoísmo ajenándonos.
Debemos comprenderlo todo
para saber que nada es malo.
—El ángel que envió el Señor
la humildad me ha aconsejado.
—La humildad es parte del todo
que en abarcar nos esforzamos,
y se exige, para comprenderla,
ser humilde de vez en cuando.
—¿Solo de cuándo en vez? ¿Y luego?
—Luego y siempre el acto satánico,
sed, nunca ahíta, de saber,
anhelo por cambiar de estado,
ansia de medro, voluntad de conquista,
goce del cuerpo bello y sano,
vehemencia por penetrar del mundo
en los recovecos y arcanos,
concupiscencia sin medida,
ardor inexhausto.
Sin eso, el hombre estaría ahora
como estaba hace cien mil años.
—Tus palabras me dejan suspenso.
Has hecho la apología del Diablo.
—Es Satanás la criatura dilecta
de Dios, según los libros sagrados.
Y entre Dios y sus hombres escogidos,
Satanás sirve de emisario.
Pues qué, ¿hubieras tú sido
de la Iglesia el doctor más sabio
sin la bárbara concupiscencia
con que tus padres te engendraron?
¿No has corrido tras los deleites
como el can a la zaga del gamo?

¿No has pretendido que en la tierra
no hubiera para ti nada sellado?
Muy cerca de tres lustros,
¿no has vivido en concubinato?
Y, a pesar de tus fuerzas flacas
y tus cabellos canos,
no osas hablar a una mujer
sino ante un eclesiástico,
porque temes que te posea
de la carne el recio arrebato.
Pues eres escogido de Dios
porque Dios te hizo arrebatado.
Y el querer ser en algo como Dios,
El acercársele en algo,
el amar su proximidad,
eso es espíritu satánico.
Sant Agostino miróme severo,
Y hablóme así, después de un rato:
¿Quién eres? ¿Qué pretendes
con discurso tan largo?
Hacer, de los santos, herejes;
hacer de los herejes, santos.
Sacar al hombre de sí mismo
para infundirlo en su adversario.
Trasegar el vino en los odres.
Cambiarles de nido a los pájaros.
Que el río corra aguas arriba
en lugar de aguas abajo.
Las cosas y los hombres
trocar en sus contrarios,
bien que tan solo fuera
este trueco instantáneo,
y tal, que luego todo
recobrase su estado.
En aquel punto, hombres y cosas
eran para siempre hermanos.

Sant Agostino no replicó.
Partióse, lento y cabizbajo
[1963, II: 264].

Si recordamos aquí las continuas alusiones al ascenso, al recorrido por las cumbres que reiteradamente inundan los paisajes del Zaratustra de Nietzsche. Si recordamos aquí el modo en que la historia de las religiones caracteriza a Zaratustra, ese personaje elegido para su obra por ser el profeta iraní de una religión que venera al Señor Sabio como único creador del mundo y que, según una fuente griega nació riendo, surge inevitablemente en nuestra mente el retorno de las imágenes del mito en el Zaratustra sirviendo de modelo para el poema de Pérez de Ayala.

Recapitulemos:
La roca escarpada a la que ha ascendido el pensador, lo que llama el lugar de *El Pensieroso*; el mar, el símbolo constante en Nietzsche de la deriva, de la búsqueda del conocimiento; la aparición de la culpa como motivo que obsesiona en la tradición judeocristiana; la identificación del buscador de conocimiento con el enemigo de Dios, Satán, podríamos decir que con el Anticristo. Y, en respuesta al diálogo con el santo, el afirmar, con la rotundidad de un discípulo entregado, su más firme propósito: «Hacer de los santos herejes y de los herejes santos». Es en esta frase y en las que le siguen, que inauguran el desenlace del poema, donde reconocemos la evidencia más contundente de que el espíritu que la transvaloración nietzscheana ha imbuido en la mente y en la creatividad de Ramón Pérez de Ayala dirige las líneas de fuerza del pensamiento que se plasma en este poema. Se trata de invertir, de que «el río corra aguas arriba en lugar de aguas abajo. Las cosas y los hombres trocar en sus contrarios bien que tan solo fuera este truco instantáneo». Y, como Nietzsche afirma, esperar que el proceso de inversión repercuta en la aparición de nuevos valores: «En aquel punto hombres y cosas eran para siempre hermanos». En consecuencia: redefinir una realidad que retoma el amor como elemento de unión; esta es la aportación de Pérez de Ayala, es la inversión de los valores de una sociedad envidiosa, la española, que ha de transformarse por la caridad.

El espíritu de sus ensayos y el de su poesía es el mismo que el de sus novelas, porque en ellas el afán de entretenimiento queda muy superado por el hecho de transmitir al lector una amplia gama de conocimientos y sobre todo las reflexiones de una mente eminentemente filosófica.

Comienzan con un poema, una narración versificada del contenido simbólico de las obras. La rigidez descriptiva de los géneros se abandona a cambio de lograr una eficacia transversal en el tratamiento de las épocas. Lo antiguo, la literatura épica, el pasado, se injerta en lo nuevo, la novela, el presente. Pero, además, muy bien podría llamársele a este tipo de creaciones escritura tentativa, puesto que el ensayo como tentativa de pensamiento, preside también las intenciones del autor. Los efectos de estas pequeñas piezas no han dejado de interesar a la crítica desde el momento de su publicación y a medida que el tiempo pasa, la nueva teoría de la literatura arroja nuevas luces sobre su impresionante actualidad.

En la novela de la que quiero hablar, *Prometeo*, un título: *Rapsodia a manera de prólogo,* nos adelanta la historia de cómo *El moderno Odysseus encontró a la moderna Nausikaa.* Primero, un poema, a este le sigue una breve síntesis del relato de Homero que dará pie al lector para percibir la semejanza entre la vida literaria de aquel Ulises mañero de la épica, y el individuo común y corriente de la novela de Pérez de Ayala. Se parte, así, de un proyecto vital que, a modo de odisea contemporánea, abarca todos los aspectos de la realidad cultural humana. El poema con el que se abre nos ofrece un programa, el programa del escritor, que aquí consiste en remontarse a los comienzos, a las fuentes; consiste en actualizar lo viejo:

> ¿Por qué la tierra malaventurada
> dejas, para correr nueva aventura,
> si llevas contigo la vida pasada,
> llevas el polvo de la jornada
> en la sandalia y en la vestidura?
> [1963, II: 593].

La épica, que ha representado siempre el conjunto transmisible de los saberes heredados, no es algo lejano para la cultura del siglo XX, sino que en este caso el escritor Ramón Pérez de Ayala y su generación se sienten a la vez herederos, depositarios y transmisores del trasfondo de un pasado fundacional y de sus verdades esenciales. La función pedagógica planea, pues, junto a la tarea creadora:

> Sé tú mismo tu dueño, sé isleño.
> Haz de tu vida prodigioso sueño
> renovándose sin cesar.
> Abrázate al flotante leño.
> Échate a navegar por la mar
> [1963, II: 593].

El consejo vale tanto para el protagonista de la *Odisea*, Ulises, como para el protagonista de la novela *Prometeo*, Marco Setiñano. Ahora bien, la poesía épica anunciaba en el pasado, en el mundo de la antigua Grecia, con su canto inspirado por las Musas, un repertorio de antiguos nombres, de acontecimientos sagrados. Pero hemos de tener en consideración que son no solo sagrados para épocas remotas, sino también sagrados y eficaces para el ser humano contemporáneo que no puede vivir alejado de ellos sin perder el vigor de sus raíces. En esos mismos versos recreados ahora, modificados por la inspiración poética de Ramón Pérez de Ayala, se vislumbra a la vez el retorno del titán hesiódico y del antihéroe trágico por medio del cual Esquilo dialogaba con su tiempo. El mundo épico, el de los antiguos héroes joviales, viriles, dionisiacos, originarios de la tragedia y reconciliados en la expresión de un pensamiento *humano demasiado humano*, reaparece gracias a la influencia nietzscheana en el *Prometeo* de Pérez de Ayala.

El espíritu trágico recorre, pues, las intenciones y las líneas de esta primera novela poemática de la vida española de Pérez de Ayala. Sin embargo, el mundo arcaico que retorna muestra sus figuras cargadas del espesor que el paso del tiempo y las sucesivas épocas culturales les ha conferido. El *Prometeo* esquileo, leído por los románticos, adquiría tintes tenebrosos, desmesurados que el clasicismo no contemplaba para sus creaciones. Bajo la mirada de Mary W. Shelley el titán pierde además sus características de salvador de la humanidad y la rebeldía contra Zeus se matiza a la luz de la figura, tan prometeica como humana, del monstruo frankensteiniano. La mirada de la escritora que recae sobre los antiguos mitos nos ofrece un Prometeo oscuro y ambiguo, porque las cualidades del arquetipo griego se diluyen, compartidas por unas criaturas, el científico y su monstruo, que los aproximan y los confunden. Ambos exceden sus límites; «sed más que hombres» son las palabras que el propio Frankenstein dirige a la tripulación del barco que persigue al monstruo hasta los territorios helados del Polo. Son las palabras por medio de las cuales se manifiesta un espíritu de época primero aquí, en la literatura, y después en la filosofía nietzscheana. Ambos, el doctor y su criatura, son excepcionales, sobrehumanos, y están solos, y sufren después de haber abandonado las esperanzas en el progreso de la humanidad. Su tiempo se va haciendo cíclico en lugar de lineal y el mito antiguo va perdiendo poco a poco su virtud paradigmática, su fuerza constituyente. Diríamos que su valor se desgasta, pierde virtud imperativa, experimenta el desgaste de la temporalidad, de la Historia y el nihilismo es el resultado de esta devaluación.

En este proceso, a lo largo del cual la humanidad se ofrece a sí misma sus modelos como proyectos de vida, el *Prometeo* de Pérez de Ayala no es una figura ni mucho menos desdeñable. Desteologizado, desdivinizado, ya no titán, ya no superhombre, Pérez de Ayala nos invita a ver convertirse en las páginas de su novela a la antigua figura mítica, a Prometeo, el héroe civilizador, el hacedor de la raza humana, al gran ceramista patrón de los escultores de la esplendorosa Atenas, en un pobre ser débil y desvalido:

> Marco se precipitó a la alcoba. La comadrona lavaba al recién nacido. Era una criatura repugnante, enclenque, el cráneo dilatado, la espalda sinuosa. Prometeo. La madre, con voz apenas audible murmuró:
> ¿Cómo es? Bésalo.
> Y como Marco, estupefacto, no diera pie ni mano, insistió:
> ¡Bésalo!
> Medio loco de dolor, Marco impuso sus labios en aquella carne triste y miserable, cuajada de tantos ensueños heroicos. Acercose luego al lecho de Perpetua, dejó caer las rodillas en tierra y la cabeza sobre la almohada, y allí, junto a la dulce cara febril, color de cera, traslúcida por el misterio de la maternidad, lloró sin consuelo, sin ser dueño de sí, como un niño.
> Un perro aullaba en la calle. Una campana doblaba a muerto [1963, II: 631].

Esta es la descripción del nacimiento del héroe de la novela. A todas luces no se trata del nacimiento de un dios, ni siquiera de una figura heroica. Está claro que, si Dios ha muerto, ninguna figura idealizada puede mantener su característica de «divina». Algunos comentaristas han encontrado en el *Prometeo* de Pérez de Ayala la crítica amarga al superhombre nietzscheano y sin duda en la última frase podemos reconocer los ecos del Zaratustra. Por lo tanto, no me parece contradictoria esta propuesta con otra perspectiva, que es la de que en el texto que se nos presenta, el autor no pretende tanto escribir contra Nietzsche, como siguiendo su espíritu transvalorador, ofreciendo en el marco de sus novelas poemáticas de la vida española, es decir, de sus novelas creativas, idealizantes, una visión a la medida humana de una sociedad, la española, y de sus ideales empobrecidos.

Prometeo ya no es el hijo de una estirpe divina, sino el remedio futuro de la frustración de su padre. Prometeo nace con la obligación de ser divino para convertir en divina la estirpe paterna. Si recordamos que una de las propuestas desteologizadoras del psicoanálisis freudiano consiste en tomar conciencia de que el artista no es padre sino hijo de sus obras, que ellas serán las que lo consagren como gran artista o las que puedan sumirlo en el olvido, podemos comprender hasta qué punto el problema se manifiesta en la obra de Pérez de Ayala. Su Prometeo es deforme, débil, incapaz de atraer ni el cariño ni la admiración de los que le rodean y su futuro es la desesperanza y la propia aniquilación: el holocausto, el sacrificio: «Al extremo de la quintana, colgando de una higuera, bailaba al aire el cuerpo de Prometeo, deforme y liviano como fruto serondo» [1963, II: 635].

Si aplicamos la intención del relato al modo de pensar la propuesta idealizada de la cultura española, tendremos que reconocer que la visión de Pérez de Ayala en esta primera novela no puede ser más demoledora. El ideal, la máxima aspiración de los hombres y mujeres de la época es tan raquítico que el pronóstico ya no es de rebeldía o de violencia sino de inanidad.

Se trata, pienso, de la reflexión de un intelectual sobre su época. Una época, no lo olvidemos, que dio paso enseguida a una verdadera explosión cultural, la Generación del 27, pero también muy pronto a una guerra que destruyó el tejido cultural que la había precedido. El valor del arte es su carácter prospectivo, su capacidad de crear futuro y también su ambigüedad, la necesidad de provocar nuevas y denodadas reflexiones para las generaciones futuras. Serán estas generaciones, sin duda, las que deberán volver los ojos hacia el valor de las producciones culturales españolas, reconocer su carácter universal e intemporal y producir quizás hijos que las dignifiquen.

Bibliografía

PÉREZ DE AYALA, RAMÓN (1963): *Obras Completas*. Vol. I–IV, Madrid, Aguilar.
SOBEJANO, GONZALO (1967): *Nietzsche en España*, Madrid, Gredos.

Diego Sánchez Meca
Universidad Nacional de Educación a Distancia

Arte y metafísica en Zambrano y Nietzsche

Como es sabido, María Zambrano elabora su idea de la razón poética a partir de un determinado contexto intelectual al que ella se refiere como la crisis espiritual de nuestro tiempo. Esta crisis ella la resume diciendo que, a la vez que se ha ido ensanchando nuestro aparato conceptual y científico, nos hemos ido empobreciendo en experiencias profundas y sentimientos. El hombre moderno ha perdido, por así decir, su capacidad de sentir la vida y de sentirse vivir porque todo lo ve y lo capta tamizado por el filtro de los conceptos. Por eso es precisa una razón poética que penetre en la vida y que descienda más abajo de lo que nos dicen los conceptos hasta llegar al sentir originario. El propósito, pues, de la razón poética es retornar a los orígenes de la filosofía, antes del racionalismo de Sócrates y Platón, para ejercerse en la forma primera de filosofar, o sea, buscando el ser de las cosas para expresarlo poéticamente.

En realidad, este programa, así enunciado, de una reivindicación del arte, y en concreto de la poesía, como instancias desde las que recuperar la autenticidad del sentir originario frente a la alienación específicamente moderna, no es otra cosa que la esencia misma del movimiento romántico que se extiende por Europa a lo largo del siglo XIX al hilo del advenimiento de la industrialización y de la modernización que traen consigo la implantación de una sociedad planificada, organizada y ampliamente determinada por la tecnificación sistemática. De modo que es ya casi un tópico decir que el romanticismo fue, ante todo, un movimiento de rebelión contra la concepción burguesa del mundo y de la vida, y en especial contra algunos de sus aspectos más fuertes y determinantes, como eran el mecanicismo, la idea del progreso como tecnificación e industrialización, la comprensión de la política como organización y administración burocráticas, y la fe en que del desarrollo exhaustivo del sistema capitalista se seguiría sin ninguna duda la felicidad universal y la solución de todos los problemas. El racionalismo moderno había preparado, en buena medida, esta situación —y esto lo señala muy bien M. Zambrano—, consagrando el triunfo de una racionalidad medio-fin, o sea, de una racionalidad puramente instrumental, que encajaba muy bien con el auge histórico de la clase burguesa y de sus aspiraciones de dominio técnico, político y económico del mundo. Este racionalismo había convertido la ciencia en un lenguaje al servicio de ese afán de dominio del hombre burgués, siendo su éxito tan resonante que apenas si se pueden escuchar algunas voces desmayadas —Friedrich Schlegel, Novalis, el joven Goethe, Hölderlin, etc.— que, ya desde los comienzos de esta transformación, llamaban la atención sobre la necesidad de un cierto equilibrio, y sobre la conveniencia de que la ciencia cumpla también otras funciones para satisfacer otro tipo de exigencias igualmente urgentes y específicas de la época moderna. El que a estas voces no se les haga ningún caso, provoca su desgarramiento característico, su tonalidad un poco exaltada y, en no pocas ocasiones, su virulencia un tanto desesperada, cínica y polémica.

Desde luego, los románticos, en general, no disimulan una actitud de abierta provocación frente a la matematización y tecnificación de la naturaleza, y frente a la burocratización de la vida social puestas al servicio del funcionamiento, por encima de todo, del aparato productivo. Contra esa marcha, que arrebata a la naturaleza su magia y su misterio y la convierte en algo utilitario y prosaico, ellos oponen un proyecto de romantización y de reencantamiento del mundo mediante la poesía, que a mí me parece ser el precedente más exacto en este sentido de la propuesta de María Zambrano. Así que poesía contra razón instrumental y burocrática, y *Bildung*, o sea, formación espiritual o cultura, contra la desaparición organizada del individuo bajo los imperativos del capitalismo.

De modo que, frente al sistema de normas y de obligaciones que hemos introyectado como deberes incondicionales, y que son la sustancia de esa seriedad con la que nos sometemos y nos subordinamos a las exigencias del sistema productivo, la poesía —por decirlo así— abriría un paréntesis, o sea, suspendería momentáneamente ese orden mostrándonos imaginativamente la libertad de un caos originario. Friedrich Schlegel lo expresa así: Este es el principio de toda poesía: anular el curso y las leyes de la razón solo razonante (*vernünftig denkenden Vernunft*) y transferirnos de nuevo a la bella confusión de la fantasía, al caos originario de la naturaleza humana. Pues bien, ese caos originario que se muestra y se libera en la poesía, no es otra cosa que el mundo de las sensaciones, de las pulsiones inconscientes, de los sueños, de la nostalgia, de la imaginación, de los instintos, donde tiene su origen toda creatividad verdadera, pero que, por su propia condición de espontaneidad y libre vitalidad, no se deja integrar en los esquemas pragmáticos, productivistas y cientistas del orden burgués, y por eso es reprimido y rechazado por la mentalidad burguesa como algo irracional y peligroso para la sociedad. Es el sentir originario, del que habla una y otra vez Zambrano. De modo que los románticos —con su exaltación de la poesía— lo que hacen es, en definitiva, reivindicar ese sentir originario en el sentido de una cierta vuelta de ese caos.

Naturalmente, María Zambrano recoge esta reivindicación pero la encauza por otros derroteros. Pues concretamente ella la injerta en el proyecto orteguiano de una reforma de la razón racionalista para convertirla en razón vital. Y esto es lo que la diferencia ya claramente del planteamiento romántico y le confiere su perfil propio y original. En concreto, lo que Zambrano piensa, corrigiendo un poco a su maestro Ortega, es que hace falta, no tanto una reforma de la razón cuanto una razón nueva, una razón poética capaz de penetrar en la vida descendiendo más abajo de lo que nos dicen los conceptos. Pues la razón racionalista se introduce cortante en la vida y con sus distinciones conceptuales destruye su significado viviente, quita al sentir profundo su plenitud y su color, y mete la experiencia como a presión en unos moldes abstractos. Zambrano pone en duda que esta razón racionalista conozca realmente la realidad. Porque ella se crea un entramado de conceptos y de objetos de conocimiento que no son más que puras abstracciones. El mundo de la realidad radical es el mundo vivido y animado de la experiencia que hacemos con la totalidad de nuestro ser.

Por tanto, establecido el precedente romántico que es común a Zambrano y Nietzsche, creo que se puede señalar ya la analogía estructural que se da entre este planteamiento y la metafísica nietzscheana del arte tal como se desarrolla en *El nacimiento de la tragedia*. Nietzsche ha aprendido de su maestro Schopenhauer que, tras la crítica kantiana a la metafísica clásica, ya no es posible elaborar ninguna nueva metafísica como teoría, como sistema de saber, sino que la filosofía tiene que adquirir, a partir de ahora, otro significado más abarcador y más existencial que el de la antigua metafísica teórica. Y entonces es cuando él asume y desarrolla a su manera aquella misma idea romántica a la que he aludido antes de que, si bien es cierto que ya no podemos alcanzar la esencia metafísica del mundo a través de la razón y sus conceptos, sí que podemos lograrlo, en cambio, a través del arte. Toda la concepción nietzscheana de la música como lenguaje de la esencia del mundo, que da contenido a su primera filosofía como metafísica de artista, nace justamente a partir de aquí. Por tanto, hay una clara coincidencia entre el joven Nietzsche y M. Zambrano, que estriba, concretamente, en la afirmación de que, mediante el arte, es posible recuperar la metafísica, o por lo menos un cierto tipo de metafísica. La discrepancia, en cambio, va a situarse en relación con el tipo de arte en el que cada uno de estos autores piensa para este cometido: María Zambrano en la poesía y Nietzsche en la música.

Propiamente hablando, la preocupación que subyacía al interés romántico por el arte, en general, era la de cómo acceder a la esencia del mundo que, como Kant había dejado demostrado, es incognoscible e irrepresentable para la reflexión teórica. Su interrogante fundamental era: ¿cómo el arte ofrece la posibilidad de una *Darstellung*, de una representación o mostración de lo no objetivable y cómo esta representación puede resultar comunicable? La respuesta consistía en señalar —es lo que hace en concreto Schopenhauer— que la manifestación de la esencia del mundo se puede realizar en el arte, y específicamente en la música, porque esta anula el símbolo mismo de su manifestación, es decir, se muestra en un medio (el sonido) que a cada instante resulta insignificante porque a cada instante pasa, trasponiendo por tanto la esencia del mundo sin fijarla, sin quedarse en ella y dándose así en una relación de inmediatez. La idea de la música, pues, como símbolo de Dionisos, propuesta por Nietzsche en *El nacimiento de la tragedia,* pertenece justamente a este sueño de la posibilidad de una solución estética al problema de la decadencia, concebida esta todavía como separación del hombre en relación al ser. La música, por no estar restringida a la esfera del lógos, puede traducir la esencia del mundo a la esfera de lo sensible, puesto que no se constituye como algo fijo, sino que solo se da en un sonar que pasa, que se anula simultáneamente a su darse. La catarsis musical sería, entonces, el efecto subjetivo de una relación de inmediatez entre lo sensible y lo suprasensible, hecha posible en virtud de esta condición procesual.

En realidad, con esta valoración de la música como simbolización de lo dionisíaco, Nietzsche pretendía ir más allá de Schopenhauer, porque de lo que se trataba era de perfeccionar la concepción de este con la distinción de lo apolíneo y lo dionisíaco. Con lo que, desde la perspectiva de lo que significa esta distinción para el joven Nietzsche, cualquier lenguaje apolíneo —incluido el poético— es impropio para expresar la esencia del mundo. Y ahora explicaré por qué. Así que solo la música constituye un modo de simbolización apropiado y fiel para expresar la voluntad del mundo, en contraposición a las palabras y al lenguaje conceptual —o sea, en contraposición a las representaciones, según la terminología schopenhaueriana usada en *El nacimiento de la tragedia*—, que tan solo son, a su vez, metáforas de la música. El poema lírico, por ejemplo, metáfora de lo apolíneo, no puede expresar más que de un modo mediato lo que la música, que no necesita recurrir a la imagen ni a la idea, puede hacer sonar como sentimiento originario del mundo.

Estas ideas se aclaran un poco más cuando atendemos al detalle del paralelismo que Nietzsche establece entre lo apolíneo y lo dionisíaco por un lado, y el lenguaje poético-conceptual y la música por otro. Lo propio de la música —piensa Nietzsche— es poder llegar a ser un símbolo no convencional y, por lo tanto, un lenguaje universal, basado en una coincidencia natural entre significante y significado. En cambio, la relación existente entre los conceptos, o las palabras, y las cosas que designan, es una relación convencional, fijada dogmáticamente para nombrar de una manera esquemática y generalizadora lo que no es susceptible de generalización ni de esquematización. La representación plástica o verbal es siempre la reproducción, no de un caos, sino de una figura, de una forma. Tiene, por tanto, un ser medial, no originario. En cambio, la música puede ser metáfora del caos, pues su representación no es copia, sino reactualización. De modo que cuando el joven Nietzsche afirma que la tragedia griega constituye la forma más sublime del arte, lo razona diciendo que es así porque reúne en una unidad la poesía, la música y la danza, expresando el sentimiento de manera conjunta con la palabra, el ritmo y la gesticulación. Ahora bien, lo esencial de esta tesis nietzscheana sobre el significado de la tragedia griega radica justamente en la organización jerárquica que estas distintas artes tienen que guardar dentro del drama musical tal como él lo postula. Es decir, no basta con que el drama musical incluya la palabra —o sea, el signo de la racionalidad (*Verstandesmensch*)—, el gesto —en cuanto expresión corporal (*Leibmensch*)—, y el sonido —en cuanto potencia comunicativa y sentimental básica (*Herzensmensch*)—, sino que es de la mayor importancia, desde su punto de vista, el que estos elementos artísticos se comprendan ordenados de la manera adecuada. ¿Cuál es esa manera? Nietzsche la explica así: el gesto y la palabra son expresiones individuales que hunden sus raíces en la música, lenguaje directo de la pasión (*Affekt*). De modo que es solo a partir de la música como el gesto y la palabra adquieren la consistencia de poesía y danza, y nunca al revés. Solo después, cuando Nietzsche tome conciencia de que la noción de metáfora que él está usando pertenece, como tal, a la metafísica de la dualidad de ser y aparecer, esta valoración de la música como metáfora de Dionisos que hace en su etapa juvenil será abandonada y, en su lugar, aparecerá, como vamos a ver luego, la noción de interpretación, única compatible con el rumbo del pensamiento al que Nietzsche se entrega.

Veamos ahora cómo se formula la cuestión en el pensamiento de María Zambrano. Como he insinuado antes, en sentido estricto, la nueva razón que Zambrano propone como alternativa a la razón del racionalismo moderno y de la metafísica clásica no es la razón vital orteguiana, sino la razón poética. Porque solo la razón poética es capaz de lograr el objetivo que pretende: captar la conexión entre el sentir originario, la entraña, que es anterior a la conceptualización racional de las cosas, y las manifestaciones de la vida que se encuentran siempre más allá y por encima de los conceptos filosóficos. Con esta expresión, pues, de razón poética, Zambrano designa un tipo de razón capaz de descender a las profundidades del sentimiento, que no pueden aflorar en el discurso filosófico puro, para recoger y expresar el proceso mismo del nacimiento de los significados y de la formación de las metáforas. Dicho en otras palabras, la razón poética pretende descifrar los símbolos e intuiciones vitales que encubren los conceptos, retrotraer los conceptos al momento mismo en que nacen a partir de esos símbolos originarios y esas intuiciones vitales privilegiadas. A esto es a lo que Zambrano llama el sentir originario, objetivo último de su razón poética. ¿Y cómo la razón poética desciende a lo profundo y a la intimidad del sentir originario? Pues moviéndose al ritmo mismo de la vida, es decir, transformándose constantemente para penetrar realidades que son muy distintas de las que trata la razón del racionalismo, propia de la filosofía clásica y de la ciencia. Por eso decíamos que la razón poética no es solo una razón vital. Porque tiene que ser, además, una razón viviente. El ámbito de la razón poética se tiene que desplazar continuamente, tendiendo a un más allá de cualquier circunstancia concreta e histórica. Tiende a una verdad que es un camino sin final, pues su contenido es esa ausencia que no se deja expresar en el lenguaje de los conceptos racionales. Por tanto, solo mediante un discurso que sea, a la vez, poético y filosófico puede ser sugerida esa realidad del sentir originario. Solo mediante esta fusión problemática de lo filosófico y lo poético en la razón poética se puede evocar mediante un lenguaje expresivo —no comunicativo en el sentido de la comunicación ordinaria— ese misterio del ser que ninguna teoría ni ninguna ciencia pueden apresar con sus conceptos.

El joven Nietzsche, por su parte, camina ya, en relación con estos razonamientos, por otros derroteros. Según la contraposición que desarrolla en *El nacimiento de la tragedia* entre lo apolíneo y lo dionisíaco, contraposición que se enmarca en la metafísica schopenhaueriana de la voluntad como ser del que surgen los fenómenos del mundo de la representación, el arte apolíneo (o sea, las artes plásticas pero también la poesía) tiene como su carácter más propio la mediación de la imagen y de la palabra con las que se simboliza un ser o figura determinada (es decir, con una identidad que la distingue de todo lo que no es ella). No hay que olvidar que Apolo es el dios griego del principio de individuación, de la mesura y de la claridad. El arte dionisíaco (la música), en cambio, tiene un carácter y un origen diferentes con respecto a todas las demás artes, pues no es, como estas, reflejo de la apariencia, sino, de manera inmediata, reflejo (*Abbild*) de la voluntad misma. Por tanto, representa, con respecto a todo lo físico del mundo, lo metafísico, y con respecto a toda apariencia, la cosa en sí. Es decir, en realidad, para el joven Nietzsche lo apolíneo y lo dionisíaco no son simples principios estéticos, sino, tal y como los califica expresamente, impulsos o fuerzas artísticas (*Kunsttrieb*) que brotan de la naturaleza misma y despliegan, con su oponerse, la dinámica misma del ser. De modo que, para Nietzsche, el arte apolíneo, como arte de la representación, no es más que símbolo de símbolo, y representa la voluntad (o sea, la esencia del mundo) de manera mediata, mientras la música, como arte dionisíaco, es la representación «inmediata» de la voluntad como esencia última del mundo. Como he dicho antes, la música, al desarrollarse como un proceso artístico en el tiempo y no emplear ni la imagen ni la palabra sino solo el sonido, representa, para él, el único arte capaz de expresar o de reproducir, no ya los fenómenos, sino la esencia misma de la existencia como cosa en sí, como vida, como voluntad o como devenir constitutivo del mundo.

Por eso, metafísica, en sentido estricto para este joven Nietzsche, no es otra cosa que cumplir el mandato délfico del «conócete a ti mismo», tomar conciencia de lo que se es, saber y conocer que nuestra esencia más profunda es la de ser una mera apariencia engendrada por lo uno originario. Y este es un conocimiento que no nos lo pueden proporcionar ni la ciencia empírico-matemática ni la ciencia histórico-sociológica, pero tampoco un arte apolíneo como es la poesía, porque todas estas disciplinas funcionan con la mediación de números, de conceptos, de palabras o de imágenes que no son sino símbolos de cosas que poseen una identidad definida y estable. Lo apolíneo (o sea el conocimiento científico, la poesía, las artes plásticas, etc.) está siempre ligado a la representación de la individualidad estable y a su diferencia respecto de todo lo que no es ella. La única instancia que puede proporcionar al hombre tal conocimiento metafísico de su trasfondo verdadero es el arte dionisíaco, o sea, la música. Porque solo el arte, pero como arte dionisíaco, es capaz de ofrecer la analogía exacta de ese devenir del crearse y del destruirse continuos que afecta a todo ser que existe movido por su querer vivir.

En suma, Nietzsche recoge la romántica concepción redentora de la música que desarrolla Schopenhauer como liberación del sujeto de su estar prendido en la voluntad del mundo, y considera que el individuo, mediante el conocimiento musical de la voluntad, puede librarse de ella al conocerla y sentirla, no como un fundamento, sino como un abismo. Por ello solo el sonido de la música nos permite darnos cuenta del núcleo de nuestro ser como voluntad ciega de vida, sed de existencia cogida en el lazo de la estrategia por la que la voluntad del mundo se quiere inquebrantablemente a sí misma. De este modo, la música anima a la extinción de todo interés finito y a una negación de la voluntad al hacer posible una intuición de ella. Esta vía mística de la negación de la voluntad a través de la experiencia musical apunta, como puede comprobarse, a la pérdida del sujeto y a la anulación total de su propia individualidad. Y ello comienza con el abandono de toda implicación con el mundo objetivo y de toda intención activa y productiva. En la música, en fin, —y este es el mensaje último de la filosofía de Schopenhauer que Nietzsche recoge—, en la música como instancia de redención, el querer vivir se vuelve contra sí mismo y su sufrimiento se transfigura en renuncia, ascetismo y resignación.

María Zambrano, naturalmente, no tiene una concepción tan pesimista del ser ni su mensaje va en esta dirección. Para ella el ser no es la voluntad schopenhaueriana del mundo como dolor y conflicto irresoluble, sino lo que ella llama lo sagrado. Con este término de lo sagrado, nuestra autora designa la dimensión última de nuestra experiencia humana, la coronación de lo humano y lo que lo rebasa, su trasfondo misterioso e inalcanzable. No se identifica ni se confunde con lo divino, que es una idea que objetiva y racionaliza una experiencia de lo sagrado y que depende de la imaginación y del modo de proyectarla que forme cada religión o cada filosofía. Por eso hay muchas imágenes o conceptos de lo divino. Cada hombre, o cada pueblo, se ha construido una imagen de lo divino en la que proyecta e idealiza la mejor parte de su existencia. Las religiones —decía Ortega— son el culto que la mitad de cada hombre rinde a esa otra mitad idealizada y divinizada. Lo sagrado, sin embargo, es el fondo originario de la realidad, la fuente de la que brota la poesía y nuestro «sentir originario», y que la filosofía le arrebató a la poesía al tratar de conceptualizarlo todo mediante la razón lógica o lógos. Recuérdese —dice— que los primeros filósofos, anteriores al racionalismo socrático-platónico, escribían sus intuiciones filosóficas en poemas y en mitos. La filosofía es, por tanto, la transformación de lo sagrado en lo divino, o sea, la reducción de lo inefable, de lo que simplemente atrae haciéndonos señas, en la transparencia de los conceptos y de las relaciones lógicas. Esto da, pues, concreción al propósito y finalidad de la razón poética. Porque si hay una realidad más profunda, inefable que no puede ser captada ni representada por la razón científica, ni puede ser dicha en el lenguaje ordinario usado en la comunicación cotidiana, es necesaria una nueva forma de la razón que sea capaz de adentrarse en el misterio de esa realidad profunda que constituye un nivel de nuestra experiencia tan real como inaprensible para la razón conceptual. Lo que se descubre entonces al ser humano que aplica a su experiencia la razón poética es un saber que saca a la luz, sin racionalizarlo, lo que la filosofía clásica dejaba siempre en el olvido: el trasfondo de la vida personal, ese sentir originario en el que radica la riqueza última de nuestra existencia.

Esto es lo que explica el porqué de los recursos poéticos que nuestra autora utiliza y, especialmente sus metáforas poético-filosóficas. Los recursos poéticos a los que Zambrano recurre son el ritmo, la fragmentación de la sintaxis, los símbolos, alegorías y mitos, y las metáforas filosóficas como la del corazón, el alma, la luz, la aurora, el claro del bosque, el sendero, el desierto, el mar, etc. Por ejemplo, en la metáfora del corazón, Zambrano distingue entre la metáfora como figura retórica del amor para adornar en poesías y relatos literarios que solo pretenden divertir, y la idea del corazón que sirve para definir una realidad que la razón científica no puede captar. En la metáfora del «claro del bosque» coinciden la luz y la oscuridad, y en ese cruce de luces y sombras tiene lugar una determinada experiencia del ser. Eso mismo sucede con la metáfora de la aurora. El «claro», la «aurora» son vértices en los que el significado y el significante confluyen, apuntan a un misterio en el que el ser humano contacta con una realidad anterior al lenguaje y a la conciencia. Dar forma lingüística a este espacio supone una acción poético-metafórica que haga de enlace entre signo y ser. En su obra *Claros del bosque*, Zambrano intenta ir más allá de la argumentación racional de la filosofía clásica con una filosofía confeccionada con metáforas y figuras poéticas. Este esfuerzo es el mejor ejemplo de su crítica a la razón puramente lógica y de la puesta en ejercicio de esa alternativa que ella propone y que es la razón poética. Así vemos cómo la razón poética se sitúa más allá de la sola poesía, aunque recoge de ella el poder de devolver a la palabra su poder originario. Y se sitúa a la vez más allá de la sola filosofía, porque no se obsesiona con el afán de alcanzar una verdad universal y válida para todos. Se conforma con llevar al lenguaje lo que el lenguaje no puede decir, sino solo sugerir metafóricamente. Con ello la razón poética se transforma en una fuerza multifacética: desciende a lo profundo, asciende a la luz, sabe tratar con piedad a lo diferente, trasciende la realidad y el tiempo, se sumerge en el «sentir originario» del alma, y es mediadora entre vida y verdad. Es múltiple y al mismo tiempo una, porque la pluralidad de manifestaciones de la razón poética responde a la multiplicidad de necesidades de la vida.

Creo que, en este nivel de la reflexión, que tiene que ver con la concepción del lenguaje en general y, más en concreto, con la del lenguaje poético, es donde se sitúan las mayores diferencias entre Zambrano y Nietzsche. Porque lo que Nietzsche piensa —una vez liberado de la influencia de Schopenhauer y de Wagner— es que todo lenguaje, incluso el poético, no es más que la traducción alusiva, balbuciente de sensaciones o impulsos que se trasladan impropiamente a formas expresivas sonoras y conceptuales, o sea, a palabras. Aquella idea romántica de juventud de la posibilidad de una superación de la alienación de la ignorancia mediante la penetración estética en lo en sí, porque se piensa en el arte como expresión capaz de trasponer lo originario informe, el caos del mundo, a la esfera de lo sensible y perceptible, es claramente abandonada por el Nietzsche maduro. Y a esta idea le sustituye la concepción de la metaforización en cuanto violencia deportadora imposible de lo originario a un elemento que le es siempre impropio y extraño. Es decir, la metáfora no puede ser en ningún caso para Nietzsche ya la trasposición o la traducción —con lo que toda traducción implica de sustitución, de impropiedad y de violencia— de un no-dicho esencial a un elemento expresivo determinado. Según él, el lenguaje se creó de la siguiente manera: como nos sucede mientras soñamos, ciertas sensaciones corporales produjeron en los hombres primitivos imágenes, y luego esas imágenes provocaron sonidos en los que se expresaban las sensaciones. Y cuando las imágenes sonoras se desligaron de la sensación que las produjo al pasar el tiempo e intensificarse su uso, entonces es cuando se convirtieron en conceptos abstractos. De ahí concluye Nietzsche que *todo* lenguaje es metafórico, nunca nombra o expresa una realidad en sí, sino que solo connota una determinada experiencia que los creadores del lenguaje tuvieron como proyección de sus sensaciones en palabras y conceptos y que luego nosotros hemos aprendido al adquirir el dominio de ese lenguaje.

La diferencia principal entre Nietzsche y Zambrano estriba, por tanto, en que nuestra autora cree al lenguaje metafórico capaz de simbolizar más o menos adecuadamente el sentir originario y, por tanto, la entraña misma de la realidad en su inmediatez y profundidad. Y para Nietzsche, la conexión entre palabra y sensación ya hace mucho que se ha perdido para siempre y no es posible revitalizarla. El lenguaje debe ser pensado, dice Zambrano, a partir de su esencia metafórica pero porque con las metáforas llegamos donde no llegan los conceptos. Nietzsche, en cambio, al pensar en el problema del origen del lenguaje, lo considera como el producto de un instinto, de una fuerza inconsciente que es una fuerza creadora de imágenes. La esencia del lenguaje, su origen y su fin es esta fuerza misma, cuya primera cualidad es no ser la fuerza de la verdad. Originariamente, el lenguaje no está hecho, según la idea de Nietzsche, para decir la verdad, pues no se refiere en nada al ser de las cosas, no lo capta, ni lo presenta, ni lo deja aparecer. De modo que no es el ser el que se hace presente a la conciencia en el lenguaje, sino solo nuestra específica relación subjetiva con las cosas. El lenguaje señala sustituyendo, significa impropiamente, no denota sino que connota. La transposición originaria es, en definitiva, la metáfora, la figura, de modo que el lenguaje, cualquier lenguaje, tanto el lenguaje racional y científico de las teorías abstractas como el lenguaje poético, es originariamente metafórico, figurado. Y es sobre la base de esta comprensión del lenguaje como originariamente metafórico sobre la que Nietzsche se apoya para plantear al discurso filosófico y científico la cuestión de su pretensión de verdad, de su deseo de una literalidad pura, así como para volver contra la filosofía todo aquello contra lo que la filosofía había pretendido constituirse: el mito, la elocuencia, la poesía, la alegoría. En esto hay cierta afinidad entre Nietzsche y Zambrano. Lo que los diferencia, sin embargo, es que esa acusación de impropiedad hecha contra el lenguaje pretendidamente adecuado y literal de la filosofía y de la ciencia no es hecha, en el caso de Nietzsche, a partir de la afirmación de que mediante la razón poética se puede llegar a una verdad más profunda, una verdad proporcionada por el sentir originario y la experiencia no racional de la realidad o de la vida. Esta experiencia es imposible, pues no podemos traspasar nunca los límites de nuestro lenguaje. En esto Nietzsche es un claro precursor de Wittgenstein.

En *Sobre verdad y mentira en sentido extramoral*, Nietzsche considera que no existe posibilidad alguna de exceder en el lenguaje los límites del lenguaje. Frente al planteamiento de María Zambrano, lo que Nietzsche niega es la posibilidad última de recurrir al mito, a la metáfora filosófica, al símbolo, etc. como receptáculo de una riqueza originaria de sentido que el lenguaje racional pudiera y hubiera de interpretar. Todos los recursos poéticos son para él retórica. No dicen ninguna verdad, aunque se crean el lenguaje de la verdad. De ahí que la frontera que separa a la filosofía de su otro, —el mito, la poesía, la metáfora, la literatura, en definitiva—, se desvanezca. Pues tampoco es posible ya volver contra la filosofía una originariedad mítica o poética para criticarla y reformarla, sino que solo cabe volver contra ella la parodia, la ironía y la risa. La actitud de Zambrano es menos radical e intenta ser más constructiva. Y eso es lo que se pone de manifiesto en la triple caracterización que ella hace de la razón poética como razón crítica, como razón alternativa y como razón integradora. Nietzsche, sin embargo, delimitará, cada vez más, su óptica del arte en cuanto fuerza antinihilista, antipesimista y anticristiana, lo que equivale a decir en su caso, esencialmente, antimetafísica. Pues aquella idea originariamente romántica de la posibilidad de una superación de la alienación y de la ignorancia mediante la penetración estética en lo en sí, se movía aún en las coordenadas del pathos platónico que niega el devenir, en la medida en que celebra todavía en una cosa en sí la victoria sobre lo sensible y cambiante. Y toda la temática de la filosofía posterior de Nietzsche como crítica genealógica de la cultura se desarrolla ya en el marco del propósito de rebasar la metafísica dualista como responsable última del nihilismo.

Bibliografía

BUNGARD, ANA (2000): *Más allá de la filosofía: sobre el pensamiento filosófico-místico de María Zambrano*, Madrid, Trotta.
MAILLARD, CHANTAL (1992): *La creación por la metáfora. Introducción a la razón poética*, Barcelona, Anthropos.
REVILLA, CARMEN (1998) Ed.: *Claves de la razón poética*, Madrid, Trotta.
SÁNCHEZ MECA, DIEGO (2013): *Nietzsche, la experiencia dionisíaca del mundo,* Madrid, Tecnos.
– (2013): *Modernidad y romanticismo: para una genealogía de la actualidad,* Madrid, Tecnos.
ZAMBRANO, MARÍA (1987): *Filosofía y poesía*, Madrid, FCE.
– (1987): *Pensamiento y poesía en la vida española*, Madrid, Endymion.
– (1988): *Claros del Bosque*, Barcelona, Seix Barral.
– (2000): *La agonía de Europa*, Madrid, Trotta.

Mariano Rodríguez González
Universidad Complutense de Madrid

La locura de Nietzsche en la imaginación creadora de María Zambrano

Introducción

Es sabido que María Zambrano se había iniciado a edad temprana en la lectura y el estudio de la obra nietzscheana, sobre todo a través de su relación con su primo Miguel Pizarro, y también que a partir de entonces ella aceptará al filósofo alemán «en todas sus contradicciones, le parecerá siempre un hombre verdadero»[1] [Zambrano 2014a: 50]. En efecto, si la actitud vital y filosófica de nuestra pensadora en relación con la figura de Nietzsche atraviesa a lo largo de su vida etapas diversas e incluso contrapuestas en su significado, que en líneas generales irían del reconocimiento al rechazo y de ahí a la admiración, en todas y cada una de ellas se cumplirá el hecho que dejara escrito en 1954 en una «carta abierta a Alfonso Reyes»: concretamente que, al contrario de lo que le sucedía con el de Goethe, no obstante todo su brillo, ella siempre se había alimentado del pensamiento nietzscheano, porque en todo momento le habría sido imprescindible para poder pensar ella misma por su cuenta [Zambrano 2014b: 364].

Como no podía ser de otro modo, aunque esta circunstancia es personal quedará perfectamente reflejada en su producción, pues no solo ocurre que contamos con un buen número de escritos en los que la filósofa española se acerca explícitamente a la obra y la persona de Nietzsche[2]

---

[1] Para usar las palabras de Jesús Moreno, que hacen hincapié en el significado especial que para Zambrano tenía la expresión «hombre verdadero».

[2] En la nota 7 a su definitiva edición de *El hombre y lo divino,* en esas páginas citadas a continuación, Jesús Moreno nos ofrece una relación completa de estos escritos.

[Zambrano 2011a: 1241-1242] sino que, por otra parte, son todavía más aquellos en los que la presencia del filósofo alemán se haría evidente aun cuando ni siquiera se mencione su nombre o solo se lo cite de pasada[3].

Una jovencísima María Zambrano ya tendrá de la aportación filosófica nietzscheana ideas muy concretas, las que por lo demás compartiría con los intelectuales de su generación, sobre todo en la medida en que el vitalismo del alemán se figuran todos ellos que puede actuar a modo de despertador de las fuerzas históricas adormecidas en la España de finales de los años veinte del siglo pasado:

> En suma: afirmación de la vida, desconfianza de la razón, valor moral de todo lo que es aumento de vida, superación constante, aprovechamiento del dolor en beneficio de los valores positivos, heroísmo del individuo como encarnador de los valores vitales…Nietzsche, en fin, o algo de él [Zambrano 2015a: 75].

Y cuando sobrevenga la catástrofe de la Guerra Civil, a partir del momento en que el pensamiento zambraniano se oriente por el camino de lo que se ha llegado a llamar «la razón armada», se nos entregará una caracterización del hombre fascista como absolutamente ajeno a la tradición española, porque esta sería según la malagueña la tradición del pensamiento y la poesía. Caracterización del fascista que a mi modo de ver reflejaría punto por punto la radiografía nietzscheana del hombre resentido, ese que no tiene más remedio que invertir lo real sencillamente porque no lo puede soportar, y entonces lo odia y pretende anularlo [Zambrano 2015b: 141-158].

Ahora bien, de la misma manera que a nuestra escritora, guiada por su fino instinto filosófico, el pensamiento y la persona de Nietzsche siempre le parecerán ambiguos («Nietzsche el oscuro, el contradictorio, el amargo, el violento; pero que caminaba siempre y llegó a convertirse en un cuerpo luminoso» [Zambrano 2014c: 724]), su valoración del filósofo alemán también se moverá en el terreno de la ambigüedad. Si por una parte admira sobre todo su *arraigo en la tierra*, arraigo que es la mejor medicina para no andar perdido «en los infiernos de la luz», por otra siempre le va a pedir dar un paso más. Nietzsche se habría quedado en un «éxtasis malogrado», algo por otra parte nada extraño

---

3   Y eso sucede ya desde su primer libro publicado, *Horizonte del liberalismo*. Cfr. la nota 42 a la edición crítica de este escrito (OC I), 837-842.

en un verdadero filósofo. Más abajo intentaremos, aunque nada más sea aproximarnos, una explicación de esta declaración, porque lo cierto es que no deja de ser enigmática ya desde un principio. Y a mi modo de ver una de las claves del asunto se hallaría en el inequívoco ensayo zambraniano de cristianizar a Nietzsche, si bien es cierto que en alguna ocasión la pensadora negara que esta hubiera sido su intención[4]. Y de ahí la ambigüedad, porque, claro está, Nietzsche no se dejará cristianizar así como así.

Que María Zambrano explora los posibles modos de cristianizar a Nietzsche puede constatarse en lo que escribe sobre la muerte de Dios y *el delirio* del superhombre en una de sus obras de mayor densidad filosófica, *El hombre y lo divino*, ya en su primera edición de 1955. Y es que resulta que el cristianismo es la religión en que se da muerte a Dios, en la cruz. De manera que el anuncio nietzscheano a finales del XIX de la muerte de Dios a manos de los hombres no pasaría de ser la repetición de un acto sacrificial, consistente en reintegrar la figura divina a la indeterminación pura de lo sacro como tal. Sacrificar a Dios sería, por así decir, la culminación de la religiosidad cristiana, y por eso la nietzscheana muerte de Dios quedaría completamente en el ámbito más propio de esta. Lo que vino a ocurrir es que Nietzsche no lo supo ver con claridad, y por eso deliró con el asunto del *Übermensch*. Aunque, por otra parte, y para seguir manteniéndonos en la ambigüedad de lo sagrado, la misma Zambrano insiste en que la respuesta nietzscheana a la muerte de Dios, es decir, la que constituye el delirio del superhombre, supondría en realidad la respuesta más cristiana que se puede dar a la circunstancia histórica del Nihilismo, sobre todo en comparación con las que dan el Positivismo y el Utilitarismo[5] [Zambrano 2014d: 1104]. A buen seguro porque el sacrificio de Dios comporta la divinización del hombre. Es decir, Cristo muriendo en la cruz nos habría salvado definitivamente de la muerte o del pecado.

---

4   Por ejemplo, en «A modo de autobiografía», donde se aduce que este ensayo ya lo habría acometido Max Scheler. Pero la idea de Zambrano pudiera ser que no hace falta redimir a Nietzsche porque ya está redimido, pertenece al orden de los bienaventurados, como más abajo tendremos ocasión de ver.

5   «Y de esas respuestas, la más cristiana es la de Nietzsche, que prosiguió el camino de la libertad, del sufrimiento infinito, que renunció—aunque fuera por orgullo—a la felicidad» (apunte de la primavera de 1952).

Pero ya es momento de advertir que la intención de este trabajo no es tanto una confrontación temática de los pensamientos de los dos filósofos, el alemán y la española, cuanto una reflexión sobre la valoración que hace María Zambrano de la persona o la figura humana o el personaje de Nietzsche, por mucho que esa reflexión no se pueda llevar a cabo, naturalmente, al margen de una alusión continua al núcleo de sus respectivas filosofías, en especial la zambraniana.

Para dar una idea de a qué me refiero con esto, recogeré ahora en la memoria las sorprendentes opiniones de Zambrano sobre la relación entre Nietzsche y Lou Salomé, es decir, sobre esta concreción histórico-psicológica de «el hecho trágico que casi siempre es el encuentro de un hombre —*humano, demasiado humano*— y una mujer»[6] [Zambrano, 1987a: 184–185]. Enfrentándose con el libro escrito por Lou Salomé sobre su amigo filósofo, Zambrano le echará en cara a la rusa su deserción de la misión que le correspondía como mujer, la de ser el *centro* que limitara la dispersión del hombre excepcional Nietzsche.

Con ello llegamos a la cuestión esencial, que por supuesto es aquella en la que querría demorarse este artículo. A juicio de María Zambrano, Nietzsche tuvo muchas almas, su vida habría sido una perenne metamorfosis. Ahora bien, al igual que el poeta-filósofo, Hölderlin, que se hallaba entregado al cambio interior continuo, el filósofo-poeta Nietzsche, en su eterna juventud de metamorfosis, apeteció enérgicamente «la diamantina unidad que es ser sí mismo»[7] [Zambrano 2014b: 368]. Como reza la sentencia de Píndaro, y el *Ecce homo* nietzscheano nos vendría a mostrar en toda su efectividad, de lo que se trata es de llegar a ser el que se es, o el que uno es. Y en esto, y no en otra cosa, radicaría todo el problema personal y filosófico de Nietzsche.

---

6   Hay en estas palabras de María un eco de un comentario semejante de Ortega en obras como *El hombre y la gente*.

7   Añade Zambrano que a los dos les esperaba la misma suerte que al fundador de su estirpe, Empédocles: precipitarse en el abismo de lo sagrado.

1. Nietzsche, «hombre subterráneo»

Puesto que hombres de esta índole, hombres por así decir de múltiples almas, como sería en primer lugar Nietzsche según el parecer de la pensadora española —aunque otros casos similares los tendríamos en los poetas Baudelaire y Rimbaud, o en el también filósofo Kierkegaard—; es decir, hombres en cuyo interior se escucharían muchas voces y se agitaría una diversidad de personajes de muy difícil concertación, si es que alguna es posible, vienen a ser asimismo, precisamente, los que poseen en la mayor medida imaginable «el proyecto de una existencia original». Y decir esto significa decirlo en el importante sentido de que esa casi alarmante multiplicidad de voces internas es la condición *sine qua non* de la misma originalidad de su yo, una originalidad que se les hace a ellos mismos, por lo demás, muy dura de soportar. Se podría incluso constatar una relación directamente proporcional entre las dos variables, pluralidad y originalidad: por eso añade Zambrano que estos «hombres subterráneos»[8] se hallan «oprimido[s] por la dote terrible de su yo original y originario» [Zambrano 2011b: 90]. Hasta el punto de que se tendría que hablar de la originalidad como de una auténtica maldición. A primera vista resulta paradójico que la pluralidad de las almas venga a ser casi el rasgo constitutivo de quien posee un yo poderoso y original, en realidad su condición de posibilidad, pero la aparente paradoja se desvanece cuando caemos en la cuenta de que esa tarea de ir reconociendo y construyendo la unidad del yo a través de la multiplicidad de las voces es justamente la que daría testimonio de la potencia del yo. El peligro de fragmentación que en todo momento acecha al hombre subterráneo no es pequeño, sin duda, y por lo tanto ocurre que a estos personajes desgarrados lo que les haría falta, ante todo, es un «*centro de quietud, de confianza y de reposo*», para que puedan encauzar su

---

8   No podemos pasar por alto en este punto que Nietzsche se califica a sí mismo de «hombre subterráneo» en el mismo comienzo del importante prólogo de 1886 a la segunda edición de *Aurora. Pensamientos acerca de los prejuicios morales*, aparecida al año siguiente: «En este libro se encontrará, entregado a su tarea, a un ser subterráneo que horada, excava, socava». Nietzsche había iniciado ya con su libro anterior la tarea de demoler el edificio de la cultura occidental, de estructura metafísico-moral.

explosiva creatividad de modo que no les destruya. Una vez más nos encontramos aquí con la temática tan zambraniana de la salvación del individuo y de la cultura, es decir, del logro al que siempre tenderíamos los humanos de hacer unidad de la multiplicidad, de recoger nuestros fragmentos en la coherencia relativa de la persona o el personaje. Ahora bien, la necesidad de salvación, en este sentido, se habría hecho mucho más acuciante en la Modernidad, a partir del momento en que Descartes, y con él toda la filosofía moderna, dirigiera un ataque frontal contra la idea cristiana de *alma*, aunque fuera a su pesar. Siendo en consecuencia la experiencia radical que este pensamiento nos habría legado a los hombres modernos justamente la experiencia de la soledad, en lo que había insistido Ortega y Gasset pero universalizándola a la misma condición humana. Porque casi nos lo exige esta línea de reflexión, estamos recordando ahora lo que había escrito el propio Nietzsche:

> ¿Qué es, pues, lo que la filosofía moderna entera hace en el fondo? Desde Descartes —y, ciertamente, más a pesar de él que a base de su precedente— todos los filósofos, bajo la apariencia de realizar una crítica del concepto de sujeto y predicado, cometen un atentado contra el viejo concepto del alma — es decir: un atentado contra el supuesto fundamental de la doctrina cristiana [MBM 54].

Nietzsche hay que recordar que reconoce el valor de esa soledad radical donde en un comienzo nos habría instalado el solipsismo cartesiano, soledad a la que se ve enfrentado el hombre moderno. Lo reconoce como la mayor oportunidad del desarrollo de la creación filosófica y artística.

Pero tanto en la época premoderna como en la moderna, a la salvación se accedería, según Zambrano, de la misma esencial manera: a través de la *confesión*. Si ponemos uno junto al otro los dos libros de las *Confesiones* de San Agustín y el *Ecce homo* nietzscheano, podríamos tal vez comprobar la plausibilidad de la idea zambraniana según la cual solo la confesión les haría encontrar a los hombres subterráneos ese centro que tanto necesitan para no sucumbir, en definitiva, un «alma». Claro está que la confesión agustiniana tenía lugar ante el Gran Otro, el Testigo con mayúsculas que todo lo ve y lo oye, y entonces se puede decir que era la mirada del Ojo de Dios la que construía el alma cristiana de la persona a través de su relato, el hombre nuevo. Pero es también evidente que, en cambio, como se echa de ver en el caso de Nietzsche, el modo de liberarse de los personajes que le atormentan al que tiene múltiples almas en la Modernidad será muy diferente. Precisamente, hay que llegar a ser el que se es, pero esta vez por medio del reconocimiento narrativo de las huellas de sentido casi diríamos fatídico de su trayectoria vital e intelectual. Liberarse de las múltiples voces que lo habitan consiste justamente, en el caso de nuestro filósofo, en darles existencia a todas ellas. Es decir, como indica Zambrano, Nietzsche va a seguir viviendo en soledad después de la confesión monumental que sería su obra filosófica, pero se trataría, a partir de ese momento feliz de la escritura, de una soledad de muy otro tipo, una soledad que ya no es el aislamiento del solipsismo cartesiano, sino tal vez todo lo contrario, intimidad consigo mismo y con el mundo. Y también es oportuno recordar aquí que, en su propio concepto, todo el filosofar de la pensadora española tiene de principio a fin un carácter confesional, y eso es algo en lo que algunos de sus estudiosos gustan de insistir. Una vez más, la Modernidad se nos revela como heredera del Cristianismo, puesto que las dos maneras de lograr la salvación propias de la tradición grecorromana, es decir, accediendo a la unidad de identidad o a la unidad de la armonía (o Parménides o Heráclito), habrían sido superadas para María Zambrano por la práctica confesional que nos trajo la idea de persona de la tradición judeo-cristiana.

En el caso de Nietzsche, su salvación, o bien la especie de *unidad* que logró, fue la propia de un cuerpo que luchó toda su vida en el vaivén de la salud y la enfermedad, recorriendo por lo tanto muchas clases de filosofía, y que al cabo cristalizaría en una *unidad de sentido* proporcionada por la jerarquía establecida en el juego pulsional del mandar y el obedecer. A la imaginación de María Zambrano, esta salvación nietzscheana, lograda por la escritura de sí mismo, se le va a presentar como la definitiva conversión del filósofo alemán en «cuerpo luminoso», como más abajo apuntaremos.

En segundo término, vamos a demorarnos ahora en el hecho de que, en el año 1884, por la época de la preparación de la cuarta parte de *Zaratustra*, Nietzsche va a cerrar un apunte entrecortado, y por tanto bastante enigmático, con la siguiente sentencia lapidaria: «Auténtica finalidad de todo filosofar, la *intuitio mystica*» [FP III, 26 (308)][9]. No vamos a insistir

---

9 En la introducción a ese tercer volumen, el mismo Sánchez Meca, junto con Jesús Conill, escriben para comentar esta tajante declaración nietzscheana: «El filósofo

aquí en la enorme importancia de las tradiciones místicas[10] en la vida y en la obra de María Zambrano, pero sí nos gustaría poner de manifiesto el hecho de que, más de treinta años después de su presentación del filósofo alemán como *hombre subterráneo*, en las páginas que la pensadora española escribiera sobre Miguel de Molinos en 1974 [Zambrano: 2011c: 157–164], con motivo de la edición de su *Guía espiritual* y la selección de textos de su *Defensa de la contemplación* del místico del siglo XVII, las dos realizadas por su amigo el poeta gallego José Ángel Valente, y precedidas de un espléndido ensayo suyo sobre la experiencia mística, sin duda sorprendentemente se mencionará a Nietzsche justo al final. Y entonces resulta muy instructivo darse cuenta de que la consideración del Nietzsche subterráneo realiza en este punto un giro sumamente enigmático. Porque ya no se trata de ese topo solitario que procede a horadar con tesón y paciencia los cimientos mismos de la cultura occidental, sino que ahora se comparará al pensador alemán con el mismísimo místico Molinos, y se lo comparará en un extremo muy concreto, no se sabe si revelador o enigmático: igual que se podría decir del místico *nadista* español que fue enterrado vivo en su cámara con la condena de nueve años que cayó sobre él en su tiempo por hereje, lo mismo podemos afirmar del filósofo alemán, que lo iba a ser también, enterrado vivo, en la noche clara de su *locura*, y así lo escribe Zambrano, entre comillas.

---

no es primordialmente un hombre del conocimiento discursivo, sino un vividor y experienciador, capaz de estar por encima de la contradicción que existe entre la vida y el conocimiento. Esta concepción experiencial de la filosofía le lleva en esta época a Nietzsche a resaltar de un modo peculiar el estado místico como el momento supremo de la vida filosófica» (p. 20). Sin duda que en este punto la influencia nietzscheana en la razón poética la tenemos que ver como determinante, en la medida en que con la pensadora española estaríamos ante una propuesta de conjugación de poesía, filosofía y religión. Pero no hay que pasar por alto que, en el caso de Nietzsche, con la referencia al estado místico habría que remontarse a los orígenes del pensamiento griego, como añaden los estudiosos citados, y en absoluto a la espiritualidad de raíz judeocristiana.

10   Entendido *Misticismo* según la definición clásica del *Vocabulaire technique et critique de la philosophie*, vol. 1, F. Alcan, París, 1926, p. 496 de Lalande: «Creencia en la posibilidad de una unión íntima y directa del espíritu humano con el principio fundamental del ser, unión que constituye a la vez un modo de existencia y un modo de conocimiento ajenos y superiores a la existencia y el conocimiento normales» [Hulin 2007: 15].

De forma que la oscura analogía entre Molinos y Nietzsche se establece sobre la base de la sepultada Antígona como término clave. Como se sabe, Zambrano había escrito en 1967 un texto que hay que calificar de excepcional en el conjunto de su obra, la obra titulada *La tumba de Antígona* [Zambrano 2011d: 1101–1173], una «tragedia cristiana», al decir de Jesús Moreno, que constituye la única referencia no metafórica del ser enterrado vivo. Antígona sí que fue enterrada en vida literalmente, no como Molinos que fue encerrado, ni como Nietzsche que *se volvió loco*. Pero el caso es que a los tres les llegó la oscuridad y el silencio, el hermetismo del vacío.

En un primer momento de su producción filosófica, Zambrano había ya dejado claro que toda poesía en el fondo es mística, pero ella diferenciaba entonces dos clases de mística que se habían dado en España eminentemente, la que podemos llamar afirmativa representada por Juan de la Cruz, y la mística nihilista o nadista de Miguel de Molinos, donde el éxtasis no aparece, a diferencia de la primera. En el texto del 74, sin embargo, la pensadora seguirá el ensayo de Ángel Valente cuando escribe: «escuetamente enunciado aparece el congénito parentesco de poesía y mística al afirmarse la radical determinación del lenguaje del místico "cernido en un tamiz de fuego" o erigido sobre una experiencia cuyo contenido último es el vacío como "estado de transparencia o de disponibilidad absoluta en que la experiencia mística se hace posible"» [Zambrano 2011c: 162]. La experiencia mística, entonces, tiene como contenido propio el vacío, es decir, el silencio, y sería a su vez esta nada la que la hace posible. Desde este punto de vista, el místico se puede decir que ha sido *enterrado vivo*, puesto que calla, o habla desde un lugar para el que no hay lenguaje posible, solo se escucharía allí el sonido del silencio. Lo que el poeta Valente llamaba el punto cero.

Pasemos ahora a Nietzsche y recordemos lo que escribiera al comienzo y al final (aforismos 1 y 28) del Tercer Tratado de *La genealogía de la moral* sobre el ideal ascético: puesto que el hecho fundamental de la voluntad humana sería el *horror vacui*, justamente el horror al vacío, he aquí que entonces los hombres prefieren *querer la nada* a *no querer*. Y esa voluntad de nada que constituye según Nietzsche al ser humano en cuanto animal enfermo que es, y que hasta ahora se habría encarnado en el ideal ascético como único sentido de la vida del hombre sobre la Tierra, sería a juicio de Nietzsche una voluntad hostil a la vida, verdadera voluntad de muerte envenenadora de la vida. Y también a su juicio, la célebre unión mística interpretada como unión con Dios es en realidad la unión con la nada o el suicidio de la noche del sueño profundo, sin sueños, realización perfecta del anhelo de muerte. Vemos así que la visión de Zambrano del Nietzsche enterrado vivo en la demencia, en su similitud con el místico nadista Miguel de Molinos, no puede ser más que un error. Pero lo que llama la atención es que se trataría en ese caso de un error gigantesco, un error *demasiado grande*, como decía Wittgenstein de la religión si fuera verdad que con la religión se trata tan solo de un error. Parecería que no se puede nadie llegar a equivocar hasta tal extremo.

Por eso hay que ir con cuidado. La clave de la actitud mística tendría que ser no tanto querer la nada cuanto no querer. Lo verdaderamente difícil y divino sería *poder no querer*, cumbre de todo ascetismo que representaría a la vez el punto más alto de la voluntad de poder[11]. Y entonces hay que recordar que la semblanza nietzscheana de Jesús de Nazaret en *El Anticristo* tomará entre sus principales motivos de inspiración al personaje protagonista de la novela de *El Idiota* de Dostoyevsky, el príncipe Myshkin, personaje cuyo rasgo esencial era limitarse a deambular entre las cosas y las personas, o sea, *no querer propiamente nada*. Entonces, cuando Zambrano aproxima a Nietzsche al misticismo del vacío representado por Miguel de Molinos, vacío que sería el no querer, algo totalmente diferente de querer la nada —y tal sería su Nietzsche como místico en principio malogrado—, lo que en realidad estaría haciendo la filósofa española es identificar a Nietzsche con Jesús (curiosamente, con el mismísimo Jesús de Nietzsche). Es decir, Nietzsche esencialmente un idiota.

En el año de 1962, María Zambrano publica en *Papeles de Son Armadans* el artículo que lleva por título «Un capítulo de la palabra: el idiota», que tres años después pasaría a formar parte de su libro *España, sueño y verdad* [Zambrano 2011e: 777–787]. Concebido como homenaje a Velázquez, puesto que toma arranque y es inspirado por su cuadro el *Niño de Vallecas*, ofrece la pensadora en él una vibrante

---

11 El ya citado Hulin insiste en este extremo en un ensayo recopilado en una obra dedicada a estudiar las relaciones de la filosofía nietzscheana con el pensamiento oriental [1991: 64–76].

reflexión poética sobre la figura del idiota como verdadero universal humano, o en el límite de lo humano. Igual que ocurre con la representación pictórica del niño de Vallecas, esa figura universal del idiota sería «mostrativa de una luz en estado naciente», y por lo tanto «parece conllevar una verdad sagrada, humilde y misteriosa».

Es la del idiota la silenciosa sabiduría del que no tiene ningún interés en absoluto, ningún apetito ni pretensión determinados. Por eso se trata de un saber tan peculiar el suyo, casi el paradójico saber del ignorante, y es que como muy bien sabemos todo conocimiento se hallaría orientado por un interés concreto. Es su falta de «acometividad», su no querer nada en concreto, lo que hace del idiota, en quien esto ocurre y que por ello vendría definido, un habitante de «la verdadera pura ignorancia». Pero ese vacío de la ignorancia resulta según Zambrano requisito indispensable para que puedan pasar por él las palabras de la verdad: el puro pensamiento necesitaría de la pura ignorancia para transitar por ella (requiere de su *vacío*, de su *blancura*). El idiota que es el niño de Vallecas guardaría para nosotros la luz de una revelación que es en esencia la misma que preserva el príncipe Myshkin de la novela de Dostoyevski, la revelación cristiana. Esa luz del que no se dirige a nadie ni a nada en concreto, exento como se halla del sacrilegio de la finalidad y del propósito. La verdad de la pura existencia, de la pasividad del ser. «No transita, pues, el idiota, aunque vaya y venga, no retrocede ni avanza, no va a ninguna parte, no se dirige a lugar alguno, aunque en llegando a alguno se detenga. Está en todas partes de la misma manera, sin intención; se mueve sin causa y sin finalidad, y nada le turba ni altera» [Zambrano 2011e: 780].

Difícil sin duda resulta encontrar en toda esta manera tan característicamente zambraniana de circunscribir lo que podemos llamar la actitud mística o contemplativa, nada menos que los trazos esenciales del mensaje nietzscheano, por cuanto en cierto modo este se dejaría resumir en el imperativo de *querer* con la mayor intensidad y decisión posibles, y en la idea de la prioridad absoluta de las fuerzas activas de la autoafirmación. Por eso precisamente tendría que ser Nietzsche un místico, según Zambrano, pero un místico *malogrado*. En el siguiente apartado intentaremos hacernos una idea, por lo menos vaga porque nos tememos que no cabe nada mejor, de lo que podría significar este fracaso del escritor de *Zaratustra*.

2. Nietzsche, ser de la aurora

Como se sabe, el símbolo de la Aurora, pero también la diosa Aurora, como mínimo védica y romana, representará en María Zambrano su *razón poética*. «La aurora es la physis misma de la razón poética» [Zambrano 1986: 30]. Y Nietzsche aparecerá entonces esencialmente caracterizado como *ser de la aurora*, junto a José Ortega y Gasset, hijos de la aurora ambos y por eso plenos de condición auroral. No en vano el que fuera maestro de María Zambrano había escrito en 1914: «Hay en el afán de comprender concentrada toda una actitud religiosa. Y, por mi parte, he de confesar que, a la mañana, cuando me levanto, recito una brevísima plegaria, vieja de miles de años, un versillo del *RigVeda*, que contiene estas pocas palabras aladas: "¡Señor, despiértanos alegres y danos conocimiento!"» [Ortega 2014: 25]. Pero, como sabemos, Nietzsche no solo publicó un libro fundamental con ese nombre de Aurora, sino que en la misma página del título de la segunda edición de 1887 había citado también el *Rig-Veda*: «¡cuántas auroras hay que aún no han lucido!». Ortega era, a juicio de su discípula Zambrano, verdadero ser auroral porque su condición caritativa típicamente española, de fondo o naturaleza religiosa, le haría lanzarse a redimir por la *religiosa* comprensión los aconteceres más menudos y problemáticos de la circunstancia contemporánea nacional, ejerciendo incansablemente su *logos del Manzanares*, razón vital tan humilde como ese aprendiz de río que pasa por Madrid.

Que Nietzsche sea hijo de la diosa Aurora, o su hijo de pura sangre, el filósofo de la pura condición auroral, vendría a significar a mi modo de ver algo mucho más complejo que en el caso de Ortega, aunque sin duda algo emparentado con él. Porque una cosa sería el pensamiento de Nietzsche tal como se expone y recoge en su escritura, y otra distinta habrían venido a ser su vida y su persona mismas. Esta diferencia fatal que Zambrano detecta, y en cierto modo le echa en cara al pensador alemán, tendría por supuesto graves consecuencias para la cabal comprensión de asuntos tan importantes como la voluntad de poder y el eterno retorno. El carácter imperial y hasta insultante de la razón occidental lo simbolizará la filósofa española con el sol del mediodía que no deja lugar alguno a la sombra ni a la penumbra —y no se puede perder de vista aquí toda la cuestión nietzscheana de *el gran mediodía*. El sol representa en definitiva el poder que define, y la definición es la clave misma de todo poder, el que ordena colocando a cada cosa en el lugar que le corresponde, lugar perfectamente determinado. O sea, es solar el poder del concepto, y por otro lado se trata del mismo poder que fuerza a los humanos a volcarnos en la acción, nuestro activismo desenfrenado tan moderno. La dominadora voluntad tecnológica de Occidente puede constituir sin duda una de las lecturas más evidentes o más fáciles de la nietzscheana voluntad de poder. También ocurre que lo que Zambrano llamaba la *psique*, lo animal psicológico, el instinto, el mero deseo, se repite o reitera una y otra vez, como por otra parte nos había dejado muy claro ya Schopenhauer. Y esa repetición del deseo que siempre vuelve a empezar aparentaría la más falsa de las eternidades, por eso encarnaría a lo propiamente diabólico. La acción y el instinto abren el horizonte de la razón imperial dominadora de lo otro que ella, pero también de sí misma.

Pero en los dos casos se trataría de engaños, del falso poder y de la falsa eternidad que a primera vista podemos descifrar con facilidad en muchos lugares de la obra nietzscheana. Porque si vamos al fondo de su filosofía descubriremos el verdadero poder y la verdadera eternidad, es decir, descubriremos a Nietzsche como ser auroral antes que solar. Del reino de la utilitaria razón habría sido expulsado el padecimiento, la pasividad, la contemplación, con lo que la vida originaria de los sentidos, el sentir originario que Zambrano no se cansa de reivindicar, se ha ido reduciendo cada vez más hasta quedársenos casi en nada. La razón poética constituye como se sabe una revitalización de esas sombras que solo la Aurora sabría respetar, con su luz lechosa que se las arregla para convivir con la oscuridad en lugar de aniquilarla.

Pues bien, esto mismo de la razón poética se habría cumplido en la vida y la persona de Nietzsche, quien, según nos dirá María Zambrano, llegaría a convertirse en cuerpo o astro luminoso, de interior oscuro y ardiente. Es decir, Nietzsche, en su propio cuerpo, habría sabido acoger ese sentir originario del padecimiento, pero sin dejar nunca de iluminarlo en su esencial opacidad. Porque la luz solo es luz, solo de verdad ilumina, cuando incide sobre algo opaco que se le resiste. Con todo ello tal vez tengamos que recordar, por nuestra parte, la crucial experiencia del cuerpo propio del pensador alemán, su cuerpo atormentado por las oscilaciones valetudinarias que una y otra vez va a ser capaz de reabsorber en la salud, precisamente lo que el alemán denominaba *la gran salud* por ejemplo en uno de los aforismos más importantes del libro V de *La gaya ciencia*, el 382.

Se nos presenta en el visionario libro *De la aurora* un Nietzsche visionario. Pero eso es decir lo más halagador que se puede decir del filósofo como pensador a la altura de los tiempos, porque resulta que hoy los ojos de los occidentales, nuestros ojos, serían «visionarios en ayunas», estando como están «ávidos de visión». Para Zambrano, leer a Nietzsche significará entonces para nosotros algo parecido a ejercitarse en la vida contemplativa que defendiera en su día Miguel de Molinos. Como «amante de la mirada que proporciona al par visión y alimento», el hombre nietzscheano se hallará enfrentado al hombre de hoy que es un esclavo aunque no lo sepa, porque está entregado en su alma a la pura acción [Zambrano 1986: 40].

Y el modo más conveniente de escudriñar a un visionario en sus visiones no sería sino mediante visiones de segundo orden, propiamente hablando *delirios*, entendidos como instrumentos de conocimiento. Tenemos ante nosotros en este libro de Zambrano, por ejemplo, los símbolos de la castidad y la alquimia en su esencial relación con el filósofo alemán y su filosofía. Inspirándose en la obra de la arqueóloga Laurette Sejourné, María Zambrano rompe a hablar repentinamente del complejísimo calendario náhuatl, regido por el lucero Venus (esta vez no se trata del sol, pero, obsérvese, tampoco de la Aurora). «Venus que antecede y prosigue anunciando una luz interior y más allá de la solar, una luz que si procede de una combustión no envía su fuego y que no es fecunda, al menos al parecer» [Zambrano 1986: 49]. Por eso no es Venus una madre sino luz trascendente. Y en este punto aparece la serpiente emplumada como símbolo del rey-sacerdote-legislador: Quetzalcóatl, Señor de Venus y de la Aurora. Una de las leyendas de la serpiente emplumada nos narra su acción de arrancarse el corazón y arrojarlo al fuego, como sacrificio expiatorio por haber cometido «una única transgresión a la castidad». Ahora bien, razona Zambrano, lo que ocurre es que habría naturalezas, aun exclusivamente humanas, para las que el sacrificio inmediato habrá de suceder, por necesidad, a una única transgresión a la castidad. Naturalezas como también Hércules, o el rey Anfortas de la leyenda del

Grial, ¡¡o el mismísimo Friedrich Nietzsche!! «Quién lo diría», añade la pensadora [Zambrano 1986: 49].

Al leer semejantes reflexiones zambranianas, a todas luces tan desconcertantes, vamos a parar en nuestra calidad de respetuosos intérpretes a una situación en la que estaríamos a punto de perder nuestro camino, totalmente desorientados. Lo más fácil ahora es empezar a divagar con el recuerdo de las diversas actitudes manifestadas por Nietzsche ante la supuesta virtud de la castidad, como por ejemplo la tan positiva del correspondiente discurso del *Zaratustra*, o en general sus valoraciones de la castidad, y del ideal ascético, como algo conveniente para la actividad creadora del artista y del pensador. Algo así como un sentido del respeto a otro tipo de embarazo, el espiritual, que a Nietzsche le lleva en una ocasión a presentarse a sí mismo como elefante hembra. Damos en pensar por tanto que Zambrano nos está refiriendo que el filósofo alemán estaba tan comprometido con su obra que cualquier infidelidad a la misma, ¡sexual!, habría de acarrearle graves consecuencias en su producción filosófica. Pero también habría que tenerse en cuenta los innumerables desenmascaramientos del ideal ascético (= pobreza, obediencia, *castidad*), y la misma presentación del fenómeno dionisíaco como una mística orgiástica que celebra los misterios de la sexualidad o considera a la procreación como *lo sagrado* [CI, «Lo que debo a los antiguos», 4].

Claro está que todo esto no vendría muy a cuento, y no tendría mucho sentido situado en este lugar del discurso del libro *De la aurora*. Mejor nos preguntamos, ¿de qué tipo es la transgresión o infidelidad mencionada o denunciada por Zambrano en relación con la biografía de Nietzsche? A nuestro juicio, la coherencia solo se mantiene si bajamos a lo más literal. Es decir, brutalmente, nos referiremos a la sífilis y el supuesto burdel de Leipzig. Porque, conociendo el pensamiento de Zambrano en torno a la cuestión de la relación del deseo y el amor, su repudio tan firme del freudismo, por ejemplo, considerado además como preocupante «testimonio del hombre actual» [Zambrano 1987b: 123–149], entonces llegaremos a concluir que lo que ella entiende como la imperdonable transgresión de Nietzsche a la castidad debería tener que ver con la ocasión, tal vez la única, en que el filósofo habría mantenido, supuestamente, una relación sexual totalmente apartada de la relación amorosa.

Pero lo realmente impresionante del comentario de la filósofa estriba en su convencimiento de que esta «transgresión a la castidad», Nietzsche, siendo el que era, no se la podía permitir, y desde luego era algo que no se le podía permitir. De modo que el sacrificio («arrancarse el corazón y tirarlo al fuego») sobrevino de manera fatal: de la máxima lucidez del escritor Nietzsche hasta la *locura* del demente de Turín, vista eso sí por Zambrano como una inmersión definitiva en lo sagrado de la infancia. El filósofo se quedará idiota, se volverá niño, ese será el sacrificio de su corazón (de su razón). Sacrificio que al mismo tiempo continuará y consumará su propio mensaje de filósofo, como veremos, a modo de coronación mística más arriba de la cual, naturalmente, ya no se podrá ir.

En fin, un poco después leemos en el mismo libro de Zambrano que para Nietzsche la filosofía era *transformación*. Lo cual, aparte de aludir de nuevo a que el mismo filósofo se halla siempre en continua transformación por mucho que asimismo pueda anhelar la unidad, se pone en relación inmediatamente con el importante tema de la alquimia. Porque ya sabemos que el filósofo alemán lo que se propuso fue construir y ejercitar una filosofía que consiguiera convertir en oro puro las materias más viles, toda esta *mierda* de la vida, del ser humano, de las propias experiencias más terribles. Alquimista el filósofo nietzscheano; filósofo en esencia transvalorador que, «ayudado por su mujer»—y sale entonces otra vez el asunto de la transgresión de la pluma de Zambrano. Porque el alquimista es siempre monógamo, y por otra parte su mujer nunca le es infiel: tal vez la mujer del alquimista sea la propia María Zambrano, siempre fiel a Nietzsche, que recoge en el campo abierto de la noche el rocío que llueve de la Aurora, para llevar a cabo con él la transformación alquímica en oro puro de las putrefactas sustancias generadas por el metabolismo de la existencia.

Hay que preguntarse por qué razón la naturaleza del individuo Friedrich Nietzsche es tal que no consiente ni siquiera una sola transgresión a la castidad (o sea, diríamos, *practicar sexo* en lugar de *hacer el amor*). Sin duda porque, habiendo distinguido cuidadosamente entre lo escrito por Nietzsche y su persona concreta, María Zambrano le tiene por *santo*, hace de él un santo —o ya veremos, en realidad, más que santo—, entendiendo por *santidad* lo que dice el diccionario de la RAE: condición de santo, o sea, del que «es perfecto y se halla libre de culpa». Los únicos a los que no se les puede tolerar ni una sola transgresión a la castidad, en este sentido zambraniano, serían los santos, lógicamente. Vemos entonces orientado a Nietzsche por el camino de perfección, senda tradicionalmente frecuentada por aquellos a los que él mismo tenía por abortos sublimes (es decir, los que carecen de los afectos «viriles», o de rijo: sexo y agresividad). No se ve cómo evitar que la figura del pensador alemán que se dibuja y se consolida en la imaginación de María Zambrano acabe entrando en abrupta contradicción con su mensaje filosófico. Porque ya se sabe, el ideal ascético, único sentido hasta ahora de la humanidad, es para Nietzsche al final de *La genealogía de la moral* un ideal de animales enfermos. ¡Y eso lo denuncia un santo! Si distinguimos entre un Nietzsche solar y otro auroral, uno negro y otro blanco, no es fácil encontrar el criterio de una distinción semejante, a no ser que su propia experiencia *espiritual* le haya enseñado al que la realiza que el *verdadero* poder no reside en el imperio sino en la pasividad de las sombras. Como la Nina de *Misericordia* de Galdós [Zambrano 2011f: 505–613], que con su caridad sobrepasaba a todos y a todos dominaba. Es como haber descubierto la superioridad de Gandhi sobre Julio César. Lo cual sigue yendo en la línea del criterio nietzscheano de verdad, que radica en el aumento del sentimiento de poder. Sería en realidad como decir que Nietzsche no fue nietzscheano *hasta el final*.

María Zambrano sí que lo habría sido, porque nos intenta llevar al descubrimiento de este Nietzsche auroral o blanco. Se trataría auténticamente de un *delirio* de la pensadora española, en el sentido casi técnico en el que ella había hecho del *delirio* un genuino género filosófico con su propio grano de verdad, algo así como el relámpago que ilumina de repente lo más oscuro de la noche. Zambrano *delira* con Nietzsche como se delira con el recuerdo y la imagen de un amante, para acceder a la secreta verdad de toda la relación sentimental que aquí se pone en cuestión. Más que ante una filósofa estamos una vez más ante una *sabia*. A lo que aspira su delirio es a liberar a Nietzsche de sí mismo: y es que «Solo en las penumbras, en las sombras, anida la liberación, para el mismo sol, de ese su propio reino que le aprisiona, a él mismo, con su propio poder» [Zambrano 1986: 115]. Porque en la vida misma del pensador alemán se realizó lo que en su escritura nunca llegaría a aclararse del todo.

Pero la liberación de Nietzsche respecto de su propia escritura, liberación que el delirio zambraniano intentaría, no va a ser otra cosa que la apertura del sentido de su propia inmersión final en la *locura*, en la locura-para-nosotros de Nietzsche que no es en modo alguno locura-en-sí. Y así leemos que en la sagrada oscuridad de la infancia, clasificada como locura, en la que Nietzsche se sumió en los últimos años, era acunado solamente por la música y por la voz de su madre leyéndole textos de Spinoza que le apaciguaban y le hacían sonreír; se diría que se volvía criatura, librándose de ser persona, máscara [Zambrano 1986: 123].

De manera que la presunta locura de Nietzsche fue en realidad su liberación, y por lo tanto la realización o consumación de su verdadero pensamiento, es decir, del único que es de verdad soportado por su cuerpo y su biografía. El filósofo que tanto luchó para hundir de regreso lo divino en lo sagrado (para destruir la filosofía), se libera hundiéndose él mismo en la oscuridad sacra de la infancia. Y entonces se inicia el fundamental juego delirante entre la luz y la oscuridad, entre la máxima lucidez nietzscheana de los contenidos mentales que pasan raudos, vertiginosos, y el vacío absoluto de la mente en blanco que se aparece como la salida y la realización jubilosas de la tragedia de la vida. Su madre leyendo a Spinoza, y la música, daban cauce al cuerpo luminoso en su interior oscuro. Porque, con la inmersión en lo sagrado o en la locura, la íntima combustión del cuerpo del pensador ya no iba a poder ser descargada por el ritmo del pensar, y entonces el puro fuego «golpearía sus sienes, haría arder su frente, temblar sus manos». Como si se hubiese logrado concebir en sí mismo al fuego que mueve al pensar, es decir, concebirlo sin el pensar. Pero Nietzsche no se fragmentó, no se rompió en este trance, y no solo gracias a Spinoza y a la música del piano, sino sobre todo en virtud de su «condición auroral» [Zambrano 1986: 124].

En la oscuridad en que Nietzsche se sumiría al final ve Zambrano no la oscuridad completa sino más bien un alba que se oculta, pero destinada a reaparecer. Y hubiera seguido reapareciendo, «si por acaso se le hubieran dado a esa criatura, Nietzsche» tantas vidas como hubiese sido menester [*ibid.*]. *Nietzsche criatura*: a primera vista leve pero drástica inversión cristiana del eterno retorno pagano. La vida se nos da, y se nos da en las condiciones concretas en que se nos da. Estas condiciones solo admitirían la repetición mientras continuemos «en esta Tierra». La Aurora se va cada día y se va sin nostalgia porque volverá a aparecer o se volverá a cumplir en un eterno retorno «mientras estemos aquí en este Planeta» [Zambrano 1986: 125].

Lo que las visiones de Nietzsche tuvieron de malogradas, la índole fracasada de su mística, estriba según Zambrano en que no llegó a ver unidos a la Aurora y el Eterno Retorno:

> ¿Por qué el eterno retorno cumplido en ti como Aurora no lo fue en tu pensamiento? ¿Por qué no lo enunciaste así? ¿Por qué se sobrepuso tu pensamiento a la definitiva razón del ser que se cumple en sí mismo, aunque pase y esté pasando y vuelva a pasar? Acaso Heráclito lo supo y lo calló. Tú, Nietzsche, más niño, lo dijiste a medias, como casi todo en tu vida, a medias sin juntar sus partes, como niño que juega a los dados al borde del mar [1986: 125].

En la persona de Nietzsche, o mejor, en el dejar de ser persona o personaje de Nietzsche, se habría cumplido la unidad de Eterno Retorno y Aurora. Es decir, en ese suceso de la presunta locura nietzscheana habría venido a realizarse la unidad del ser y la vida, donde radica el secreto de la razón poética, es decir, habría venido a realizarse la misma eternidad que el eterno retorno sella. La perfección a la que accedió Nietzsche él mismo en su inmersión en lo sagrado no la pudo ver el filósofo Nietzsche, no la pudo reconocer, no fue capaz de pensarla, o bien la pensó solo a medias. El niño solo juega y por eso deja siempre las cosas sin terminar.

3. Nietzsche, bienaventurado

Habíamos visto que el problema de Nietzsche, para Zambrano, era un poco como el que se le tiene que acabar presentando a cualquier ser humano, el problema narrativo de acertar a conjugar de una manera efectiva la dispersión con la unidad. Dispersión a la que todos nos entregamos ya de entrada, porque vivimos y amamos la vida. Unidad que apetecemos, por otra parte, igual que la vida apetecería el ser. Lo excepcional del caso de Nietzsche radicaría según la pensadora española en el rotundo éxito del logro final, con su ingreso en la sagrada infancia de la *locura*.

Leyendo el último libro publicado de María Zambrano [2004] no es difícil reconocer al comienzo la figura de Nietzsche como poeta:

«El árbol de la vida. La sierpe». La Madre Tierra genera de su seno las criaturas que irán mudando de piel sin cesar hasta quedarse convertidas, finalmente, en costra reseca. Porque la sed inmensa de la Tierra condena de antemano a todas sus criaturas a volver a su polvo cuando completen el ciclo de sus transformaciones. Ya en *Filosofía y poesía* [Zambrano 2015c: 659–1063] se había representado dramáticamente el amor del poeta a las apariencias en cuanto destinadas todas a morir, y su consiguiente celebración poética del dolor de la vida y de la muerte. Porque el poeta no quiere levantar el vuelo para salvarse a costa de despedirse de sus amadas apariencias. Sino que se empeña en seguir sumergido en el tiempo, es decir, en entregarse a la muerte. Y el pensamiento nietzscheano vendría a expresar como ninguno esta decisión de no dar ningún testimonio en contra de la vida que incluye la muerte en su seno, a pesar de todos los pesares. Por eso precisamente se había hecho necesaria la filosofía, porque para no dar jamás testimonio en contra de la vida es menester alcanzar una comprensión de la vida que así nos lo vaya a permitir. Y esa comprensión habría sido en el caso de Nietzsche la experiencia dionisíaca del mundo. Que es la experiencia de la serpiente que surge de la Tierra y no para de reptar, mudando la piel y transformándose sin cesar, jubilosa, hasta que la Madre implacable le vuelva a exigir ser bebida entera. La serpiente de Zaratustra es el animal más astuto bajo el sol, experto como ningún otro en la nunca terminada tarea de defenderse de los rayos del sol pero sabiendo jugar con ellos, es decir, reptando por las sombras e introduciéndose en todos los abismos, confirmando a cada momento con todo ello su naturaleza terrestre y una insobornable fidelidad al sentido de la Tierra.

Pero además de poeta Nietzsche es filósofo, lo cual significa, según *Filosofía y poesía*, que quiere ser alguien, quiere tener un nombre que le sea propio, hurtándose por la conquista del ser a la monotonía mortal de la sucesión de las generaciones humanas. Nietzsche será filósofo, o sea, aspirará a recrearse a sí mismo escribiendo. En la perspectiva zambraniana, este desmedido afán de los filósofos resulta inseparable de su aspiración a la divina Unidad. Así que leemos que Nietzsche ante todo es Uno, por eso estará tan solo, por eso sin discípulos, ni siquiera queriéndolos. Llega entonces Zambrano a barruntar que el futuro de la filosofía se inclinará del lado del cinismo más que del estoicismo (Zambrano 2004: 54).

Como filósofo-poeta, Nietzsche es la sierpe de la vida que de momento se transformaría sin cesar, pero que ha aprendido a escribirse a sí misma en libros, apuntes y cartas, con la mayor de las maestrías, habiendo convertido *para ello* a la vida misma en experimento. En este punto hay que tener bien presente que el alemán lo que quiso efectuar es la transvaloración de todos los valores. Y esta su absoluta diferencia respecto de todos los filósofos precedentes se recogería con la mayor claridad en las siguientes palabras de 1887: «contra el valor de lo que permanece eternamente igual (v. la ingenuidad de *Spinoza*, igualmente la de *Descartes*) el valor de lo más breve y perecedero, el seductor destello dorado en el vientre de la serpiente *vita*—.» [FP IV, 9: 26].

Este sería el parecer nietzscheano definitivo —o sea, inmediatamente anterior a su locura—, respecto de la Unidad de lo que permanece eternamente idéntico a sí mismo. Para el Nietzsche de GC, la grandeza de un ser humano se mediría por la cantidad y la intensidad de las contradicciones cuya alma puede soportar. Pero ahora María Zambrano va a elevar a la persona de Nietzsche a la categoría suprema, la de los *bienaventurados*, aquellos que «son lo que son sin contradicción alguna» [2004: 66]. Una categoría superior a la del santo: «Seres ya idénticos a sí mismos, en lo que se distinguen del santo, pues que el santo padece y alumbra para ser un bienaventurado, ya invisiblemente algunos a lo menos, algunos: los heroicos. El bienaventurado carece de virtudes heroicas, y carece de virtudes como carece de palabras porque ya no está en el reino de lo discernible» [2004: 65].

Sería entonces este un Nietzsche post-heroico que María Zambrano representa como *bienaventurado*, en el sentido que ella le da a esta categoría de su pensamiento último. Ni siquiera subsiste ya en este momento definitivo el Nietzsche héroe del conocimiento, aunque se supone que eso lo iba a ser el filósofo hasta el final. Por nuestra parte, el único modo de concebir a Nietzsche acunado por las palabras de Spinoza que le recita su madre sería, igual que el de Zambrano, como el Nietzsche ya ingresado en la infancia sagrada de su *locura*. Porque para el Nietzsche inmediatamente anterior se tratará de reivindicar el valor supremo de la fugacidad de la vida, lo mismo que más adelante su compañero Freud, contra toda supuesta eternidad de lo siempre igual que reposa en sí mismo. Cuando Nietzsche todavía pensaba como filósofo, o sea, como adulto, se mostraba reacio a dejarse mover por la *ingenuidad* de Spinoza. Si la sierpe de la vida es tan valiosa lo es porque huye constantemente de nuestra mirada, su vientre de destellos dorados se oculta en seguida, cada vez que se introduce en un agujero cualquiera de la Tierra. Es para el Nietzsche filósofo, adulto, la serpiente de la vida también la serpiente del conocimiento, y por eso mismo no puede darle crédito a la eternidad de lo yerto.

El logro supremo de Nietzsche, su ascenso a *bienaventurado*, acontece en primer lugar, y como vimos, como ingreso en la infancia sagrada. Cuando por fin su éxtasis fue logrado, el que se le había resistido toda su vida. Pero esta infancia sagrada —y en seguida tendremos otra manera de referirnos a ella—, la alcanzaría solamente un Nietzsche muy particular y bastante sorprendente, en concreto: un Nietzsche *cristiano* o a punto de bautizarse.

> Los bienaventurados nos atraen como un abismo blanco. Esa blancura del pensamiento que sería, quizás el posible lector se extrañe, propio de un Nietzsche cristiano o a punto de serlo, esa cima más allá de todo y más allá del Todo igualmente, que se detuvo en la misma locura cuando tenía que empezar a escribir él. Los bienaventurados se detienen por sí mismos, no han empezado ni siquiera a soñarse ni a ensoñarse a sí mismos, a su propio pensamiento. Están como alojados en el orden divino que abraza sin tocarlas todas las cosas y todos los seres, todas las almas también, como una posesión amorosa que ni necesita ser sospechada en quien la recibe, si alguien siente la tentación de hacerlo por escrito, como una carta que se escribe anónima pero muy delicadamente para uno mismo [2004: 69].

Nietzsche a punto de ser cristiano es para Zambrano la cumbre de todo y la cumbre del Todo. Y en este éxtasis es cuando Nietzsche tendría que haber empezado a escribir, en ese preciso momento hubiese sido de verdad empezar y de verdad escribir. Pero no ocurrió así, lo cual sin duda lo entendemos demasiado bien. Suspendidos del éxtasis, o bien sumergidos en la blancura de su pensamiento, los bienaventurados ya no escriben porque no pasaría de ser como escribirse cartas a sí mismos. Y es que pertenecen entonces al orden divino que lo abraza todo, y por eso se pueden dejar acunar ya por las palabras de Spinoza.

La vertiginosa inteligencia de María Zambrano, hecha a moverse en espiral, dibujará ante el lector que hasta aquí le haya seguido, por otra parte, todo el sentido del panorama grandioso del sacrificio de Nietzsche en tanto sacrificio de Dios, o sea, la reintegración de lo divino en lo sagrado primordial.

Es decir, Nietzsche cristiano o Nietzsche/Cristo repite con su propia persona el supremo sacrificio de la muerte de Dios, al retornar de filósofo a niño. Una vez más la razón poética nos sorprende con su descomunal coherencia.

Bibliografía

HULIN, MICHEL (1991): «Nietzsche and the Suffering of the Indian Ascetic», en: Graham Parkes (ed.), *Nietzsche and Asian Thought*, Chicago, The University of Chicago Press.
– (2007): *La mística salvaje. En las antípodas del espíritu*, Madrid, Siruela.
ORTEGA Y GASSET, JOSÉ (2014): *Meditaciones de El Quijote*, Madrid, Alianza.
ZAMBRANO, MARÍA (2015a): *Horizonte del Liberalismo*, en: *Obras Completas I*. Ed. Jesús Moreno Sanz. Barcelona, Galaxia Gutenberg.
– (2015b): *Los intelectuales en el drama de España y otros escritos de la guerra civil*, en *Obras Completas I*. Ed. Jesús Moreno Sanz. Barcelona, Galaxia Gutenberg.
– (2015c): *Filosofía y poesía*, en *Obras Completas I*. Ed. Jesús Moreno Sanz. Barcelona, Galaxia Gutenberg.
– (2014a): «Cronología de María Zambrano por Jesús Moreno», en: *Obras Completas VI*, Ed. Jesús Moreno Sanz. Barcelona, Galaxia Gutenberg, 27–126.
– (2014b): «Carta abierta a Alfonso Reyes», en: *Obras Completas VI*, Ed. Jesús Moreno Sanz. Barcelona, Galaxia Gutenberg.
– (2014c): «A modo de autobiografía», en: *Obras Completas VI*. Ed. Jesús Moreno Sanz. Barcelona, Galaxia Gutenberg.
– (2014d): «Escritos inéditos relacionados con *Delirio y destino*», en: *Obras Completas VI*. Ed. Jesús Moreno Sanz. Barcelona, Galaxia Gutenberg.
– (2011a): *El hombre y lo divino*, en *Obras Completas III*. Ed. Jesús Moreno Sanz. Barcelona, Galaxia Gutenberg.

- (2011b): *La confesión, género literario y método*, en *Confesiones y guías*. Ed. Pedro Chacón, Madrid, Eutelequia.
- (2011c): «Miguel de Molinos, reaparecido», en: *Confesiones y guías*.
- (2011d): *La tumba de Antígona*, en *Obras Completas II*. Ed. Jesús Moreno Sanz. Barcelona, Galaxia Gutenberg.
- (2011e): «Un capítulo de la palabra: "el idiota"», en: *Obras Completas III*. Ed. Jesús Moreno Sanz. Barcelona, Galaxia Gutenberg.
- (2011f): «*La España de Galdós*», en: *Obras Completas III*. Ed. Jesús Moreno Sanz. Barcelona, Galaxia Gutenberg.
- (2004): *Los bienaventurados*, Madrid, Siruela.
- (1987a): «Lou Andreas Salomé: Nietzsche», en: *Hacia un saber sobre el alma,* Madrid, Alianza.
- (1987b): «El freudismo, testimonio del hombre actual», en: *Hacia un saber sobre el alma,* Madrid, Alianza.
- (1986): *De la aurora*. Madrid, Turner.

Francisco Vázquez García
Universidad de Cádiz

Un Nietzsche para cristianos progresistas (1963–1975)

Introducción. La contribución de los católicos progresistas españoles a la normalización académica de Nietzsche

AUNQUE LA BIBLIOGRAFÍA ACERCA DE LA RECEPCIÓN española de Nietzsche no deja de crecer, con trabajos que abarcan desde la generación del 98 hasta hoy, pasando por la escuela neonietzscheana de Trías y Savater, Ortega y la generación del 27, la generación de 1939 y la escuela neonietzscheana de Trías y Savater [Lucas Hernández 1998; Jiménez Moreno 2001; Pérez 2001; Oñate 2002; Sobejano 2004; Cruz 2007; Sánchez Meca 2009; Morillas 2009; Vázquez García 2014; Parmeggiani y Fava 2015; Ares-Doz 2015] nadie se ha ocupado de explorar la importación de Nietzsche realizada por los «católicos progresistas». Con esta expresión me refiero a una serie de autores que siguieron de cerca la renovación teológica promovida en la atmósfera del Concilio Vaticano II y que, procediendo en mayor o menor medida de una formación eclesial, contribuyeron a la «normalización» [Vázquez García 2016] académica de Nietzsche dentro de la filosofía universitaria en la España tardofranquista.

En este trabajo me referiré a tres figuras: Alfonso Álvarez Bolado (1928–2013), Luis Jiménez Moreno (1929–2007) y Andrés Sánchez Pascual (n. 1936). Los tres procedían de familias acendradamente católicas y se encaminaron, como tantos otros jóvenes de clase media durante la postguerra, criados en provincias del interior peninsular, hacia la carrera eclesiástica. Solo el primero de los mencionados culminaría su vocación sacerdotal, convirtiéndose en un destacado teólogo, jesuita e intelectual del catolicismo progresista entre las décadas finales del franquismo y la Transición. Pero en los tres casos la proyección en los estudios de filosofía se enraizaba en una profunda experiencia religiosa [Quinzá Lleó y Alemany Briz 1999; Jiménez García 2008 y Quijada González 2010].

Este grupo forma parte de una misma «unidad generacional» [Mannheim 1993, 221–225], no alejada de la red de Aranguren y del orteguismo católico, pero dista de formar una escuela. Durante unos años, en la década de los sesenta, los tres autores mencionados compartieron un mismo espacio en la Barcelona del tardofranquismo, participando activamente en las Terceras Convivencias de Filósofos Jóvenes (Madrid, 1965) [Jiménez Moreno 1965]. Su aportación constituye la primera recepción de Nietzsche en la filosofía académica tras la Guerra Civil. Los falangistas próximos a la revista *Escorial*, siguiendo una tradición de preguerra (Giménez Caballero, Ledesma Ramos) habían reivindicado a Nietzsche como ideólogo prefascista [Sobejano 2004: 650–663; Rodríguez Puértolas 2008: 670, 1077]. Por otro lado, los filósofos más próximos al integrismo, como el jesuita Roig Gironella, eminencia del seminario de San Cugat y director de la revista *Pensamiento* [Sobejano 2004: 635], o el discípulo de Calvo Serer, Osvaldo Market [Marques, Molder e Nabais 1991: 305], descalificaban al autor de *El Anticristo* por su biologismo ateo o lo confinaban en el ámbito de la literatura, desdeñando su condición de filósofo.

En general, durante las primeras décadas del franquismo, la filosofía oficial le aplicaba a Nietzsche el mismo principio de lectura utilizado con otros autores modernos: una refutación extrínseca, sin hacerse cargo de la propia textualidad del autor considerado. Las citas seleccionadas venían a corroborar el veredicto establecido de antemano. Criticar era hacer el inventario de los errores cometidos por el sistema considerado, que lo hacían incompatible con la *philosophia perennis*, fundada en las enseñanzas del tomismo. Las formas rutinizadas, manualísticas en las que se presentaba la «doctrina» nietzscheana todavía en la España de mediados de los sesenta, ejemplifica el modo en que se diseña esta refutación extrínseca: «su doctrina está íntimamente relacionada con la de Darwin, de quien adopta tres principios: la evolución, la lucha por la vida y la supervivencia del más fuerte» [Verneaux 1966: 59].

Emplazadas sobre este trasfondo, las contribuciones de la tríada que aquí se examina suponen una novedad. Inauguran, en el periplo final del franquismo, la entronización de Nietzsche en el canon de la filosofía universitaria. Las tesis doctorales de Jiménez Moreno y Álvarez Bolado (defendidas respectivamente en 1962 y 1964), sus publicaciones e intervenciones durante las décadas de los sesenta y setenta, y las traducciones y estudios filológicos de Sánchez Pascual (de las obras de Nietzsche desde 1971), establecen un momento de no retorno en la recepción española. Los dos primeros convirtieron al pensador de Röcken en una referencia indispensable de la Antropología filosófica y de la Metafísica, respectivamente. El tercero puso a disposición de los lectores hispanos las primeras versiones fidedignas del *corpus* nietzscheano, tras el trabajo crítico realizado por Colli y Montinari. Esta recepción –dejando a un lado el juicio retrospectivo acerca de la calidad de la misma, sigue siendo poco conocida. ¿A qué obedece su invisibilidad?

En primer lugar, los tres autores considerados, por diferentes motivos, tuvieron una carrera académica truncada. Sánchez Pascual fue profesor de Ética en la Universidad de Barcelona, pero nunca accedió a la cátedra. Jiménez Moreno solo la obtuvo (en la Universidad Complutense de Madrid), al filo de su jubilación, y Alfonso Álvarez Bolado abandonó muy pronto la Universidad de la ciudad condal, para poner en marcha, en Madrid, el Instituto Fe y Secularidad. No regresaría a ningún centro público como profesor, ejerciendo su docencia en la Universidad de Comillas.

En segundo lugar, esa limitada consagración académica los condujo hacia regiones periféricas o decididamente alejadas de la filosofía universitaria. A partir de los años setenta, Álvarez Bolado transitó de la metafísica a la teología política y a la sociología de la religión. Su dedicación al estudio de Heidegger y de Nietzsche, quedaba atrás. Jiménez Moreno, sin renunciar nunca a su condición de exégeta de Nietzsche, derivó cada vez más hacia la Historia de la Filosofía Española, una disciplina subordinada en la jerarquía legítima de las materias filosóficas. Sánchez Pascual, finalmente, aun siendo docente de Ética, se proyectó fundamentalmente en las tareas de traductor, donde obtuvo éxito y reconocimiento.

Por último, a los pocos años de haber iniciado el despegue, estas tres trayectorias, muy marcadas por la lectura del filósofo de Röcken, coincidieron en el tiempo con la eclosión del grupo neonietzscheano. El brillo juvenil, urbanita, desafiante y vanguardista de los primeros ensayos de Trías y de Savater, eclipsó la labor, ya de por sí oscura, de estos eruditos «charnegos», provincianos, encargados de pulir las fuentes nietzscheanas y de esbozar escolarmente la integración de Nietzsche en el canon filosófico legítimo. Unos importaban la liviandad de las lecturas parisinas y otros heredaban el espíritu de la pesantez germánica. Unos hacían de Nietzsche el emblema de una nueva bohemia mientras que otros se empeñaban en hacerlo aceptar por la academia.

Como se verá, la relación entre estos eruditos católicos –su misma religiosidad, en la coyuntura «revolucionaria» de 1968 los hacía escasamente atractivos para el público joven, y la bohemia nietzscheana fue ambivalente, no exenta de afinidades, pero también de recelos y silencios mutuos, e incluso de polémicas, algunas prolongadas hasta el presente.

Llega por tanto el momento de recuperar esta conexión nietzscheana, hoy casi perdida, representada por los «católicos progresistas». Semejante labor de restauración no se limitará a reconstruir las estrategias de lectura desplegadas por los protagonistas. Más allá del análisis de los «productos», pretendo también estudiar a los «productores», es decir, situar su encuentro con Nietzsche en relación con esas trayectorias respectivas, sus disposiciones o competencias socialmente adquiridas y el universo filosófico, político, académico y religioso en el que tuvo lugar este proceso. Por eso, del mismo modo que en otros trabajos anteriores [Vázquez García 2009, Vázquez García, 2014], recurriré a la sociología de la filosofía, un instrumento que, sin ser la panacea metodológica, permite al menos trascender la oposición estéril entre interpretaciones internalistas y externalistas.

Álvarez Bolado: Nietzsche y la secularización de la metafísica

Comencemos por el autor de más edad. El acercamiento de Alfonso Álvarez Bolado a la obra de Nietzsche se localiza en una trayectoria muy relevante dentro del campo filosófico español. Este sacerdote jesuita contribuyó decisivamente, en el contexto de los primeros años sesenta, a la apertura de la filosofía universitaria hacia las corrientes intelectuales de la modernidad. Procedente de una familia cántabra de fuertes convicciones religiosas y políticamente conservadora, Álvarez Bolado estudió en el vallisoletano Colegio de los jesuitas de San José. Desde muy pronto, cursando estudios filosóficos como seminarista en el centro burgalense de Oña (1948–1951), experimentó la necesidad de romper los estrechos márgenes de la filosofía oficial escolástico-tomista. Redactó su tesis de licenciatura en 1951 sobre Hegel (*Prolegómenos a la Lógica de Hegel*), algo bastante insólito en la España de la época.

Finalizó la carrera de filosofía en la Universidad de Barcelona, obteniendo el Premio Extraordinario. Bajo la tutela académica de Joaquín Carreras Artau, que fue también el mentor universitario de Manuel Sacristán, aunque considerándose discípulo del agustiniano Jaume Bofill, ejerció entre 1954–1957 como ayudante de Carreras en la cátedra de Historia de la Filosofía Contemporánea y Filosofía de la Historia. Compatibilizó esta ocupación con sus estudios en la Facultad de Teología San Francisco de Borja, en San Cugat del Vallés. Allí ocupaba la cátedra de filosofía el jesuita y suareciano Roig Gironella, detractor de Ortega, de Nietzsche y de otros pensadores modernos, y director de la revista *Pensamiento*, órgano filosófico de la Compañía (del mismo modo que *Razón y Fe* era su órgano pastoral). En 1957 Álvarez Bolado se trasladó a Innsbruck, completando allí su formación teológica bajo el magisterio de Karl Rahner. Un año después se ordenó sacerdote, y en 1959 regresó a la Universidad de Barcelona, siendo contratado como profesor encargado de curso de Carreras Artau. En 1961 ganó una plaza de profesor adjunto, y en 1964 leyó, en la Universidad de Barcelona, su tesis doctoral, titulada *El ser y la historia ontológica. Estudio del pensamiento histórico ontológico de Martin Heidegger*.

Esta referencia al recorrido inicial de Álvarez Bolado [Quinzá Lleó y Alemany Briz 1999] es insoslayable para entender su papel en la recepción de Nietzsche. En el arranque de su periplo intelectual, acumuló un importante capital cultural de índole doble, a un tiempo filosófica y teológica. En ambos casos, sus preferencias apuntaban hacia una decidida apertura a la modernidad. En lo teológico, bajo la autoridad de Rahner, que había sido discípulo de Heidegger, asumió los supuestos de un «giro antropológico» que convertía al hombre histórico en el eje de la teología [Berríos 2004]. Esta debía relacionar los contenidos dogmáticos con la experiencia de religación entre el hombre y Dios, tomando como referencia la vida y muerte de Cristo y callando, en cierto modo, sobre Dios mismo. Una teología negativa proyectada en lo secular y al mismo tiempo con una fuerte impronta mística [Camps 1999: 211]. Esta familiaridad con la humanización de la teología situó a Álvarez Bolado en una posición privilegiada para presentarse como interlocutor crítico de las vanguardias teológicas que eclosionaron tras el Concilio Vaticano II y en la década posterior: teologías radicales o «de la muerte de Dios» y teología de la liberación.

La exigencia de humanizar la teología se expresaba también, con contenidos conceptualmente sublimados, en las opciones filosóficas adoptadas por Álvarez Bolado. Se trataba aquí de asumir plenamente la deriva del pensamiento moderno, es decir, asimilar la conversión secular de la metafísica ontoteológica en metafísica de la subjetividad. Ya no era posible un filosofar precrítico que diera la espalda a la transformación del pensamiento de lo Absoluto en pensamiento de la finitud radical. El acercamiento de la teología a la mundanidad seglar (manifiesto en el interés de Álvarez Bolado por las teologías de vanguardia emergentes, pero también en su proximidad al movimiento de cristianos de base y al catolicismo obrero) se correspondía con un esfuerzo de escucha y de diálogo con las corrientes filosóficas e ideologías de vocación atea y agnóstica.

Emplazado en esta encrucijada de preocupaciones teológicas y filosóficas, Álvarez Bolado fue uno de los protagonistas del *aggiornamento* de la filosofía universitaria española, además de convertirse en una pieza importante del Vaticano para impulsar el diálogo con la secularidad auspiciado por el Concilio. Lo vemos entonces, en la primera mitad de la década de los 60, ubicado en todos los frentes que apuntaban a la renovación: fue uno de los perpetradores del cambio producido en la revista *Pensamiento*, abriéndola a los contenidos de la modernidad filosófica [Rivera de Ventosa 1978: 287–288]; en 1956 fue nombrado secretario de la revista *Convivium*, dirigida por un tradicionalista como Jaume Bofill, pero que, gracias al empeño de personas como Álvarez Bolado o de su amigo Pedro Cerezo, se convirtió en una ventana abierta a las tendencias europeas más innovadoras [Bilbeny 1985: 41–42]. En 1962, antes de comenzar las sesiones del Concilio, fundó junto a Valls Plana una escuela de teología dirigida a los seglares, una iniciativa insólita en la época. En esos mismos años participó muy activamente en las primeras ediciones de las Convivencias de Filósofos Jóvenes, otra de las iniciativas que aportó aire fresco al panorama filosófico nacional del momento. En 1967, las autoridades vaticanas le encomendaron la dirección del Instituto Fe y Secularidad, fundado ese mismo año como centro difusor del diálogo entre Cristianismo y modernidad [Rodríguez de Lecea 1990]. Este nombramiento implicó no obstante su renuncia a proseguir una carrera académica en la Universidad pública.

Alfonso Álvarez Bolado trasmitió a sus alumnos este espíritu innovador –Victoria Camps [Camps 1999] y Eugenio Trías [Trías 2003: 261–62, 329–330] lo reconocieron como maestro, desde su misma *hexis* corporal, poco ajustada a las convenciones de un sacerdote («en aquellos tiempos, la sotana era obligada, si bien él se encargaba de disimularla con un jersey deportivo que le daba un aire insólito, divertido y seductor» [Camps 1999: 209]), hasta los contenidos de sus enseñanzas, centradas en el eje terminal de la metafísica, desde Kant hasta Heidegger pasando por Hegel y Nietzsche. Participó también, no sin presiones gubernamentales en contra, como actor principal en los encuentros de Salzburgo, celebrados entre 1965 y 1967, que alentaron el famoso diálogo entre marxistas y cristianos [Álvarez Espinosa 2003], y en la reunión que supuso el estreno público de la teología de la liberación [González de Cardedal 2010: 68–70].

¿Cómo se encuadra el interés por Nietzsche en este horizonte de preocupaciones? Álvarez Bolado entró en contacto con la obra de Nietzsche de forma oblicua, a través de su investigación doctoral sobre Heidegger y la historia de la ontología. Esta línea de trabajo se inició muy tempranamente, antes incluso de su estancia en Innsbruck con Karl Rahner. En 1956 publicó ya un artículo donde trataba de dilucidar, a través de una lectura de *Ser y tiempo*, las nervaduras de la historia heideggeriana de la metafísica como olvido del ser. A diferencia de otros acercamientos típicos de la época, como los publicados por el Padre Ramón Ceñal, que se apresuraban en aproximar las nociones heideggerianas —por ejemplo la de «verdad» como patencia— a las de Tomás de Aquino [Ceñal 1949: 1011–12], Álvarez Bolado preservaba el «principio de caridad hermenéutica» [Krebs 2008], atendiendo ante todo a la coherencia interna del texto de Heidegger, privilegiando el examen desde dentro. En esa misma época, jóvenes pensadores tan diversos como Manuel Sacristán, Pedro Cerezo o Álvarez Bolado, preparaban sus tesis sobre diversos aspectos del filósofo de Messkirch.

En ese primer artículo, Álvarez Bolado [1956] insistía en la inspiración ontológica de *Ser y tiempo*, desmarcándose decididamente de las recepciones antropológicas de la analítica del *Dasein*. Sin embargo, siguiendo en esto la estela del tradicionalismo escolástico-tomista, no olvidaba el rito de la «refutación», señalando la «grave insuficiencia» [Álvarez Bolado 1956: 107] de la salida heideggeriana. Condicionado por su perspectiva fenomenológica, *Ser y tiempo* se interrogaba exclusivamente por el sentido del ser finito o histórico. Pero según Álvarez Bolado, el ser que es referencia constitutiva en relación con el *Dasein* no es el «ser finito» sino el «ser absoluto» [Álvarez Bolado 1956: 109]. En su meditación, Heidegger habría excluido la «dependencia ontológica que religa al «ser finito» en la plenitud de su conexión significativa, al Ser Autosuficiente» [Álvarez Bolado 1956: 110].

Esta era, a la altura de 1956, según Álvarez Bolado, la razón del fracaso de *Sein und Zeit* en su esfuerzo para mostrar el ocultamiento del sentido más originario del ser en la historia de la metafísica y de su dogmatismo «estatificante». Pero al continuar esta exploración de las insuficiencias de *Sein und Zeit*, Álvarez Bolado se topó, sin esperarlo, con la publicación, en 1961, de los cursos y lecciones de Heidegger sobre Nietzsche, correspondientes al decenio 1936–1946. Heidegger, después de *Sein und Zeit* y a pesar de ser un autor impregnado de cultura teológica, no solo se despreocupa de la cuestión del «ser absoluto» y de su religación con el *Dasein*, sino que se interesa profundamente por la obra del pensador ateo por excelencia. ¿Qué encuentra Heidegger en Nietzsche?; ¿en qué medida ese encuentro le permite sobrepasar las deficiencias de *Sein und Zeit*?

Ese será el problema principal afrontado por Álvarez Bolado en sus intervenciones filosóficas subsiguientes. Estas se producen ya en una atmósfera muy distinta a la de 1956. El Concilio Vaticano II había impulsado la exigencia de dialogar con la modernidad y el ateísmo, y Álvarez Bolado se ofrecía como voluntario, en primera línea para ejercer de interlocutor. ¿Qué mejor escenario para este desempeño que la obra de Nietzsche, emplazada por Heidegger como el *eschaton* en la historia del ser, como consumación de la metafísica en la era de la omnipotente planificación técnica? El discurso filosófico elaborado por Álvarez Bolado, sumamente depurado y sofisticado, con un dominio extraordinario de la lengua heideggeriana, no dejaba por otra parte de obedecer al estrabismo inherente a toda filosofía, que mira a la vez a la teoría y a la política. El público entusiasta al seguir las reflexiones expuestas por este joven profesor –sus cursos sobre Hegel y la dialéctica del amo y del esclavo [Álvarez Bolado 1974] se recibían como una implícita preparación en filosofía marxista [Font 2001: 48, 51], ya fuera en sus clases o en las Convivencias de Filósofos Jóvenes, ¿cómo no iba a advertir la vertiente política de un discurso que habla del presente como «omnipotencia de la planificación» [Jiménez Moreno 1965] en el momento mismo de los «Ministros tecnócratas del Opus», «el crepúsculo de las ideologías» y «los planes de desarrollo»?

Esas intervenciones de Álvarez Bolado consistían en lo siguiente: un extenso artículo publicado de nuevo en la revista *Convivium* (1964), que recogía parte de su tesis doctoral, leída ese mismo año; un conjunto de recensiones de lecciones heideggerianas sobre Aristóteles y Kant correspondientes al periodo 1935–1940, y de los dos volúmenes del *Nietzsche*, todo ello editado a comienzos de los sesenta; una ponencia presentada en las III Convivencias de Filósofos Jóvenes (1965) y, finalmente, la propia tesis doctoral, de la que solo se publicó un extracto de 24 páginas en 1969.

Los primeros que reseñaron en España los dos volúmenes del *Nietzsche* de Heidegger fueron Jiménez Moreno [1964] y Álvarez Bolado [1964a y 1964b]. Ambos lo hicieron en 1964 (Álvarez Bolado en dos versiones diferentes publicadas respectivamente en *Selecciones de Libros* y en *Pensamiento*), pero este pudo utilizar la obra como un elemento capital en su tesis doctoral, mientras que el primero, que defendió la suya, sobre Nietzsche, en 1962, apenas pudo tenerla en consideración. Tampoco fue una pieza conocida por Manuel Sacristán, que ya acogía la producción heideggeriana posterior a la *Kehre*, pero que leyó su tesis en 1958, antes de que se editara en Alemania la mencionada obra [Vázquez García 2009: 204].

¿A qué obedece, en los escritos de Álvarez Bolado, el encuentro de Heidegger con Nietzsche? En la obra del primero, desde *Ser y tiempo*, la pregunta por el sentido más originario del ser, implica la destrucción de la historia de la ontología. Esta, desde su arranque con Platón y Aristóteles, consiste en el ocultamiento de la diferencia entre ser y ente, cayendo en un dogmatismo estático y «estatificante». No obstante, señala Álvarez Bolado [1964c: 112], Heidegger en ese libro solo consigue su propósito a medias. Al intentar abrir la «ec-staticidad» del ser desde la «ec-sistencia» del *Dasein*, entendida esta desde sí misma, y no desde su aherrojamiento en la propia «ec-staticidad» del ser, se falsea el proyecto, recayendo Heidegger en una nueva sustantivación del hombre como sujeto y en una caracterización de connotaciones antropológicas más que ontológicas. Esta recaída se reforzaba por el modo mismo de la aproximación heideggeriana a los «existenciarios», puramente formal y trascendental, con lo cual la vía de *Ser y tiempo* se abocaba a la destemporalización y a la sustantivación estática.

Para salir de este atolladero, Heidegger transitó del ser del *Dasein* al darse fáctico, histórico, del ser mismo en el *Dasein*, yendo más allá de la formalización ontológica y del trascendentalismo esencializantes, hacia la historia del ser en su materialidad y facticidad [Álvarez Bolado 1964c: 113]. Este giro de la trayectoria heideggeriana, que más tarde será bautizado como *Kehre*, tuvo lugar en la década de 1930. El texto presentado en Davos sobre Kant (1929), las ponencias sobre la esencia del fundamento (1928) y de la verdad (1930), son ya tentativas para renovar la pregunta por el ser más allá del horizonte de *Ser y tiempo*. En esta vía de renovación que llega hasta la *Carta sobre el humanismo* (1947) se sitúa, según Álvarez Bolado, el encuentro de Heidegger con Nietzsche. De hecho, señala, «los dos volúmenes sobre Nietzsche representan el equivalente de la 2ª parte de *Ser y tiempo*» [Álvarez Bolado 1964b: 313]. Este encuentro hizo posible reelaborar la pregunta por el sentido del ser. El diagnóstico del «nihilismo europeo» en la obra de Nietzsche apunta así hacia una experiencia histórica que le permite al *Dasein* hacer memoria del ser mismo como acontecer histórico, apertura y ocultación. Esta experiencia es la del «olvido del ser» como destino mundial; mostrar esa experiencia es mostrar desde dentro y no por una crítica externa, el acontecer de la metafísica y su disolución. Nietzsche es precisamente quien piensa la consumación de la metafísica realizando su disolución.

La «ec-staticidad» del ser se dispensa en épocas, desde el inicio de la metafísica con Platón y Aristóteles, que deja atrás el periodo «primicial» de los presocráticos, pasando por la época moderna, desde Descartes, cuando la «ec-staticidad» del ser se asimila a la representabilidad y es sustantivada en el *Subiectum absolutus*, hasta su momento conclusivo y final, prefigurado por la reconciliación dialéctica de «ec-staticidad» y «estaticidad» (Hegel) y culminado en Nietzsche. Este representa el «comienzo maduro del fin» [Álvarez Bolado 1964c: 121], es por excelencia el profeta de nuestro «ahora escatológico», la reducción del ser a lo disponible en el momento de la «superpotencia de la planificación técnica» [Álvarez Bolado 1964c: 117]. Nietzsche descubre la ilusión sustantivadora que caracteriza a la metafísica. Pero no deja atrás el pensamiento metafísico, pues la fluidificación del ser que implica la ontología de la vida como voluntad de poder, no deja de ser una metafísica. El ser es asimilado a un puro querer inmanente, una voluntad de voluntad que retorna eternamente sobre sí misma. El ser se confunde con el ente como lo factible, y lo no factible es encuadrado en la vivencia [Álvarez Bolado 1964c: 122].

Esta escisión entre emotivismo subjetivista y positivismo tecnocrático es lo que define a nuestro tiempo, una época que Nietzsche habría anticipado en su pensamiento. Todas las nociones vertebrales del filosofar nietzscheano (voluntad de poder, nihilismo, eterno retorno, transvaloración de los valores, superhombre) estructuran ese momento escatológico de la metafísica que es nuestra actualidad. Frente a la propia autocomprensión de Nietzsche por tanto, su filosofía no supone un «nuevo comienzo» sino que encarna más bien el comienzo del fin de la metafísica.

«A nosotros toca decidir si nuestra época ha de acabar en la catástrofe de la gigantomaquia cosmovisional de la Metafísica, armada ahora con la técnica, o si en la recordación del ser se prepara para el nuevo comienzo, para "el Dios del ser"» [Álvarez Bolado 1965b: 315]. El «nuevo comienzo», señala Álvarez Bolado comentando a Heidegger, no puede ser anunciado como un acontecer futuro, porque eso supondría reducir de nuevo la «ec-staticidad» del ser a una dimensión sustantiva. Llegado a este punto Álvarez Bolado detiene su reflexión al considerar cumplido su objetivo, que no era sino «suministrar los nudos del duro cañamazo conceptual en que la discusión con Nietzsche se mueve» [Álvarez Bolado 1964c: 124]. Pese al silencio del jesuita, que en este caso no dirige ninguna crítica al decurso intelectual de Heidegger, resulta inevitable pensar en las «coaliciones mentales» [Collins 2004: 195] que debían bullirle en la cabeza, recombinando estos recursos filosóficos con los procedentes de la teología. Así, la «ec-staticidad» del ser heideggeriano presentaba características análogas al Dios de la teología negativa sugerida por Álvarez Bolado. Este, en la estela de Bonhoeffer más que en la de los teólogos de la muerte de Dios, parecía apuntar a una «localización del sentido de la religión en el mensaje ético del Evangelio» [Camps 1999: 211], pero se trataba de una praxis ética que, a diferencia de los teólogos radicales, no rompía con la tradición sino que se sustentaba en un trabajo de rememoración de inevitables resonancias heideggerianas: «Menos prisa. Más memoria» [Álvarez Bolado 1970: 42].

Álvarez Bolado, por tanto, es el primero que presenta en España, con un análisis denso y pormenorizado, las características del Nietzsche heideggeriano. Esa presentación tuvo una incidencia directa en Eugenio Trías, que se mostró deslumbrado por las explicaciones del que fue su profesor. La impronta de la lectura de Nietzsche propuesta por Álvarez Bolado se advierte en la celebrada ponencia que Eugenio Trías presentó en las V Convivencias de Filósofos Jóvenes (1967) y que supuso su puesta de largo en la comunidad filosófica española [Vázquez García 2014: 27–52]. Desde Trías, sin duda, la interpretación heideggeriana de Nietzsche ha sido el caballo de batalla de muchos exégetas nietzscheanos, entre los cuales cabe mencionar a Juan Luis Vermal (traductor al castellano del *Nietzsche* de Heidegger), Manuel Barrios, Diego Sánchez Meca y Remedios Ávila.

Por otra parte, desde su nombramiento en 1967 como director del Instituto Fe y Secularidad, Álvarez Bolado seguirá un nuevo rumbo intelectual, más orientado hacia la teología política y la sociología de la religión que hacia la metafísica. No obstante, en noviembre de 1972 participó como ponente en un encuentro titulado «Nietzsche hoy», organizado conjuntamente por el Instituto Alemán de Madrid y el Instituto Fe y Secularidad [Rodríguez de Lecea 1990: 193]. En ese ciclo, además de Álvarez Bolado participaron Román Gárate, Fernando del Val, Karl Löwith y Fernando Savater. El éxito de público fue espectacular; a esas alturas, Nietzsche se había convertido en un autor de moda. Nada se sabe del contenido de la ponencia presentada por Álvarez Bolado. En su crónica del encuentro, Fernando Savater se limitó a señalar que las conferencias «adolecieron, salvo excepción, de academicismo» [Savater 1972a: 61]. Esta era la valoración que un joven neonietzscheano hacía, en ese momento, de los trabajos de desbroce y purificación de materiales acometidos por estudiosos como Álvarez Bolado, Jiménez Moreno o Sánchez Pascual.

Luis Jiménez Moreno y Andrés Sánchez Pascual: Nietzsche, la antropología y la traducción

Coincidiendo con la celebración del ciclo «Nietzsche hoy», se publicaba en la editorial Labor, la primera monografía de Luis Jiménez Moreno sobre el solitario de Sils-Maria. Este profesor llevaba más de diez años dedicado a estudiar la obra de Nietzsche. Su tesis doctoral, dirigida por Aranguren y defendida en la Universidad de Madrid en 1962, se titulaba *Pensamiento antropológico de Nietzsche*. Poco después aprobó unas oposiciones de Cátedra de Instituto, pasando por distintos centros hasta recalar, en 1968, en el Isaac Albéniz de Barcelona [Díaz Díaz 1991, Jiménez García 2008]. Poco después, respaldado por Francesc Gomá, amigo de Aranguren se integró en la sección de filosofía de la Universidad de Barcelona, obteniendo una plaza de adjunto numerario en 1975.

Antes de su llegada a Barcelona y siendo profesor de filosofía en Bachillerato, Jiménez Moreno ya se había movido en círculos inquietos por renovar la filosofía española abriéndola a las tendencias de la filosofía contemporánea. Católico modernista, próximo a Aranguren hasta que este fue expulsado de la cátedra en 1965, participó activamente en la fundación y andadura de la revista *Aporía* y en la promoción de las primeras ediciones de las Convivencias de Filósofos Jóvenes. La publicación, dirigida por el catalán Drudis Baldrich, teólogo y especialista en Wittgenstein, reunía en su Consejo de Redacción a un grupo de jóvenes católicos y catedráticos de Instituto como Jiménez Moreno y Ortíz de Urbina. Drudis Baldrich había formado parte del Consejo de redacción de *Theoria*, revista clausurada al hilo de los sucesos de 1956, y pretendía en cierto modo resucitar su espíritu fundando *Aporía* [Estrada 2006: 39]. Jiménez Moreno participó asiduamente en su confección, con distintas reseñas y artículos, mayoritariamente dedicados a Nietzsche. Sin embargo, el espacio de *Aporía* se vio pronto ocupado por los *Anales del Seminario de Metafísica*, fundados por Rábade y sus discípulos en 1966 y sustentados por el departamento universitario [Flórez Miguel 1978: 138–139]. Un año después, la empresa fundada por Drudis Baldrich suspendió su publicación.

Jiménez Moreno formó parte también del grupo que impulsó las Convivencias de Filósofos Jóvenes. Estas se iniciaron en 1963 como resultado de la confluencia entre sectores del *establishment* partidarios de un cambio de marcha en la filosofía española, controlado desde adentro (Sergio Rábade y sus discípulos, integrados desde 1966 en los *Anales del Seminario de Metafísica*; Jesús Arellano y los suyos, nucleados en torno a *Documentación Crítica Iberoamericana de Filosofía y Ciencias Afines*, iniciada en 1964), y jóvenes católicos entusiasmados por los aires renovadores que traía el Concilio Vaticano II (como Pedro Cerezo y Álvarez Bolado, vinculados a *Convivium*, o los valedores del proyecto de *Aporía*). Este cambio, en cierto modo negociado con la filosofía oficial, se convirtió, desde 1971, en una ruptura, cuando el Congreso comenzó a ser protagonizado por discípulos de Gustavo Bueno, Carlos París, Manuel Garrido, Manuel Sacristán o García Calvo [Heredia Soriano 1977: 424-428].

Jiménez Moreno quedaba así excluido de la «espuma» de autores que protagonizaron el *aggiornamiento* de la filosofía española. De hondas raíces rurales y religiosas –pasó por el noviciado y por la Gregoriana de Roma, pero no llegó a ordenarse, su origen social era más modesto que el de Álvarez Bolado, cuyo padre era Ingeniero de Caminos y funcionario de Obras Públicas. Los padres de Jiménez Moreno eran maestros de pueblo, es decir, debían su posición social al capital escolar adquirido [Vázquez García 2009: 111-116]. Por eso el hijo siguió una carrera muy ajustada al canon académico convencional: viaje de iniciación a Alemania (estudiando en 1960-61 junto a Max Müller, que pretendía armonizar a Heidegger con la escolástica), beca del Instituto Luis Vives, tránsito prolongado por Institutos de Enseñanza Media. La falta de capital social en el mundo universitario y de un mentor adecuado (Aranguren fue expulsado de su cátedra en 1965) hizo que las opciones adoptadas en su itinerario intelectual, no fueran afortunadas. A diferencia de Álvarez Bolado, proyectado en el campo de la Metafísica, se inclinó por disciplinas filosóficas de rango menor, como la Ética y la Antropología. Eligió a autores situados en buena medida fuera del canon (Nietzsche, Unamuno), pero ese sesgo vanguardista, que caracterizó a neonietzscheanos como Trías o Savater, quedó frustrado en su caso, al optar por enfoques convencionales, ligados al tradicional comentario de textos. Frente al aristocratismo jesuítico de Álvarez Bolado, que ennoblecía metafísicamente a Nietzsche al afrontarlo desde Heidegger, Jiménez Moreno derivaba hacia lo plebeyo, interesándose por filósofos más literarios, menos puros (Nietzsche, Unamuno), examinados además desde materias «menores» como la ética y la antropología.

Por otro lado, las preferencias filosóficas de Jiménez Moreno iban hacia el personalismo (Mounier, Martin Buber). Esta corriente, que a finales de los años 50 había tenido muy buena acogida en el sindicalismo católico de izquierdas, había quedado desfasada a mediados de los sesenta, desbordada por el marxismo, la filosofía analítica o el estructuralismo. No integrado en el círculo de la revista *Convivium*, con escaso capital social en el terreno periodístico, universitario o editorial, Jiménez Moreno se trasladó a la Universidad Complutense de Madrid en 1977. Allí mantuvo mucha sintonía con Rábade y participó asiduamente en la revista que este dirigía, pero quedó encuadrado en el departamento de Filosofía III, dirigido por Oswaldo Market. Pero frente al «polo frío» y más noble de los que se dedicaban a la tradición del idealismo alemán y la fenomenología, Jiménez Moreno se emplazó en el «polo cálido» y menos prestigioso encarnado por los profesores próximos al personalismo (Maceiras Fafián, Carlos Díaz) y a la historia de la filosofía española (José Luis Abellán, Antonio Jiménez).

Sin encajar claramente en ninguna mesnada académica –sus intereses filosóficos eran muy dispares a los de los discípulos de Rábade, quedó desvinculado de Aranguren, difería de los enfoques científico-sociales adoptados por José Luis Abellán en sus estudios de hispanismo filosófico, abocado a trabajos de crítica y traducción y a publicaciones de proyección didáctica, Jiménez Moreno quedó en un cierto aislamiento y lejanía respecto al centro de atención de la comunidad filosófica. Esto se advierte en su aproximación a la obra de Nietzsche. Su producción bibliográfica sobre el filósofo de Röcken es muy vasta: seis libros publicados además de dos inéditos; nueve capítulos de libro, tres traducciones de sus obras y una, en Taurus, de la monografía de Welfe, *El ateísmo de Nietzsche y el cristianismo*, además de un total de diecisiete artículos y un extenso número de reseñas. ¿Qué Nietzsche es el que se perfila en estos escritos? Seleccionaremos dos de los trabajos más representativos: *Nietzsche*, publicado por Labor en 1972 y *Hombre, historia y cultura. Desde la ruptura innovadora de Nietzsche*, editada por Espasa Calpe en 1983, dentro de la colección «Filosofía y Pensamiento», dirigida por José Luis Abellán.

La primera monografía es un estudio introductorio sobre la obra de Nietzsche, inspirado en la en la tesis doctoral defendida por Jiménez Moreno en 1962. Ya allí sostuvo que el motivo por excelencia del pensamiento de Nietzsche era el del hombre, la vida humana. Esta lectura desde la antropología y no desde la ontología, como había propuesto Álvarez Bolado siguiendo a Heidegger, es la principal singularidad de la aproximación que ofrece Luis Jiménez. El hombre nietzscheano no es sin embargo el que viene de la tradición idealista, que lo piensa como sujeto o como una naturaleza más o menos inmutable, o como un compuesto dual de alma y cuerpo. Estas nociones, en el planteamiento nietzscheano, derivan de una cultura que, procediendo de la vida, se ha vuelto contra ella, convirtiéndose en una instancia rutinaria, puramente objetiva y externa. Para reintegrar la cultura al propio vivir es necesario romper esa tradición y cuestionar el concepto de hombre que ella encarna.

En el capítulo final resume la posteridad de Nietzsche. Su actitud de erudito que «ha querido dejar aparte entusiasmo o aversión directamente por lo nietzscheano» [Jiménez Moreno 1972: 6], se advierte en la valoración que hace de la herencia intelectual del filósofo. Elogia el libro de Deleuze, *Nietzsche y la filosofía*, e incluso el proyecto creativo de Eugenio Trías [Jiménez Moreno 1972: 176], inspirado en el pensador alemán, pero autores como Savater y libros como *Nietzsche y el círculo vicioso*, de Pierre Klossowski, ni siquiera son mencionados. Los encomios principales se dirigen al libro de Jean Granier, considerada «la obra más comprensiva y rigurosa de la época» [Jiménez Moreno 1972: 171]. No deja de ser significativo que precisamente esta monografía, despreciada por Savater debido a su academicismo [Savater 1973: 10–11], reciba todos los parabienes por parte de Jiménez Moreno; nada había más contrapuesto a la lectura antropológica que la representada por la vanguardia «lúdica» surgida entonces en España.

Esto se advierte pasando revista al segundo libro de Jiménez Moreno, *Hombre naturaleza y cultura*. Se trata de una obra con pretensiones, menos descriptiva que la anterior. Desarrollando una hipótesis ya esbozada en la monografía que publicó Labor, Jiménez Moreno se pronuncia, de la mano de este Nietzsche antropologizado, sobre el debate entre humanismo y antihumanismo. ¿Cómo conciliar la centralidad de la vida humana en la obra de Nietzsche con su condición, proclamada por los exégetas postestructuralistas franceses y recogida por la filosofía «lúdica» española, de profeta de la «muerte del hombre»? Para responder a este desafío, Jiménez Moreno desarrolla una estrategia de denegación. El hombre cuya disolución diagnostican autores como Althusser o Foucault, es el sujeto de la tradición idealista, y también el hombre objeto estudiado desde fuera por las ciencias humanas. La crítica de la cultura auspiciada por Nietzsche había anticipado, en efecto, esta crítica del humanismo, la destrucción de ese ídolo que es el hombre abstracto y sustantivado, en aras de la vida humana concreta, entendida como voluntad de poder [Jiménez Moreno 1983: 29–30, 37–38].

Pero este Nietzsche «personalista» era un anacronismo en el mercado filosófico de comienzos de los ochenta. En su competencia con el Nietzsche «dionisíaco» que autores como Savater o Trías habían contribuido a perfilar, tenía poco que hacer. Jiménez Moreno jugaba con desventaja; su academicismo devaluado frente a las maneras bohemias de los neonietzscheanos; su didactismo desprestigiado frente al vanguardismo *chic*. El capital filosófico de Jiménez Moreno, invocando la unidad del hombre y el papel fundador de la antropología, apelando a la irreductibilidad de la «persona» o denunciando su «alienación», remitiendo a Dufrenne, Mounier o Garaudy [Jiménez Moreno 1983: 28, 111–14], tenía todas las de perder frente a las odas al «fragmento» y al «pensamiento nómada», frente a los importadores de Deleuze, Foucault y Klossowski, aunque al despuntar la década de los ochenta, este grupo de los «lúdicos», muy atento al signo de los tiempos, estaba empezando a cambiar.

Andrés Sánchez Pascual contaba por su parte con una formación filosófica y teológica completada en Austria y en Alemania, y se interesó, como Álvarez Bolado, por el diálogo con las nuevas teologías protestantes, publicando, en la primera mitad de los años sesenta, diversas traducciones y ensayos sobre el asunto, en particular sobre las figuras de los luteranos Joseph Lortz y Nikolaus Monzel, y sobre los católicos Romano Guardini, Heinrich Fries y Karl Rahner. Del mismo modo que el jesuita cántabro, pasó por Innsbruck, licenciándose allí en filosofía, y posteriormente amplió estudios en Kiel. Nacido en Navalmoral de la Mata (Cáceres), en una familia de sólidas creencias religiosas, transitó, como sus hermanos, por la formación eclesiástica, pero no la completó

[Quijada González 2010: 663]. Posteriormente se doctoró en Filosofía por la Universidad de Madrid, redactando una tesis sobre Kant. Había conseguido para ello una beca del Instituto Luis Vives del CSIC, siendo compañero de Jiménez Moreno en esos primeros años sesenta [Jiménez García 1982]. Del mismo modo que este, entró en contacto con el Padre Mindán, secretario del Instituto y encargado, entre otras cosas, de distribuir las reseñas bibliográficas dentro de la publicación de este organismo, la *Revista de Filosofía* [Jiménez García 2003]. Sánchez Pascual se convirtió así en un asiduo recensor de monografías filosóficas, especialmente en lengua alemana. Formó parte también del grupo de católicos avanzados que promovió las primeras ediciones de las Convivencias de Filósofos Jóvenes. En 1965 participó en el coloquio que siguió a la ponencia de Sánchez Ortíz de Urbina sobre «Conciencia y Temporalidad». En 1967 presidió las sesiones de la quinta edición de las Convivencias, sobre «el problema de Dios en la filosofía actual» [Heredia Soriano 1977: 425].

En 1966, José Ortega Spottorno fundó Alianza Editorial, una iniciativa innovadora que, en el contexto del tardofranquismo, aglutinaba a los sectores liberales y católicos del orteguismo. Ese mismo año, con la colaboración de Javier Pradera, puso en marcha la «Colección de Bolsillo», fundamental para entender la formación de la cultura política en la juventud universitaria contraria al régimen [Vila-Sanjuán 2003: 94-97]. Sánchez Pascual, que contaba ya con una importante experiencia como traductor en alemán, entró en contacto, posiblemente a través del Padre Mindán, muy vinculado a Aranguren y al mundo del orteguismo católico, con este círculo, vertiendo al castellano el estudio de Eugen Fink sobre Nietzsche. Se convirtió en un traductor de referencia dentro de la casa, y se le encargaron obras de Thomas Mann, Marcuse y Alexander Mitscherlich. Poco después se hizo cargo del proyecto de Alianza Editorial para publicar, en edición de bolsillo con notas e introducciones, la totalidad de las obras del filósofo de Röcken, vertidas al castellano. Como es sabido, la serie se estrenó con *Ecce Homo*, que vio la luz en 1971. Sin embargo, su trabajo se remontaba a algunos años antes. Hay que tener en cuenta que solo en 1972 vieron la luz en Alianza tres nuevos textos de Nietzsche traducidos por Sánchez Pascual, entre ellos el *Así habló Zaratustra*, lo que significa que la tarea venía realizándose desde tiempo atrás. La conexión con el universo del orteguismo se mantuvo en años posteriores; la *Revista de Occidente*, reflotada en 1963 por Ortega Spottorno y en cuyo Consejo Asesor figuraban, entre otros, Garagorri, Julián Marías, Rodríguez Huéscar, Laín y Aranguren [Escudero 1994], le encargó a Sánchez Pascual, por mediación de Jaime Salinas, la dirección de un número monográfico sobre Nietzsche, editado en septiembre de 1973.

En estos años Sánchez Pascual se relacionó también con el grupo de los jóvenes neonietzscheanos, que estimaba su trabajo como traductor. Sin duda, una de las mejores maneras de ilustrar la condición académica y erudita de la aproximación de Sánchez Pascual a la obra de Nietzsche, consiste en seguir con cierto detalle la relación entablada en esos primeros años setenta, entre el «traductor» —representante de esos católicos doctos que querían entronizar a Nietzsche en el canon de los filósofos— y el «pensador» (Fernando Savater), adalid de un Nietzsche «inenseñable».

En una reseña publicada en la revista *Triunfo* con motivo de la aparición de *Ecce Homo*, Savater saludaba elogiosamente la iniciativa de Alianza Editorial por arriesgarse a editar en formato de bolsillo las obras principales de Nietzsche [Savater 1971: 55]. Al mismo tiempo, encomiaba el esfuerzo de Sánchez Pascual («ha trabajado seis años») por solventar por fin el sempiterno problema de la traducción castellana de las obras del pensador alemán («la mayoría eran traducciones del francés»), beneficiándose de los últimos descubrimientos —en alusión a la empresa de Colli y Montinari— de la crítica textual nietzscheana. Por estas mismas fechas, en el curso 1971-72 —y sin duda con la mediación de Savater— Sánchez Pascual era invitado a participar en un seminario auspiciado por el combativo Departamento de Filosofía de la Universidad Autónoma de Madrid, dirigido por Carlos París. Las ponencias fueron editadas por Taurus en 1972. Su intervención era sin duda la más atípica del conjunto, publicado con el título de *A favor de Nietzsche*. Consistió en la edición y traducción de una selección de textos poéticos del filósofo, debidamente introducidos y localizados en su cronología y en el contexto de la producción nietzscheana [Sánchez Pascual 1972]. Un típico trabajo de filólogo erudito que contrastaba con los excesos de especulación e interpretación libre característicos del volumen. Según comunicación personal de Mary Sol de Mora, transmitida en enero de 2014, Sánchez Pascual decepcionó a los que asistían al seminario cuando se presentó en una de las sesiones llevando en la mano la copia, apenas maquillada, de una traducción de Nietzsche tomada directamente del francés.

Andrés Sánchez Pascual continuó durante algún tiempo su asociación con los filósofos «lúdicos», y en 1972 colaboró con Fernando Savater en la edición del texto de Bataille, *Sobre Nietzsche. Voluntad de suerte*. Se encargó de localizar y traducir, con «trabajo paciente y amistoso» [Savater 1972b: 11], las citas batailleanas de las principales obras de Nietzsche. En marzo de 1973, con motivo de la edición en Taurus de una selección de textos de Nietzsche («Inventario»), Savater, recurrió, por una parte, a las traducciones publicadas en Alianza por Sánchez Pascual y, en el resto y mayoría de los casos, a la versión castellana de Eduardo Ovejero y Mauri. Sánchez Pascual saludó esta edición con una reseña editada en el diario *Informaciones* de Madrid, acompañada de una andanada de críticas filológicas que tachaban prácticamente de inservibles las versiones de Ovejero y Mauri. La polémica, recogida en el suplemento del mismo diario, correspondiente a 1973, fue contestada agriamente por Savater y, según consta el profesor José Lázaro, que ha trabajado sobre el asunto, «ambos la recuerdan con amargura» [Vázquez García 2014: 70].

Sánchez Pascual respondió con el silencio. En el monográfico de la *Revista de Occidente* no se encuentra la más mínima mención al grupo de los «filósofos lúdicos», aunque a esas alturas, con la publicación de los primeros y provocativos ensayos de Trías y de Savater, se trataba de una tendencia muy conocida en el mundo intelectual español. Entre los colaboradores solo figuran estudiosos extranjeros, además de Gonzalo Sobejano y del propio coordinador del número. En la presentación del mismo, Sánchez Pascual se refiere al «recrudecimiento de la atención» [Sánchez Pascual 1973a: 137] hacia Nietzsche en el curso de los últimos años. Señala también, aunque sin concretar, que «en España, Nietzsche ha influido por múltiples canales y sobre muy diversos sectores» [Sánchez Pascual 1973a: 138]. La intervención de Sánchez Pascual se ajusta a sus disposiciones de filólogo y traductor: un meticuloso artículo sobre el establecimiento del texto de *El Anticristo* [Sánchez Pascual 1973b] y la presentación y versión castellana de una serie de inéditos nietzscheanos [Sánchez Pascual 1973c].

La antítesis entre el erudito (Sánchez Pascual) y el creador (Savater), expresa, más allá de la anécdota del desencuentro personal, el modo en que las coacciones estructurales del campo social y filosófico son interiorizadas por los agentes en forma de disposiciones. En efecto, por su procedencia (origen provinciano y rural, ascenso social a través de vocaciones religiosas) y por la acumulación primitiva de capital en su itinerario inicial (recursos teológicos e idiomáticos), Sánchez Pascual se embarcó en una trayectoria de filólogo y traductor, que es donde ha recibido mayor reconocimiento (premios del Gobierno alemán y premio Ángel Crespo por sus traducciones de Jünger, Premio Nacional de traducción en 1995 al conjunto de su obra). Aunque fue profesor de Ética en la Universidad de Barcelona y se interesó por la Bioética, en este subcampo filosófico apenas ha tenido proyección intelectual, y en el plano académico tampoco tuvo resonancia, jubilándose sin acceder a la cátedra.

Como Álvarez Bolado, como Jiménez Moreno, aunque por razones diferentes, la trayectoria filosófica de Sánchez Pascual queda como una carrera truncada. La herencia desigual, legada por estos tres estudiosos, quedaría pronto eclipsada por el éxito y la brillantez de la bohemia neonietzscheana.

Bibliografía

Álvarez Bolado, Alfonso (1956): «Exégesis ontológica de la primitiva caracterización del *Dasein*», en: *Convivium*, 1, 73–114.
– (1964a): «Heidegger, Martin: *Nietzsche* I y II», en: *Selecciones de Libros*, 1, 106–128.
– (1964b): «Boletín Heideggeriano», en: *Pensamiento,* XX, 79, 307–318.
– (1964c): «Heidegger y la escatologicidad de la metafísica», en: *Convivium*, 17–18, 107–125.
– (1970): «La secularización. Proceso histórico funcional», en: V.V. A.A. (eds.), *Homenaje a Zubiri,* vol. 1, Madrid, Moneda y Crédito, 23–42.
– (1974): «La experiencia de la libertad. Comentarios a la sección de "La Autoconciencia" de la *Fenomenología del Espíritu*», en: V.V. A.A. (eds.), *En torno a Hegel*, Granada, Universidad de Granada, 12–43.

Álvarez Espinosa, Daniel F. (2003): *Cristianos y marxistas contra Franco*, Cádiz, Servicio de Publicaciones de la Universidad de Cádiz.

Ares-Doz, Francisco (2015): «Alcance e limites da recepção de Nietzsche no contexto acadêmico espanhol», en: Scarlett Marton (ed.), *Nietzsche em chave hispánica*, São Paulo, Ediçoes Loyola, 61–86.

Berríos, Fernando (2004): «El método antropológico-trascendental de Karl Rahner como hermenéutica teológica del mundo y de la praxis», en: *Teología y Vida*, 45, 411–437.

Bilbeny, Norbert (1985): *Filosofia Contemporania a Catalunya*, Barcelona, El Punt, Edhasa.

Camps, Victoria (1999): «Religión y liberalismo», en: Xavier Quinzá Lleó y José J. Alemany Briz (eds.), *Ciudad de los Hombres, Ciudad de Dios. Homenaje a Alfonso Álvarez Bolado, S. J.*, Madrid, Universidad Pontificia de Comillas, 209–236.

Ceñal, Ramón (1949): «El problema de la verdad en Heidegger», en: *Actas del Primer Congreso Nacional de Filosofía*, vol. 2, Mendoza, Universidad Nacional de Cuyo, 1009–1014.

Collins, Randall (2005): *Sociología de las filosofías. Una teoría global del cambio intelectual*, Barcelona, Editorial Hacer.

Cruz, Manuel (2007): «Nietzsche: un espejo a lo largo del camino», en: *Siempre me sacan en página par*, Barcelona, Paidós, 210–213.

Díaz Díaz, Gonzalo (1991): «Jiménez Moreno, Luis», en: *Hombres y Documentos de la Filosofía Española*, vol. 4, Madrid, CSIC, 392–396.

Escudero, Javier (1994): «La segunda época de Revista de Occidente (1963–1975): Historia y valoración», en: *Hispania*, 77, 2, 185–196.

Estrada, Gemma (2006): «Entrevista a Raimon Drudis Baldrich», en: *La Planenca. Revista D'informaçió, opinió y debat*, 21, 35–39.

Flórez Miguel, Cirilo (1978): «Panorama de la vida filosófica en España, hoy», Antonio Heredia Soriano (ed.), *Actas del I Seminario de Historia de la Filosofía Española*, Salamanca, Universidad de Salamanca, 120–144.

Font, Pere Lluís (2001): «Un segle de Filosofia a Catalunya», en: V.V.A.A. (eds.), *Filosofia del segle xx a Catalunya: mirada retrospectiva*, Sabadell, Fundació Caixa de Sabadell, 33–57.

GONZÁLEZ DE CARDEDAL, OLEGARIO (2010): *La teología en España (1959-2009)*, Madrid, Encuentro.
HEREDIA SORIANO, ANTONIO (1977): «La vida filosófica en la España actual», en: *Cuadernos salmantinos de Filosofía*, 3, 417–442.
JIMÉNEZ GARCÍA, ANTONIO (1982): «El Instituto Luis Vives de Filosofía del CSIC», en: Antonio Heredia Soriano (ed.), *Actas del II Seminario de Historia de la Filosofía Española*, Salamanca, Universidad de Salamanca, 23–66.
JIMÉNEZ GARCÍA, ANTONIO (2003): «Vida y obra de Manuel Mindán Manero: sacerdote, profesor y filósofo», en: *Revista de Hispanismo Filosófico*, 8, 19–38.
– (2008): «Vida y obra de Luis Jiménez Moreno (1929–2007)», en: *Anales del Seminario de Historia de la Filosofía*, 25, 29–50.
JIMÉNEZ MORENO, LUIS (1964): «Reseña de Martín Heidegger, *Nietzsche*», en: *Aporía*, 1, 99–101.
– (1965): «III Convivencia de Filósofos Jóvenes», en: *Aporía*, 4, 387–397.
– (1972): *Nietzsche*, Barcelona, Labor.
– (1983): *Hombre, historia y cultura. Desde la ruptura innovadora de Nietzsche*, Madrid, Espasa Calpe
– (2001): «La recepción de Nietzsche en el mundo hispánico», en: *Cuadernos Salmantinos de Filosofía*, 28, 140–157.
KREBS, VÍCTOR (2008): «¿Principio de caridad o hybris?», en: *Revista de Filosofía*, 60, 3, 61–90.
LUCAS HERNÁNDEZ, JUAN DE SAHAGÚN (1998): «La recepción de Nietzsche en pensadores españoles en torno al 98», en: *Actas del XI SFEI*, Salamanca, Universidad de Salamanca, 225–240.
MANNHEIM, KARL (1993): «El problema de las generaciones», en: *Revista española de Investigaciones Sociológicas*, 62, 193–242.
MARQUES, ANTONIO, MOLDER, FILOMENA E NABAIS, NUNO (1991): «Entrevista com o Professor Oswaldo Market», en: *Dinâmica do pensar. Homenagem a Oswaldo Market*, Lisboa, Universidade de Lisboa, 283–305.
MORILLAS, ANTONIO (2009): «Apuntes sobre la edición en español de los textos de F. Nietzsche», en: *Papeles del Seminario María Zambrano*, 10, 105–111.
OÑATE, TERESA (2002): *Diálogo con Nietzsche*, Barcelona, Paidós.

Parmeggiani, Marco y Fava, Fernando (2015): «Nietzsche na Espanha», en: Scarlett Marton (ed.), *Nietzsche em chave hispánica*, São Paulo, Ediçoes Loyola, 11–60.

Pérez, Héctor L. (2001): «Nietzsche y su política en la democracia española», en: *Res Pública*, 7, 55–68.

Quijada González, Domingo (2010): «Navalmoral Literaria», en: *XXXVIII Coloquios Históricos de Extremadura: dedicados a los moriscos en Extremadura en el IV centenario de su expulsión: Trujillo del 21 al 27 de septiembre de 2009*, vol. 2, Trujillo, Asociación Cultural Coloquios Históricos de Extremadura, 643–692.

Quinzá Lleó, Xavier y Alemany Briz, José J. (1999): «El coraje de pensar. Itinerario intelectual de Alfonso Álvarez Bolado», en: Xavier Quinzá Lleó y José J. Alemany Briz (eds.), *Ciudad de los Hombres, Ciudad de Dios. Homenaje a Alfonso Álvarez Bolado, S. J.*, Madrid, Universidad Pontificia de Comillas, 29–63.

Rivera de Ventosa, Enrique (1978): «La Evolución del pensamiento eclesiástico de España (1939–1975)», en: Antonio Heredia Soriano (ed.), *Actas del I Seminario de Historia de la Filosofía Española*, Salamanca, Universidad de Salamanca, 275–292.

Rodríguez de Lecea, Teresa (1990) «El Instituto Fe y Secularidad de la Universidad de Comillas (Madrid) y su actividad filosófica (1967–1987)», en: Antonio Heredia Soriano (ed.), *Actas del VI Seminario de Historia de la Filosofía Española*, Salamanca, Universidad de Salamanca, 185–200.

Rodríguez Puértolas, Julio (2008): *Historia de la literatura fascista española*, 2 vols., Madrid, Akal.

Sánchez Meca, Diego (2009): «Nietzsche en España», en: Manuel Garrido, Nelson R. Orringer, Luis Manuel Valdés Villanueva, Margarita M. Valdés (coords.), *El legado filosófico español e hispanoamericano del siglo xx*, Madrid, Cátedra, 953–972.

Sánchez Pascual, Andrés P. (1972): «Las poesías de F. Nietzsche», en: Eugenio Trías, Fernando Savater et al. (eds.), *A favor de Nietzsche*, Madrid, Taurus, 201–244.

– (1973a): «Presentación al número dedicado a Friedrich Nietzsche», en: *Revista de Occidente*, 125–126, 137–38.

– (1973b): «Problema de *El anticristo*, de Friedrich Nietzsche», en: *Revista de Occidente*, 125–126, 207–240.

–. (1973c): «Presentación a los textos inéditos en castellano, de Friedrich Nietsche», en: *Revista de Occidente*, 125–126, 256–260.
Savater, Fernando (1971): «Y ahora, Nietzsche», en: *Triunfo*, 489, 11–12, 55.
– (1972a): «El ciclo Nietzsche en el Instituto Alemán», en: *Triunfo*, 16–12, 61.
– (1972b): «Prefacio» a *Nietzsche. Voluntad de suerte*, Georges Bataille, Madrid, Taurus, 11.
– (1973): «Prólogo» a Friedrich Nietzsche, *Inventario*, Madrid, Taurus, 9–15.
Sobejano, Gonzalo (2004): *Nietzsche en España, 1890–1970*, Madrid, Gredos.
Trías, Eugenio (2003): *El árbol de la vida. Memorias*, Barcelona, Destino.
Vázquez García, Francisco (2009): *La filosofía española. Herederos y pretendientes. Una lectura sociológica (1963–1990)*, Madrid, Abada.
– (2014): *Hijos de Dionisos. Sociogénesis de una vanguardia nietzscheana (1968–1985)*, Madrid, Biblioteca Nueva.
– (2016): «Javier Muguerza y la normalización de la filosofía española», en: *Isegoría. Revista de Filosofía Moral y Política*, 55 (en curso de publicación).
Verneaux, Roger (1966): *Historia de la Filosofía Contemporánea. Curso de filosofía tomista*, Barcelona, Herder.
Vila-Sanjuán, Sergio (2003): *Pasando página. Autores y editores en la España democrática*, Barcelona, Destino.

SANDRA SANTANA
Universidad de Zaragoza

Las sombras de Jean-Paul Marat: Nietzsche, Artaud y Sade en la cultura española del tardofranquismo

EL 2 DE OCTUBRE DE 1968 LLEGABA a los escenarios del Teatro Español de Madrid la obra *Persecución y asesinato de Jean-Paul Marat, representado por los internos del asilo de Charenton bajo la dirección del Marqués de Sade*. Conocida con el título abreviado de *Marat/Sade* esta pieza teatral de Peter Weiss se estrenó entonces bajo la dirección de Adolfo Marsillach, que encarnaba en escena al marqués de Sade, y contaba con una innovadora escenografía de Francisco Nieva y con una adaptación, firmada bajo seudónimo, de Alfonso Sastre. Para dar cuenta del revuelo y la expectación causada por la obra, baste citar unas líneas de la crítica de José Monleón aparecida en las páginas de *Triunfo* y en la que describe su acogida entre el público madrileño: «Ni una entrada disponible. Colas desde la madrugada, como esas que fotografían en los grandes espectáculos deportivos, o, en ciertas fechas, ante algunos puestos de lotería. Colas febriles, con miedo a que se cierre la taquilla…» [1968: 43].

El *Marat/Sade* no era una obra de teatro más, ni era simplemente la obra de un escritor de éxito sino, como se quiere mostrar en estas páginas, una imagen viva y sintomática de la temperatura política y cultural de una España, la de finales de la década de los sesenta, que buscaba elementos culturales importados para hablar de un cambio en las formas de vida y en las mentalidades. La intención declarada de Peter Weiss con la confrontación de los dos personajes principales en el escenario teatral era representar «el conflicto entre el individualismo llevado al máximo y la idea de la agitación política y social» [1969: 108], tomando claro partido por la izquierda revolucionaria de Marat, precursora, en su opinión, de todos los movimientos socialistas posteriores. Sin embargo, el personaje de Sade no llegaba solo a la escena española. Junto a él Nietzsche y Artaud se daban la mano para expresar las necesidades de una nueva generación cuyos deseos de libertad se cifraban en las demandas de otra revolución: una más colorida y carnavalesca, vinculada a un giro estético que niega la existencia de un significado último de las obras, potenciando la multiplicación de sentidos, y a una filosofía que, en su crítica de la razón occidental, pretende proponer la emergencia de un sujeto plural y cambiante, al tiempo que quiere alejarse de las vertientes del marxismo ortodoxo.

Para cuando el *Marat/Sade* llega a España lleva ya cuatro años de representaciones, éxitos y polémicas. Estrenada con excelente acogida de público y crítica en el Schillertheater de Berlín en abril de 1964, donde se dieron cita la mayoría de los miembros del Grupo 47, ese mismo año llegaba al Aldwych Theatre de Londres, y posteriormente al Martin Beck Theatre de Nueva York (donde Peter Weiss y su mujer, la escenógrafa, Gunilla Palmstierna recibieron sendos premios Tony en 1966). Por último, la obra se estrena en el Dramaten de Estocolmo, por entonces dirigido por Ingmar Bergman y donde Adolfo Marsillach, a quien ya acompañaba la idea de estrenarla en España, pudo asistir a una de las representaciones de la obra. Al entusiasmo de Marsillach se sumaría el de Alfonso Sastre, quien se encargó de adaptar para la escena una primera y más árida versión del texto dramático realizada por el filósofo Manuel Sacristán[1]. Tras un par de recortes de la censura (que elimina algunos pasajes antirreligiosos o presuntamente obscenos, pero permanece indiferente ante el contenido político de la obra) y con la omisión en el libreto del nombre de Sastre, que firma bajo el seudónimo de Salvador Moreno Zarza, el *Marat/Sade* está listo para su ejecución teatral[2].

---

1   «Una vez sí que traduje versos a la fuerza, el *Marat-Sade* de Peter Weiss porque se tenía que representar. Sin embargo, se pasa mal, se tiene mucha conciencia de que no se está traduciendo de verdad» [Francisco Fernández Buey y Salvador López Arnal (eds.) 2004: 138].
2   Resulta interesante señalar también que el estreno de la obra en España vino acompañado de la llegada a las pantallas españolas de una versión cinematográfica de la misma dirigida por Peter Brook. Curiosamente el director inglés se adelantó por poco a los deseos de Luis Buñuel, quien hizo llegar a Weiss una solicitud para llevar al cine su obra teatral cuando este se había comprometido ya con la United Artist [Palmestierna-Weiss 2017: 89].

En la historia ideada por Weiss asistimos a la representación de una obra que el Marqués de Sade habría escrito en sus últimos años de reclusión en el sanatorio de Charenton. Los enfermos mentales de la institución son los actores desquiciados de una escena histórica real acontecida algunos años antes: la del asesinato de Jean-Paul Marat en la bañera a manos de la joven Charlotte Corday. Mientras el coro de enfermos mentales clama pidiendo la revolución y dando voz a la miseria, el pregonero y el autor de la obra deben tranquilizar al director del hospicio, Monsieur Coulmier, representante del orden ilustrado en la era napoleónica, persuadiéndole de que lo que acontece en escena es solo la farsa de unos pobres locos que representan hechos del pasado. Al tiempo que en el escenario del Teatro Español discurría aquella ficción, fuera de las tablas, en la sala de butacas, las autoridades franquistas también debían de ser convencidas de que aquella revolución que se exigía en el escenario no tenía nada que ver con los acontecimientos políticos del presente, algo que, a medida que avanzaban las representaciones, cada vez resultaba más difícil de creer[3]. Si la situación ya era tensa, se hizo casi insostenible cuando al día siguiente de su estreno los integrantes de un grupo de izquierda camuflaron entre las octavillas que formaban parte de la ficción otras que incitaban a los espectadores contra el régimen real. Así lo recuerda Fernando Savater en sus memorias:

> […] los espectadores pasamos de los grises que vigilaban fuera a los guardianes de Charenton de dentro casi sin solución de continuidad. Cuando Marat, interpretado por el gran José María Prada, abandonaba la escena a través del patio de butacas, desde el gallinero se lanzaron octavillas subversivas con la leyenda: «¡Viva Marat!». La función fue prohibida a los pocos días del estreno [Savater 2003:145].

La obra no fue sin embargo prohibida en Madrid como recuerda Savater. Tres eran los días contratados en el Español antes de las actuaciones previstas en la sala Poliorama de Barcelona donde permaneció en cartel

---

3 «El teatro estaba repleto de inspectores de la Secreta. Los parlamentos de Marat y Sade se escucharon con un silencio sobrecogedor. El monólogo de Roux fue recibido como una verdadera arenga, y cuando los locos arrancaron las tripas de la vaca y las lanzaron al público gritando: "¡Revolución! ¡Revolución!", todos comenzaron a corear como si realmente estuvieran a las puertas del palacio de El Pardo (…)» [Ordoñez 2007].

durante cuatro meses[4]. Llega allí con igual o mayor éxito de público y bajo la amenaza de una censura inminente que, finalmente, se cumplió, si bien, paradójicamente, no por una imposición de las autoridades franquistas, sino por el exceso de celo de su autor. Este, en una medida reivindicativa que se demostró poco eficaz, se negó en señal de protesta a que se representaran sus obras en España tras una declaración de estado de excepción en el País Vasco[5]. En todo caso parecía claro que la obra estaba impregnada de un fuerte contenido político, pero lo que no resultaba tan evidente era cómo interpretar el discurso subyacente. Poder manifestarse por una revolución incumplida, o, en el caso de España, claramente reprimida, resultaba, sin duda, suficientemente atractivo para mucha gente. Toda la obra de Weiss gira en torno a la manifestación del malestar que, tras la apariencia de normalidad impuesta por el orden napoleónico, bulle entre los oprimidos. Sin embargo, el diálogo entre Sade y el revolucionario Marat era también el síntoma de las tensiones existentes al final de la década de los sesenta entre dos movimientos divergentes en el seno mismo de la izquierda: el nuevo modelo que perfilaba la intelectualidad francesa, teórico e individualista, frente al de la posición tradicional marxista. Así, resulta clarificador el modo en que Marsillach lo expresaba en el programa de mano de la obra teatral en Barcelona:

> Es curioso que en casi todas las puestas en escena, digamos «occidentales», el público instintivamente —supongo que, de paso, auxiliado por el director— haya inclinado sus simpatías hacia el personaje del Marqués de Sade, que representa

---

[4] Agradezco a Francisco J. Uriz que llamara mi atención respecto a estos datos que Savater confunde en sus memorias y, en general, sus amabilísimas observaciones en conversación y mediante correos electrónicos sobre los detalles de la representación y las reacciones tanto de Peter Weiss, como de Sastre y Marsillach. Su testimonio, en tanto que intermediario desde Suecia entre los implicados en la representación española de la obra y el escritor alemán, ha sido publicado recientemente junto con otros materiales sobre la visita de Weiss a España durante la preparación de *La estética de la resistencia* [Uriz 2016].

[5] «[…] al decretarse el estado de excepción, en febrero, Peter Weiss, por entonces convertido en *tanque* marxista-leninista, prohibió con un telegrama la obra, y Marsillach no tuvo otro remedio que hacerlo. Cuando al fin logró convencer al dramaturgo de que la prohibición le hacía un flaco servicio a la lucha antifranquista, Fraga Iribarne declamó, en su despacho de Información y Turismo, que mientras él defendiera la bandera roja y gualda, Peter Weiss no estrenaría más en España» [Carandell 1994].

la posición del intelectual más o menos «de gauche», ferozmente individualista, hombre de teorías antes que de acciones. Por el contrario, en los países, digamos «del Este», público y directores se han puesto de acuerdo en glorificar a Marat, despreciando —por inútil— la postura egoísta del Marqués [Marsillach 1968–69].

¿Hacia dónde se inclinaba instintivamente el público español? Mientras que la *gauche* francesa se ocupaba de De Gaulle y los jóvenes norteamericanos morían en la Guerra de Vietnam, en la España de 1968 se estaba, en palabras de Vázquez Montalbán, «más o menos igual, pero con Franco». Este acechaba detrás de una cortina, totalmente indiferente a sutilezas respecto al nombre, Marat o Sade, que encabezara la revolución[6]. Ambas izquierdas, la tradicional y la nueva izquierda «romántica» que nacía arropada por los movimientos culturales de mayo del 68, formaban un curioso *ménage a trois* con el dictador[7]. Pero el enfrentamiento entre Marat y Sade esconde en el contexto español otras contraposiciones hermanadas: el diálogo entre un Marx excesivamente ortodoxo para algunos, y un Nietzsche pasado por la interpretación de los autores franceses; y la tensión entre la estética social de Bertolt Brecht, y las nuevas propuestas artísticas que se proclamaban herederas de Artaud. El trío de sombras que arrojaba sobre el escenario el cuerpo de Jean-Paul Marat, las de Nietzsche, Artaud y Sade, protagonizaron los anhelos de una nueva izquierda cultural que alcanzaba en nuestro país rasgos particulares bajo la mirada, aparentemente indiferente, del gobierno franquista.

Marx / Nietzsche: el discurso contra la profundidad

Apenas dos años después de la representación de la obra en los escenarios de Madrid y Barcelona, Eugenio Trías, filósofo de moda cercano a

---

6 «Ignorantes los intelectuales orgánicos del franquismo de la existencia de la *sociedad civil*, no podían avenirse a la idea de que la España real hiciera colas automovilísticas para poder ver en Perpiñán *El último tango en París* y el culo de Marlon Brando, mientras la España oficial seguía bajo palio los domingos y de putillas caras los jueves al atardecer» [Montalbán 2005: 15–16].
7 Para el concepto de izquierda «romántica» en el tardofranquismo, véase: [Gabriel Plata 1999].

los círculos de la *gauche divine* barcelonesa[8], expone su particular análisis de la pieza de Peter Weiss en su ensayo *Filosofía y carnaval*. Trías encuentra en la representación teatral de *Marat/Sade* un modelo para su propia teoría filosófica primera en la que pretende mostrar cómo en la cultura occidental los discursos sobre el saber han excluido tradicionalmente toda una serie de voces discordantes que contradicen los valores gnoseológicos de un determinado periodo. No existe saber sin «ese otro gemelo que le acompaña», el «no saber» [Trías 1968: 93]. La estructura «saber / no saber» ordena en la tradición de la racionalidad moderna los discursos de los poderosos y de los marginados. Entre ambos, sin embargo, queda lugar para algunas voces excepcionales:

> Entre la sociedad del Orden y de la Norma y los grupos marginales, entre la Razón y la locura, es posible sin embargo detectar un espacio intermedio, ambiguo. En él se instaló el Marqués de Sade y Federico Nietzsche (sic) [Trías 1984:74].

Junto al Marqués de Sade se perfilan también las figuras de Artaud, Raimond Roussel, y fundamentalmente la figura de Nietzsche como representante filosófico que anuncia el nacimiento de un nuevo tiempo. Todos estos autores ocupan según Trías un espacio intermedio entre la razón y la sinrazón, pero también una posición de compromiso entre «la sociedad del Orden y la Norma», dominada por los conservadores, así como por los progresistas católicos y marxistas, y los «grupos marginales» que no llegan a tener un discurso articulado. Por vía foucaultiana, Trías afirma que el tradicional confinamiento del discurso de la locura llevado a cabo por la filosofía occidental es cuestionado por estos pensadores cuya palabra solo puede oírse fuera de los cauces de la racionalidad y moral habituales. Estos autores serán capaces de detectar y dar voz a la escisión que la filosofía occidental habría provocado en el cuerpo del saber.

---

8   Sobre la celebridad alcanzada por Trías entre las «chicas progresistas» de la época y la cultura *underground*, véase: [Trías 2003:346–347]. Nótese también que una de las musas de la llamada «gauche divine», Serena Vergano, la mujer del arquitecto Ricardo Bofill, era la actriz que encarnaba a Charlotte Corday en la representación de la obra de Weiss en Madrid. Para un estudio exhaustivo de las relaciones del grupo barcelonés con la cultura del periodo [Villamandos 2011].

La elección de Friedrich Nietzsche por parte de Trías como el filósofo que preconiza una nueva corriente de pensamiento no puede entenderse sin su admiración por la filosofía francesa posestructuralista, así como por los autores vinculados a Collège de Sociologie. Frente a la tradicional lectura marxista o frankfurtiana que encontraba en el irracionalismo del filósofo de Sils-Maria un elemento precursor de la barbarie nazi, la obra de Deleuze, y sobre todo, los monográficos dedicados al autor por parte de Bataille y Klosowski[9] permitían recuperar a este pensador no solo como filósofo académico, sino como autor de una teoría capaz de proponer un nuevo modo de vida revolucionario[10]. Así, para el joven Trías, Nietzsche fue el filósofo que cambió las reglas de la filosofía arrojando una mirada etnológica sobre el saber [1968:63], pero también, tal como se manifiesta en su *Teoría de las ideologías*, es quien sostiene el contrapunto anti-humanista de la filosofía marxista. Tanto en Francia como en España, el Nietzsche vitalista que exige al hombre estar atento al «golpe de suerte», al azar, al juego y a la posibilidad del eterno retorno, se convertirá en los años setenta en la pareja antitética de Marx o, cuanto menos, en la «sombra» de los epígonos marxistas.

Esta oposición entre Marx y Nietzsche puede considerarse heredera de las tesis de Michel Foucault, filósofo que está continuamente presente en las primeras obras del pensador español. Este autor, en su conferencia presentada 1964 en el Coloquio de Royamount sobre la figura de Nietzsche (recogida en español en una colección dirigida por el propio Trías[11]), advierte sobre un giro en la consideración del signo y la interpretación anunciado ya en las obras de Marx, Nietzsche y Freud. Estos autores, afirma, «nos han situado ante una nueva posibilidad de interpretación» [Foucault 1970:47] donde ya no se busca un significado original, sino donde «cada signo es en sí mismo no la cosa que se ofrece a la interpre-

---

9   Nos referimos a *Nietzsche et la Philosophie* (1962) de Gille Deleuze, *Sur Nietzsche, volonté de chance* (1945) de George Bataille y *Nietzsche et le Cercle vicieux* (1969) de Pierre Klossowski.

10   «Solo en la actualidad, gracias al esfuerzo de una nueva generación de filósofos franceses —Derrida, Foucault, Deleuze y sobre todo Klossowski— comienza a iluminarse el significado de unos textos [los de Nietzsche] que eran continuamente interpretados sin ser jamás tomados literalmente» [Trías 1984: 78].

11   Nótese que la obra aparece en España el mismo año que la *Teoría de las ideologías* de Trías.

tación, sino la interpretación de otros signos» [Foucault 1970: 36]. Si bien Marx, en textos como el *Dieciocho de Brumario*, se habría adelantado a este giro semiológico, sin embargo, el autor francés señala como «feroz enemigo» de esta posición al «marxismo posterior a Marx»:

> Me parece que es necesario comprender algo que muchos de nuestros contemporáneos olvidan, esto es, que la hermenéutica y la semiología son dos feroces enemigos. Una hermenéutica que se ciñe a una semiología tiende a creer en la existencia absoluta de los signos: abandona la violencia, lo inacabado, la infinitud de las interpretaciones, para hacer reinar el terror del índice y sospechar del lenguaje. Reconocemos aquí al marxismo posterior a Marx [Foucault 1970: 41–42].

Frente a la postura del marxismo, que pretende interpretar los hechos sociales en base a una infraestructura económica subyacente, para Nietzsche todo es superficie, incluso lo aparentemente profundo. Los signos, tal como había señalado Deleuze en su obra sobre el filósofo alemán, se interpelan infinitamente aproximando al sujeto a una experiencia que podría llegar a constituirse como una «experiencia de la locura» [Foucault 1970: 35].

No es otro, como adelantábamos más arriba, el tema de fondo de la *Teoría de las ideologías* publicada por Trías en 1970. En esta obra, Trías, sin rechazar la figura de Marx, cuestiona, al igual que Foucault, el papel de sus epígonos. Desde la perspectiva de Trías, el marxismo habría «esbozado un tipo de práctica científica que las modernas corrientes estructuralistas han desarrollado cumplidamente» [1970a: 100]. Marx sería, por tanto, un primer tramo en una senda que el marxismo posterior habría llevado a un callejón sin salida, pero que, sin embargo, fue continuada de modo fructífero por pensadores inscritos en la línea nietzscheana, como el propio Foucault. El principal logro epistemológico de Marx habría sido llevar a cabo una escisión entre conocimiento y consciencia. «*Saber no significa para Marx tomar conciencia*» (sic) [Trías 1970a: 32]. Por el contrario, la tarea del científico consiste en desprenderse de los elementos conscientes en tanto que posible fruto de una determinada ideología. Bajo este presupuesto, sin embargo, tanto el marxismo tradicional, como la sociología del conocimiento se excedían en la época, según Trías, al privilegiar el nivel de la infraestructura socioeconómica como significado último del análisis de fenómenos artísticos y filosóficos. Para el autor de la *Teoría de las ideologías*, filósofos o científicos deberían ir un paso más allá y no aceptar la existencia de una única estructura profunda que se corresponde con el sistema económico capitalista. Así, siguiendo la senda estructuralista, sería necesario investigar «allí donde se pueda, otros sistemas (económicos, políticos, de parentesco, simbólicos, culinarios)» [Trías 1970a: 56], aceptando su pluralidad y su mutua interconexión. Frente a las derivas marxistas, Trías privilegia «el discurso nietzscheano sobre el que todos algún día, tarde o temprano, deberemos volver si todavía sentimos que la revolución es algo más que una bella palabra o un voto piadoso» [1970a: 56]. Nietzsche es por tanto y no Marx, el artífice de un nuevo movimiento revolucionario.

Para el marxismo todo es simulacro, su teoría de la verdad implica la sospecha respecto de lo inmediatamente visible. Para el nietzscheanismo, sin embargo, solo existe la superficie. En *La dispersión*, obra publicada tan solo un año más tarde que la *Teoría de las ideologías*, y que reproduce sin duda el estilo aforístico nietzscheano, afirma Trías: «Soy tan profundo porque he aprendido a liberarme de la "profundidad" ¡Y he descubierto la superficie, la piel de las cosas!» [2006: 70]. Esta pérdida de esencia o de profundidad respecto al conocimiento del mundo, trae como consecuencia la aparición de otro fantasma: el individuo. Una temática esta, la de la desustancialización del individuo, que se verá repetida en numerosos de los escritos de Trías durante los primeros setenta. Así, en «Luz roja al humanismo» Trías dice, de nuevo, querer confrontar dos corrientes hegemónicas en la filosofía europea: estructuralismo y marxismo. De nuevo reconoce también que el método científico inaugurado por Marx para las ciencias humanas es válido, si bien su humanismo resulta insostenible. Gracias a los logros estructuralistas se ha podido vislumbrar que «conocer no es *profundizar* en esa realidad visible descubriendo bajo las apariencias una esencia oculta» [Trías 1987: 229], sino un «efecto de superficie», un juego interno entre conceptos. Desde este punto de vista el sujeto de la filosofía occidental inaugurado por Descartes y que fuera durante mucho tiempo «garante de sentido» ha desaparecido. Nietzsche, y sus intérpretes franceses, anuncian la llegada del «antihumanismo»[12].

---

12   El mismo motivo de disolución de la identidad aparece repetido en el ensayo «De nobis ipsis silemus» con el que el autor participaría en el volumen *A favor de Nietzsche*, fruto del encuentro con motivo de la revisión de la obra de este pensador que se celebró en el Instituto Alemán de Madrid en 1972 [Trías (et al.) 1972].

El diagnóstico de Trías respecto a esta pérdida de centro en la consideración del sujeto no será pesimista, sino utópico. Lo que se anuncia con el nuevo pensamiento de la superficialidad y el simulacro nietzscheano es una nueva manera de vivir. Las consecuencias de la «muerte del hombre» determinan «una forma de comportarse y una actitud: y por consiguiente una ética» [Trías 1984: 14], la de quienes están dispuestos a desafiar las normas impuestas por el orden y las convenciones. La mascarada nietzscheana se muestra como lo más profundo precisamente porque niega la profundidad y, con ello, la existencia de unos papeles sociales fijos y definidos abriendo paso a un tipo de individuo disconforme con los valores familiares y con la ética burguesa del trabajo. «¿Hemos comprendido el Marat-Sade?», se pregunta Trías. Comprender la obra es, según su interpretación, acabar con el signo de articulación (el signo / del título) entre la sociedad del «establishment» y la sociedad de locura que reina «en el extrarradio, en la sordidez del hospital o bajo el sol mediterráneo, en las Islas (Egeo, Baleares)» [Trías 1984: 75]. Sade representa, por tanto, el enloquecimiento la cultura de lo establecido integrándola con las formas de vida marginales, pero también, en el fondo, con las nuevas formas de ocio vinculadas al verano ibicenco pasado por la estética de los *hippies* y con los ecos de una revolución sexual que, muy tímidamente, comienzan a llegar a España.

Brecht / Artaud: el elogio de la máscara

La polémica y el revuelo cultural causados por el estreno de obra de Weiss no fueron tan solo políticos, sino también estéticos. El *Marat/Sade* se presentaba como la síntesis de dos propuestas escénicas dispares en tensión herederas de dos de los principales renovadores de la dramaturgia en el siglo XX: Brecht estaba «en el propósito de hacer una obra políticamente entroncada con la realidad histórica». Frente a él, como novedad, irrumpía la figura de Artaud «el hombre que pedía un teatro a través del cual representáramos nuestra peste, rompiéramos nuestro orden aparente» [Monleón 1968: 49]. Si muchos celebraban como un acierto la combinación por parte de Weiss de elementos del teatro épico brechtiano con otros herederos del «teatro de la crueldad» de Artaud, Alfonso Sastre, sin embargo, en el programa de mano de la obra se quejaba de que «jóvenes e ilustres» secundaran el entusiasmo por el autor francés en una «ceremonia de la confusión» demasiado parecida a la que transitaban «los "managers" del teatro mercantil» [Marsillach 1968–69]. Una posición sin duda escéptica respecto al teatro artaudiano que se prestaba a confusión en el contexto, dado que en el mismo programa de mano se tomó la decisión de incluir al final, sin más explicación, una página y media de fragmentos de los textos de Antonin Artaud sobre el arte teatral.

Para Alfonso Sastre, quien fuera en España el más ferviente representante del modelo didáctico brechtiano, el teatro de Artaud no podía ser sino un producto individualista y burgués. Para Eugenio Trías, sin embargo, este proporcionaba la posibilidad a las nuevas generaciones de expresar su insatisfacción con el guion que la sociedad les había asignado:

> Para Artaud, el nacimiento del acontecimiento —de la peste— implica el nacimiento del teatro: los hombres, hasta el momento sólidamente instalados en papeles sociales fijos, comienzan a desempeñar, al igual que los actores en el teatro, papeles nuevos inéditos. Se cubren con máscaras absolutamente imprevistas y hasta contradictorias con sus papeles previos [Trías 1971:52].

El teatro comprometido en la transformación de las estructuras sociales y las luchas colectivas, y el teatro de herencia surrealista que atentaba contra las normas morales y expresaba las pulsiones individuales, se proponían como los extremos de una tensión de época a caballo entre el final de la década de los sesenta y el comienzo de los setenta en España. Sin embargo, es interesante hacer notar cómo esta dualidad estética representaba otras tensiones que se estaban produciendo en el mundo del arte y en las que resuenan cuestiones surgidas en el contexto europeo y estadounidense.

En las antípodas de Sastre, Susan Sontag también se había enfrentado al fenómeno del *Marat/Sade* al acudir a la primera representación londinense de la obra bajo la dirección de Peter Brook en 1964. Poco después, la autora escribirá en la *Partisan Review* un extenso artículo bajo el título «Marat/Sade/Artaud» en el que defendía la puesta en escena de la obra frente a los detractores del trabajo escénico de Brook.

Las numerosas críticas negativas que había recibido el montaje del *Marat/Sade* se debían, según propone Sontag, a una serie de prejuicios por parte de los críticos que les impedían apreciar esta obra en toda su complejidad e interés. Como para preparar al público neoyorkino para la recepción de este fenómeno dramatúrgico, la autora advierte cómo la crítica tradicional está habituada a juzgar las producciones teatrales por las ideas que contienen o por el acierto a la hora de presentar la psicología de los personajes. Frente a esto, el nuevo modelo teatral heredero de la filosofía de Artaud (y hermanado con las teorías de autores como Barthes o Foucault) era propio de una sensibilidad que trasladaba el razonamiento del plano moral al estético y que hacía uso de las ideas «en cuanto estimulantes sensoriales» [Sontag 2007: 223]. Aspectos estos que impedían a la obra ser tratada como una «pieza de tesis» al modo brechtiano. Tal como puede deducirse de las ideas expuestas por Sontag en su conocido ensayo del mismo año, «Contra la interpretación», para que la obra de Weiss sea comprendida requiere, precisamente, que no sea interpretada, o más bien, requiere que se la considere susceptible de infinitas interpretaciones no sujetas a código, ni a unas determinadas reglas [Sontag 2007: 16]. La pintura abstracta o el *pop art* anunciaban ya una nueva sensibilidad de la «no-interpretación» para la que la obra no representa un contenido previo, dejando que esta pueda llegar a ser «lo que es» [Sontag 2007: 23]. Una literalidad que, para la autora, llevada al ámbito escénico alcanza su concreción en las prácticas del *happening* herederas del teatro de Artaud:

> El ejemplo más próximo [del «teatro de la crueldad»] lo constituyen esos acontecimientos teatrales que tuvieron lugar en Nueva York y otras ciudades en los últimos cinco años, obra sobre todo de pintores (tales como Allan Kaprow, Claes Oldenburg, Jim Dine, Bob Whitman, Red Gromms, Robert Watts) y sin texto o, al menos, sin discurso inteligible, llamados *happenings* [Sontag 2007: 225].

Artaud, por tanto, no representa únicamente el modelo de una posible renovación en el ámbito teatral, sino que anuncia un cambio de orientación que afectaría a todo el campo de las prácticas artísticas e, incluso, como veremos, literarias. Frente a la racionalidad didáctica de Brecht, la locura irracional de los *happenings*, las *performances* y el arte de acción no pretenden ser expresión de un contenido ideológico concreto, ni se dejan atrapar en la interpretación de los expertos. Lo que no quiere decir que prescindan por ello de su capacidad crítica e irreverente.

Los ejemplos escogidos por Sontag en 1964 de la escena cultural alternativa de Nueva York como derivas del espíritu artaudiano, bien pueden ser sustituidos en España por las acciones del Grupo Zaj, que venían produciéndose desde mediados de los años 60, o con el espectro de propuestas artísticas que cristalizarían en los Encuentros de Pamplona en 1972. En este evento, que su organizador, el compositor Luis de Pablo, recordaría como un «carnaval político» [Díaz Cuyás 2009: 33] (lo que no deja de recordar las continuas referencias carnavalescas de Trías), se dieron cita algunos de los autores de vanguardia artística más radicales y se convirtió en un evento de proyección internacional como pocos de los que hayan tenido lugar en nuestro país. La pasión por lo literal, por romper el espacio que delimitaba el arte y la vida, se manifestaba tanto en las estructuras geométricas de Valcárcel Medina, como en los teléfonos aleatorios que, en la obra «Comunicación humana» de Lugán, conectaban a los viandantes del Paseo Sarasate entre sí y con distintos locales de la ciudad. Sacar el arte a las calles, convertir la práctica en acción y no en representación no era solo el espíritu de los artistas sino de un público dispuesto a participar activamente apropiándose del sentido de las obras. Una tendencia que puede ejemplificarse en el caso paradigmático de los «parangolés» del brasileño Oiticica. Estas capas de colores, vinculadas por el artista con el carnaval y la samba y que pretendían activar el color en el espacio, acabaron en el entorno pamplonica convirtiéndose en banderas reivindicativas. Unos actos de protesta que, en todo caso, nacían de un contexto donde resultaba difícil no aprovechar cualquier gesto simbólico como un modo de enfrentarse a una situación política que no permitía manifestaciones más explícitas[13].

La reacción de los filósofos llamados neonietzscheanos frente a estas nuevas prácticas artísticas no es prolífica, pero tampoco inexistente. Llama la atención el texto de la conferencia pronunciada por Fernando Savater en el Instituto Alemán de Madrid, dentro del ciclo «Nuevas

---

13 «En aquella realidad pública paródica, percibida como artificiosa e impuesta, había demasiada urgencia de verdad, de una verdad sin sentidos figurados, última y definitiva, como para aceptar el juego sutil de aquellas obras que se presentaban diciendo que solo "eran lo que eran"» [Díaz Cuyás, 2011].

Tendencias» con el título de «El arte ante la teoría crítica»[14]. El escritor se muestra por un lado desconfiado ante la llegada de «un arte de lo evanescente: gesto que se pierde y así se recupera, *tempus fugit*, *happening*... Un arte sucesivo, ocurrente, más parecido al orgasmo que a lo trabajado» [Savater 1978: 223]. Un arte «sin obras», un arte, en definitiva, que se resiste a ser interpretado en los términos estéticos instaurados por autores como Adorno y Marcuse quienes, a pesar de sus diferencias, coinciden en considerar el resorte último del impuso estético de los hombres la consecución de una comunidad racional y libre. Este impulso utópico no concuerda con unas obras que pierden su autonomía para confundirse con los actos de protesta contra la intervención rusa en Checoslovaquia, la guerra de Vietnam o la segregación racial en U.S.A. Obras que no representan, ni liberan al espectador de las apariencias del sistema capitalista, sino que cobran sentido en su propia ejecución. Obras sin obra, obras que, sin embargo, por otra parte, son tal vez la única vía hacia un «arte vivo» [Savater 1978: 223]. Eugenio Trías, por su parte, señala en un aforismo la posible relación entre su propuesta filosófica antiacadémica y vitalista con estas nuevas prácticas artística: «¿Os imagináis a un "profesor" que baila? ¡Su clase debería dejar de ser "lección magistral" y trocarse en *Happening*!» [Trías 2006: 70]

Este encuentro entre arte y vida, tan patente en los eventos de Pamplona del 72, parece ya anunciado en la escenografía que Francisco Nieva preparó para la representación del *Marat/Sade*. En ella, al entrar a la platea, los asistentes se veían sorprendidos por una enorme jaula que sacaba a los actores del espacio de representación del escenario y los introducía en medio del patio de butacas. Los locos de la institución de Charenton increpaban a los asistentes dificultando la pasividad de un público habitualmente acostumbrado a vivir la experiencia teatral desde el exterior de la ficción. Esta decisión escenográfica complicaba aún más la serie de entrecruzamientos entre realidades, simulacros y

---

14   Si bien entre el pensamiento y el arte de vanguardia del periodo no abunda los contactos directos, sí se mezclaban, en ocasiones, los espacios. Es el caso del Instituto Alemán de Madrid donde, bajo la dirección de Eckhard Plinke, no solo tuvo lugar uno de los actos de consagración más importantes del neonietzscheanismo español, sino que se convirtió en un centro fundamental para la experimentación poética y artística del periodo [Robles Tardío 2014].

Las sombras de Jean-Paul Marat 297

ficciones contenida en la propia obra de Weiss[15]. En todo caso, como ya hemos señalado, para Alfonso Sastre, estas decisiones tendrían más que ver con un «efecto de distanciamiento» brechtiano, que con los excesos nihilistas, irracionales y primitivistas de Artaud. Las tensiones entre Brecht y Artaud no se agotan con el evento cultural que supuso esta controvertida obra de teatro y volverán a ocupar las páginas de una de las principales publicaciones progresistas de la época cuando en 1970 Eugenio Trías realice la crítica en *Triunfo* del ensayo *Revolución y crítica de la cultura* de Alfonso Sastre. Si algo le resulta inadmisible al filósofo es el rechazo por parte de Sastre de la obra Artaud quien, junto a Nietzsche, representarían la posibilidad de una «severa crítica y el programa más amplio de subversión de la cultura establecida y de sus instituciones y valores» [1970b: 27]. El texto de Trías constituye una provocación y la respuesta de Sastre no se hará esperar: esa «hora de Artaud» que proponen las nuevas generaciones parece no ser más que una moda que, queriendo ofrecer una renovación, no supone sino un retroceso cultural y social.

En un artículo que aparece poco después en la misma publicación Sastre se refiere a los jóvenes que, como el «amigo Trías», se han vendido a la moda de Artaud como la «generación del cachondeo» [1970b: 30]. Justa contraposición al título de «generación de la berza», con el que los jóvenes se referían a la promoción del realismo social, que tras años de predominio se había convertido, en palabras de Vázquez Montalbán en una «pesadilla estética» en España [Castellet 2001: 36]. Así, Sastre no se enfrentaba solo a los neonietzscheanos y artaudianos, sino que mantenía también un frente de polémica abierto con el fenómeno poético de moda en el momento: los *Nueve novísimos poetas españoles* antologados por

---

15 En un interesante texto sobre la obra, David Roberts señala cómo Weiss estaría confrontando en esta obra «las dos formas teatrales más radicales del proyecto vanguardista de cancelar la separación entre arte y vida». Por una parte, el teatro racionalista del extrañamiento didáctico de Brecht (que pretende incidir en la realidad para cambiarla) y, por otra, el teatro de la locura, el crimen y la revuelta de Artaud. Ambas propuestas intentan escapar de la contención institucional del arte cruzando las fronteras que separan la representación de la realidad, el escenario de la audiencia, si bien la obra de Weiss, según este autor, resulta posmoderna, precisamente porque encierra simbólicamente la revolución en el marco de una institución reduciendo su efectividad [Roberts 1988:177–78].

Castellet en 1970. Estos eran acusados de irracionalismo y frivolidad [Plata 1999: 139–155], así como de venderse a las modas impuestas por el mercado cultural. Castellet, quien fuera el patrocinador del realismo social en poesía en la década del 50, se convertía ahora en mentor de la nueva generación novísima. Si bien no se menciona a Artaud en el prólogo de la obra, resulta, sin embargo, significativa la alusión a Eugenio Trías proclamando un «gusto malsano por la confusión y el desorden» [Castellet 2001: 37] y la reiterada referencia a Susan Sontag, «la papisa» de la nueva generación de escritores, que habría detectado el valor del fenómeno «camp». Los ídolos surgidos del cine, de la televisión y de los *comics* eran reivindicados por una nueva sensibilidad que proclamaba el amor a lo «no natural», «al artificio y a la exageración» [Sontag 2007:335]. Un amor a lo superficial, a la máscara y el disfraz que casaban perfectamente con el discurso nietzscheano que se deslizaba por los textos de Trías[16]: «Detrás de las máscaras no hay rostro. O ese rostro ya es máscara, *otra* máscara...» [Trías 2006: 55].

Marat / Sade: nihilismo y revolución

> También Sade estaba convencido de la necesidad de la Revolución y sus obras son, de cabo a rabo, un ataque contra la clase dominante y corrompida; sin embargo, retrocede ante las medidas de terror tomadas por los nuevos dirigentes y se encuentra, como el representante moderno del tercer partido, sentado entre dos sillas [Weiss 1965: 127].

En las palabras de Peter Weiss descubrimos que el cuerpo de Jean-Paul Marat no solo proyecta la sombra del Marqués de Sade sobre las tablas del escenario, sino también fuera de él. Para Weiss, que veía el mundo divido en dos bloques que podían reconocerse en la propia división de Alemania (el área capitalista y la socialista), Sade, y sus seguidores, se situaban en el espacio entre «dos sillas». Su revolución representaba la tercera posición de quienes, críticos con el sistema, renuncian sin

---

16 Para un análisis más detallado de la relación de la obra de Eugenio Trías y el movimiento neonietzscheano con la cultura de masas, véase: [Santana 2014].

embargo a cambiar las estructuras económicas y ven reducida la expresión de su «disgusto con la sociedad» a un «problema psicológico que no molesta nada a los hombres en el poder» [Sastre 1996: 123]. Una tercera posición que él mismo nunca quiso ocupar pues consideraba que la sociedad del bienestar, por muy desarrollada que estuviera, no era otra cosa «que una sociedad de clase situada a un nivel superior, en la cual los trabajadores en otro tiempo revolucionarios tienden a asumir la herencia de las normas de la burguesía» [Sastre 1996: 123].

Frente a los partidarios de Marat, como el propio Weiss, sin embargo, la moda de Sade se fue haciendo cada vez más patente en la década de los sesenta entre los intelectuales europeos[17]. Al igual que en el caso de Nietzsche, también la figura de Sade es recogida del elenco de autores condenados por la izquierda marxista por su posible vinculación con el fascismo, y reinterpretada a la luz de las nuevas teorías francesas. Así, a pesar de la filiación del joven Fernando Savater con las teorías de la Escuela de Frankfurt, en *Nihilismo y Acción* el filósofo presenta a un Sade que no se corresponde con el que perfilaron Adorno y Horkheimer en *La dialéctica de la Ilustración*[18]. Más bien, de nuevo, es la figura de Klossowski, autor que se había convertido en icono del neonietzschenaismo español, quien marcará la línea interpretativa de un Sade revolucionario[19]. «Frente a la filosofía que tranquiliza, Sade preveía otra que hace temblar; la diferencia está en que una serena a base de ocultar y la otra estremece a fuerza de decirlo todo» [Savater 1978: 18]. Para Savater, el ateísmo de

---

17 «La insistencia en la *trasgresión* (de la que la figura de Sade constituye, desde comienzos de la década de 1940 hasta mediados de la década de 1960, el símbolo obligado utilizado por un gran número de la izquierda no comunista) sirvió de puente entre estos diferentes temas no exentos, por otro lado, de malentendidos y conflictos cuando la transgresión sexual o estética, a la que los intelectuales y artistas eran particularmente aficionados, chocaba con el moralismo y el clasicismo estético de las élites obreras» [Boltanski / Chiapello, 2002: 87].
18 Para estos autores las figuras de Nietzsche y del Marqués de Sade muestran el rostro más nítido de la decadencia de una razón que se ha convertido en Occidente en órgano de dominación. Si bien les conceden la virtud de no disimular el «vinculo indisoluble entre razón y delito, entre sociedad burguesa y dominio» [Horkheimer 1998: 129–165], Adorno y Horkheimer difícilmente podrían considerar a estos autores como adalides de una nueva actitud revolucionaria.
19 Francisco Vázquez ha llegado a considerar las obras de Klossowski como «objeto simbólico sagrado para estos autores» [2014: 130].

Sade no consiste en negar a Dios, sino en *enfrentarse* a él y a sus creaciones. Si se afirma la maldad del mundo, cualquier acción es colaborar, aunque sea de modo no deliberado, con el mal del mundo. Frente a esta colaboración involuntaria, Sade se enfrenta al mundo de Dios haciendo el mal conscientemente. En 1970 no son ya únicamente los valores morales del cristianismo los que pretenden subvertirse, sino los de una sociedad en la que el individuo, al participar del bienestar que le proporciona, se hace también partícipe de las atrocidades que engendra:

> Para poder sobrevivir debemos renunciar al juego y a la inacción y aceptar la división de trabajo, de acuerdo; es necesario que seamos algo [...] para comer es preciso aceptar que todo es necesario, lo atroz y lo trivial, la jerarquía, los trasportes públicos y la desaparición de los animales. Lo que pasa es que después de haber aceptado todo como completamente necesario a algunos se les quitan las ganas de comer [Savater 1978: 52].

El individuo se encuentra aislado siendo incapaz de hacer frente a un sistema que parece inevitable. Frente a esto, nuevas revoluciones, amparadas en filosofías irracionalistas, proclaman nuevas formas de vida que rompen con las jerarquías y con el estado de cosas existente: «Mayo y la muerte de Dios, los "hippies" y el Marqués de Sade, Lille, Nietzsche... Es evidente que la negación de hoy no reviste las mismas formas que en los siglos pasados. Pero también es obvio que no puede haber una discontinuidad radical entre ellas...» [1978: 52 y 23]. Ante la imposibilidad de luchar contra lo inevitable, Savater propone una filosofía de la inacción. En lugar de participar del mal, el revolucionario, simplemente negándose a participar del estado de cosas, puede mantenerse quieto como el capitán Ahab de la novela de Melville, una de las referencias literarias más queridas de Savater, en espera de la llegada de esa gran ballena blanca que nunca aparece. Una revolución de la inacción que encuentra también en el Sade de la obra de Weiss un claro representante en los diálogos que mantiene con Marat quien una y otra y otra vez le hace ver la necesidad de actuar para cambiar el curso de la historia.

Este nihilismo que Savater identifica con las protestas pacíficas de mayo del 68 y con la contracultura, se enfrenta a la razón occidental y a sus valores más tradicionales. Pero el filósofo es también crítico con los valores del marxismo. «Hoy más que nunca es improcedente proclamar la decadencia del capitalismo occidental, como si se vieran en él crecientes síntomas de acabamiento. Es más bien el proyecto marxista quien se ha depauperado de forma vertiginosa» [Savater 1978: 24]. Para Savater, los males e injusticias que en Occidente son endémicos, resultan un cáncer mortal en el bloque comunista que encarnó los ideales de la revolución. Fracasado el proyecto marxista, es necesario emprender una nueva revuelta. Se trata de una revolución cuyo primer paso es agitar unas conciencias adormiladas por el espejismo de la sociedad del bienestar y los medios de comunicación, subnormalizada, como diría Vázquez Montalbán, e incapaz de escapar a las injusticias del nuevo mundo. En palabras de José Monleón:

> …el «teatro de la crueldad» parte de la necesidad de sacudir a un espectador que sigue pasivamente el espectáculo, imagen perfectamente acorde con la de un mundo que carece de imaginación y sensibilidad moral para sentir en su carne el hambre de Latinoamérica, los bombardeos de Vietnam del Norte […] [1967: 14].

Como vimos, la interpretación de Monleón en la revista *Triunfo* era entusiasta con la obra de Peter Weiss y veía en ella la puesta en escena de un necesario diálogo de la izquierda consigo misma, al tiempo que encontraba en el teatro artaudiano un estímulo para agitar conciencias. Es interesante, sin embargo, contrastar su visión con la de quien fuera director de *Mundo obrero*, órgano oficial del partido comunista en España, Miguel Bilbatúa, quien en la revista democristiana *Cuadernos para el diálogo* exponía bajo el título de «Marat-Sade-Weiss-Marsillach»[20] sus reparos, tanto ideológicos como estéticos, al montaje del dramaturgo español. La obra original de Weiss planteaba un enfrentamiento equilibrado entre la revolución como transformación de las estructuras objetivas (Marat) y la revolución como modificación de la conducta personal de los individuos (Sade). Sin embargo, el propio Weiss habría reconocido que los argumentos liberales de Sade se quedan en «meras elucubraciones aristocráticas» sin los razonamientos de Marat. Con su montaje, Marsillach desequilibraba esta dicotomía haciendo que todos los elementos del montaje señalaran a Sade como el protagonista absoluto de la obra.

---

20 «Desde el vestuario —el blanco de Sade contrastado con la extraordinaria monotonía del resto de los recluidos— hasta la iluminación —luz cenital cayendo sobre Sade mientras el escenario permanece en penumbra— y la planificación de las diferentes escenas volcadas sobre Sade» [Bilbatúa, 1968:48–49].

La crítica de Bilbatúa, manifiestamente incómoda con el resultado, deja ver hacia dónde se dirigía la balanza que sostenía el peso de los cuerpos de Marat y Sade en la cultura española del final de la década de los sesenta. La decisión escenográfica obedecía a la opinión de Marsillach quien al asistir a la representación de la obra en Estocolmo se habría convencido de la importancia que cobraba el personaje en la ejecución de la pieza teatral[21]. Pero esta victoria de Sade representaría también la victoria de una revolución incruenta y carnavalesca que se celebraba tanto desde la filosofía del neonietzscheanismo, como desde algunas de las propuestas estéticas más vanguardistas del momento. Sade, el revolucionario de las costumbres, se cubre también con la máscara filosófica de Nietzsche, que viene para negar la profundidad marxista que propone la infraestructura económica como la esencia capaz de dar explicación a todos los fenómenos culturales; Sade, en los márgenes de esa locura que puede interpretarse como la verdadera lucidez, se camufla también tras el rostro Artaud representante de un nuevo arte que agita, sorprende y escandaliza, pero que no se deja ya interpretar en términos ideológicos convencionales. Rodeado de todas estas sombras, en la obra de Weiss, el ciudadano Marat que soñaba con aquella revolución definitiva capaz de llevar el poder a las clases populares, ve llegar la muerte en su bañera a manos de la seductora Charlotte Corday mientras Sade, de pie en su silla, ríe triunfante.

Bibliografía

AFINOGUÉNOVA, EUGENIA (2003): *El idiota superviviente. Artes y letras españolas frente a la muerte del hombre, 1969–1990*, Madrid, Ediciones Libertarias.

BILBATÚA, MIGUEL (1968) «Marat-Sade-Marsillach», en: *Cuadernos para el diálogo*, 68, 48–49.

---

21 Según lo recuerda el escritor y traductor Francisco J. Uriz, Marsillach habría exclamado al terminar la obra: «Pero, Paco ¡si el protagonista es Sade!» [Weiss 216:171].

BOLTANSKI, LUC Y CHIAPELLO, EVE (2002): *El nuevo espíritu del capitalismo*, Madrid: Akal.

CARANDELL, JOSEP MARÍA (1994): «*Marat-Sade* según Marsillach», en: *El País*, 13-02-1994.

CASTELLET, JOSÉ MARÍA (ed.) (2001): *Nueve novísimos poetas españoles*, Barcelona, Península.

FERNÁNDEZ BUEY, FRANCISCO Y LÓPEZ ARNAL, SALVADOR (eds.) (2004): *De la primavera de Praga al Marxismo ecologista: entrevistas con Manuel Sacristán Luzón*, Madrid, Catarata.

FOUCAULT, MICHEL (1970): *Marx, Nietzsche, Freud*, Barcelona, Anagrama.

HORKHEIMER, MAX Y ADORNO, THEODOR (1998): *La dialéctica de la ilustración*, Madrid, Trotta.

DÍAZ CUYÁS, JOSÉ (coord.) (2009): *Encuentros de Pamplona 1972: Fin de fiesta del arte experimental*, Madrid, Museo Nacional Centro de Arte Reina Sofía.

– (2011): «La rarefacta fragancia del arte experimental en España», en: *De la revuelta a la posmodernidad (1962–1982)*, Madrid, MNCARS.

MARSILLACH, ADOLFO (1968–69): *Marat-Sade* (Programa de mano de la representación en el Teatro Poliorama de Barcelona), Barcelona, s/p.

MONLEÓN, JOSÉ (1967): «La hora de Antonin Artaud», en: *Triunfo*, 279, 14.

– (1868): «Marat/Sade», en: *Triunfo*, 332, 43–49.

MONTALBÁN, MANUEL VÁZQUEZ (2005): «Marat, Sade y Franco», en: *Crónica sentimental de la transición*, Barcelona: Debolsillo, 15–16.

ORDOÑEZ, MARCOS (2007): «Aquel *Marat-Sade* del 68», en: *El País*, 3-5-2007.

PALMESTIERNA-WEISS, GUNILLA (2017): «Persecución y asesinato de Jean-Paul Marat tal como los representaban los pacientes de manicomio de Charenton bajo la dirección del señor de Sade» [Extracto del capítulo «Marat/Sade» de las memorias *Minnets spelplats*, Ed. Bonniers, 2013. Traducción y adaptación Francisco J. Uriz], en *Crisis*, nº 11.

PLATA PARGA, GABRIEL (1999): *La razón romántica: la cultura del progresismo español a través de Triunfo (1962–1975)*, Madrid, Biblioteca Nueva.

ROBERTS, DAVID (1988): «Marat/Sade, o el nacimiento de la posmodernidad a partir del espíritu de la vanguardia», en: Josep Picó (comp.), *Modernidad y Posmodernidad*, Madrid, Alianza.

ROBLES TARDÍO, ROCÍO (2014): «El instituto alemán: espacio de excepción en el último decenio del franquismo», en: *Desacuerdos 8*, MNCARS.

SASTRE, ALFONSO (1970a): *La revolución y la crítica de la cultura*, Barcelona, Grijalbo.

– (1970b): «Sin sede y sin grey», en: *Triunfo*, 433, 30–32.

– (1996) «Recuerdo y futuro de Peter Weiss en un mundo dividido», en: Cesar de Vicente Hernando (coord.), *Peter Weiss: una estética de la resistencia*, Guipozcua, Iru, 123–130.

SAVATER, FERNANDO (1978): *La filosofía tachada* seguida de *Nihilismo y acción*, Madrid, Taurus.

– (2003) *Mira por donde: autobiografía razonada*, Madrid, Taurus.

SONTAG, SUSAN (2007): *Contra la interpretación y otros ensayos*, Barcelona, Debolsillo.

TRÍAS, EUGENIO (1968): *La filosofía y su sombra*, Barcelona, Seix Barral.

– (1970a): *Teoría de las ideologías*, Barcelona, Península.

– (1970b): «Alfonso Sastre: un libro para la polémica», en: *Triunfo*, 428.

– (1971): «El mito del humanismo: la prueba de la peste», en: *Triunfo*, 460.

– (et. al.) (1972): *En favor de Nietzsche*, Madrid, Taurus.

– (1984): *Filosofía y carnaval*, Barcelona, Anagrama.

– (1987): *Teoría de las ideologías y otros textos afines*, Barcelona, Península.

– (2006): *La dispersión*, Madrid, Arena Libros.

– (2003): *El árbol de la vida. Memorias*, Barcelona, Destino.

VÁZQUEZ GARCÍA, FRANCISCO (2014): *Hijos de Dionisos, Sociogénesis de una vanguardia nietzscheana (1968–1985)*, Madrid, Biblioteca Nueva.

VÁZQUEZ MONTALBÁN, MANUEL (2005): *Crónica sentimental de la transición*, Barcelona, Debolsillo.

Villamandos, Alberto (2011): *El discreto encanto de la subversión. Una crítica cultural de la gauche divine*, Pamplona, Laetoli.
Weiss, Peter (1965): *Persecución y asesinato de Jean-Paul Marat*, Mexico D.F, Grijabo.
– / Uriz, Francisco J. (2016): *Viaje a la España de Franco*, Zaragoza, Ediciones Erial.

Marco Parmeggiani
Universidad de Málaga

La investigación histórico-filológicamente fundada de la filosofía de Nietzsche en España desde 1980

La obra de Nietzsche presenta una serie de problemas hermenéuticos complejos que derivan ante todo de las puras *condiciones materiales* de sus textos, y que tienen una repercusión crucial en la interpretación de su filosofía[1]. En primer lugar, su división en obra publicada y apuntes póstumos. Cada uno presenta una tipología de texto tan diferente que supone un auténtico salto cualitativo con respecto al otro, debido a la fuerte intervención de una elaboración artístico-literaria a la que Nietzsche sometía sus apuntes para la publicación. Si en los fragmentos póstumos descubrimos propiamente su *taller filosófico*, y en ellos vemos al Nietzsche *filósofo puro*[2], aunque con todas sus peculiaridades, en la obra publicada encontramos *Der Denker auf der Bühne*[3], asistimos a una auténtica puesta en escena que, mediante los más sofisticados instrumentos estilísticos y retóricos, calcula con la máxima precisión el efecto de sus giros y locuciones tanto a nivel connotativo, como visual, fónico y rítmico[4]. Es de una extrema ingenuidad aplicar, como se había hecho en el pasado, a los dos niveles los mismos criterios hermenéuticos.

En segundo lugar, el legado póstumo, en el que podríamos encontrar su pensamiento despojado de todo ropaje retórico-literario, presenta una

---

1   Lo que en el ámbito de los *Nietzsche-Studien* se ha venido en llamar la cuestión del *Nietzsche-lesen*.
2   Esta es la ya clásica reivindicación de Heidegger (2000), que posteriormente se completará en otros ámbitos culturales con Gilles Deleuze (1962) y Arthur Danto (1965).
3   «El pensador en escena»: así titula Sloterdijk su monografía sobre Nietzsche (1986).
4   Cf. «Mi estilo es una *danza*; un juego de simetrías de todo tipo que luego supero de un salto, burlándome de ellas. Un juego que llega hasta la elección de las vocales» Nietzsche 2010: 438, carta a Erwin Rohde, 22 de febrero de 1884.

heterogeneidad de textos, que cabe clasificar en al menos cinco subniveles hermenéuticos[5]: 1) apuntes descartados completamente; 2) apuntes preparatorios y superados en elaboraciones posteriores; 3) resúmenes, paráfrasis o copias de lecturas; 4) apuntes de ideas divergentes o contrarias; 5) apuntes de ideas no destinadas a la publicación. La aproximación que pretende reducir estos subniveles a uno o dos de ellos era en el pasado hermenéuticamente ingenua, pero hoy en día ya resulta precipitada y poco rigurosa[6]. Por poner dos ejemplos. En cuanto al 4), se conservan declaraciones explícitas de Nietzsche en las que dice escribir solo para sí mismo, sin tener a la vista una publicación ni siquiera futura[7]. En cuanto al 3), el grupo de investigación en torno a la *Nietzsche-Quelle* ha revelado cómo muchos de los textos más escandalosos de Nietzsche eran meras paráfrasis o resúmenes de otros autores[8].

El paso de la recepción de un filósofo desde el nivel del imaginario individual o colectivo, al nivel simbólico del estudio científico de sus textos, ha sido siempre decisivo en cualquier ámbito cultural, porque supone un auténtico *vuelco* que en adelante será difícil si no casi imposible revertir. Este paso se lleva a cabo gracias a la introducción de la dimensión ética de un imperativo que, de ahora en adelante, nos dicta cómo debemos y no debemos proceder con la obra, qué maneras quedan definitivamente desterradas, qué se debe perseguir con la mayor dedicación, etc. Entre estos, el mandato hermenéutico de conformarse a la concreción de los textos, evitando, por un lado, el sesgo, la manipulación y la divagación, y por otro, la deriva alegórica[9]. Este mandato suscita una irrupción tal de realidad en el estudio del autor que a partir de ese momento cualquier enfoque se sitúa en una perspectiva invertida respecto

---

5   Parmeggiani 2002b: 187–200.
6   Aunque desgraciadamente se ha seguido dando con profusión en el ámbito anglófono. La precipitación con el filósofo del leer lento es un puro contrasentido, y sus motivaciones, la urgencia de publicar y cumplir rankings, son desde luego lo más alejado que pueda pensarse del espíritu que anima esos mismos textos que se quieren *analizar*.
7   Véase por ejemplo: «Ya no estimo ya a los lectores: ¿cómo podría escribir para lectores?... Pero me anoto a mí mismo, para mí mismo» [Nietzsche 2006: 296, 9(188)].
8   Véase algunos ejemplos graves en Campioni 1993.
9   Toda esta problemática ha sido desarrollada con mayor detalle en Parmeggiani 2002b: 187–200.

al pasado. Las mismas ideas, los mismos problemas, los mismos textos serán considerados ahora algo así como *desde abajo*, en lugar de hacerlo *desde arriba*, y por tanto su sentido cambiará completamente.

Nuevos investigadores introdujeron pronto en España estos principios hermenéuticos procedentes de Alemania e Italia, y dieron inicio a *un nuevo modo de aproximarse a Nietzsche a partir de 1980*. Desde ahora, su estudio se basará en las ediciones críticas alemanas primero, y más tarde, en gran parte como fruto de ese mismo trabajo de investigación, en las nuevas traducciones críticas completas al castellano de la obra y la correspondencia, que aparecerán a partir de 2005. Para conocer las líneas básicas de este proceso conviene dividirlo en tres etapas: desarrollo, consolidación y refundación.

1. Período de desarrollo: años '80

La heterodoxa personalidad del pensador alemán, la casi imposible sistematización de sus escritos y la novedad de su transvaloración de todos los valores, no comprendida o malinterpretada por muchos, habían justificado sobradamente los valientes esfuerzos de Savater por introducir, presentar y ofrecer las primeras herramientas adecuadas para el abordaje de una obra atípica en tiempos desfavorables. Voluntad que se ve solidificada en 1986 gracias a la esclarecedora aportación de Remedios Ávila Crespo con *Nietzsche y la redención del azar*, desde la cual se asientan los primeros lineamientos para una recepción académica gradual y progresiva de la obra de Nietzsche. La monografía presenta el itinerario de una filosofía que parte desde una consideración de la vida bajo categorías fundamentalmente estéticas, con la caracterización de la concepción trágica del pueblo griego, hacia la propuesta de la acción comprometida que se explicita desde el concepto de *voluntad de poder*. Derrotero que a su vez desarrolla su propio y original método, la genealogía, que le permite a Nietzsche, no solo construir la crítica al sistema de valores de su época, sino también someter a análisis el suyo propio. Este método está latente en la elaboración de sus primeras obras y se va constituyendo paulatinamente a partir de su propia concepción del *positivismo* y su peculiar manera de entender la *psicología*. Así, mediante este procedimiento se aleja progresivamente del paradigma schopenhaueriano del *mundo como voluntad y representación*, sustituyéndolo por el propósito de atenerse única y exclusivamente a lo fenoménico, a lo *positivo*, y por la desconfianza a todo juicio de valor establecido y aceptado, en la certidumbre que en ellos se puede escrutar *psicológicamente* las peculiaridades de quienes los suscriben, sus intenciones y temores; y ya no un trasmundo fundante.

Ávila Crespo inicia una línea investigadora cuyas propuestas metodológicas y dilucidaciones conceptuales serán continuamente referidas por los diferentes estudiosos de la obra del filósofo alemán. Dando por sentado la vigencia o actualidad del pensamiento nietzscheano en España, superaba la exposición propedéutica e invitaba al compromiso en el desarrollo del trabajo académico especializado sobre la obra nietzscheana. En este caso la elucidación del concepto de lo trágico permitirá establecer las claves de interpretación de este concepto fundamental en la obra de Nietzsche, que tiene su origen en *El nacimiento de la tragedia* y permanece casi inalterable durante toda su obra, como lo advierte el mismo Nietzsche en múltiples ocasiones. Este concepto se relaciona estrechamente con el concepto de voluntad de poder, que se introduce en su filosofía a través de la obra más animada precisamente por el *pathos* trágico, y que marca la madurez de su pensamiento: *Así habló Zaratustra*. Entre estas dos obras o etapas del pensamiento nietzscheano se construye la original empresa de la transvaloración, que va de la reflexión a la acción, de la teoría a la práctica, de la preocupación estética a la propuesta ética, y viceversa. El lúcido mensaje transvalorativo puesto en boca de Zaratustra delinea las características principales de una nueva óptica perspectivista respecto a Dios, el mundo y el tiempo; y posibilita la emancipación del hombre, su fidelidad a la tierra y la reconciliación del azar con el destino, de la necesidad con la libertad.

A finales de los años ochenta la figura de Nietzsche goza de gran difusión mundial. En España su lectura se impone en todas partes y casi siempre con los mismos acentos apasionados, a favor o en contra. Pero no siempre estas lecturas son detenidas, formales y honestas, sino que en ocasiones se limitan a reflejar las interpretaciones forzadas de intereses predeterminados.

Observando que los problemas filosóficos puestos en evidencia por Nietzsche siguen reclamando posiciones clarificadoras, Luis Jiménez

Moreno publicó diversos estudios [1972, 1983, 1987] ampliamente informativos y bien sistematizados, trabajos que facilitarán el acceso al universo nietzscheano desde un interés antropológico, y desembarazados de cualquier intencionalidad demagógica. Las pautas de lectura desde las que se enfrenta a los textos Jiménez Moreno parten de la advertencia que, para comprender la filosofía de Nietzsche, merece igual atención el *hombre* que sus escritos, por lo que fija su mirada reiteradamente sobre los aspectos biográficos que marcan el ritmo y el tono de la producción nietzscheana. Partiendo de esta base nos introduce gradualmente en una filosofía que califica «como vitalismo antropológico-axiológico, en cuanto pretende, ante todo, que el cognoscente descubra su situación y realice un proyecto vital propio que *como fenómeno estético* justifique la existencia» [1987: 67]. Adentrándose en la obra consigue hacer emerger la vitalidad de un método, que según Jiménez Moreno, pretende descubrir y hacer vivir la realidad histórica. Desde la problemática del lenguaje, en relación con sus implicaciones con el problema del conocimiento en general, concretamente en cuanto a la determinación del proceso de conocimiento y a su objeto, la epistemología nietzscheana nos conduce hacia una nueva antropología y una axiología inédita. Una filosofía que, fiel al sentido de la tierra, escruta las diversas expresiones lingüísticas, artísticas y culturales de una época en busca de su modo de valorar.

La reconstrucción de la crítica de Nietzsche a la metafísica, entendida ésta como el núcleo del pensamiento filosófico occidental y, por lo tanto, también como el rasgo central de nuestra cultura, recibió un innovador impulso con la publicación de la monografía de Juan Luis Vermal dedicada a *La crítica de la metafísica en Nietzsche* [1987]. Vermal lograba fusionar la joven tradición interpretativa peninsular con las revolucionarias aportaciones de la revisión crítica de la obra de Nietzsche llevada a cabo por los estudiosos italianos Colli y Montinari. Con ello proponía un *giro* interpretativo significativo: abandonar la dirección anteriormente propuesta por muchos investigadores que iba *de nosotros a Nietzsche* (es decir llevar a los textos nuestras preocupaciones, intenciones y temores; en definitiva, hacerlo contemporáneo) para abordar la perspectiva *de Nietzsche a nosotros* (es decir tratar de entender el texto por sí mismo). Los conceptos de *verdad* y *tiempo* constituyen la guía para seguir el camino de Nietzsche en su crítica del pensar metafísico, caracterizado por la instauración de una dualidad determinada por una instancia trascendental que constituye el *ser verdadero*. Un mundo verdadero representado por su presencia sin límites, absoluto en el tiempo. Así, el libro rastrea la evolución nietzscheana de dichos núcleos temáticos hasta llegar a su posición más madura de la década de los '80, para exponer en su despliegue global, la crítica y reformulación de los conceptos ontológicos fundamentales durante el último período de la creación nietzscheana (eterno retorno, voluntad de poder). Una crítica de la metafísica que, abandonando el modelo anterior de la crítica ilustrada, arremete contra las bases ontológicas primeras de la tradición metafísica. Es de destacar que el análisis de dicha evolución del pensamiento nietzscheano se basa sobre todo en la interpretación de los textos inéditos, en la convicción de que en estos se encuentra con mayor claridad que en los publicados la destrucción de la tradición metafísica que Nietzsche se propone en esta época. Relativizando la sentencia de Karl Schlechta, quien sostuvo que en la obra póstuma no se encontraba «ningún *nuevo* pensamiento central»[10], Vermal sostenía que «puede seguir afirmándose que los manuscritos inéditos de esta época constituyen lo más propio del pensamiento nietzscheano y que, aun sin contradecir la obra publicada, van en muchos casos más allá de ella» [Vermal 1987: 20]. Afirmación nacida del minucioso estudio de la que quizás podría llamarse la primera edición realmente completa de las obras de Nietzsche, llevada a cabo por G. Colli y M. Montinari[11].

El estudio de la relación de Nietzsche con sus reconocidos *maestros* Schopenhauer y Wagner o su particular recepción del legado filosófico

---

10 Cabe señalar que Schlechta realizó esta afirmación basándose solo en la parte entonces conocida y reconociendo la necesidad de una edición crítica de los textos nietzscheanos. Cfr. Nietzsche 1956: III 1433.

11 Hoy ya es conocido por todos la seriedad, fiabilidad y giro hermenéutico que representaron para los estudiosos de la obra de Nietzsche la aparición de la edición crítica de las obras completas de Nietzsche llevada a cabo por G. Colli y M. Montinari. Aportó los elementos suficientes como para considerar definitivamente superada la anterior edición de las *Obras completas* llevada a cabo por K. Schlechta como también la imaginaria *Voluntad de poder* editada bajo la dirección de Elizabeth Forster-Nietzsche, que además de presentar una obra que su hermano nunca llegó a realizar como tal, contiene una selección, agrupación y fragmentación arbitraria de los textos manuscritos, a las que se suman no pocos errores y falsificaciones [sobre todo ello, cfr. Llinares 2006].

kantiano son en general temas que abren perspectivas que sobrepasan el perímetro restringido de un tema específico. La tarea de Julio Quesada catalizaba los esfuerzos por tratar de unificar y dar sentido a un tipo de pensamiento que desafía toda sistematización y que permanecía en muchos aspectos desmembrado, fragmentado por los diversos abordajes críticos. Se trataba de alcanzar la madurez de una perspectiva que lograse integrar en su originario entrelazamiento cuestiones como la interpretación ontológica de Nietzsche, su observación estética del mundo y del hombre, y su consecuente compromiso político. Estos tres aspectos en su conjugación fundamental constituían el enfoque desde el cual Julio Quesada [1988] abordaba la problemática y las consecuencias del pensamiento intempestivo nietzscheano, es decir, un modo de pensar que está en desacuerdo con la forma de vivir de sus contemporáneos y con los valores imperantes, y por tanto pretende su transfiguración. De este modo, sumándose a los incipientes esfuerzos de clarificación de la crítica nietzscheana a la metafísica, delinea los primeros pasos de una propuesta de exégesis expositivo-crítica, pero sin renunciar a las sugerencias literarias que permitan una mejor dilucidación del problema. Esta exégesis nos conduce desde el entrelazamiento originario de los aspectos anteriormente mencionados, a la comprensión nietzscheana de Schopenhauer y Kant y a la progresiva configuración de las propiamente nietzscheanas. Así, según Quesada, la novedad de su propuesta puede ser delineada a partir de la dilucidación de los antecedentes schopenhauerianos de Nietzsche —concretamente de su lectura de *El mundo como voluntad y representación*—, de la clarificación de los elementos fundamentales de la visión dionisíaca del mundo en los escritos de juventud y del análisis detenido de las *Intempestivas*. Desde la recepción nietzscheana de la problemática kantiana se pueden trazar las posibles trayectorias filosófico-políticas de esta concepción de la vida y de la historia como procesos esencialmente *abiertos*, que reconoce en el legado de la metafísica dogmática su consiguiente voluntad ascética de un *no querer vivir* y reivindica la capacidad metafórica del hombre como impulso fundamental incardinado en su propia naturaleza.

La propuesta de Sánchez Meca se construye desde la original perspectiva que nace de la autocrítica de revisar a fondo los propios supuestos de interpretación, de la pasión de un lector que busca en la laberíntica obra nietzscheana los criterios válidos para su interlocución. Pasión que lejos de traducirse en fanatismo se convierte en un poco frecuente *pathos* de verdad que denuncia la actitud de aquellos intérpretes que tergiversando los textos logran arreglar un Nietzsche *a medida*; para presentar luego como pensamiento de Nietzsche lo que solo era pensamiento de un intérprete que utiliza a Nietzsche como altavoz. De este modo, en su monografía [1989] precisará tempranamente criterios de lecturas, que si bien se daban en forma latente, o habían sido señalados por algún intérprete, no estaban explicitados y trabajados detenidamente en el ámbito hispano.

Sin renunciar a un trabajo de organización y de sistematización, el autor se aparta de los comentaristas que, no teniendo suficientemente en cuenta el sentido dado por Nietzsche a su noción de *interpretación*, terminaron ofreciendo: unos, especies de nuevas metafísicas; otros, «nietzscheanas filosofías de las historias, que solo se distinguen de las demás en aspectos de contenido, no en el esquema mismo de su formulación ni tampoco por una significación o valor propio» [1989: 10]. Sánchez Meca se detiene *en* el texto y propone pautas de lecturas, nuevas puertas de entradas a un pensamiento que se escabulle a toda normativización categórica, meta-histórica. Así, el examen de la figura del superhombre debe ser desarrollado en el contexto del nihilismo para llegar a una comprensión del incuestionable individualismo nietzscheano y su radicalidad, tanto ética como política. Para ello, el autor comienza analizando la interpretación que hace el primer Nietzsche de Kant, Hegel, Schopenhauer, Wagner y los griegos, como cimiento para el desarrollo ulterior de la figura del superhombre. El problema del valor del sufrimiento recibe aquí un nuevo replanteamiento a partir de la óptica del arte, la comprensión del conflicto trágico como *pólemos* y la auto-afirmación como alternativa al resentimiento. La parte central del estudio está dedicada a la nueva interpretación nietzscheana del *mundo como voluntad de poder*. Se trata del proyecto de superar todos los *rincones* del ideal, para llegar a un ejercicio crítico de la óptica de la vida (con el método genealógico), aplicado a la metafísica y a la ficción del sujeto. Esto nos abre la posibilidad a una nueva auto-comprensión del conocimiento como interpretación y de la vida como auto-superación, que quedan recogidos y sancionados en el pensamiento del eterno retorno. Por último, todo ello es reenfocado desde el problema del nihilismo, que es a la vez el problema de las condiciones de realización de la potencialidad y excelencia humanas. Esto implica una nueva concepción de la historia que abra la posibilidad de una historia humana no-nihilista, para lo que cual es imprescindible llegar a una redención de aquello que encadena más fuertemente a la voluntad humana: su imposibilidad de querer hacia atrás. Así, el individualismo de Nietzsche se configura como un proyecto de renaturalización de la cultura, en el que la reivindicación absoluta del individuo frente a la colectividad (también y sobre todo en términos políticos) puede conducir, según el autor, a un posnihilismo, diferente tanto de la posmodernidad como de la reformulación habermasiana del proyecto ilustrado.

2. Período de consolidación: década de los '90

La nueva década arrancaba así con la interpretación de base histórico-filológica ya plenamente fundada, a la que el libro de Sánchez Meca a finales de la década anterior había dado el aldabonazo. La constitución de este suelo firme permitió que en los '90 los nuevos estudiosos pudieran dedicarse con calma a desarrollar de manera extensa temáticas concretas, sin la preocupación ya de tener que ir eliminando malentendidos a cada paso y dar una justificación global de la nueva aproximación al texto nietzscheano.

Destaca en primer lugar el empeño por delinear una justa valoración del papel de la primera filosofía nietzscheana llevada a cabo por Manuel Barrios Casares. Este estudioso había comenzado sus investigaciones sobre el pensamiento de Nietzsche ofreciendo una original interpretación [1990] de un concepto central en ese pensamiento, la voluntad de poder, recogiendo las aportaciones más importantes que sobre él se habían hecho en el conjunto de los estudios nietzscheanos. Para resaltar el aspecto productivo de la voluntad de poder, Manuel Barrios la reformula como *amor*, es decir, como una actividad dadora que, movida solo por su sobreabundancia de fuerzas, no espera recibir nada a cambio. Esta interpretación de la voluntad de poder se basa en la peculiar interpretación nietzscheana del amor y de la amistad que los sustrae a los conceptos moralizadores impuestos por el cristianismo en la tradición de Occidente.

En su monografía posterior [1993], Manuel Barrios se propone romper con el tópico interpretativo dominante que, quizás genuinamente inspirado en la autocrítica del propio Nietzsche, señala en este primer período de su pensamiento «un repugnante olor hegeliano», un dominante *pathos* romántico que lo mantendría subsumido bajo las influencias de Schopenhauer y Wagner. Una absoluta adscripción a la órbita intelectual de la metafísica schopenhaueriana que nos llevaría a considerar, por tanto, como genuinamente nietzscheano solo lo desarrollado con posteridad a 1872 y a *El nacimiento de la tragedia*. Replanteando la influencia de la metafísica schopenhaueriana sobre la filosofía del joven Nietzsche, Barrios Casares realiza un análisis detallado del primer pensamiento nietzscheano y en particular de su primer libro, *El nacimiento de la tragedia*. Descubriéndonos las dimensiones de un pensamiento original y crítico, un anticipo tanto en su temática como en sus fundamentos de su futura obra, manifiesta la posibilidad de leer este texto de Nietzsche ante todo como un primer paso, significativo, germinal, en su progresivo distanciamiento de las concepciones filosóficas delineadas por Schopenhauer en *El mundo como voluntad y representación* y el ideal romántico de arte, cultura y genio sostenido por Wagner. Mediante un tratamiento interrelacional de los distintos períodos del pensamiento de Nietzsche, la dilucidación genealógica-filosófica y la perspectiva histórica-filológica de lo dionisíaco, se desentraña el concepto de voluntad elaborado por el joven pensador en su tarea de elucidación de la tragedia griega, y en él, su comprensión del mundo como fenómeno estético. Accediendo así al esquema interpretativo-metafísico de lo real, se evidencian las motivaciones y el desarrollo de la filosofía del joven Nietzsche, que si bien aún adopta fórmulas propias de sus maestros, no deja de matizar su posición personal fundando el principio de una inevitable ruptura, junto al anuncio de una filosofía posterior. De este modo, distanciándose de aquellos intérpretes que solo han tenido oídos para la disonancia existencial, estética que el pensamiento de Nietzsche ofrecía frente a sus reconocidos maestros, Barrios Casares acentúa el carácter marcadamente metafísico de las diferencias existentes entre una y otra reflexión, convirtiendo la cuestión del «Nietzsche, filólogo romántico», un problema para metafísicos.

El interés por el Nietzsche temprano es en muchos casos compartido por los estudiosos de la obra del filósofo alemán en España. A lo

La investigación histórico-filológicamente fundada 317

que se añade el interés en muchos aspectos hacia los importantes aportes realizados por la recepción francesa de la obra de Nietzsche (Bataille, Deleuze, Foucault, Derrida…), y de modo indirecto a los plasmados en los años sesentas en Alemania por E. Fink, donde se sostiene que Nietzsche no solo marcaría el fin de la historia de la metafísica, sino también el primer intento logrado de salir de ella. Así, a este interés teórico se le suman el análisis de los aportes de la perspectiva de la que podríamos llamar filosofía práctica, en el afán de dilucidar desde el prisma nietzscheano y desde nuestro entorno, las diversas facetas de la cultura europea, su genealogía y decadencia desde sus diferentes estratos de sentido como podrían ser: la enseñanza, el lenguaje, la literatura, el arte, la historia, la política, la ciencia, la filosofía, la moral y la religión. Un ejemplo de esta modalidad de trabajo, donde el análisis nietzscheano de la decadencia de la cultura occidental es abordado extensamente, es la monografía de Manuel Suances Marcos [1993].

En 1997, los estudios sobre Nietzsche en España, si bien habían logrado despejar muchos de los tópicos que se le atribuían al pensador alemán, como por ejemplo su relación con la ideología nazi, aún les faltaba esclarecer aquel que cuestionaba de forma más radical el legado nietzscheano: el tópico de pensador *irracional*. Acusación que desafía a cualquiera que quisiera demostrar el valor filosófico de una obra atípica y que Jesús Conill logra defender con la publicación de *El poder de la mentira. Nietzsche y la política de la transvaloración* [1997]. Indagando acerca de *qué es pensar* para Nietzsche y *cuál es el valor filosófico* de su obra, Conill consigue presentar lúcidamente la trama en la que se pone de manifiesto la peculiar racionalidad de la propuesta nietzscheana.

La novedad del discurso filosófico nietzscheano, que se inicia mediante una particular recepción de la crítica kantiana, se inscribiría así dentro de la tradición de la filosofía crítica del lenguaje, a partir de la cual se abre una nueva forma filosófica de pensar: no al estilo de la fundamentación clásica pero sí una forma de *dar razón*, basada en un análisis crítico del lenguaje filosófico tradicional y de la experiencia de ese lenguaje discursivo conceptual. Una particular forma de pensar y escribir plenamente filosófica y que se ha confundido en distintas ocasiones con el irracionalismo, el misticismo, la sugerencia literaria o la sofística. Logrando un giro radical en la *crítica de la razón*, el *antirracionalismo* de Nietzsche supone en realidad un modo de entender la razón desde unos parámetros propios, que son su carácter corporal y semiótico. Parámetros diferentes a los considerados tradicionalmente por el pensamiento filosófico, donde los aspectos lógicos-metodológicos ocultaron históricamente los aspectos más profundos y originarios como el cuerpo y el lenguaje. De este modo, Conill logra establecer las principales tesis y referencias bibliográficas que demuestran el valor filosófico del discurso filosófico nietzscheano, una novedad crítica ya señalada tempranamente por pensadores españoles como Ortega y Zubiri y que Conill logra mostrar acertadamente advirtiéndonos de las íntimas —y no señaladas hasta el momento— conexiones entre importantes ideas zubiriana y las tesis nietzscheanas, así como de la original recepción orteguiana de la idea de superhombre.

3. Periodo de refundación: el nuevo siglo

Preludio al nuevo siglo fue la celebración en el 200 del centenario de la muerte de Nietzsche, que supuso una auténtica explosión en España del interés por su obra. La publicación de numerosas monografías han llegado a constituirlo en uno de los campos más dinámicos de la historiografía filosófica en España. A ello se añaden nuevas ediciones críticas y rigurosas, permitiendo así disponer de traducciones nuevas o alternativas, la celebración de numerosos congresos, la fundación de una sociedad dedicada al estudio de la obra nietzscheana y, por último, la creación de una revista monográfica *Estudios Nietzsche*, en paralelo a la revista alemana *Nietzsche-Studien*.

El evento más importante del nuevo siglo, que supuso toda una renovación de los estudios nietzscheanos en España, es la creación de la Sociedad Española de Estudios sobre F. Nietzsche (SEDEN), en marzo de 2000, aprovechando la conmemoración del Centenario de la muerte de Nietzsche y con ocasión de un Seminario Internacional sobre su pensamiento que tuvo lugar en Málaga, España[12]. Un grupo de estudiosos se animaron a poner en marcha esta Sociedad con un firme propósito

---

12 Véase una reseña en Parmeggiani 2000.

práctico: que fuese de gran utilidad para todos aquellos dedicados al estudio de la obra de Nietzsche. Una vez constituida formalmente la Sociedad, lo primero fue crear una página web (<http://www.uma.es/nietzsche-seden/>), en la que se informase sobre la sociedad, sus objetivos, estatutos, y herramientas para la investigación, como las novedades editoriales de monografías y traducciones, reseñas, congresos, y todo tipo de noticias que tienen alguna relación con Nietzsche. A ello debe sumarse la página web de la revista de la Sociedad, *Estudios Nietzsche* (<www.estudiosnietzsche.org>). Con dieciocho años de actividad (desde 2001) la revista ha ido dedicando cada número a un tema monográfico, con la contribución continua de los más reconocidos especialistas no solo nacionales sino internacionales. Desde 2007 pasó a ser publicada por una de las más prestigiosas editoriales en el ámbito filosófico hispano, Trotta. Gracias a la labor de su director, Luis E. de Santiago Guervós, ha sido de las pocas revistas en castellano en alcanzar las mejores posiciones en los ránquines internacionales más importantes, como el ERIH.

Gracias a la renovación que ha supuesto la creación de SEDEN y sus nuevos proyectos (la edición crítica de los fragmentos póstumos, la correspondencia y las obras completas de Nietzsche[13]), los estudios monográficos se han ido multiplicando en España, siempre manteniendo un alto nivel de calidad, en nada desmerecedor de figurar junto a las bibliografías de otras áreas lingüísticas (alemana, inglesa, francesa o alemana), y respondiendo a un ámbito de investigación ya ampliamente consolidado y en proceso de expansión en España. Desde estudiosos que ya habían iniciado su trayectoria en las décadas anteriores, y que se expresaban ya con la riqueza y profundidad de su madurez cumplida, hasta la aparición de una nueva generación más joven, que, sobre las bases de las aportaciones anteriores, ahondaron ulteriormente en aspectos fundamentales del pensamiento nietzscheano.

---

13   Para una información más completa sobre esas ediciones críticas, véase el capítulo «La recepción contemporánea de Nietzsche en el mundo hispano: la edición completa en castellano de los *Fragmentos póstumos*, la *Correspondencia* y las *Obras completas*».

Entre los primeros, Ávila Crespo inaugura el siglo con un estudio [1999] dedicado al tan controvertido e importante tema del sujeto en Nietzsche. En él hace un recorrido desde el planteamiento genealógico de Nietzsche y su contextualización en la filosofía de la sospecha, hasta las cuestiones de la fragmentación del sujeto y el problema del sentido. Como hacía ver la autora, la fragmentación del sujeto es una cuestión tanto teórica como práctica, es decir, que también tiene que ver con la forma de vivirse el hombre occidental tras la muerte de Dios. El aspecto práctico se revela concretamente, por ejemplo, en el imperativo ético nietzscheano de dar un estilo al propio carácter, que la autora analiza por primera vez de manera pormenorizada. Frente a la condición nihilista se impone la necesidad de hallar las posibles vías de superación del nihilismo, que siempre se encontrarán ante la misma alternativa: la necesidad de optar entre tragedia o utopía. El estudio mostraba en toda esta temática hasta qué punto resulta fructífero plantear un diálogo del pensamiento nietzscheano con otros enfoques, sobre todo posteriores del siglo XX, para medir el calado y enjuiciar críticamente la viabilidad de sus propuestas[14].

Dentro del primer grupo cabe destacar también a un estudioso, Mariano Rodríguez González, que se dedicó ya en los años '80 a una *reconstrucción* de la teoría nietzscheana del conocimiento y que solo quedará plasmada plenamente en una ambiciosa y rigurosa monografía publicada en 2011. La conexión del problema del conocimiento con el papel crucial del lenguaje que le asigna Nietzsche abre la perspectiva a una nueva concepción de la verdad que, por su carácter paradójico, al menos desde nuestra herencia metafísica, resulta difícil de descubrir en todas sus potencialidades. El autor resuelve de manera muy fructífera el conocido problema de auto-contradicción implícito en la propuesta perspectivista de Nietzsche. De este modo nos lleva a descubrir que la centralidad del lenguaje y la crítica radical del sujeto son los puntos nodales de esa propuesta, lo que le permite establecer conexiones muy interesantes y ricas entre Nietzsche y Wittgenstein en otro estudio fruto de investigaciones posteriores [2010].

---

14 En su libro posterior *El desafío del nihilismo* [2005], R. Ávila Crespo profundizará de manera más amplia la temática del nihilismo, ya no exclusivamente en Nietzsche, sino en el panorama más amplio del pensamiento contemporáneo y sus raíces en la filosofía moderna y antigua.

Madurado en el tiempo y expresado sin urgencias, Manuel Barrios Casares logra explicitar el moderno problema de *narrar el abismo* desde la reflexión filosófica y la reflexión sobre la literatura. Es decir: el problema de «cómo conferir forma filosófica, narrativa —e histórica en última instancia— a la experiencia disolutiva del mundo moderno» [2001: 7]. Utilizando como referentes sus lecturas de Hölderlin y Nietzsche, Barrios Casares investiga hermenéuticamente los orígenes genealógicos de la crítica nietzscheana a la cultura de fines del XIX. Este análisis la remonta hasta la temprana crítica de Hölderlin a la lógica reflexiva del juicio, anticipo de la crítica de Hegel a la proposición del entendimiento, al intelecto logificador, y donde pueden ubicarse las reflexiones nietzscheanas. El libro hace un examen clarificador de la relación entre creatividad y verdad en Nietzsche desde su primera época, mostrando cómo trasciende las dicotomías en las que habitualmente funciona el pensamiento metafísico. A continuación, estudia la dimensión retórica del lenguaje defendida por Nietzsche, pero despojándola de las connotaciones irracionalistas infundidas por la apropiación postmoderna de su filosofía. Y, por último, una comparación muy certera con Kundera le sirve para indagar en el significado del nihilismo y del pensamiento del eterno retorno, limpiándolo de interpretaciones erróneas. La actitud propugnada por Nietzsche no puede consistir simplemente en sumergirse en el mundo privado de sentido de nuestra condición nihilista, sino en vivir la contradicción, la tensión inherente entre este abismo de sinsentido y el deseo de crear sentidos y formas nuevas.

Ubicar a Nietzsche dentro de la historia de las ideas es una tarea ampliamente complicada tanto por la dilucidación precisa de sus novedosos aportes como por el abuso que se ha hecho de los tópicos sobre su pensamiento. Tópicos que en muchas ocasiones desde el terreno de los supuestos —nada contrastados— orientan las investigaciones hacia un Nietzsche abanderado de *lo otro de la razón*. Dentro del segundo grupo mencionado, cabe destacar a Germán Cano [2001][15] quien pretende disolver dichas figuraciones de Nietzsche delimitando el territorio real de la intempestividad nietzscheana: más allá de la estéril alternativa entre la modernidad autosatisfecha y el *debole* postmodernismo. Con

---

15 Monografía que el autor completó con otra casi contemporánea sobre el «cuidado de la libertad» [2000].

mirada atenta y sin pretender ofrecer una imagen exacta y definitiva del pensamiento nietzscheano, Germán Cano reconstruye el escenario dinámico de las ideas modernas, donde los aportes de Nietzsche se revelarán como el momento autocrítico de la modernidad sobre sí misma. Reconstruyendo genealógicamente el camino que lleva de Nietzsche a Weber, de Weber a la Teoría Crítica y de ésta a Foucault, se muestra el papel central que desempeñó el diagnóstico ineludible de las observaciones nietzscheanas, de un Nietzsche médico de la cultura, tanto para la Escuela de Frankfurt como para Foucault. Ubicado en el terreno de la creación inmanente de valores, el legado nietzscheano se muestra ajeno a la artificial tensión entre las transmundanas y grandilocuentes aspiraciones de la metafísica dogmática y la inapetencia vital, el «nada vale la pena». Abriendo así el delgado sendero por donde transita un nuevo tipo de crítica que permanece ajena tanto al optimismo de la radicalización racional como al pesimismo nostálgico, característico del romanticismo tan criticado por Nietzsche.

Reconstruyendo la perspectiva del pensamiento nietzscheano desde un trabajo histórico-filológico y una modalidad genealógica, Marco Parmeggiani [2002a][16] se adentra en uno de los terrenos menos estudiados del pensamiento nietzscheano: la crítica del concepto metafísico del sujeto cognoscente. Analizando las extensas y minuciosas meditaciones nietzscheanas de 1880–1889, dispersas en aforismos publicados y fragmentos póstumos, Parmeggiani ofrece una interpretación orgánica y pormenorizada de la crítica más radical a la gnoseología metafísica tradicional, que se desdobla en dos líneas: una general contra el concepto metafísico del sujeto cognoscente y otra más específica contra el postulado metafísico del sujeto del pensar. Críticas llevadas a cabo desde una original perspectiva donde se conectan la crítica de la cultura y la reflexión teórica, y donde el análisis genealógico de la cultura occidental es la base para una tarea inaudita de creación de conceptos. Logrando extraer, de este modo, una visión de conjunto que saca a la luz las ilusiones del pensamiento. Este estudio específico pretende ser una ejemplificación de la filosofía pluralista que Nietzsche fraguó en forma

---

16 Esta monografía halla su complemento en otro libro del autor dedicado a recorrer diversas problemáticas cruciales del pensamiento de Nietzsche desde la perspectiva del nihilismo [2002b].

de *perspectivismo*. Por ello, el autor insiste en no confundir el pluralismo nietzscheano con el eclecticismo fuertemente vigente en nuestros días. Parmeggiani diferencia la propuesta nietzscheana respecto al débil eclecticismo actual nacido de la incapacidad, de la carencia de espontaneidad y creatividad propias del ser humano, que, incapaz de generar nada nuevo, funda la cultura *epigonal* surgida a finales del siglo XX y extendida hasta hoy como *cultifilisteismo*. Autoconvencido «hijo de las musas y hombre de cultura» el *cultifilisteo* reproduce las ambiciones de la metafísica tradicional negándose a reconocer la necesaria injusticia de toda perspectiva, de todo punto de vista, aspirando a alcanzar un punto de vista situado fuera de toda perspectiva, o una perspectiva que las abarque a todas. Esta búsqueda de la perspectiva absoluta es la esencia misma de la metafísica de la subjetividad en su afán de refutar todo perspectivismo, lo que da sentido a la subjetividad occidental. Subjetividad cuya disolución Nietzsche anuncia como la expiración de una ilusión: como la muerte de Dios.

Con motivo del centenario de la muerte de Nietzsche, Joan B. Llinares coordinó desde el departamento de Metafísica y Teoría del Conocimiento de la Universidad de Valencia, una nueva publicación colectiva en torno a la obra de Nietzsche. *Nietzsche, 100 años después* [2002] sintetiza la evolución y seriedad de los estudios que se han llevado a cabo en las diversas universidades de la península ibérica y que aquí se conjugan a través de los trabajos presentados por Elvira Burgos Díaz, Germán Cano, Enrique Gavilán, Joan B. Llinares, Miguel Morey, Jacobo Muñoz, Elena Nájera, Cristina De Peretti, Diego Sánchez Meca, Luis E. De Santiago Guervós, Paco Vidarte. Estudios heterogéneos e independientes que no solo muestran la solvencia de cada intérprete, sino la pluralidad de perspectivas en que es leída la obra de Nietzsche en la diversa geografía española, y la actualidad de su pensamiento.

De este modo, Joan B. Llinares logra pulir las diversas caras del prisma donde confluyen y se descomponen las distintas facetas de un amplio espectro multicolor. El problema del nihilismo, diversas conjeturas sobre las categorías nietzscheanas, la presencia del filósofo en la obra del poeta G. Benn, la crítica de la razón resentida ilustrada en el cristianismo de Lutero, sobre la imagen idealista de la mujer, la lectura nietzscheana de la filosofía moderna y una reflexión fecundizada por la compañía de pensadores como Wagner y Weber, Heidegger, Foucault, y Derrida; constituyen el cuerpo de una obra destinada a homenajear al filósofo desde un espíritu de discusión y ajeno a toda reverencia.

Si bien en 2003 los estudiosos españoles de la obra de Nietzsche habían logrado significativos avances explicativos, aún sigue acuciando la tarea de desmitificar o desconstruir racionalmente lo que Walter Kaufmann denominó la *leyenda Nietzsche*: la manipulación ideológica y los abusos políticos a la que fue sometida su obra. Abuso hermenéutico que Esteban Enguita salva mediante los aportes críticos que establece en *El joven Nietzsche, Política y Tragedia* [2004][17]. Aportaciones que permiten trazar las líneas vertebradoras de la política en el pensamiento del joven Nietzsche, complementados por un certero análisis del marco cultural que la justifica y que la establece como medio necesario para la realización de unos fines que se encuentran más allá y por encima de la política. Apartado de la mediación interpretativa de cualquier marco filosófico, ateniéndose a los textos y considerando los factores extratextuales, como la influencia intelectual que sobre el joven Nietzsche tuvieron autores y tradiciones que jugaron un papel decisivo en su formación y los aspectos de la *ideología dominante* en su época y su entorno social, Enguita escruta los textos nietzscheanos desde una perspectiva holista de su *corpus* juvenil, donde cada una de sus partes (metafísica, cultura, teoría del conocimiento, pedagogía y política) se relacionan de un modo subordinado y jerárquico, sin perder su carácter unitario. Más allá de la deformación, vulgarización, politización y despolitización que han realizado las diversas manipulaciones ideológicas o neutralizaciones políticas, Enguita establece los parámetros para una lectura legítima de los aspectos políticos en la obra de Nietzsche. Si bien la política no ocupa un aspecto central en la obra de Nietzsche, esto no desvaloriza las importantes contribuciones nietzscheanas en este terreno, pues en ningún momento dejó de señalar y de exponer las consecuencias políticas y sociales que entrañaban sus ideas, así como de exponer las condiciones necesarias para la total trasformación del hombre. No es posible

---

17 Esta monografía se completa con una muy buena antología de fragmentos políticos de Nietzsche realizada por el mismo autor [Nietzsche 2004].

por tanto comprender adecuadamente la radicalidad y el alcance del proyecto filosófico de Nietzsche si se ignora su pensamiento político y el lugar que Nietzsche le concede dentro de su filosofía. Lugares comunes que han predominado tanto en la interpretación despolitizada de su obra, como en su burda politización apasionada. De este modo el autor abre un espacio de debate a aquellos aspectos del legado nietzscheano muchas veces infravalorados y otras tantas desvirtuados por las diversas manipulaciones ideológicas y que no había sido suficientemente considerado por la crítica filosófica. Desentrañando la valoración justa de la dimensión política del pensamiento nietzscheano nos permite comprender adecuadamente la radicalidad y el alcance del propósito filosófico de Nietzsche en su crítica a la totalidad del mundo *cristiano-burgués*.

En el marco de esta madurez crítica de la investigación nietzscheana en España, y desde supuestos distintos a los habituales, Luis E. de Santiago Guervós construye el más logrado intento de aproximación al polifacético y clave papel que juega el arte en el pensamiento nietzscheano. Luis de Santiago había empezado sus investigaciones por la firme base que representa la labor de edición y traducción de los textos nietzscheanos. En primer lugar, fue una recopilación y traducción crítica de los escritos suscitados por la polémica en torno a la publicación de *El nacimiento de la tragedia* [Rohde 1994], con todos los escritos involucrados de Wilamowitz, Rohde y Wagner. Luego vino una edición imponente, de los escritos y lecciones del joven Nietzsche sobre retórica [Nietzsche 2000], un instrumento imprescindible para abordar de forma rigurosa la problemática del lenguaje en su pensamiento.

Heidegger había lanzado un desafío ineludible a los intérpretes nietzscheanos: hasta que no consigamos, a pesar de su fragmentariedad, ofrecer un orden interno a su doctrina del arte, lo que se diga sobre el pensamiento de Nietzsche no deja de ser un conjunto de ocurrencias casuales y comentarios arbitrarios [2000: I 136]. Luis E. de Santiago Guervós asume y responde admirablemente a este desafío en su amplia monografía *Arte y poder* [2004], trazando con precisión las coordenadas que nos ayuden a comprender, sin olvidar su enfoque perspectivista, «lo que nunca podría denominarse con un lenguaje oficial una *estética* nietzscheana», es decir, la posibilidad o no, de una estética en Nietzsche. Teniendo en cuenta que solo a la luz de sus intereses estéticos podría apreciarse mejor la estructura del pensamiento nietzscheano, presenta la disposición de un pensar dinámico y orgánicamente integrado, pero ajeno a las sistematizaciones totalizantes de las metafísicas de cuño dogmático, y revelador de un programa filosófico revolucionario en la historia del pensamiento. Nietzsche trataba de definir un nuevo modelo de racionalidad, la *racionalidad estética*, cuya meta no es otra que la de liberar al pensamiento del dominio de la lógica de la identidad. El giro nietzscheano consigue invertir la relación tradicional entre arte y conocimiento, según la cual el arte se subordina al conocimiento, para defender la prioridad del crear sobre el conocer y, sin separar al filósofo del artista, excluye la noción de verdad como fundamento de la creación artística y revela los variados aspectos de un *arte interesado*.

De este modo, la estética como ejercicio antimetafísico es considerada por Nietzsche en ocasiones como una *estrategia*, como una vía de salida o alternativa no solo a la metafísica, sino a todo lo que ella ha fundamentado: la religión, la moral, la política, etc. Buscando, así, a través del arte poder superar una filosofía que constituía el fundamento de la cultura y moral occidental, vio en el artista una alternativa a la filosofía, un espacio desde el cual se podía superar la crisis generalizada de la cultura occidental. Convencido de la superioridad del arte sobre la filosofía, así como también de que había que transformar la filosofía a través del modelo que representa la *perspectiva del artista*, Nietzsche percibió en la *estética* una posibilidad de acceso privilegiado al saber fundamental de los instintos, de la vida, al contenido pulsional y excitante de la naturaleza. A una experiencia del mundo como obra de arte, como fenómeno estético, donde lo primordial es la afirmación del acto creador, que en respuesta frente al nihilismo consigue superar el sinsentido de la existencia.

Imposibilitados de definir o sintetizar las ideas de Nietzsche en torno al arte sin traicionar el espíritu perspectivista nietzscheano y siendo inaceptable, por tanto, hablar simplemente de una estética, o de una sola visión de arte, según Luis de Santiago solo nos aproximamos a la estética nietzscheana cuando reproducimos la variedad de sus puntos de vista, desde el arte como «actitud metafísica», como la «tarea suprema de la vida», hasta la «fisiología del arte» o «psicología del arte». Una concepción del arte como «fuerza universal» como *poder*, como «la actividad metafísica fundamental» donde el arte es entendido como sinónimo de todas las actividades creativas del hombre y el artista no es tanto el que produce obras de arte, sino el que produce su propia vida, el que convierte su propio yo en un «fenómeno estético»[18].

Tan importante en la obra de Nietzsche como la experiencia estética es la dimensión ética de su filosofía. En el ámbito de los estudios hispanos, que estaban extendiendo poco a poco la investigación histórica-filológicamente fundada a cada una de las distintas facetas de su pensamiento, hacía falta un estudio monográfico dedicado especialmente a la *ética* de Nietzsche. Este hueco ha venido a rellenarlo la joven investigadora Encarnación Ruiz Callejón, tras una larga y rigurosa labor de investigación en su libro *Nietzsche y la filosofía práctica: la moral aristocrática como búsqueda de la salud* [2004] aborda la reflexión ética nietzscheana sin ambages, en toda su intempestividad, como la propuesta de una moral aristocrática. Pero de manera muy acertada lo aristocrático como principio moral es enfocado desde el concepto nietzscheano de la gran salud, con lo que se corta de raíz todo intento de recuperar al pensador alemán para la apología de algún tipo de conservadurismo.

En su última monografía, Sánchez Meca [2005] consolida la madurez del punto de vista de una lectura personal, pues es ante todo un lector que comparte su experiencia de lectura. Esta se basa en una reflexión erudita forjada en el intercambio de las diversas recepciones académicas llevadas a cabo en España, y en el continuo diálogo con los principales especialistas mundiales. Esta capacidad suya de *leer bien* queda atestiguada en sus excelentes traducciones de textos nietzscheanos hasta el momento inasequibles en español: la recopilación de lecciones y fragmentos póstumos en torno a la religión griega antigua [Nietzsche 1999]. El primer problema abordado es el de *¿cómo hay que leer a Nietzsche?*: ¿cómo interpretar una obra tan desbordante en puntos de vistas sin caer en el vicio de las reducciones esquemáticas previas?, ¿cómo comprender la pluralidad asistemática de unos escritos que navegan entre aforismos, apuntes, máximas, parodias, poemas, conjuntamente con la tradicional deducción discursiva?

---

18 Una indispensable aportación posterior de Luis de Santiago para el estudio de la estética de Nietzsche en conexión a ese referente absoluto que fue Wagner, es su cuidadísima edición de los testimonios de Cosima Wagner [2013].

Desde una lectura lenta y paciente, no solo propone una interpretación desarrollada desde la relación cuerpo-cultura, como hilo conductor para recorrer el pensamiento nietzscheano, sino se detiene además en reproducir lo que denomina el *tempo* nietzscheano, los ritmos y acordes de la experiencia de pensamiento nietzscheana. Labor que lo llevará a confrontarse con los criterios de las interpretaciones canónicas nacidas de los aportes de aquellos pensadores que han marcado las diversas líneas interpretativas como Heidegger, Habermas y Deleuze, en la última parte del libro. Con ello invita al lector a la confrontación con las propias pautas de lectura, a la autocrítica, a la desmitificación de cualquier línea investigativa, a la desacralización de cualquier referente que se pretenda legítimo, definitivo, concluyente.

El libro toma como hilo conductor para recorrer el pensamiento nietzscheano la cuestión de la relación entre el cuerpo y la cultura, de manera que el nihilismo debe ser entendido, no como un mero problema cultural o ideológico, sino como el reflejo de unas condiciones psico-fisiológicas de decadencia del hombre occidental, que se han ido agravando a lo largo de la historia. Por ello, el análisis que hace Nietzsche de la religión, la moral, el arte, la filosofía, las formas políticas y la cultura remiten en última instancia a un examen de los tipos humanos concretos que le sirven de base: el santo, el asceta, el artista, el político, etc. Según el autor, la convicción básica de Nietzsche es que la sobreabundancia de fuerza corporal y vitalidad es siempre buena y positiva, porque esa fuerza vital puede sublimarse y espiritualizarse hacia la creación de una cultura superior. En cambio, el hombre occidental contemporáneo se cree la cima del progreso histórico cuando en realidad, a pesar de todo su progreso, se siente más insatisfecho e infeliz, más *vacío* (nihilismo), que nunca. Ahora bien, este vacío esconde una condición de decadencia y debilidad a pesar de todas sus conquistas. Así, comenzando desde un examen de la interpretación que hace Nietzsche de la serenidad como ejemplo histórico de la victoria sobre el dolor, el libro estudia la relación cuerpo-cultura, los diagnósticos de Nietzsche sobre las enfermedades de Occidente y las posibilidades de curación y salud.

Bibliografía

ÁVILA CRESPO, REMEDIOS (1986): *Nietzsche y la redención del azar,* Granada, Universidad de Granada.
– (1999): *Identidad y tragedia: Nietzsche y la fragmentación del sujeto,* Barcelona, Crítica.
– (2005): *El desafío del nihilismo,* Madrid, Trotta.
BARRIOS CASARES, MANUEL (1990): *La voluntad de poder como amor,* Barcelona, Serbal (Madrid, Arena Libros, 2006).
– (1993): *Voluntad de lo trágico. El concepto nietzscheano de voluntad a partir de «El nacimiento de la tragedia»,* Sevilla, Er. Revista de Filosofía [Madrid, Biblioteca Nueva, 2002].
– (2001): *Narrar el abismo. Ensayo sobre Nietzsche, Hölderlin y la disolución del clasicismo,* Valencia, Pre-Textos.
BURGOS, ELVIRA (1993): *Dioniso en la filosofía del joven Nietzsche,* Zaragoza, Universidad de Zaragoza.
CAMPIONI, GIULIANO (1993): «"En el desierto de la ciencia". Una nueva edición italiana de la Voluntad de poder de Nietzsche», en: *Er*, VIII, 15, 215–239.
CANO, GERMÁN (2000): *Como un ángel frío: Nietzsche y el cuidado de la libertad,* Valencia, Pretextos.
– (2001): *Nietzsche y la crítica de la modernidad,* Madrid, Biblioteca Nueva.
CONILL, JESÚS (2007): *El poder de la mentira. Nietzsche y la política de la transvaloración,* Madrid, Tecnos [1997].
DANTO, ARTHUR (1965): *Nietzsche as Philosopher*, New York, Columbia University Press.
DELEUZE, GILLES (1962): *Nietzsche et la philosophie*, Paris, PUF.
ESTEBAN ENGUITA, JOSÉ EMILIO / QUESADA, JULIO (eds.) (2000): *Política, historia y verdad en la obra de F. Nietzsche,* Madrid, Huerga y Fierro Editores.
– (2004): *El joven Nietzsche, Política y Tragedia,* Madrid, Biblioteca Nueva.
HEIDEGGER, MARTIN (2000), *Nietzsche*. 2 vol. Ed. J. L. Vermal, Barcelona, Destino.

Hernández-Pacheco, Javier (1990): *Nietzsche: estudio sobre vida y trascendencia,* Barcelona, Herder.
Izquierdo Sánchez, Agustín (2001): *Friedrich Nietzsche,* Madrid, Edaf.
Jiménez Moreno, Luis (1972): *Nietzsche,* Barcelona, Labor.
– (1983): *Hombre, Historia y Cultura. Desde la ruptura innovadora de Nietzsche,* Madrid, Espasa-Calpe.
– (1987): *El pensamiento de Nietzsche,* Madrid, Cincel.
Llinares, Joan Bautista. (ed. 2002): *Nietzsche, 100 años después,* Valencia, Pre-Textos.
– (2006): «De los planes para *La voluntad de poder* a *Ecce homo* y *Nietzsche contra Wagner*», en la «Introducción» a Nietzsche, *Fragmentos póstumos. Vol. IV,* Madrid, Tecnos 21–33.
López Castelló, Enrique (ed. 2005): *Nietzsche bifronte,* Madrid, Biblioteca Nueva.
– (2008): *Leyendo a Nietzsche,* Madrid, UAM.
Lynch, Enrique (1993): *Dioniso dormido sobre un tigre. A través de Nietzsche y su teoría del lenguaje,* Barcelona, Destino.
Morey, Miguel (1993): *Friedrich Nietzsche, una biografía,* Barcelona, Archipiélago.
Nietzsche, F. (1956): *Werke in drei Bänden*, ed. K. Schlechta, München, Hanser.
Nietzsche, F. (1999): *El culto griego a los dioses: Cómo se llega a ser filósofo*, ed. D. Sánchez Meca, Madrid, Alderabán (reeditado en Nietzsche 2013: 931–1033).
Nietzsche, F. (2000): *Escritos sobre retórica*, ed. L. E. De Santiago Guervós, Madrid, Trotta (reeditado en Nietzsche 2013: 809–930).
Nietzsche, F. (2004): *Fragmentos póstumos sobre política*, ed. J. E. Esteban Enguita, Madrid, Trotta.
Nietzsche, F. (2006): *Fragmentos póstumos IV*, ed. J. B. Llinares y J. L. Vermal, Madrid, Tecnos.
Nietzsche, F. (2010): *Correspondencia IV. Enero 1880–Diciembre 1884*, ed. M. Parmeggiani, Madrid, Trotta.
Nietzsche, F. (2011): *Obras completas*, vol. I, Madrid, Tecnos.
Nietzsche, F. (2013): *Obras completas*, vol. II, Madrid, Tecnos.

Parmeggiani, Marco (2000): «Seminario Internacional de Filosofía: en el centenario de la muerte de Nietzsche», en: *Diálogo Filosófico*, 48, 476–480.
– (2001): «¿Para qué filología? Significación filosófica de la edición Colli-Montinari de la obra de Nietzsche», en: *Estudios Nietzsche*, 1, 91–102.
– (2002a): *Perspectivismo y subjetividad en Nietzsche*, Málaga, Analecta Malacitana.
– (2002b): *Nietzsche: Crítica y proyecto desde el nihilismo*, Málaga, Ágora.
Pérez Maseda, Eduardo (1993): *Música como idea, música como destino: Wagner – Nietzsche*, Madrid, Tecnos [Madrid, Biblioteca Nueva, 2004].
Quesada, Julio (1988): *Un pensamiento intempestivo: Ontología, estética y política en F. Nietzsche*, Barcelona, Anthropos.
Rodríguez González, Mariano (2010): *El sujeto velado: a partir de Nietzsche y Wittgenstein*, Madrid, Biblioteca Nueva, 2010.
– (2011): *La teoría nietzscheana del conocimiento*, Madrid, Eutelequia [tesis doctoral, Madrid, Universidad Complutense, 1990].
Rohde, E., Wilamowitz-Möllendorff, U. v. y Wagner, R. (1994): *Nietzsche y la polémica sobre el nacimiento de la tragedia*, ed. L. E. De Santiago Guervós, Málaga, Ágora (reeditado en Nietzsche 2011: 861–965).
Ruiz Callejón, Encarnación (2004): *Nietzsche y la filosofía práctica: la moral aristocrática como búsqueda de la salud*, Granada, Universidad de Granada.
Sánchez Meca, Diego (1989): *En torno al superhombre: Nietzsche y la crisis de la modernidad*, Barcelona, Anthropos.
– (2005): *Nietzsche. La experiencia dionisíaca del mundo*, Madrid, Tecnos (2008).
Santiago Guervós, Luis Enrique L (2004): *Arte y Poder: Aproximación a la estética de Nietzsche*, Madrid, Trotta.
Sloterdijk, Peter (1986): *Der Denker auf der Bühne. Nietzsches Materialismus*, Frankfurt am Main, Suhrkamp [*El pensador en escena. El materialismo de Nietzsche*, Valencia, Pre-Textos, 2000].
Suances Marcos, Manuel (1993): *Friedrich Nietzsche: crítica de la cultura occidental*, Madrid, UNED.

VALVERDE, JOSÉ MARÍA (1994): *Nietzsche, de filólogo a anticristo,* Madrid, Planeta.
VERMAL, JUAN LUIS (1987): *La crítica de la metafísica en Nietzsche,* Barcelona, Anthropos.
WAGNER, COSIMA (2013): *Cartas a F. Nietzsche. Diarios y otros testimonios.* Ed. L. E. de Santiago Guervós, Madrid, Trotta.

Kilian Lavernia
Universidad Nacional de Educación a Distancia

La recepción contemporánea de Nietzsche en el mundo hispano: la edición completa en castellano de los *Fragmentos póstumos*, la *Correspondencia* y las *Obras completas*

La publicación del cuarto y último volumen de las *Obras Completas* de Friedrich Nietzsche —un proyecto editorial que, junto a los ya publicados *Fragmentos Póstumos* y la *Correspondencia*, ha constituido una de las empresas intelectuales en el mundo hispanohablante más ambiciosas de los últimos años—, brinda una ocasión más que adecuada para detenernos, al menos durante las siguientes páginas, y realizar un balance provisional, tanto de su origen, conformación y recorrido hasta la fecha, como de los logros y ganancias estrictamente filosóficas que se derivan de la publicación de todos estos materiales. En este sentido, el siguiente artículo se propone reconstruir estos dos momentos: en primer lugar, en un abordaje más historiográfico, se realizará una breve historia del surgimiento de estos tres proyectos, impulsados por la conjunción de fuerzas de la Sociedad Española de Estudios sobre Friedrich Nietzsche (SEDEN); una historia, por tanto, de sus bases programáticas y de su plan de trabajo, pero también de los criterios de edición y la metodología empleados, aspectos más que decisivos en un autor como Nietzsche. En un segundo momento, más filosófico, nuestra contribución se propondrá mostrar hasta qué punto se puede hablar aquí de un nuevo contexto hermenéutico, es decir, hasta qué punto la ganancia de complejidad que supone la incorporación de estas nuevas traducciones nos invita a abordar nuevos horizontes de sentido. Para dicho fin, se sugerirán algunas líneas de trabajo temáticas que se abren con mayor claridad al público hispanohablante, nuevas perspectivas sobre el texto nietzscheano que, ahora, debidamente contextualizadas y presentadas, permiten acceder a nuevas aristas del siempre complejo pensar nietzscheano.

1. Origen y conformación de un proyecto necesario

El proyecto de la traducción íntegra de las *Obras Completas*, los *Fragmentos Póstumos* y la *Correspondencia* sería impensable sin la creación, en marzo de 2000, de la Sociedad Española de Estudios sobre Friedrich Nietzsche (SEDEN). Coincidiendo con el centenario de la muerte del filósofo alemán, así como con la celebración de un Seminario Internacional sobre su pensamiento que tuvo lugar en la ciudad de Málaga [Parmeggiani/Fava 2014: 298], un grupo de estudiosos y especialistas de la obra de Nietzsche decidieron aunar sus fuerzas constituyendo la primera sociedad nietzscheana en España.

Como es sabido, el órgano de expresión adecuado para canalizar los objetivos prácticos y divulgativos de la SEDEN fue la publicación de la revista *Estudios Nietzsche*, cuyo primer número apareció en 2001. *Estudios Nietzsche* nació como una revista de investigación sobre la obra y el pensamiento de Nietzsche, pero también como un foro de encuentro y discusión filosóficos que supiera «responder», como se afirma en su presentación, «al creciente interés que por el pensamiento de Nietzsche se detecta en España» [2001: 6]. Siguiendo el espíritu de los *Nietzsche-Studien* –que desde 1972 representaban una pieza clave del engranaje del proyecto Colli-Montinari, por cuanto habilitaban un riguroso espacio de investigación desde el cual valorar la resonancia académico-filosófica de su propia edición crítica–, la revista española ofrecía, además de las habituales contribuciones monográficas, una información actualizada de carácter bibliográfico sobre las novedades editoriales, tanto en España como en el extranjero, así como una importante sección de materiales que recogía trabajos de carácter histórico, crítico-textual o filológico: contribuciones al estudio de las fuentes del pensamiento nietzscheano (*Quellenforschung*), discusiones entre literatura crítica, notas críticas acerca de temas, conceptos o expresiones lingüísticas concretos, contribuciones sobre problemas de traducción y edición, informes bibliográficos sobre temas específicos, etc.

De hecho, fue la propia revista, en el número de 2003, la que anunció uno de los proyectos editoriales más importantes en el ámbito de la filosofía hispanohablante, a saber: la traducción íntegra del *Nachlass* nietzscheano en forma de una edición crítica de los *Fragmentos Póstumos* bajo la dirección de Diego Sánchez Meca, que recogiera, ordenados cronológicamente, todos los apuntes de los cuadernos y carpetas de Nietzsche desde su llegada a Basilea hasta su enmudecimiento en Turín. La carencia era ampliamente conocida: mientras que las ediciones íntegras en alemán, francés, inglés, italiano e incluso japonés ofrecían un riguroso acceso, con claros criterios filológicos, al valioso legado póstumo del filósofo, los lectores hispanohablantes que no podían recurrir a dichas ediciones críticas seguían dependiendo de la defectuosa y altamente problemática edición de los textos póstumos de la *Großoktavausgabe*, llevada a cabo por Eduardo Ovejero y Maury en el marco de las mal llamadas *Obras Completas* editadas por Aguilar durante los años 1932-1933[1]. Y si bien es cierto que desde hacía años venían publicándose ya algunas selecciones o antologías de *Póstumos*, por ejemplo en ediciones de Llinares y Meléndez Acuña [1988, reed. 2003], Gonçal Mayos [1998], Agustín Izquierdo [1999] o Sánchez Meca [2002], no es menos cierto que la traducción íntegra de aquellos escritos, siguiendo el texto establecido por la edición Colli-Montinari, exigía una coordinación y un rigor específicos, una cobertura organizativa e institucional que precisamente ofreció el grupo de trabajo de la SEDEN.

Prueba de ello no es solo la distribución en cuatro volúmenes frente a los seis de la *Kritische Gesamtausgabe* (KGW), sino también una metodología y un plan de trabajo distintos, con criterios propios, adaptados al público hispano. Los criterios señalados por el editor en la introducción general son claros:

1) ofrecer una traducción fiel del texto, vertiendo al castellano el sentido más exacto posible del texto alemán. Se han mantenido en lo posible los recursos estilísticos del idioma alemán pero se ha privilegiado también la calidad

---

1 Desde un punto de vista estrictamente filológico, el editor de los *Póstumos* señala en *Estudios Nietzsche* algunas de los inconvenientes más decisivos, que remiten todos ellos a la problematicidad de la edición (entonces) lamentablemente canónica (y mutilada) de los *Póstumos* fabricada por Elisabeth Förster-Nietzsche: «Es una edición defectuosa básicamente por el seccionamiento arbitrario de gran número de fragmentos, por la inexacta reproducción de la numeración original de los aforismos y por sus continuos descuidos y errores en el desciframiento de los manuscritos registrados en la misma edición alemana que le sirvió de base» [Sánchez Meca 2003: 196].

del castellano al que el texto se traduce; 2) elaborar un determinado aparato crítico actualizado y en consonancia con las exigencias del material que se traduce. […] En todo caso, se cuida escrupulosamente la sucesión cronológica pues se pretende presentar el texto como una realidad indisociable de su génesis; 3) aportar someramente una cronología en la que se señalan los datos necesarios para trazar el contexto en el que los fragmentos se sitúan [Nietzsche 2010a: 30].

Si a estos tres criterios básicos se le añade el hecho de que los *Fragmentos Póstumos* tienen en cuenta todas las correcciones al texto original introducidas por los *Nachberichte* (comentarios filológicos), el resultado final es más que satisfactorio: una primera traducción íntegra del legado póstumo con claros criterios filológicos, una edición, por tanto, completa y actualizada de un material de lectura ineludible para futuras investigaciones sobre el pensamiento de Nietzsche en nuestro país.

Al poco de anunciarse este proyecto, la SEDEN inició también los trabajos para la edición íntegra de la *Correspondencia*, esta vez bajo la dirección de Luis Enrique de Santiago Guervós. También aquí, el público hispanohablante solo disponía de tres ediciones parciales e incompletas[2], cuya problematicidad, desde un punto de vista filológico, estribaba en haber tomado como modelo, o bien la edición mutilada y manipulada por Elisabeth Förster-Nietzsche en los *Gesammelte Briefe* (GBr), o bien la edición rigurosa pero interrumpida por la guerra que inició Karl Schlechta (BAB). En este sentido, la valiosa edición crítica del *Briefwechsel* (KGB), iniciada por Colli-Montinari y continuada por Norbert Miller y Annemarie Pieper, ofrecía, junto a los correspondientes volúmenes de la *Kritische Gesamtausgabe* para correcciones y complementos (KGW I/4; II/7; III/7), una base filológica rigurosa y fiable para cumplir no solo con las exigencias técnicas de crítica textual (observaciones sobre las cartas manuscritas, de errores de desciframiento e imprenta, de contextualización biográfica, etc.), sino también para desmontar, de una manera ya definitiva, las

---

2 Una valoración crítica de estas tres ediciones la ofrece Antonio Morillas en su recomendable reseña sobre el primer volumen de la *Correspondencia* [2006: 190–193].

manipulaciones, mutilaciones o incluso las burdas falsificaciones de la hermana[3].

Por consiguiente, los seis volúmenes que conforman la edición íntegra de su *Correspondencia* corrigen, también en el mundo hispano un indiscutible déficit filológico. Su concepción está pensada para ofrecer una serie de herramientas de contextualización, imprescindibles en cualquier investigación del pensamiento nietzscheano que se quiera crítica. Así, por ejemplo, cada uno de los volúmenes se ve enriquecido no solo por las rigurosas introducciones, sino también se ve reforzado por un exhaustivo aparato de notas y una sección de apéndices (datos geográficos, datos biográficos de los interlocutores, etc.) que recogen al tiempo que actualizan el legado filológico de Montinari y sus herederos en la KGW.

El último de los tres grandes proyectos amparados por la SEDEN, la edición de las *Obras Completas*, fue anunciado públicamente en *Estudios Nietzsche* en el número de 2010. Sin duda es la continuación natural de los *Póstumos* y no puede sorprender, por tanto, que siga exactamente los mismos criterios arriba señalados, tal y como ha recordado en varias ocasiones su editor [Nietzsche 2010a: 177; Nietzsche 2011a: 56]. Esto significa, en otras palabras, su misma base filológica: los textos establecidos a partir de los manuscritos de Colli-Montinari y los complementos y correcciones correspondientes del *Nachbericht*. La indiscutible permeabilidad entre la obra escrita y los materiales póstumos recientemente publicados, unida a la productiva dinámica de trabajo del grupo de investigación de la SEDEN, invitaba ciertamente a afrontar un último y no menos necesario proyecto, habida cuenta de que nunca antes se había intentado editar, en el mundo hispanohablante, una edición íntegra de la obra nietzscheana.

La edición de las *Obras Completas* es *íntegra* en un sentido fuerte. Es decir, engloba no solo el «canon» de sus obras publicadas más importantes, sino incorpora también publicaciones privadas, manuscritos autorizados y escritos póstumos, por tomar la útil clasificación de la

---

3   Como es sabido, se trata de aquellas cartas conservadas solo en la transcripción de Elisabeth Förster-Nietzsche, puesto que las originales «se perdieron». Sin embargo, en una interesante decisión filológica, son documentadas por el editor español a partir del volumen IV de la *Correspondencia*, en una sección aparte que viene inmediatamente después de las notas [Nietzsche 2010b: 577–593; Nietzsche 2011b: 403–421; Nietzsche 2012: 425–438].

Digitale Kritische Gesamtausgabe (eKGBWB). Esto es menos evidente en el caso de las obras de madurez, pero se ve con total claridad en el primer volumen [Nietzsche 2011a], donde el lector, además de encontrar todas las producciones de la época de Basilea, disfrutará de una amplia selección de esbozos autobiográficos y apuntes pertenecientes a los años 1858–1868, fundamentales para entender la génesis del pensamiento nietzscheano desde el punto de vista autobiográfico, filológico y filosófico. Sobre estos materiales volveremos en el siguiente capítulo.

Uno de los grandes logros de este último proyecto ha sido la publicación de los llamados *Escritos filológicos* [Nietzsche 2013]. Aquí encontraremos una amplia selección de textos —en gran parte inéditos— que van desde 1864 a 1876, una colección de lecciones, estudios, artículos y trabajos estrictamente académicos del joven estudiante y luego profesor de filología clásica. Sobre la rigurosa base de los escritos establecidos por Fritz Bornmann y Mario Carpitella (KGW, sección II), este ambicioso volumen pretende recuperar y reevaluar aquella faceta del Nietzsche filólogo, faceta que durante mucho tiempo fue minusvalorada o directamente desechada tanto por la recepción filosófica —que valoraba su etapa filológica como una fase superada y dejada atrás, sin influencia notable en la formación y desarrollo de su pensamiento de madurez— como sobre todo por el propio gremio filológico. De hecho, fue el rápido y fulminante juicio condenatorio de aquella corporación la que, con ocasión de *El nacimiento de la tragedia*, adelantó el duro gesto de exclusión y ostracismo futuros, sentando un precedente que acaso pudiera resumirse en aquellas terribles palabras de su contemporáneo Hermann Usener: «Son auténticas absurdidades que no sirven para nada; alguien que ha escrito esas cosas está muerto para la ciencia» [Nietzsche 2007: 344].

Frente al desinterés y el prejuicio, frente al descrédito y la hostilidad de épocas pasadas, la idea de fondo que subyace a esta publicación es clara, pues la reevaluación de la dimensión filológica, reiniciada por ejemplo en la época del *rhetorical turn* de la mano de Nancy, Lacoue-Labarthe, Kofman o Paul de Man, permite, al decir de Sánchez Meca, «desafiar ya su doble exclusión, filológica y filosófica, y examinar más imparcialmente lo que sigue siendo válido de sus obras filológicas desde un punto de vista propiamente científico poniéndolas, al mismo tiempo, en conexión con el conjunto de su pensamiento filosófico posterior» [Nietzsche 2013: 17].

Sirvan estas breves pero necesarias pinceladas para reconstruir este reciente camino de la recepción de Nietzsche en nuestro país, un camino que, a su vez, contribuye a enriquecer el esfuerzo colectivo de una *Nietzscheforschung* que sigue demostrando –a juzgar por el interés que sigue suscitando el filósofo alemán en ámbitos culturales tan lejanos para nosotros como China o Brasil– un magnífico estado de salud. Apuntaladas, pues, las bases filológicas para disponer, por primera vez en el mundo hispanohablante, de una edición completa de estos tres proyectos íntimamente entrelazados, podemos interrumpir el desarrollo historiográfico para dejar paso a una valoración más filosófica, que sugiera y esboce nuevas posibilidades interpretativas, nuevos horizontes de sentido que se abran, ahora con mayor claridad, con la disponibilidad de todos estos materiales. El matiz es importante: frente al gesto normativo de una interpretación cerrada, la propuesta que se intenta defender aquí parte de un gesto abierto que busca sondear, insinuar y arriesgar algunas orientaciones de sentido que se puedan plantear desde una nueva confrontación dialógica con un texto nietzscheano que ha modificado sustancialmente sus niveles de complejidad.

2. ¿Un nuevo contexto hermenéutico?

Por consiguiente, ¿qué importancia filosófica tiene la incorporación definitiva de estos tres materiales? ¿Puede hablarse efectivamente de una ganancia en términos de complejidad? ¿De un nuevo contexto hermenéutico?

Empecemos, por razones metodológicas, con la *Correspondencia*. A este respecto, parecería razonable sostener que la traducción íntegra de su epistolario no tiene un significado filosófico *per se*, ya que su función sería instrumental y secundaria, su lugar, subordinado a las exigencias interpretativas de la obra publicada o de los *Póstumos*. Frente a esta justa objeción, la revalorización de la importancia filosófica de sus cartas debe aprender, sin embargo, a defender con argumentos propios la necesidad de su integración armónica y su carácter imprescindible a la hora de ofrecer alguna de las claves interpretativas dentro del pensamiento nietzscheano. Y ello es así, no solo porque muchas de las ideas de su proyecto filosófico encuentran ahí su lugar vital – pensemos, por ejemplo, en el proceso de creación de *Zaratustra* desde la experiencia traumática que supone la ruptura con Paul Rée y Lou Salomé, en la que decide «transformar el fango en oro» [Nietzsche 2010b: 306]. También obedece a una importante razón de fondo, porque al recurrir a sus cartas, al confrontarnos directamente con la imagen de un Nietzsche más humano, con sus contradicciones internas, sus dudas, inquietudes y debilidades, estamos contribuyendo al desmontaje definitivo de aquella mitologización de Nietzsche, conocida lacra de una parte de su *Rezeptionsgeschichte* que nunca debiéramos olvidar.

Humanizar a Nietzsche se convierte, así, en condición de posibilidad para desmentir, en primer lugar, la imagen de una ingenua y malentendida intempestividad, es decir, la idea de un aislamiento con respecto a las corrientes culturales de su tiempo. La *Correspondencia* ofrece precisamente innumerables testimonios de sus lecturas e intereses, identifica con precisión los espacios culturales desde los cuales entender, por ejemplo, su proximidad y vinculación a la cultura francesa, ora desde la tradición moralista (periodo intermedio), ora desde la línea *décadente* (periodo último). Pero en segundo lugar, humanizar a Nietzsche significa acceder también a los pasajes más íntimos de su itinerario, es decir, a todos aquellos estados anímicos y corporales, a aquellas vivencias y experiencias fundamentales que posibilitan y condicionan en todo momento el propio acto de escritura y reflexión filosóficas. Olvidar que la reflexión capital sobre el dolor y la enfermedad, o sobre la soledad y la incomprensión de Zaratustra, tienen su fundamento en la propia experiencia vivida de alguien que aprendió a convivir, desde edades tempranas, con estas situaciones límites del cuerpo y el alma, significa claudicar frente a la exigencia de una lectura honesta y consecuente del propio cuerpo/texto – la exigencia de la *Redlichkeit*. En este sentido, el epistolario ofrece el espacio adecuado para entender el surgimiento fisiológico y anímico del propio pensar nietzscheano, localizando los vasos comunicantes entre lo biográfico y lo intelectual, la tensión constitutiva entre vida y obra.

Otro de los aspectos que puede ser explorado con mayor detenimiento es la reflexión nietzscheana sobre el estilo. Müller-Buck [2000: 170] ha señalado cómo la escritura epistolar de Nietzsche es plenamente consciente de aquella «Ley de la *doble relación*», en: la que «el estilo debe adecuarse *a ti* en relación a una persona muy determinada, a la que quieres comunicar algo» [Nietzsche 2010b: 251]. En este sentido, la *Correspondencia* es también un lugar privilegiado para determinar hasta qué punto el tipo de escritura que allí se ensaya –siempre desde distintos niveles y registros– facilita e incluso contribuye a la propia tarea nietzscheana de autocomprenderse continuamente como sujeto y objeto de experimentación. Ese desdoblamiento ocurre siempre a través del medio del lenguaje, de ahí que las cartas tengan un derecho a ser reevaluadas desde una reflexión más filosófica sobre los ambiguos caminos de la construcción de la subjetividad desde la interacción con los otros:

> *El diálogo.* — El diálogo es la conversación perfecta porque todo lo que uno dice recibe su color y su sonido preciso, su gesto acompañante *en estricta consideración al otro* con el que se habla, es decir, de la misma manera que ocurre en la correspondencia, donde una misma persona presenta diez maneras de expresiones anímicas según escriba a uno o a otro (HDM I, 374).

Del mismo modo que la *Correspondencia* cubre una carencia filosófica importante pero quizá no decisiva, los *Fragmentos Póstumos* cubren, sin lugar a dudas, una carencia filosófica importante y decisiva. No nos encontramos ante un mero complemento para eruditos, sino ante un verdadero laboratorio del pensamiento nietzscheano, un taller experimental en el que se expresa, como un péndulo inaprensible, el impredecible movimiento del pensar. Y precisamente porque nos encontramos ante un tipo de textualidad filosófica que escapa a las formas literarias más consagradas y habituales en la historia de la filosofía, reevaluar y defender su importancia solo podrá nacer desde la conciencia y determinación crítica de 1) los límites inherentes a su propia especificidad textual; 2) los peligros y dificultades que conllevan su integración dentro de una determinada interpretación filosófica. En este sentido, cuando recordamos el desmontaje decisivo de Colli y Montinari con respecto a *La voluntad de poder*, aquella obra pretendidamente definitiva fabricada por Elisabeth Förster-Nietzsche y Peter Gast desde el Archivo-Nietzsche en Weimar, estamos recordando, en otras palabras, las graves consecuencias y el carácter inaceptable que tiene cualquier interpretación esencialista de los conceptos y categorías nietzscheanos que tome como base una serie de textos que, en última instancia, Nietzsche no quiso ver publicados. Sin una debida clarificación previa de su naturaleza textual, la distinción —ya de por sí problemática— entre un Nietzsche exotérico y otro esotérico me parece en todo caso inaceptable.

Por tanto, la ganancia filosófica, que es mucha, debe venir de otro lado. A este respecto, quisiera sugerir tres líneas maestras que se nos abren, ahora con mayor claridad, gracias a la incorporación definitiva de todo el material póstumo.

En primer lugar, encontramos la permeabilidad natural entre los *Póstumos* y las *Obras Completas*, esto es, la idea según la cual no existe un lugar común del pensamiento nietzscheano que no haya sido antes experimentado, ensayado y arriesgado —en el sentido nietzscheano de *Versuch* como *Versuchung*[4]— en su taller de escritura filosófico. Ahora bien, disponer de los materiales póstumos no solo nos permite identificar con exactitud el surgimiento de una idea central, como podría ser, por ejemplo, el célebre fragmento que inmortaliza la aparición del pensamiento del eterno retorno (FP II, 2ª, 11 [141]), o, por el contrario, el abandono definitivo de una determinada concepción metafísica, como en el caso del cuaderno 19 de los FP I, que contiene los trabajos preparatorios para *Sobre verdad y mentira en sentido extramoral*. También nos permite constatar que los vasos comunicantes entre la obra publicada y el legado póstumo no siempre son fluidos y estables. No existe, desde luego, una correlación uno a uno. Es más, cabría incluso preguntarse si lo que define este magnífico juego intertextual no sería precisamente la propia indeterminación conceptual, esto es, la imposibilidad de reducir el movimiento del pensar a un esquema reductivo previo, en el que la petrificación del concepto y su connivencia con las estructuras gramaticales predeterminadas limitan o directamente anulan la producción de sentido nuevo. Para ello, siguiendo el consejo del propio Nietzsche, debemos evitar, en la medida de lo posible, el fatídico tropiezo con los rígidos esquemas que sustentan todo *columbarium* conceptual[5].

---

4   Cfr. A, 164, pero también MBM, 41.
5   «¡*Las palabras se nos atraviesan en el camino!* — Los primeros hombres cada vez que aplicaban una palabra a algo creían haber hecho un descubrimiento. ¡Qué distintas eran las cosas en realidad! — Lo que habían hecho era palpar un problema e imaginarse que lo habían *resuelto*, creando así un estorbo para resolverlo. — Ahora cada vez que hay algo que conocer tropezamos con palabras eternizadas duras como la piedra, y antes que se rompa una palabra se nos romperá la pierna» (A, 47).

Esto vale, claro está, para la noción de «nihilismo», una experiencia clave que, sin embargo, solo podemos reconstruir desde una cuidadosa lectura de aquellos cuadernos destinados al primer libro de la obra proyectada entre 1885 y 1888. El ascenso, la irrupción del nihilismo —*Die Heraufkunft des Nihilismus* (FP IV, 11 [119, 123, 326, 411])— es ciertamente una vivencia personal del propio Nietzsche, pero al tener un mayor desarrollo en los *Póstumos*, como también ocurre con otras nociones como la «voluntad de poder», el «superhombre» o el «eterno retorno», exige una cautela añadida y una labor específica de reconstrucción hermenéutica. Heidegger, cuya interpretación de Nietzsche se nutrió casi exclusivamente del *Nachlass*, no fue sin embargo ajeno a las especificidades de dicha reconstrucción, pues incluso con ocasión de su problemática interpretación de la «doctrina del eterno retorno como pensamiento fundamental de la metafísica de Nietzsche» había sabido matizar que:

> sus reflexiones sobre ese pensamiento y las notas correspondientes tendrán diferente carácter según el ámbito, la dirección y el nivel en el que se mueva en cada caso su trabajo filosófico. Esto quiere decir: «fragmento póstumo» y «fragmento póstumo» no es siempre lo mismo [*Nachlaß und Nachlaß ist nicht jedesmal dasselbe*]. Los «fragmentos póstumos» no son una confusa y arbitraria mescolanza de notas escritas al azar que por casualidad no llegaron a la imprenta. Las notas son diferentes no solo por su contenido sino también por su forma, o incluso por su falta de forma; surgen, en efecto, de temples de ánimo cambiantes y de múltiples propósitos y perspectivas, en unas ocasiones registrados fugazmente, en otras más elaborados, en unas ocasiones solo ensayados en medio de dudas y tanteos, en otras logrados repentinamente al primer intento [Heidegger 2000: 266–267].

Así las cosas, una de las grandes sorpresas que nos puede deparar la confrontación de estos dos niveles permeables de textualidad es encontrarnos con planteamientos directamente contradictorios o antitéticos, por así decirlo, con dos variaciones sobre un mismo tema. Por ejemplo, una lectura atenta del cuaderno 32 de FP I, dedicado en parte a la confección y preparación de la *Cuarta Intempestiva*, nos revela la incipiente toma de conciencia crítica de un verdadero problema cultural que lleva el nombre de Wagner: la mera teatralidad de sus óperas, su informalidad, su arrogancia, la doblez y la falsedad, la tiranía, cualidades todas ellas que podemos identificar tras una lenta reconstrucción de dichos fragmentos[6], son

---

6   Cfr. sobre todo FP I, 32 [10, 15, 18, 22, 28, 29, 32].

reprimidas y silenciadas de golpe en su destilado final, discurso laudatorio que invierte, por tanto, lo fijado inmediatamente antes. En tales casos, la escritura de Nietzsche exige un tipo de hermenéutica que no se cierre a las contradicciones, sino que las asuma como parte indispensable de la pluralidad interpretativa de todo decir. El carácter fragmentario y preliminar de estos textos, es decir, el hecho de que tratemos con anotaciones, apuntes, borradores y notas de trabajo provisionales que contengan desarrollos incompletos o vagos, reflexiones contradictorias o problemáticas, imágenes o metáforas más o menos certeras, se convierte, para nosotros, en un recordatorio metodológico a la hora de integrar lo no dicho en la obra publicada. Pues lo no dicho no es aquí carencia, tampoco ausencia, sino un acompañante exigente que enriquece sin embargo el gesto comprensivo del *Mitdenken*.

Los *Fragmentos Póstumos* se convierten, en segundo lugar, en un espacio de reflexión idóneo sobre el propio proceso de creación y escritura filosóficas. Es inevitable pensar aquí en el proceso de cristalización que desemboca en *Así habló Zaratustra*, esto es, en los numerosos aunque incompletos[7] cuadernos de 1882 y 1883 consagrados a la búsqueda de una nueva forma de expresión, auténticos experimentos con el lenguaje animados por el deseo de romper la neutralidad de los conceptos abstractos, del discurso racional. Los trabajos preparatorios que encontramos repartidos a lo largo de FP III revelan, en otras palabras, no solo la desnudez inicial de una inclasificable «obra de arte literaria» [Gadamer 2003: 119], sino también el proceso de transformación de una experiencia vital[8] que aspira, sin embargo, a un lenguaje filosófico que hable por primera vez de un nuevo orden de experiencia y que lo haga, además, desde la irónica confrontación con el puro juego de la intertextualidad. En este sentido, *Así habló Zaratustra* exige, a diferencia

---

7   En efecto, Montinari y Haase defendieron ambos la hipótesis de la destrucción, por parte de Elisabeth Förster-Nietzsche y su madre, de los manuscritos originales (*Reinschriften*) dedicados a la confección de Za 1, por encontrarse estos en estrecha relación con la *Lou-Affäre*. Cfr. KSA 15, 123–125, pero también KGW VI/4, 947 nota. Esta hipótesis ha sido defendida, con los mismos criterios, por el editor de los *Póstumos* [Nietzsche 2010c: 11].

8   Magnífico ejemplo el que aportó en su día Montinari en uno de los *Nachberichte*, cfr. KGW VII 4/1, VI–VII, mostrando el complejo recorrido desde la experiencia inicial (FP III, 2 [41]) hasta la plasmación en Za IV, «La fiesta del asno», 1.

de los otros escritos del *opus* nietzscheano, la búsqueda e incorporación de nuevas herramientas de comprensión, como las defendidas, por ejemplo, por Jörg Salaquarda [2000: 331–332]. Salaquarda ha entendido mejor que nadie que la comprensión fundamental de las relaciones intertextuales entre la *Biblia* y *Así habló Zaratustra* exige un suerte de hermenéutica literaria que haga justicia no solo a la original integración de los numerosos motivos y pasajes bíblicos, sino que determine también hasta qué punto la tensión entre oralidad y escritura, entre el mensaje y el texto proféticos constituye, en ambos casos, la condición de posibilidad de una transformación integral del ser humano. Que los trabajos preparatorios pueden facilitar esta y otras tareas interpretativas es, así me lo parece, uno de los retos más interesantes que pueden abordarse a partir de ahora.

En tercer lugar, los *Fragmentos Póstumos* permiten identificar con mayor claridad las coordenadas culturales en las que se mueve el proyecto de Nietzsche, permiten determinar, en otras palabras, el horizonte de sentido desde el que comprender su mensaje y gesto filosóficos. Esta idea enlaza con lo que venimos exponiendo respecto de la desmitologización de Nietzsche y la necesidad de contextualizar debidamente el surgimiento de sus grandes filosofemas. Su origen, sin embargo, es inseparable del espíritu «historicista» que subyace a los esfuerzos de reconstrucción y documentación filológicas de Montinari y muchos de sus discípulos (en clara oposición al espíritu y las intenciones de Colli)[9]. En este sentido, el trabajo de esta generación de estudiosos en torno a los escritos póstumos ha demostrado que en ellos encontramos el testimonio más fiable para reconstruir aquellas lecturas decisivas que acompañaron, primero, el camino formativo del joven centauro, más tarde

---

9   Fundamental la aportación de Sandro Barbera [2001: 11–36], en la que se hacen explícitas las innegables diferencias de fondo entre Colli y Montinari, y donde, además, se reconstruye la deuda que Montinari contrae con su maestro, el historiador Delio Cantimori, y el concepto burckhardtiano de *Kultur* que este consiguió transmitirle: «Cantimori se servía de Burckhardt como antídoto contra el abuso de las grandes narraciones ideológicas y filosóficas, y Montinari toma de él una concepción "artesanal" del trabajo histórico, como actividad que no rechaza la confrontación con las grandes síntesis interpretativas, pero que mira con desconfianza a su carácter prematuro o injustificado y privilegia la práctica filológica de una excavación continua y casi obsesiva en textos y documentos» [Barbera 2001: 30].

el enriquecimiento personal y espiritual del filósofo errante. Pues solo tras identificar la lectura y la fuente seguimos mejor, así me lo parece, aquel inconfundible gesto nietzscheano que se plasma en los *Póstumos*, me refiero al proceso de asimilación creativa donde el filósofo alemán reelabora y transforma, partiendo de alguna de las numerosas lecturas, una idea sugerente, una experiencia vivificante o incluso una anécdota insignificante, plegándolas a los intereses o inquietudes filosóficos del momento. Mostrar ese gesto de apropiación creativa y entender la naturaleza de su original funcionamiento es también otro de los caminos que contribuyen a humanizar a Nietzsche.

De la época de juventud me parece destacable, por ejemplo, la influencia subterránea del emergente neokantismo (Lange, Fischer, Spir), sobre todo en lo referente a las preocupaciones gnoseológicas del joven Nietzsche y su confrontación con las teorías del conocimiento de Kant y Schopenhauer. Al mismo tiempo, sin embargo, los póstumos de esta época revelen la ambigüedad que conlleva salvaguardar el núcleo teorético de la metafísica schopenhaueriana —y el lugar privilegiado que otorga a la música— por amor a la causa wagneriana. A través de los cuadernos preparatorios para *El nacimiento de la tragedia* somos testigos, por ejemplo, de aquella «equivocación» del joven profesor al asimilar acríticamente la forzada interpretación romántico-idealista, en términos claramente dialécticos, que Wagner había realizado de la filosofía de Schopenhauer. Basta con explorar el impacto del *Beethoven* wagneriano (FP I, 7 [132], 8 [96], 9 [106], 11 [1], 12 [1], 14 [3]) para comprender mejor aquel conocido lamento de *Ecce homo* donde, refiriéndose a su *opera prima*, vincula abiertamente a Wagner con Hegel: «Desprende un repugnante olor hegeliano. Solo en algunas fórmulas está impregnada del amargo perfume cadavérico de Schopenhauer» [Nietzsche 1971: 68].

Los *Póstumos* revelan, asimismo, un temprano interés por numerosos debates y discusiones científicos de la época (Zöllner, Boscovich, Kopp, etc.), interés que tendrá una presencia más decisiva en la época de madurez, cuando la apropiación y reelaboración filosófica de una gran diversidad de lecturas científicas desemboquen en modelos comprensivos e hipótesis de trabajo específicamente nietzscheanos. Basta con pensar en el original proceso creativo que observamos al reconducir la lógica de la voluntad de poder a las intuiciones de la teoría celular del embriólogo Wilhelm Roux —imprescindible el cuaderno 11 de FP II, 2ª y el cuaderno 7 de FP III—, teoría desde la cual entender la idea nietzscheana de una descentralización del sujeto y un cuestionamiento del papel concedido al yo y a la conciencia. En tanto que enmascara la multiplicidad que somos, cualquier centralización psicológica, anatómica o fisiológica impide lanzar una mirada sobre el cuerpo como pluralidad de fuerzas y de procesos intrínsecamente desiguales, cuya coherencia, sin embargo, es siempre el resultado de una lucha y de un juego. Otro ejemplo bien conocido remite a la reflexión sobre la historia natural de la moral, donde la lectura de estudios de etnología (Lubbock), historia (Lecky) o zoología (Espinas y Semper), sin olvidar, por un lado, a los utilitaristas ingleses como Mill y Spencer, y, por el otro, a autores franceses como Comte y Littré, no es simplemente documental o anecdótica. En ambos casos, veremos reflejada la originalidad epistemológica de un proyecto de crítica a la cultura que, a la vez que se nutría de los grandes avances y discusiones científicos de la época, entendió a la perfección las numerosas consecuencias espirituales a los que la ciencia moderna se veía expuesta en una época de excesiva confianza y autocomplacencia burguesas[10].

Mientras que las sugerentes líneas de fuga que se abren con los *Fragmentos Póstumos* invitan a pensar en una esperanzadora continuidad de las investigaciones sobre el pensamiento de Nietzsche en el mundo hispano, reevaluar el aporte de las *Obras Completas* desde la

---

10 Ahora bien, para la formación de la crítica moral de Nietzsche son igual de importantes tanto la tradición del moralismo francés como la posterior irrupción de Stendhal, que posibilita, a su vez, los últimos años con Bourget, los hermanos Goncourt, Baudelaire, Mérimée, etc. En el primer caso, rastrear la influencia de los moralistas franceses en la época del «espíritu libre» —Montaigne, La Bruyère, Fontenelle, Chamfort, autores mediados a través de La Rochefoucauld y Vauvernages— nos ayudará a entender, por ejemplo, la insistencia nietzscheana a la hora de resaltar las motivaciones egoístas como sustrato de las acciones de las personas más ilustres y cultivadas. Esta mirada psicológica y diseccionadora se amplia, en el segundo caso, con la lectura de Stendhal y algunos de sus herederos *décadents*. Sobre el influjo de las lecturas que Nietzsche hizo en francés sigue siendo imprescindible el estudio de Campioni [2004]. Por último, recordemos que a través de estos autores llegará a Tolstoi y sobre todo a Dostoievski, influencia que ya ha sido estudiada en nuestro país por Llinares [2009a; 2009b] desde una modélica lectura de los últimos *Póstumos*.

pregunta de si habilitan o no un nuevo contexto hermenéutico exige matizar hasta qué punto lo «nuevo» no se reduce solo a lo inédito. Pues frente a la objeción de que prácticamente todas las obras de Nietzsche han sido accesibles desde hace tiempo en lengua castellana y, por lo tanto, nada estrictamente nuevo aportaría una edición crítica e íntegra de las mismas que no se hubiera conocido antes, nada me parece más razonable que defender la idea de una suerte de necesidad generacional, a saber: la necesidad, por parte de una determinada generación del nietzscheanismo hispanohablante, de dotar a las futuras interpretaciones del pensamiento de Nietzsche de un nuevo horizonte de trabajo con el que abordar, desde el presente, un proyecto y mensaje filosóficos inevitablemente actuales. Cuando (re)leer a un clásico deja de ser una actividad trivial, como bien mostró Italo Calvino, la defensa de su texto se convierte en un gesto a favor de la cultura venidera:

> Se llama clásicos a los libros que constituyen una riqueza para quien los ha leído y amado, pero que constituyen una riqueza no menor para quien se reserva la suerte de leerlos por primera vez en las mejores condiciones para saborearlos [Calvino 2009: 14].

En cuanto a los *Escritos de juventud*, me parece interesante destacar que la amplia selección que ofrecen nos invita a replantear seriamente algunos lugares comunes de sus escritos juveniles *más allá* de la estereotipada imagen romántica que todavía hoy sigue prevaleciendo en relación con este periodo. Esta imagen, claro está, ha dependido históricamente del monopolio interpretativo que ha ejercido y continúa ejerciendo *El nacimiento de la tragedia*, una obra fascinante, magnética, siempre compleja, cuyo excepcional poder de atracción, sin embargo, ha eclipsado simultáneamente aquellas otras líneas de fuga que se articulan, a distintas velocidades y con distinta profundidad, a lo largo de su obra juvenil.

Son decisivos, a este respecto, los escritos formativos de la época de Leipzig, donde hallaremos una serie de esfuerzos estrictamente filosóficos, esto es, asistiremos a una dedicación intelectual cuya finalidad es complementar y enriquecer una *philosophische Bildung* que el rígido marco de la formación filológica jamás habría hecho posible. Estos materiales, titulados «Apuntes para un ensayo de Demócrito», «Sobre Schopenhauer» y «La teleología a partir de Kant» [2011a: 241–320], son poco conocidos en España, y, a la vista de su importancia, merecen una profunda revisión crítica, muy en la línea del trabajo realizado por Crawford en su clásico estudio *The Beginnings of Nietzsche's Theory of Language* [1988: 67–127]. Y esto es así, no solo porque observaremos en ellos la temprana refractariedad del joven estudiante a la hora de aceptar el lado dogmático de la filosofía de Schopenhauer. También identificaremos la importancia de 1) la marcada actitud antimetafísica y antiteleológica del materialismo democríteo como estrategia filosófica frente a la posibilidad efectiva de defender, por un lado, una explicación mecanicista del mundo compatible con la imprevisibilidad del puro azar, y hacerlo, por el otro, desde un innegable impulso poético y ardor científico; 2) la ambigua confrontación de Nietzsche con el criticismo kantiano en su inacabada tesis doctoral; 3) la temprana irrupción de la base explicativa de tipo fisiológico –en el que las condiciones a priori de nuestro conocimiento son retrotraidas a instancias estrictamente biológicas– desde la decisiva lectura de F.A. Lange y su *Historia del materialismo* (1866).

En cuanto a los *Escritos filológicos*, la incorporación e integración armónicas de la variable filológica a la ecuación filosófica es uno de los retos más interesantes que la recepción nietzscheana en el mundo hispanohablante puede tener por delante los próximos años. El hecho de que buena parte de los materiales sea inédito invita ciertamente a investigar aquellos vasos comunicantes que se establecen entre sus producciones estrictamente académicas y sus obras y textos filosóficos[11]. Y esta hipótesis no solo debe validarse con respecto al concepto de filología crítica que se desarrolla en el joven Nietzsche desde el problema moderno de la *Bildung* y la *Kultur* alemanas – pensemos en su conferencia inaugural «Homero y la filología clásica» [2013: 219–231]. Es decir: un concepto atrapado en la tensión entre positividad e ideal, en el que descubriremos hasta qué punto la indiscutible madurez en el manejo de unas rigurosas herramientas de crítica y exégesis textuales, en el tratamiento anticuario de las fuentes y los monumentos escritos convive, sin embargo, casi de forma secreta y latente, con una implacable

---

11 En este sentido, contamos con buenos referentes para identificar las líneas de fuerza que se abren con todos estos materiales; pienso, por ejemplo, en la notable investigaciones de James I. Porter [2001]. Cfr. también la imprescindible introducción de Sánchez Meca a los *Escritos filológicos* [2013: 15–77].

actitud crítica hacia el excesivo formalismo educativo de una ciencia histórica que, precisamente por su fuerte carga normativa, es incapaz de autocomprenderse como instancia extracientífica comprometida con la crítica y la transformación de la cultura.

Es probable también que la incorporación de estos interesantes materiales persiga otro objetivo a largo plazo, a saber: desmontar la comprensión estereotipada del pensamiento y la obra nietzscheanos de acuerdo con un modelo de etapas de ruptura. Pues si se acepta la hipótesis de una continuidad metodológica a lo largo de toda su obra, por ejemplo, a través de la continuidad de la perspectiva antiteleológica de un método histórico-crítico que anticiparía y se iría configurando paulatinamente como método crítico-genealógico, es más que probable que algunas de las correas de transmisión más decisivas se puedan identificar también en los escritos académicos de los últimos años de Basilea. Pienso, sobre todo, en las valiosas lecciones sobre la *Historia de la literatura griega*, elaboradas entre 1874 y 1876, donde por momentos se ejercita ya una reflexión genealógica sobre el estudio crítico de la cultura a partir del paradigma de la obra de arte literaria griega y su estrecha relación con la evolución de la acción jurídica, política y científica[12]. Lo mismo puede decirse, por lo demás, con respecto a *El culto griego a los dioses*, un valioso material que, no por ser más conocido y estudiado debe dejar de interesarnos desde un punto de vista filosófico, pues, como señala Sánchez Meca en su correspondiente introducción, «es una interesante combinación, por parte de Nietzsche, de los estudios de Filología Clásica con una serie de disciplinas científicas como la Etnología, la Antropología, la Prehistoria, etc., en las que busca elementos para fundamentar una nueva filosofía de la cultura. En este sentido, el texto de este curso es el mejor lugar para ver la naturaleza del giro que su autor emprende ya en estos años y que lo encamina hacia *Humano, demasiado humano*» [2013: 931].

---

12 «Es un rasgo característico del tratamiento que hace Nietzsche de estos temas [los estudios literarios] el hecho de plantearse continuamente los específicos intereses respectivos de los agentes, los criterios normativos y los juicios de valor que subyacen a la historia antigua de la tradición. Son estos los cuestionamientos en los que reside el núcleo que quiere él entrar a tratar de manera sumaria en su investigación acerca de la historia de los estudios literarios en la antigüedad» [v. Reibnitz 1994: 52].

Terminamos nuestra contribución lanzando una rápida mirada a las *Obras Completas III*. También aquí, «el arte de leer bien» [AC, 52], esto es, aquella exigencia nietzscheana de una filología «que enseña a leer *bien*, es decir, lenta, profunda, respetuosa, cuidadosamente, con cierta malicia y las puertas siempre abiertas, con sensibilidad en la mirada y en el tacto» [A, Prólogo, 5], se convierte en una máxima que debe guiarnos a través de las nuevas tentativas sobre el texto. En concreto, una de las mejoras más significativas que ahora se ofrecen al público hispanohablante con respecto a otras traducciones de la obra de Nietzsche es haber precisado con mayor rigor conceptual una serie de lugares comunes que antes quedaban desdibujados por una insuficiente o deficitaria traducción. Una mirada más atenta al volumen III de las *Obras Completas* ratifica una tendencia que ya venía observándose en los *Póstumos* y en los *Escritos de juventud*, donde el excelente traductor de *El nacimiento de la tragedia*, Joan B. Llinares, nos recordaba atender «con detalle las posibles distinciones que traza la escritura nietzscheana entre "*Trieb*" e "*Instinkt*", es decir, entre "pulsión" o "impulso" e "instinto", respectivamente», pero también, siguiendo la estela de Foucault, «entre "*Ursprung*" y "*Geburt*", esto es, entre "origen" y "nacimiento"» [Nietzsche 2011a: 327], a la que más adelante se añadirán *Entstehung* ('surgimiento'), *Herkunft* ('procedencia') e incluso *Abkunft*, esto es, 'origen' en el sentido del 'linaje o la familia de que se proviene'.

Esto vale para términos que Nietzsche emplea con asiduidad y que las traducciones canónicas han tendido a simplificar. Esta circunstancia no es baladí. Aspiunza por ejemplo, el último traductor de *Aurora*, señala con razón en su introducción que el concepto de *Verbrecher* ha sido sistemáticamente vertido por *criminal*, desvirtuando los matices de la reflexión sobre la figura del *transgresor* en la historia natural de la moral [Nietzsche 2014: 480][13]. Lo mismo cabe decir de los enormes problemas interpretativos que conlleva la traducción automática de *Geist* por *espíritu*, una cuestionable decisión si se atiende al hecho de que en no pocas ocasiones el *ingenio* o la *agudeza* casan mejor con la tradición moralista del *esprit* francés de la que Nietzsche es hijo privilegiado. Otros casos bastante conocidos, como el desdoblamiento de *Gewissen* ('conciencia' o 'conciencia moral') o la enorme dificultad de encontrar

---

13 Cfr. ahora A, 98, 164 y 366.

un término estable para *Redlichkeit*, cuya oscilación entre 'honestidad' (que en realidad equivale siempre a *Ehrlichkeit*) y 'probidad' impide ver hasta qué punto nos encontramos aquí ante una de las virtudes cardinales del espíritu libre, «la última que nos queda» [MBM, 227]. Para reevaluar la *Redlichkeit* nietzscheana, entendida como aquella buena práxis filológica frente «al terrible texto *homo natura*» [MBM, 230], para entender por tanto la base afectiva o pulsional de todo decir y quehacer, nada parece más aconsejable que estabilizar y fijar en castellano un concepto que merece sin duda una mayor atención.

Para concluir, una última mirada a las posibilidades que puede ofrecer el inminente volumen IV. Pienso aquí en una serie de campos semánticos de importancia extrema que empiezan a articularse sobre todo a partir de *Más allá del bien y del mal* y en los cuales la precisión conceptual no ha sido atendida con el rigor necesario. Un ejemplo clásico es la noción de «interpretación», que en aquella obra tiene hasta cuatro acepciones con una carga semántica bien distinta[14], fiel reflejo de la riqueza y los matices de una escritura en la que nada es gratuito. En este caso, pues, no todo es interpretación.

Más importante todavía es, a mi modo de ver, el campo semántico relacionado con los diferentes mecanismos pulsionales que se articulan en el desarrollo de toda expresión de poder y se plasman finalmente en una jerarquía de determinadas configuraciones axiológicas. Tanto la noción de *Einverleibung*, entendida mejor como 'incorporación' que como 'apropiación' o 'asimilación', como la pareja conceptual *Züchtung* y *Züchter*, que nos remiten a la 'cría' y 'selección' del filósofo del futuro, deben reevaluarse entonces desde una dimensión formativa o educativa que reconozca, al mismo tiempo, aquella organización

---

14 En líneas generales, Nietzsche va alternando entre dos términos: 1) *Interpretation*, que tiene en bastantes ocasiones una ligera connotación negativa, o, cuando menos, ambigua, en la medida en que hace referencia a la falsificación inconsciente de una lectura deshonesta del texto de la cultura [MBM, 22, 27, 32, 38, 47, 59]; 2) *Auslegung*, que es el término con una carga más positiva, como esfuerzo honesto y prudente de desciframiento del *texto* en sentido amplio, abriéndose a la ambigüedad de los signos y la multiplicidad de las lecturas posibles [MBM, 14, 17, 32, 40, 188, 189]. Menos utilizadas, pero no menos sugerentes son: 3) *Deutung* [MBM, 47, 230, 269] y 4) *Ausdeutung*, entendida como una interpretación errónea, abusiva, mal construida o incluso delirante [MBM, 20, 108].

pulsional en nuestro cuerpo que la ha hecho posible como tal. En la medida en que hablemos, pues, de una incorporación de los valores, podremos definir mejor aquel proceso coactivo e inconsciente de fijación axiológica que se encuentra siempre más allá del bien y del mal. En este sentido, el término *Wertschätzung*, de difícil traducción al castellano ('valoración', 'evaluación', también 'estimación de valor') adquiere una importancia crucial, puesto que la gran tarea del futuro, la posibilidad de pensar un tipo de formación o educación de una especie superior de hombre que sepa capitalizar y expandir —sin sucumbir a ella— su potencialidad de acuerdo con las exigencias de la voluntad de poder, dependerá de que el mismo gesto que escapa del nihilismo y la voluntad de muerte haya evaluado y medido su capacidad de conservación: «el punto de vista del "valor" es el punto de vista de *las condiciones de conservación y de aumento* con respecto a formaciones complejas de relativa duración de la vida en el seno del devenir» (FP IV, 11 [73]).

Bibliografía

BARBERA, SANDRO (2001): «El Nietzsche apolítico de Colli y Montinari», en: *Res publica*, 7, 11–36.
CAMPIONI, GIULIANO (2004): *Nietzsche y el espíritu latino*, Buenos Aires, El cuenco de plata.
CRAWFORD, CLAUDIA (1988): *The Beginnings of Nietzsche's Theory of Language*, Nueva York/Berlín, De Gruyter.
GADAMER, HANS-GEORG (2003): «El drama de Zaratustra», en: *Estudios Nietzsche*, 3, 115–130.
HEIDEGGER, MARTIN (2000): *Nietzsche I*. Trad. Juan Luis Vermal, Barcelona, Destino.
LLINARES, JOAN B. (2009a): «Nietzsche descubre a Dostoievski. Notas sobre la lectura nietzscheana de *La patrona*», en: *Estudios Nietzsche*, 9, 67–90.
– (2009b): «La intensa relación de Nietzsche con Dostoievski», en: *La Torre del Virrey. Revista de Estudios Culturales*, 3ª serie,

verano 2009, 1–8, disponible en red: <http://roderic.uv.es/handle/10550/36171> [ref. 23 de septiembre de 2015].

Morillas, Antonio (2006): «Reseña del libro *Correspondencia de Nietzsche*, vol. 1», en: *Estudios Nietzsche*, 6, 183–199.

Müller-Buck, Renate (2000): «Briefe», en: *Nietzsche-Handbuch: Leben, Werk, Wirkung*, Henning Ottmann (ed.), Stuttgart/Weimar, J.B. Metzler, 169–178.

Parmeggiani, Marco / Fava, Fernando (2014): «Nietzsche en España», en: Jesús Conill-Sancho / Diego Sánchez Meca (eds.), *Guía Comares de Nietzsche*, Granada, Editorial Comares, 285–312.

Porter, James I. (2000): *Nietzsche and the Philology of Future*, Stanford, Stanford University Press.

v. Reibnitz, Barbara (1994): «*Vom "Sprachkunstwerk" zur "Leseliteratur"*», en: Tilman Borsche, Federico Gerratana, Aldo Venturelli (eds.), *Centauren-Geburten. Wissenschaft, Kunst und Philosophie beim jungen Nietzsche*, Berlín/Nueva York, De Gruyter, 47–66.

Salaquarda, Jörg (2000): «Friedrich Nietzsche und die Bibel unter besonderer Berücksichtigung von *Also sprach Zarathustra*», en: *Nietzscheforschung*, 7, 323–333.

Sánchez Meca, Diego (2003): «Proyecto de edición íntegra en español de los *Fragmentos Póstumos* de Nietzsche», en: *Estudios Nietzsche*, 3, 195–197.

VV.AA. (2001): «Presentación», en: *Estudios Nietzsche*, 1, 5–9.

TERESA OÑATE
Universidad Nacional de Educación a Distancia

Nietzsche Arquero[1]

1. Aforismos Intempestivos

HAY UN AFORISMO DE NIETZSCHE, el que se consigna con el número 44 dentro del Apartado «De Sentencias y Flechas», contenido en su

---

1   He publicado sobre esta misma temática pero con modos de análisis e investigación completamente diferentes un artículo que se intitula: «Nietzsche y los Griegos: genealogías de la hermenéutica y la postmodernidad hasta nosotros». En «Estudios Nietzsche: Nietzsche y la Hermenéutica». Editorial Trotta. Número 9. Madrid 2009, 91-104. Considero un complemento muy interesante para el lector de este actual ensayo tener en cuenta aquel anterior. Que veamos a Nietzsche como un «Arquero» heraclíteo que labra sus aforismos a fuego, igual que el efesio, y los lanza tendiendo puentes intensivos y eternos en el tiempo de la memoria más creativa de Occidente, encuentra en José Ortega y Gasset un ilustre antecedente que se remonta hasta la *Ética a Nicómaco* de Aristóteles. En efecto, como es sabido, Ortega elabora la figura del Arquero en su ensayo: *Introducción a un Don Juan* (1921) donde hace una lectura del célebre texto de Aristóteles que decía: «Busca el arquero con la mirada un blanco para sus flechas ¿Y no lo buscaremos nosotros para nuestras vidas?» Ortega, a su vez, afirma en este ensayo: «El hombre está dispuesto a derramar su vida por algo que sea capaz de llenarla. Esto es lo que llamamos el ideal. Más o menos somos todos sobre el área de la vida cazadores de ideal. Para vivir con plenitud necesitamos un algo encantador y perfecto que llene exactamente el hueco de nuestro corazón. Cuando nos parece haberlo hallado, nuestro ser se siente tan irremediablemente atraído por él como la piedra por el centro de la tierra y la flecha por el blanco al que aspira». Y Ortega termina diciendo que bajo esta metáfora la ética parece convertirse en una noble disciplina deportiva que puede resumir sus imperativos así: «¡Hombres, sed buenos arqueros!» [1961: 121-137] Para la incorporación e interpretación personal de Nietzsche en Ortega téngase en cuenta esencialmente: *El tema de nuestro tiempo*. Por nuestra parte, *Leer a Nietzsche como arquero* pone en juego también aquel certero consejo de Gianni Vattimo, quien refiriendo al Nietzsche

Crepúsculo de los Ídolos (o cómo se filosofa con el martillo), que sirve de brújula para todos los viajeros nómadas que quieran orientarse por su sabiduría. Se trata del mismo aforismo —según nos advierte el reputado traductor de Nietzsche al castellano: Andrés Sanchez Pascual— con que termina el parágrafo 1 del *Anticristo* [2004: 154]: un aforismo veloz e intenso como una flecha eterna que emerge súbitamente del silencio cruzando con su enigma el arco del tiempo. Entonces declara: «Fórmula de mi felicidad: un sí, un no, una línea recta, una *meta*».

Nosotros pensamos que en este breve aforismo se contiene y concentra toda la filosofía de Nietzsche [también lo hace en otros muchos] como un legado y una ofrenda para caminantes y viajeros.

Muchos otros aforismos de Nietzsche, en efecto, cifran su visión del mundo y nos son lanzados también por él en tanto que arquero délfico de Apolo-Dyónisos, alcanzando certeramente, a través de la extrema distancia tensada de la memoria e imaginación creadora de Occidente, nuestra percepción hermenéutica. Nuestra nóesis interpretativa (transhistórica), que precisamente Nietzsche tanto ha contribuido a volver intempestivamente *actual*. Se trata *verdaderamente* de flechas asombrosas, hechas con palabras de luz y misterio, que aparecen súbitamente y surcan en un instante el tiempo para dar en el blanco de esa inteligencia espiritual comunitaria (receptiva y recreativa) que llamamos desde Parménides, Platón y Aristóteles en Occidente: «nóesis»; la inteligencia que siente y comprende, la que piensa, la que escucha, percibe, re-une y re-transmite el sentido. La inteligencia del alma noésica que se enciende al contacto de un fuego vivo inextinguible (mientras Occidente sea): el de las flechas espirituales del *lógos*. Sentencias fraguadas minuciosamente al fuego de lo abierto, que exigen para ser comprendidas, cuando únicamente señalan libremente el sentido, al igual que esta, que nos dispongamos a pensar con ellas, entregándonos por completo a seguir y experimentar lo que indican, para que, una vez descubierto el ámbito de experimentación que permiten y se abre por su trayecto meditativo, las hagamos nuestras o las discutamos; las rechacemos o refutemos; e incluso, quizá, las relancemos al tiempo del *lógos* compartible, otra

---

de Heidegger repetía que «hay que leer a Nietzsche como se lee a Aristóteles», es decir: en clave ontológica y desde la ontología del eterno retorno [Oñate & G. Arribas, 2015: 83–94].

vez. Una vez más. Flechas que requieren ser recibidas, interpretadas y meditadas con sumo cuidado, y de acuerdo con los parámetros del estilo indirecto libre, que es propio de este milenario culto oracular: el más antiguo de Occidente [Colli, 1995; Oñate, 2004]. Lo mismo pasaba ya con los aforismos del sabio Heráclito de Éfeso de quien los aprendió a hacer (*poíesis*) el filósofo helenista alemán: Nietzsche, enamorado del rayo, el fuego y la tormenta heraclíteos, según puede advertirse con toda claridad en su texto inmediatamente posterior al *Origen de la Tragedia (Grecia y el Pesimismo)*. Me refiero a aquel nuevo libro de Nietzsche sobre los Presocráticos que no consiguió despertar ni tanta atención ni tanto elogio (como sí lo hiciera el anterior) en el alma de su amigo (de entonces) Richard Wagner. Puede que al inventor de Bayreuth le costara aprender el difícil arte filosófico (y el desprendimiento) que reclamaban ahora no Esquilo, Sófocles o Eurípides, sino Anaximandro, Parménides, Heráclito o Empédocles, remontándose hasta nuestros orígenes cretenses, donde, según nos recuerda otro aforismo órfico: «El dios al que pertenecen el oráculo y el santuario de Delfos ni enseña ni oculta, solo señala» [Oñate, 2004: 205]. Así lo destaca nuevamente Nietzsche en ese libro consagrado a «la teología de los primeros filósofos griegos» [Jaeger, 1977]: el dedicado a los pensadores preplatónicos: *La Filosofía en la época trágica de los Griegos*. Y así lo requiere toda *paideía* (educación) *espiritual* de los ciudadanos libres que no pueden ser meramente instruidos, sino seguir (si lo desean y tan lejos como el deseo pueda alcanzar) por las sendas y las huellas del descubrimiento del sentido, a través de hacer suyas y recorrer de nuevo, de otro modo inédito, las pistas y las huellas de esos nuevos caminos que transitan por las más antiguas sendas de la memoria documental de Occidente. Caminos que otros nos han legado, abiertos y posibles, accesibles aún, solo en el caso de que queramos atender sus señales.

Y si en el caso de Nietzsche y la acción-Nietzsche (como le llamaban Colli / Montinari) ello sucedía como cabal correspondencia a la condición del destino libremente asumido por el filósofo: el de ser un presocrático trágico (también en el sentido teatral) intempestivamente arrojado en la corte de Bismark —por así decirlo— ¿Cómo nos puede afectar hoy a nosotros su «fórmula de *mi* felicidad»? ¿No tendrá mientras tanto que haber cambiado el sentido del ser del tiempo-espacio-historia como para permitir y hacer posible que nos alcancen esas flechas-sentencias suyas desde el fondo abismal de nuestra memoria escritural helena? ... Pero ¿No había anhelado apasionadamente Nietzsche la llegada futura de sus hijos e hijas: nuestra llegada... esa por la que clamaba ya explícitamente el Zaratustra de Nietzsche, el sabio inventor del Eterno Retorno[2]?

2. Ontología de la Afirmación Trágica

Tras esas breves palabras introductorias de carácter contextual, vayamos ya con la interpretación hermenéutica del aforismo: «Un sí, un no, una línea recta, una *meta*» con que Nietzsche nos ha regalado, al parecer, la «Fórmula de *su* felicidad»; pues hemos de explorar en lo que *señala* para poder saber por qué y si acaso podríamos quedárnoslo quizá, también nosotros, como nómadas ligeros, guardándolo como una útil brújula espiritual, en la memoria creativa de nuestra travesía por y hacia el sentido de la vida-muerte.

Lo que tiene interés para nosotros ahora es observar cómo ya desde Heráclito y Parménides el pensamiento henológico de lo uno indivisible (*hén adiaíreton*) descubre el ámbito del *modo de ser* de la intensividad o intensión perteneciente al límite indivisible; y descubre correlativamente su diferencia radical con respecto al campo de la extensión, composición; ya que toda extensión es divisible al infinito. Y esto es lo que vuelve a descubrir el Nietzsche lector de los pensadores preplatónicos o pre-socráticos [no se olvide que el Sócrates cuyas doctrinas conocemos es un personaje literario de los *Diálogos* de Platón]. Lo cual traza una indeleble marca o Diferencia Ontológica entre lo eterno-indivisible, intensivo, del límite-limitante (unidad simple ontológica, pero que ese da originariamente como pluralidad numérica, pues de no ser así, estaríamos entronizando míticamente un Uno-Todo extenso y divisible) y la

---

[2] No otro «señalar» seguirá El Segundo Heidegger tras la *Kehre* o vuelta de su pensar, y a partir de ellos: de Nietzsche-Heidegger también seguirán este «señalar» del Retorno Ontológico todos los Hijos e Hijas de Nietzsche hasta nosotros. De ahí que yo haya dedicado ya varios volúmenes a *Los Hijos de Nietzsche en la Postmodernidad*.

unidad compuesta o sintética descomponible. La unidad de las síntesis de pareja extensa conformadas por lo limitado-ilimitado y sus derivaciones equivalentes. Una Diferencia Ontológica, pues, entre lo eterno y lo corruptible, lo inmortal y lo mortal, que divide-distingue el tiempo-espacio de la unidad-ser en dos ámbitos y dos regímenes completamente diversos: al primero (eterno, necesario, indivisible e intensivo) llamamos aún los filósofos: ámbito de los *archaí,* o primeros principios ontológicos; que no son, como estamos viendo, orígenes en el tiempo [eso obligaría a sub-poner la Nada mitológica que no es: que no es «nada ser» o no pertenece al ámbito de los Principios Primeros, pues no se puede llamar «nada» a la «Diferencia entre» unos principios y otros] sino propiamente principios legislantes eternos que se dan o descubren en el lenguaje como sus propios límites constituyentes. Al segundo ámbito: el de los enlaces y juicios compuestos o extensos (y descomponibles) lo llamamos «ámbito de los fenómenos», de los entes «causados» [no originados; las mitologías del origen han sido aquí ya expulsadas muy lejos] en el sentido de que el darse de tales enlaces que se descubre por la regularidad de la frecuencia empírica de la repetición y su extensión o universalidad, remite para poder fundar su legitimidad verosímil (pero no directamente evidente y legítima) al ámbito de los primeros principios-límites necesarios; pues solo estos son (y son así) y no pueden no ser (ni ser distintos de cómo son así).

Ello nos lega el pensamiento del «Uno sabio» (*hén Sophón*) de Heráclito, quien siguiendo tanto la arcana sabiduría délfica como la enseñanza de Tales y Anaximandro de Mileto, descubre lo mismo que Parménides y lo explica netamente distinguiendo entre dos clases de oposiciones: a) los contarios (*tà enantía*) y b) Los contradictorios (*tà antipháseos)*. Veámoslo:

1. Los primeros están enlazados por el movimiento, dentro de un campo homogéneo del lenguaje enunciativo (de aquí procede la elaboración posterior de *Las categorías* lógicas y ontológicas [del ser-lenguaje, el conocer y el devenir] de Aristóteles. Por ejemplo: frío y calor; arriba y abajo; gordo, delgado… y todos los que llamamos «contrarios relativos»; cuyo enlace es la *kínesis* (movimiento) en todos los campos categoriales: la cantidad, cualidad y el lugar. El pasaje de uno a otro contrario es extenso y numerable o medible.

De ahí que podamos tener ciencias cíclicas tales como la medicina que equilibra los contrarios; la música que actúa obteniendo las proporciones aritméticas y rítmicas o la astronomía que aplica las expectativas regulares y las geometrías dinámicas al estudio de los cambios numéricos de las estaciones y los días. Ciencias de lo medible. Así nació la matemática pitagórica y sus bellas aplicaciones mencionadas.

2. Sin embargo —prosiguen Heráclito y Nietzsche— ese ámbito de la extensión medible y epistémica ha de remitir al otro ámbito ya no extenso ni divisible sino intensivo: el ámbito de la intensión que nos ha de poder proporcionar el criterio de medida (enlace y división) de lo extenso, no siendo él mismo medible a su vez, sino un límite irreferible. El ámbito del criterio-límite indivisible, del sentido, tal y como muestran otras oposiciones dialécticas que no se dejan mediar por el movimiento que tarda en suceder y se ordena según el antes y el después diacrónico, como enseñará Aristóteles que sucede restringidamente en el campo *del movimiento* que estudia la Ciencia Física como Filosofía Segunda, pero no en el campo de las acciones intensivas, simples y sincrónicas que compete investigar a la Filosofía Primera *del ser* en tanto que ontología y teología noésicas.

3. Intensión y Extensión

Pero ¿Cuáles son esas *otras oposiciones dialécticas*? Se trata ahora de los extremos contradictorios (*tà antipháseos*) intensivos, que se cambian uno en otro sin mediación y acontecen súbitamente por el vuelco del uno en el otro y la desaparición o ausencia de uno de ellos que sigue ahí, sin embargo, tensando el campo de la dis-tancia del enlace por la diferencia… Por ejemplo: el irrumpir del nacer-morir; del amar-odiar; del aprender-olvidar; y hasta de la vigilia y el sueño. Todos recordamos lo que suponen tales aconteceres súbitos para nosotros: cuando nos ha nacido un hijo o un hermano; cuando algún ser querido ha muerto; cuando nos enamoramos; cuando descubrimos que odiamos a alguien o casi siempre, mejor dicho: a alguna situación con la cual no podemos proseguir porque «no tiene sentido» —decimos. Todos recordamos lo que nos ha supuesto y supone cada vez que ocurre el descubrimiento del conocimiento y su inmensa apertura; cada vez que descubrimos algo *de verdad*: desde aprender a tocar la flauta hasta la magia de una lengua nueva; una imagen, un cuerpo, una estructura, una película o un principio físico, filosófico o religioso… una obra de arte o de pensamiento, una caricia, un teorema o un monumento. Hay descubrimientos que nos cambian la vida, solemos decir. Pero con todos los contradictorios ocurre igual: que su acontecer no está en nuestra mano, ni es medible, sino que nos mide, acontece inesperadamente y su súbita irrupción trastoca la sintaxis de los dogmas (costumbres) habituales en la cual habitábamos hasta entonces. La trastoca, la disloca, obliga a recomponerla de otra manera y hasta tal punto, en función del acontecimiento intensivo, que nos obliga a releer el sentido de todo lo sucedido hasta entonces, para hacerle sitio al acontecimiento y poder seguir viviendo con él, ahora que todo ha cambiado, empezando por nosotros mismos.

    Llama la atención que los ontólogos griegos reservaran para ese ámbito el término «verdad del ser» que literalmente se dice *alétheia* y significa des-velamiento, des-cubrimiento. Pero no, como si lo cubierto, callado, velado, tapado, del misterio (*léthe*) quedara al descubierto por resolverse al des-ocultarse (*alétheia*), sino que, mucho mejor pensado (o más profundamente), lo que acontece con la verdad es la epifanía misma del misterio como tal: de lo velado, tapado, ausente, posible, e incluso de la muerte y el olvido [la *léthe* como tal], que se des-vela en el acontecer del misterio de «lo nuevo» como una apertura incognoscible en sí misma, que irrumpe con un efecto tan devastador como liberador, gozoso y novedoso, a la vez. Un efecto que no puede ser negado, pues rompe, o interrumpe o des-hace, nada más darse y por darse, los enlaces habituales de los dogmas-costumbres y sus sintáxis derivadas, siempre pretendiendo falsamente entronizarse como primeras. Hay un aforismo tan caro a Heráclito como a Nietzsche, que aún nos estremece con indivisible intensidad. Trata de Dyónisos, del dios de la diferencia y el afuera, el que deshace y disloca todo sistema de orden con la inocencia de la alteridad que no puede pertenecer a ninguna representación abstracta posible, a ningún concepto. Como es sabido, a menudo el dios Dyónisos aparece como niño y juega entonces con sus juguetes [Hernández de la Fuente, 2017]. Tiene peines, flautas, caballitos, espejos… Y dice el aforismo así: «Cuando Dyónisos niño se mira al espejo, lo que ve es el mundo»: El mundo de Apolo, los sistemas de orden y la configuración *verdadera* de los infinitos mundos posibles… que se harán y des-harán según medida. Y otro de los aforismos (uno de mis favoritos) reza de la siguiente manera: «Como polvo esparcido al azar es el *kósmos* (orden) lo más hermoso»; pues «De un niño es el mando (*arché*), un niño mueve los peones»… todo lo cual indica, que no hay ya ningún sujeto mitológico que se ante-ponga al tiempo, el lenguaje y el mundo, puesto que lo último es el *lógos* difracto (trágico) a un lado y el otro lado del límite; cuyos dos ámbitos diversos se enlazan/distinguen por el límite mismo que los une y separa *a la vez* a los dos: aconteciendo, con el límite, los tres *a la vez*.

Pero, ¿y qué tiene todo esto que ver con la felicidad? ¿Tiene algo que ver con ella?… Protestará el lector impaciente… Puede, no obstante, que muchos de los lectores hayan percibido un intenso placer noésico en la apertura del desprendimiento que requiere el ámbito intensivo para *iniciarse* en él; mientras que algunos, sin duda menos, habrán comprendido ya que no se trata aquí de un ámbito irracional o sentimental, sino supra-racional: el que no se da sin el trabajo de los conceptos, sino que se sigue del trabajos con los conceptos y las estructuras argumentales, pero no se reduce a ellos. Y esto no porque rompa los nexos (que lo hace) sino porque obliga a reconectarlo y re-contextuarlo *todo otra vez*, de otra manera. Una «intensiva manera» que nos regala no solo *otro modo de ser*, *otro modo de pensar-vivir,* sino además, muchos, muchos otros descubrimientos. Lo cual permite des-cubrir, para empezar, si seguimos el señalar de Heráclito y Nietzsche, una ontología de la afirmación que se dice dos veces, no pudiendo ello ocurrir de ninguna manera verdadera cuando se trata de la negación. Detengámonos en este punto un momento. Pues si para *La filosofía en la época trágica de los griegos*, de Nietzsche, como estamos viendo, el *lógos* (enlace) sienta la pertenencia entre sí tanto de los contrarios cinéticos (a través del movimiento extenso y medible que permite las ciencias-técnicas y su filosofía epistemológica); como de los contradictorios extáticos, enlazados entre sí, por la diferencia intensiva de su propia tensión/distancia y de la ausencia que es y retorna… cuya experiencia noésica o espiritual del sentido (que se da en el lenguaje comunicacional) otorga el criterio de medida que permite orientarse en la vida-muerte y en la creatividad poemática que vivifica todas las artes, las ciencias y técnicas… habrá de resultar evidente, para nosotros también, entonces, que habremos de obtener ya algunas conclusiones. Por un lado, que ni los contrarios ni los contradictorios se pueden escindir entre sí, tal y como pretende el pensamiento dualista o dicotómico. Así pues, se ha de admitir el *lógos* o enlace de co-pertenencia de todos los contrarios. Y por el otro lado, si decimos que no hay salud sin enfermedad, ni calor sin frío, ni alto sin bajo, o blanco sin negro, masculino sin femenino, o curvo sin recto, etc., además de haber dado un gran paso contra la violencia irracional y sus fobias a la alteridad y la diferencia, estaremos entonces afirmando dos veces. Estaremos «diciendo que sí» dos veces: diciendo que sí al enlace afirmativo [de la afirmación y la negación] de la vida y la muerte [Oñate 2009].

4. Por la vía del Tiempo

Pero si el sí se dice dos veces y encuentra en esta doble afirmación el sentido de la muerte para la vida (su pluralidad y diferencia) y de la extensión para la intensión que puede agenciársela… ¿No tenemos de ello aún, nosotros los humanos: mortales y divinos (según veremos), una prueba suficiente en el placer que inequívocamente nos proporciona la experiencia de la primacía del *Aión* (el tiempo del instante eterno) sobre el fatigoso trabajo de *Chrónos* que solo puede proseguir matando al momento anterior y ocupando su lugar? Conviene detenerse aquí otro breve momento: Ciertamente Grecia distingue entre una temporalidad vista desde la muerte y la extensión: la del Titán *Chrónos,* quien sobrevive devorando a sus hijos, como en la estremecedora tela de Goya, instalada en el Museo del Prado; y otra temporalidad diversa, la del dios *Aión*, asociada a *Dyóniso*s (inseparable de *Apolo*): la que acontece en el éxtasis erótico; en la contemplación estética; en la amistad desinteresada y en la puesta en obra del juego, de la buena conversación o de la música y el arte; en el éxtasis religioso, el canto, o las mil experiencias placenteras y re-creativas de las que podemos dar cuenta. Una eternidad inmanente, aquí y ahora, que no puede durar siempre, pero que nuestra vida busca y encuentra siempre que le es posible... Una temporalidad indivisible como su placer, del que ya Aristóteles decía que nada se le puede añadir ni quitar porque es un límite: unidad intensiva. Un *métron,* un criterio que nos mide y con el que medimos. Una temporalidad re-uniente, que suele coincidir con el cumplimiento cabal de otra temporalidad diferenciada con cuidado por los helenos: la del *Kairós* o tiempo oportuno, el de la *Cháris*, gracia (posteriormente también «caridad» para los sabios cristianos) o eventualidad gratuita y ligera de lo llevado a buen cumplimiento: la niña bonita a los quince años, la buena cosecha con clima benigno, el buen viaje, la sonrisa oportuna, el acompañar al que actúa y oficia, mostrándole nuestro apoyo y confianza, virtualizando su virtud y la buena ejecución de su tarea, con la presencia de espíritu propia del *Kairós* que propicia el *Aión*. Lo contrario de la desconfianza, el enjuiciamiento, el recelo, la deuda y la culpa; es decir: lo contrario y mejor: la bendición, el canto, el himno, la confianza en lo mejor y en la excelencia posible de todo cuanto es y cuanto hay. La mayoría tanto de las virtudes dianoéticas helenas (desde la alegría a la amistad, desde la prudencia o perspicacia hasta la sabiduría y la felicidad), como de las virtudes teologales cristianas basadas en ellas, que refieren al enlace bendito del *Aión* con el *Kairós* divinos y mortales, a la vez. Solo la temporalidad constantemente eterna y continuamente eterna de Aidíon pertenece a la vida de lo divino inmortal y nos orienta para saber que nosotros los mortales no podemos acceder a lo divino inmanente sino de manera discontinua, intermitente.

A tales tiempos de eternidad inmanente se añade, pues, por último, para Grecia el *Aidíon* o tiempo de la eternidad simple e incondicional: siempre. Lo cual permite observar mejor aún que el *Aión-Kairós* se sitúa como enlace o *Lógos* y término medio o nexo, entre el tiempo visto desde la muerte que atañe a la perspectiva de *Chrónos* y el tiempo visto desde la vida eterna del *Aidíon:* la temporalidad continua e incondicionada de lo simple indivisible, que es propia de lo divino inmortal y puede darse en distintos sentidos no necesitando darse en todos: por ejemplo los astros son indivisibles en cuanto a la cualidad y la cantidad (son individuales) aunque cambian de lugar, si bien de acuerdo —salvo los cometas— al movimiento más continuo e indivisible del ciclo circular. Mientras que los animales dotados de alma y cuerpo: seres animados, son divisibles en cuanto a la cantidad (se descomponen y mueren) y en cuanto al lugar: por eso se mueven con libertad; pero son indivisibles y divinos en cuanto a la cualidad y de ahí que sus obras (ya por la generación ya por el arte creativo: *poíesis*, el pensamiento y la *téchne*) puedan ser históricas y podamos albergarlas en el museo y la biblioteca, donde se resguarda el arte y la ciencia en potencia, esperando la actividad de los investigadores vivos que las recreamos y aprendemos de ellas. Así razona Aristóteles en su Filosofía Primera (por ejemplo en el Libro IX-8) retrazando para la ontología y la teología políticas y su *paideía* (educación ciudadana) las declinaciones diferenciales del *Aidión* [Oñate, 2001].

Lo cual descubrirán en nuestros días Nietzsche, Heidegger y Gadamer, lectores del «Aristóteles Griego» (como yo me he sentido obligada a rebautizarle para distinguirlo de sus graves transformaciones escolásticas y aún modernas, anteriores a la Era Hermenéutica), inseparable de los Presocráticos y su teología: la de los primeros filósofos griegos, los pensadores presocráticos o preplatónicos. Pues no otro sino Aristóteles es el primero en reunirlos en la primera historia del pensamiento filosófico de la que tenemos memoria documental: el libro Alfa de la Filosofía Primera de Aristóteles.

Así pues, y en suma, la afirmación se dice dos veces, porque si bien la vida y la muerte se co-pertenecen, como hacen también lo falso o verdadero, el sentido y sin-sentido, la enfermedad y la salud, la explotación-poder, la ignorancia-ciencia, el error-aprendizaje, etc., hay, no obstante un ámbito donde *solamente, únicamente, indivisiblemente e intensivamente o simplemente* [ese es el modo adverbial que tienen los ontólogos helenos de decir «absolutamente»] hay la afirmación de la afirmación del enlace trágico. Un ámbito reflexivo, especulativo, de la afirmación sin contrario, al que refiere y remite como a su criterio-límite preferencial todo juicio epistémico, ético y óntico. Un ámbito signado por el placer de la eternidad y divinidad inocente de todos los mundos de la vida, que se da en todos y cada uno de los seres, en la medida de lo posible. Si bien solo el hombre, en tanto que mortal que sabe que se muere, puede descubrirlo y comprenderlo (*noein*). Descubrirlo y cantarlo haciendo de su vida un himno cotidiano.

5. Negación: Nihilismo y Crítica

Lo cierto es que por la vía del sí ya hemos andado, de la mano del Nietzsche-Heráclito, un buen camino en la búsqueda de una brújula fiable ¿verdad?... Otros le han llamado «Rosa Mística» o «Piedra filosofal»... Para nosotros, los filósofos, es no obstante el amor al Bien común universal y de todos, el vinculante: el *lógos* como razón común. De ahí que desconfiemos de todas las sectas más o menos esotéricas.

Pero precisemos ya algunas de las implicaciones que se siguen de «La Vía del Sí»: una de ellas poco advertida por la historia del pensamiento de Occidente, es que según la misma y según hemos visto, la extensión y sus ciencias deben subordinarse a la intensión y su sentido, cuando el predominio de la ciencia-técnica se ha producido, por el contrario (de acuerdo con la denuncia que hace de ello Martín Heidegger, siguiendo a Nietzsche) gracias a un característico y progresivo olvido del ser. Un olvido «metafísico» del ser que ha avanzado poderosamente hasta llegar a eso que Nietzsche ha llamado el cumplimiento del nihilismo, cuando «Al final de la historia de la *Metafísica*, del ser ya no queda nada»; lo cual Gianni Vattimo ha convertido en uno de los centros de máxima reflexión para nuestros días, siguiendo a Nietzsche y a Heidegger en cuanto a la urgencia de plantear la Cuestión del Nihilismo. Una cuestión que como ya vemos no se puede separar de un extraño cumplimento en manos de quienes dicen ocuparse del ser: precisamente *los metafísicos o la Metafísica-Ciencia-Técnica* como historia del olvido del ser e Historia de Occidente. La cuestión es todo, menos sencilla. Pero resulta menos enrevesada, sin duda, gracias a los gritos de Nietzsche, quien a veces sacrifica al resultado: que como mínimo se abra la pregunta, hasta su buena reputación. Pues sin duda su acusación histriónica del platonismo judeo-cristiano como linaje socrático de los alucinados del trans-mundo y engendradores del odio y resentimiento contra la vida porque se muere... nos ha permitido una auto-crítica de Occidente que quizá ninguna otra cultura haya llevado tan lejos como lo ha hecho la nuestra. El problema reside en «la inversión de los valores» –para seguir por algunas de las vías y nomenclaturas lúcidas abiertas por Nietzsche— que se produce con el «nihilismo reactivo frente al tiempo y su fue»: un nihilismo despreciativo de la vida que se muere, que pretende refugiarse en un mundo más allá de la vida (*metá tá phisyká*): ya en el lugar perfecto más allá del cielo, de los paradigmas matemáticos, los números Ideales, y las formas aritméticas y geométricas puras del Platón pitagórico; ya en el paraíso celeste, después de la vida en el valle de lágrimas de la tierra, propio de la gnosis cristiana; ya en el ideal del progreso científico-técnico de toda la humanidad desarrollada e ilustrada, propio de la modernidad colonialista y etnocéntrica, depredadora de los otros pueblos y culturas animadas del planeta, incluida la tierra misma. Así pues, era en La Historia Universal de la civilización occidental donde anidaba el nihilismo que se cumplía fase a fase gracias al olvido y la superación de la «ferocidad» de la fase anterior, pero conservando intacto el designio brutal de conquista y empresa más allá de todo límite, vehiculado en nombre de la luz de la razón y la «superación» dialéctica mismas.

Ahora bien ¿dónde reside la fascinación del mito metafísico del ascetismo platónico?... Pues sin duda en la negación de la muerte. En la negación de la negación; en el olvido del olvido. En el resentimiento del espíritu de venganza contra la vida; es decir: en la esencia mitológica del mito: construir lo divino a imagen y semejanza del superhombre y luego matarlo: matar a ese falso dios para poder heredarlo o usurpar su figura. Tal es el engaño que permite creer que se acaba con el imperio titánico de *Chrónos* por su mera inversión lineal: poniendo ahora *el sentido* no en el origen sino en el resultado, pero dentro del mismo plano óntico: el de las síntesis, como si el bien ontológico, pudiera ser un producto y no ser el límite-limitante indisponible que nos permite medir y dividir, reunir y distinguir, no siendo mensurable a su vez [Oñate, 2017].

De ahí que tanto la tentación de una progresión infinita, como la equivalente tentación propia de la racionalidad dialéctica crítica, según la cual la polémica entre los contrarios relativos dualistas no tiene fin, y a la tesis se opone la antítesis, contra-poniéndose a ella para conservarla, la síntesis que ha de ser a su vez discutida, no reproduzca más que las aporías de la razón metodológica abstracta, que no se ha dado la vuelta hacia los intereses de la verdad ontológica descubridora de la vida mortal y la finitud del ser *del* tiempo como límite *del* infinito. Es por eso por lo que la cuestión del nihilismo *sí* ha de ser crítica en tanto que metodológica y erosionante de todo poder perentorio o impositivo, dogmático o meramente acostumbrado, que no admita ser discutido, pero *no* puede proponerse en el ámbito de la verdad interpretativa de las acciones del ser que dan lugar a comunidad transhistórica y ecológica. Ahora se entiende mejor el alcance de anteponer la afirmación a la negación y de impedir que la negación se diga dos veces pues de no hacerse esto, de no impedirse esto, el resentimiento y el espíritu de venganza dan lugar a la enfermedad de la guerra como repetición de la indiferencia de la historia; mientras que la misma brutalidad circula como barbarie que insiste en afirmarse negando; en querer conjurar a la muerte matando; o en sostener que no hay ámbito alguno que no pertenezca a la lucha del *pólemos* y a los contrarios que pugnan entre sí, siempre prevaleciendo por la fuerza de uno o del otro, indiferentemente, de modo alternante; como si solo hubiera *Chrónos* y los ámbitos del *Aión,* el *kairós,* el *Aidión* y sus virtudes y combinaciones, fueran una mera ilusión o una superestructura cultural atildada y decadente… cuando no claramente dañina, para los positivismos contra-trágicos de «los salvadores».

6. El ámbito de lo eterno inmanente

Por ello «el no» de la *fórmula de la felicidad* de Nietzsche solo puede pertenecer al sí anterior, como su consecuencia, lo cual se propone impedir la *hybris* o desmesura dialéctica, donde los límites —principios ontológicos— siempre están desplazados extensamente y diferidos más allá, no pudiendo encontrase porque se buscan en un lugar equivocado: las síntesis compuestas extensas; y con un método equivocado: el de las divisiones de lo extenso. Sin que ello permita nunca saltar *más cerca* y a *mayor distancia*: dentro del ámbito intensivo. Por eso se trata para Nietzsche de «invertir el platonismo» y hacer que los despreciadores de la vida-muerte, convertida en mera sombra y copia de los paradigmas perfectos, inviertan de raíz su nihilismo reactivo volviéndolo contra ellos mismos, como aquella Gorgona enfrentada por Perseo al horror de su propia imagen proyectada en el bruñido escudo del héroe. Pero entonces ¿por qué dice en *la fórmula de mi felicidad* que tras el «no» ha de venir «una línea recta» que lleve a la *meta*?…Pienso que todo lo anteriormente dicho hasta aquí explica ya este punto de modo suficiente: la negación de la negación (dialéctica) y su supuesta productividad, es lo que ha de ser desenmascarado; pues equivale a decir, descubrir y recomendar que poner a rentar a la muerte fuera productivo, como lo es el terror del esclavo al amo... cuando de lo que se trata no es de conservar la vida del esclavo sino de abolir la esclavitud y por lo tanto de abolir (Nietzsche contra Hegel) esa misma estructura en las dos direcciones: tanto hacia la deslegitimación de todos los amos como de todos los esclavos. Solo, pues, delimitada por el *Sí* precedente y el *Sí* final de una meta, que no está ya en el mismo plano óntico y relativo de la negación, sino en el ámbito-límite de la diferencia ontológica —como veremos a continuación— puede la fuerza ya brutal ya sofisticada de la negación, sustraerse a la tentación de reproducirse ciega e indiferente al infinito, o de vagar amedrentada y prepotente por un camino sin fin. Pues la naturaleza misma de la negación es extensa y referencial (divisible al infinito, multiplicable al infinito) o relativa a la afirmación, como lo es el no-ser (relativo) a la pluralidad que se da *entre* las diferencias del ser.

Una palabra más en este punto y un contraste: el sí se dice dos veces en cuanto asume la condición trágica de la experiencia humana del mundo y su condición racional de posibilidad, abriéndose a un ámbito de la sola afirmación, que se des-cubre como acontecer de la verdad del ocultamiento del ser en el don que se des-vela; por ello el pensar (*noein*) lo descubre como creatividad en reserva de lo que no se da; de lo que necesita no-darse a favor tanto de la perceptibilidad finita y plural de lo que sí se da como tal: el ente o los entes, como del ser inagotable que se retrae en la *léthe* misma de la *alétheia*. Así explicará Heidegger esencialmente en *Tiempo y Ser* (1962) el misterio del devenir del acontecer del ser. Mientras que por su parte, la negación, no puede decirse dos veces sino, tras la crítica, detenerse ante el re-conocimiento de ese mismo ámbito: el de la afirmación sin contrario, pues la negación es relativa al ser y no pertenece, entonces, al plano de los primeros principios ontológicos. Una enseñanza contra-nihilista que ya preside el Poema didaskálico de Parménides de Elea y la *Antígona* de Sófocles nos había entregado de un modo más popular y comunicativo, cuando el coro del pueblo dice en escena al unísono: «El hombre al querer predominar sobre el lugar lo pierde, pues el mortal tiende a confundir el ser con el no-ser... ¡quien ponga en obra esto que nada tenga que ver conmigo y que su vagar no se confunda con mi morar!»[Oñate, 2012a].

¿Qué hay pues al término de esa línea recta? ¿Un abismo? ¿Una curva? ¿Un salto? ¿Una espiral?... Para responder contamos con una señal nada desdeñable, ya que «el no» se sabe relativo y perteneciente al «sí» reduplicativo de sí mismo, que reflexiona (no hay ninguna noésica de la negación) y ofrece la marca tautológica del límite, eso quiere decir que el espacio de juego ya se ha curvado, y que el anteceder del sí no era temporal cinético sino un anteceder condicionante ontológico, que precisamente hemos podido descubrir como Principio Principal gracias a invertir el sentido del tiempo cinético y darnos la vuelta en el límite para reconstruir el sentido de todo lo recorrido hasta allí. Puesto que el acontecer intensivo (cualquiera de ellos) nos obliga a detenernos y volver la vista atrás para recomponer el mapa y poder seguir delante descubriendo un nuevo sendero. Nietzsche para estas ocasiones ha encontrado una expresión muy sugerente y habla (ya para el caso del sí mismo, ya para el sentido de la historia de Occidente) de dar un «Paso atrás» (Schritt zurück). Un paso o salto (Sprung hacia atrás y hacia arriba, tal y como solían describir inequívocamente la resurrección inmanente (la *epistrophé*) los últimos neoplatónicos helenos: Jamblico, Proclo, Siriano... antes del cierre de la Escuela de Atenas por el primer emperador cristiano-romano, en el siglo VI. d. C. Cuando ya la teología cristiano-helena de los Primeros Padres de la Iglesia se había apropiado (transformándola) de la noética y la *sapienza greca* hasta llegar a traducir la sincronía hermenéutica de la *nóesis* espiritual helénica en el misterio de Pentecostés y la reunión de las diferentes lenguas de fuego que se comprendían e interpretaban gracias a la venida del Paráclito, a la venida del Espíritu Santo como unidad de la Iglesia [Arana, 2016].

7. Aproximaciones a *Una Meta* posible

Decía Aristóteles en sus *Éticas* que todos los hombres tienden a la felicidad (*eudaimonía*) aunque se diferencian en cómo interpretan el sentido de esta; siendo la interpretación defendida por el Estagirita mismo que la vida feliz y mejor: la propia del saber vivir bien, es aquella que siendo activa es capaz de dar lugar a la unidad coherente y continua de una vida entera. Por lo cual situaba las praxis propias de la contemplación investigadora y su transmisión en la cúspide del modo de vida más divino: el noético al que tiene acceso el hombre; si bien, solía añadir Aristóteles, que eso divino en el hombre: el *noein*, le viene al hombre de fuera; y que la vida del dios supremo-límite, que es un misterio para nosotros, había de consistir sin duda en la reflexividad noética del pensar de lo divino mismo: es decir del pensar en todas las acciones excelentes *primeras* que constituyen tan expresivamente las comunidades plurales de los seres vivos, en tanto que seres eternos… Luego añadía aquello tan conocido de que esta felicidad es imposible para el hombre sin amistad, sin hijos, y sin tener lo suficientemente cubiertas las necesidades materiales. Un mensaje, aparentemente sencillo, que esconde un problema esencial. A saber: qué sea esto de ser divino y eterno para el hombre noésico que vive [explicará en el libro Lambda-7 de su «Filosofía Primera» Aristóteles] de modo divino algunas veces; y buscando lograr la coherencia de ese vivir durante una vida entera; tal y como vive siempre el Dios supremo: para quien el *noein* es ininterrumpido y se da todas las veces y de continuo, por lo que ese Dios supremo es constantemente feliz. «A eso llamamos nosotros Dios» razonará el filósofo Aristóteles.

El problema, entonces, no está para nosotros en comprender la henología temporal de tales expresiones. Sabemos que Aión-kairós son instantes eternos que pueden volverse durativos y retransmisivos (históricos) por medio de la praxis habitual e institucional dentro de la esfera culta de la *paideía* y en medio de la *pólis*. No son la temporalidad incondicionada del *Aidíon*, pero pueden lograr darse por lo general y la mayoría de las veces. Y tal es dicho en una sola palabra: la meta de la virtud política y de la vida civil. Ahora bien ¿no había enseñado también Aristóteles —y por eso era rechazado por el cristianismo que prefirió hacerse platónico— que el alma individual muere con el cuerpo y no hay ninguna resurrección, ni vida ultra-terrena alguna?… ¿O no era esto cierto en todos los casos? ¿Era cierto, por ejemplo, en el caso del personaje histórico-literario Sócrates, protagonista de los *Diálogos* de Platón? Ciertamente Aristóteles así lo enseña, una y otra vez, por mucho que las tradiciones bíblicas (judías, cristianas, musulmanas) no lo hayan recibido, omitiendo la distinción aristotélica esencial entre el alma de cada uno de los individuos numéricos «privados» y el alma singular (indivisible) de las acciones comunitarias, interpretativas, «públicas», que ponen en obra la verdad: acciones dianoésicas excelentes y amables (estimables, constituyentes) que se transmiten si son alcanzadas por quienes las reciban, retransmitan y recreen. Acciones espirituales inmanentes: históricas, sociales, culturales… por las que dan la vida aquellos que logran la virtud de la *eudaimonía* o felicidad divina. Es verdad que no en todos los casos la relación entre la obra y su creador o creadores permite un vínculo de expresividad que sea tan *singular* (indivisible) como lo es en el caso de la Filosofía; pero tanto en las ciencias, como en las artes y las técnicas, basta el que se hagan históricas y se sepan hermenéuticas o interpretativas para que ese vínculo (*lógos*) del *alma singular* vuelva a pasar al primer plano de consideración y nos vuelvan a estremecer los avatares y las aventuras de la vida que logró dar lugar a las obras de la razón común. Tal es sin duda el caso del mismo Nietzsche, cuya vida no puede ser separada de sus escritos, ni estos ser tratados como si no fueran vividos por él como acontecimientos históricos.

Aquí sí entramos en terreno nietzscheano-helénico (hereclíteo aristotélico, pero del Aristóteles Griego) contrario al nihilismo judeo-platónico-cristiano; tras la muerte del Dios patriarcal mitológico (fundamento, origen, *sujeto* que se antepone al tiempo, el lenguaje y el mundo); y tras la muerte de los asesinos de ese falso dios, monigote o fantoche, ídolo todopoderoso, construido por los mismos superhombres que lo heredan luego, porque –como explicaba Feuerbach—lo habían hecho ellos mismos a imagen y semejanza de ellos mismos y su voluntad mitológica del todo—poder. Lo cual, tras ellos, abre la vía de una trans-humanidad menos violenta (la otra acepción difracta del «superhombre», del *Übermensch*) que corresponde a eso que Gianni Vattimo ha descubierto tan honda y maravillosamente en Nietzsche: «El hombre de buen temperamento»: el que no hereda al dios todopoderoso como salvador, sino que sabe abrirse a la necesaria pregunta por lo divino y lo sagrado indisponible, liberada por la muerte de esa falsa humana divinidad que taponaba su lugar… el hombre de buen temperamento: el que sabe convertir el fango del dolor y la miseria, en oro espiritual; el que no necesita afirmarse negando, sino que accede, por cortesía y prudencia moderada, a la alegría virtuosa que contenta y aligera a los demás; a pesar del sufrimiento propio; el hombre culto, el educado, cultivado, que ama y cultiva la buena sociedad...el creador, el alquimista, el que ama la vida, no cuando le va bien, sino «toda entera», con su tragedia constitutiva, apostando por la alegría y la amistad como virtudes dia-noéticas [Arenas Dolz, 2006].

8. Retorno e Historia

La enseñanza del Eterno Retorno en *La Gaya Ciencia* junto con las inspiradas páginas del *Sujeto y la Máscara* de Gianni Vattimo[3], dedicadas a redescubrir la profunda verdad afirmativa y trágica del transhombre, declaran la inocencia del devenir y la redención del azar, de un modo tan conmovedor y tan riguroso que no dejan duda sobre el sentido de *la meta* así entendida. Esto es terreno firme ya ganado para el genuino criticismo de Nietzsche y para todos nosotros. Tanto a la hora de comprender las claves de la verdad y mentira en sentido extramoral de la obra y vida de Nietzsche, como para proseguir la tarea de lograr la apertura de otro futuro menos violento para la historia de Occidente: un *inicio otro* que no se deje seguir sobredeterminando por la repetición de la guerra como prosecución indiferente del espíritu de venganza contra el tiempo y su fue.

Sí, pero ¿basta con ello para ser feliz? No lo parece, si bien sin duda sea esta: la virtud del perdón, de la restitución de la inocencia del

---

[3] Sobre el renacimiento de Nietzsche en la obra de Vattimo no se albergan dudas. Es mérito de mi maestro italiano haber trazado el mapa de la ontología hermenéutica de la postmodernidad consolidando «la Izquierda nietzscheana» que irrumpe con el postmarxismo y el post-estructuralismo francés de Mayo del 68, vinculándola con la «Izquierda heideggeriana». De tal modo, la Izquierda nietzscheano-heideggeriana acrecienta el potencial de alcance crítico de los fundamentos metafísicos de la burguesía capitalista y neoliberal, junto con el vector de la crítica economicista de Marx. Todo lo cual socava los mitologemas de la teología de la historia de la secularización y encuentra en el Vattimo cristiano hermenéutico y cato-comunista, un exponente de especial lucidez a la hora de abordar los problemas de la postmodernidad, ampliamente nietzscheana, en que habitamos controvertidamente [Oñate, 2010a, 2010b].

porvenir, de la alegría y la prudencia culta, afirmativa, una condición indispensable para los creadores noésicos [Vidal Calatayud, 2008]. Y, sin embargo… ¿No parecería que se tiene que tratar *además* de alguna otra cosa, cuando se trata del «Eterno Retorno?… Considero de utilidad en este punto partir de la sobria lectura de Nietzsche que nos ofrece Massimo Montinari en su *Lo que dijo Nietzsche*, cuando pormenorizadamente explica cómo Nietzsche renunció finalmente a una obra que se intitulara «Voluntad de Poder» trasladando los planes y cuadernos previstos para la misma a la elaboración de sus últimas obras; es decir: al cuerpo de las obras publicadas por él mismo, antes del naufragio de su parálisis: tanto al *Anticristo* y *El Crepúsculo de los Ídolos* como al *Ecce Homo*. Montinari insiste en que el problema esencial percibido por Nietzsche no era sino el del nihilismo resultante de la «Muerte de Dios» como lazo social vinculante. O dicho de una manera sencilla: el de cómo tras la pérdida de peso cultural del cristianismo —ya secularizado— los más débiles no podían apelar a instancias suficientes ni de resignación ni de emancipación. Por discutible que sea el diagnóstico de Montinari, tal enfoque no deja de dar en el clavo (igual que antes Vattimo) a la hora de presentarnos a un Nietzsche hondamente sensible al dolor de los que sufren a causa ya de los mitos del poder ya de su derrumbamiento, y tanto más si estos son los des-heredados no solo desde el punto de vista material, sino desde el punto de vista del extravío de la historia. Otra cosa es que a Nietzsche le repugnara el enfoque marxista de las revoluciones de masas tanto como el de las revoluciones burguesas, y ello vuelve a darnos una fresca pincelada de su enfoque sobre lo «singular y la obra», explicando una vez más su intempestiva actualidad: «ni individuos burgueses ni masas anónimas sino ¡singulares, creadores de obras comunitarias», ese si es su clamor y su apelación, bastante cercana al cristianismo heleno originario y bastante elocuente respecto del *Nietzsche lector del Aristóteles Griego*. De ahí que cualquier lectura nietzscheana de sesgo stirneriano, anarquista individualista, adolezca de una grave deformación en cuanto se olvida del bien común histórico: el lógos del bien ontológico que se da como transmisión interpretativa del sentido o mensaje del ser- historia-lenguaje.

De modo, pues, que con el Pensamiento del Eterno Retorno, que enseñaba el sabio Zaratustra de Nietzsche, la cuestión esencial sería entonces esta: ¿Cómo puede la voluntad de poder como arte dejar de ser nihilista?… ¿Cómo puede querer ser singular el alma y a la vez querer la eternidad de la obra indivisible comunitaria? ¿Cómo ha de proceder el creador singular para dejar de querer la voluntad de voluntad nihilista y seguir queriendo la voluntad de la obra eterna, trans-histórica, si la historia se disuelve con la muerte de Dios? Sin el Dios cristiano —explica Montinari— dejaban de tener, para Nietzsche, sentido y consuelo, las vidas de los débiles; pero ahora vemos ¡que también las vidas de los creadores singulares excelentes, entregados a lograr la eternidad posible del futuro legado de su recepción! Pues esta era el alma de la Historia y su hilo conductor, tanto como su columna vertebral. Todo lo cual parece haberse hecho añicos con la muerte de Dios. A no ser que el Eterno Retorno ofrezca otra vía ya para los débiles y los enfermos, ya para los creadores, ya en fin, para la afirmación ontológica del sentido de la vida mortal e histórica de Occidente, que no sea la de los superhombres, no ahora entendidos como hombres de buen temperamento que harán de la necesidad virtud, sino entendidos de la otra manera pavorosa también posible: la de los todopoderosos herederos del dios todopoderoso inventado primero por ellos y luego asesinado por ellos para ocupar su lugar; los que no tardaron demasiado tiempo en llegar incluso a querer apropiarse del sentido ¡y hasta de la escritura! de la obra de Nietzsche, empezando por la voracidad de su propia hermana. O ellos o los burgueses indiferente incluso a la desaparición de su propia memoria… La locura de Nietzsche, su extrema lucidez, su vida entera consagrada a la escritura y composición de su obra, nos entregan un destino trágico: un testimonio tan estremecedor de la tragedia del Occidente moderno, como, a la vez, de eso otro irrenunciable, que siempre ha sido para «nosotros los griegos» el sentido histórico y civil de la resurrección: el sentido de la resurrección por la creatividad y por nuestra contribución al bien común de lo público.

Massimo Montinari concuerda básicamente con este planteamiento y aprecia, sin duda, las aportaciones de *La Gaya Ciencia* y el *Así habló Zaratustra* a la vía de solución que vendría dada por el Pensamiento del Eterno Retorno de lo Igual; pero en general es aún demasiado moderno para Nietzsche y para percibir su desgarradora tensión; ya que a Montinari, desde planteamientos historicistas y socialistas, de impronta determinante en el caso de muchos pensadores italianos del siglo xx (no era el caso de Giorgio Colli) nada le importa, en realidad, o que no sepamos a dónde vamos, o que ni la historia, ni la obra, ni la vida propias tengan una *meta* que suponga alcanzar la «felicidad» en el sentido de lograr la eternidad inmanente noética, ya tantas veces señalada en estas páginas por nosotros, como la vía propiamente espiritual y racional que ha concebido Occidente desde los griegos hasta nuestros días [Montinari, 2003]. Y sin embargo… ¡Arte público contra nihilismo! ¡Monumenta (en el sentido nietzscheano-gadameriano) contra Nihilismo! se oirá siempre clamar a Nietzsche a lo largo y ancho de toda *su* vida—obra.

9. Muerte, Resurrección y Lenguaje

Cabe por último formular una pregunta que hace tiempo rondará por la cabeza y el corazón del lector y es esta: ¿Puede el alma individual, esa que *se* muere con el propio cuerpo individual, querer semejante solución? ¿Puede desear esa suerte de inmortalidad del alma que la excluye por completo? La respuesta es una vez más *trágica* y encuentra quizá en los dioses de la tragedia su único consuelo, pues el cuerpo-alma llevado al extremo del límite con el juego erótico del amor del otro, o de los otros, encuentra una vía de salida al éxtasis de la naturaleza poemática y creativa que no solo engendra, sino que libera de la individualidad ingresando en las metamorfosis de Dyónisos. De manera que como ya nos enseñara Empédocles, el éxtasis entusiasta del *epoptés* en el trance de los misterios eleusinos, percibe cómo se transforma en los elementos o instancias de otras combinaciones posibles para la naturaleza viva y creadora: mientras que por la vía de Apolo, también en la comunidad de la *philía* o amistad, que se re-une en el coro del himno o en el de la investigación conjunta, acontece que el dios viene a cantar, a veces, entre las voces de los poetas, así como recrea los descubrimientos de los amigos de las ideas y los círculos científicos. Por el cuerpo y la mente del alma individual puede entrarse, entonces, en contacto con el límite exterior de la danza y el canto, de la comunidad erótica dionisíaca y de la comunidad apolínea de los celestes apolíneos.

En ambas vías hay creatividad y eternidad. Siendo así que cuando la danza y el canto se enlazan en el teatro de la tragedia ática se produce la *kathársis* (purificación) de un lazo social (*lógos*) que encuentra en el arte racional dialógico el espacio abierto para la recepción de una destinación histórica del sentido. Platón la continuó transformando los diálogos del teatro dedicados a Homero y Hesíodo, en los *Diálogos* y las aventuras de la virtud política, protagonizados por Sócrates y por todas las instancias de las perspectivas racionales de su época. Así se hicieron eternos Gorgias y Protágoras, Eutifrón, Lysis, o Timeo… mientras Platón volvía a hacer suya insistentemente esta misma pregunta que planteamos nosotros ahora: ¿Puede al alma individual querer semejantes soluciones de inmortalidad?… El profundo interés de la respuesta platónica ha pasado a menudo desapercibido y sigue encabritándose entre las pezuñas y las crines indomables del caballo negro de su *Fedro*. Gadamer lo ha viso muy bien en nuestros días. La respuesta es que no, naturalmente: que el alma individual no puede querer su muerte: la del cuerpo y la suya; ni está dispuesta a sacrificarse por el alma espiritual, singular o transhistórica, se la quiera llamar como se la llame. El auriga del carro del *Fedro* no consigue apenas poder poner al unísono ni acompasados los deseos de los dos caballos: el blanco y el negro. Sin duda el auriga platónico está con el caballo blanco que lo obedece, pero ni siquiera Platón consigue hacer verosímil que la divergencia invencible de la no asunción de la muerte individual calle otros ecos profundos que se mezclan para nosotros, los mortales, con la repugnancia e imposibilidad de aceptación de la muerte: pues no es solo la muerte propia la que está en juego, sino, sobre todo la muerte de los otros y la muerte de las posibilidades no realizadas o de los pasados posibles. Así que no es tan sencillo: no basta educar al alma en subordinar lo individual a lo civil comunitario del lógos, ni siquiera con la fundada promesa de la singularidad inmortal que se traduce y se descubre en las obras espirituales, pues el deseo de eternidad del alma individual es inextinguible e inconsolable.

Gadamer (una vez más retomando a Heráclito) nos ha enseñado sin embargo la asombrosa productividad de dicha tensión trágica inconsolable, mostrando en *El Estado Oculto de la Salud* que es nuestra imposibilidad de aceptar la muerte de los otros, amados, la que los *sabe* solo desaparecidos, ausentes únicamente [Oñate et alii, 2005: 375–389]. Por ello al seguir manteniendo el vivo con el muerto, encendida la llama del misterio de su ausencia, produce una conversación que no puede verse jamás interrumpida porque ¡da lugar al lenguaje!... Ese es el origen heraclíteo y oculto (la muerte del otro) del lenguaje y del pensamiento (enseña Gadamer), pues este diálogo con lo ausente también se necesita esencialmente para que pueda darse el recrear de las otras posibilidades simultáneas a lo dado, que no se están efectuando... Y a eso llamamos «pensar» *(noein)*. De ahí que la *pietas*: la heredad de los pasados posibles, no clausurados por ninguna de sus determinadas efectuaciones e interpretaciones, reine en el corazón noético de la hermenéutica filosófica actual, igual que sucede con las obras de arte (los *monumenta*) que no se agotan en ninguna de sus interpretaciones sino que ganan con la historia de los efectos de las mismas, su propia eternidad histórica. A eso únicamente es a lo que llamamos «clásico», encubriendo civilizadamente un *lógos* entre los vivos y los muertos que no ha cesado en Occidente desde que somos una conversación en retorno inagotable.

De ahí que Gadamer, de la mano de Heráclito y de Nietzsche, nos haya enseñado, como Zaratustra, a poder querer *también* hacia atrás, poniendo en ellos, en los pasados posibles y abiertos al futuro anterior, la máxima tensión de una esperanza trágica que se anuncia en el milagro cotidiano de cada vigilia en la noche, brillando como el rayo de Heráclito que une y tensa, que mantiene como un puente y un arco, unidos y distantes entre sí al cielo y la tierra, a los inmortales y los mortales. Permitiendo el pensar de los contrarios a la vez al iluminar la obscuridad en la que, súbitamente, un instante, brilla la luz del límite destaca en su fondo. Un *lógos* que enlaza lo muerto y lo vivo, la vigilia y el sueño, y en un momento los cruza e invierte, posibilitando el ser compartido de ambos. Gadamer lo expresa con conmovedora sencillez antigua cuando nos recuerda que «el hombre en la noche enciende una luz en su alma».

10. Teología Hermenéutica

¿Y ustedes? ¿Cuál es para cada uno de ustedes el aforismo de su felicidad?... Yo quiero despedirme dándole la palabra a algunas de las formulaciones del Pensamiento del Eterno Retorno que Nietzsche tomó no de la física sino de la noésica histórica de los griegos: de su teología hermenéutica racional. Oigamos cantar a Zaratustra nietzscheano en «La canción del noctámbulo»:

> Yo dormía, dormía, de un profundo soñar me he despertado: el mundo es profundo. Y más profundo de lo que el día ha pensado. Profundo es su dolor. El placer es aún más profundo que el sufrimiento: el dolor dice ¡Pasa! Más todo placer quiere eternidad. Quiere profunda, profunda eternidad [Za: 429][4].

Y por lo tanto —preguntamos nosotros—: ¿qué podemos hacer aún y aprender nosotros y nuestro tiempo, ahora que se nos ha abierto la trágica bendición del Retorno de *lo Igual* y sabemos que son nuestros *iguales,* aquellos que quizá nos busquen si hubiéramos merecido que nos amasen con *philía* por nuestra vida y obra, los que nos harán resucitar con resurrección inmanente? ¿Qué podemos aprender si son los tiempos y los *lógoi* de los iguales los que quizá nos permitirán volver, cuando hayamos muerto, de modos interpretativos y transformados diferentes, pero siempre en el lenguaje común que compartimos, aunque sea bajo los prismas propios de unos futuros parámetros que ni siquiera podemos imaginar? ¿O quizá no tanto si fuéramos nosotros los creadores que contribuyéramos a tales futuros viniendo del pasado no clausurado sino posible?

Nietzsche dice así: «Se alcanza un nivel ciertamente elevadísimo de cultura cuando el hombre se libera de ideas y temores religiosos supersticiosos, y, por ejemplo, no cree ya ni en aquellos encantadores angelitos, ni en el pecado original, e incluso ha llegado a olvidarse de hablar de la salvación de su alma: si se encuentra en semejante grado de liberación le queda aún por superar con la máxima tensión de su reflexión, la metafísica». Después, sin embargo, es necesario un movimiento hacia atrás: debe comprender tanto la justificación histórica como la necesidad psicológica de tales representaciones; debe reconocer que gracias a ellas se ha conseguido el máximo progreso para la humanidad; y admitir también que sin tal movimiento hacia atrás nos veríamos privados de los mejores logros obtenidos por la humanidad hasta ahora: «Con respecto a la metafísica filosófica son cada vez más numerosos aquellos a los que veo alcanzar la meta negativa (que toda metafísica positiva es un error); pero aún son muy pocos los que dan unos pasos atrás; en otras palabras: es preciso mirar por encima del último travesaño de la escalera, pero no

---

4   Sigo la edición de A. Sánchez Pascual en Alianza.

pretender quedarse en él. Los más iluminados consiguen a duras penas librarse de la metafísica y ya están volviéndose a mirarla con superioridad; y sin embargo, también aquí, como en el hipódromo, al final de la recta es necesario girar» [HH I, 20].

Estas son algunas de las cosas que nos dijo Nietzsche gracias a «su» fórmula de la felicidad, como blanco al que apuntar por los trágicos senderos de nuestras complejas andaduras. Que fuera un arquero heleno intempestivo el que las haya hecho llegar hasta nosotros, bien tensadas por la aforística nietzscheana, que logra alcanzarnos de pleno en el pensamiento y la literatura de la postmodernidad, es para mí, un profundo motivo de alegría y también de esperanza histórica.

Bibliografía

Arana, José Ramón (2016): *Historia de la Hermenéutica filosófica griega,* Madrid, Dykinson.
Arenas Dolz, Francisco (2006): «El sentido dianoético de la hermenéutica. Una conversación con Teresa Oñate en Roma, 8 y 9 de febrero del 2006», Mauricio Beuchot y Francisco Arenas, *10 palabras clave en Hermenéutica Filosófica*, Estella, Navarra, EVD, 2006, 475–546.
Colli, Giorgio (1995): *La sabiduría Griega.* Madrid, Trotta.
Hernández de la Fuente, David (2017): *El despertar del alma. Dioniso y Ariadna. Mito y Misterio.* Barcelona, Ariel.
Jaeger, Werner (1977): *La teología de los primeros filósofos griegos.* México, FCE.
Montinari, Mazzino (2003): *Lo que dijo Nietzsche*, Enrique Lynch (tr.), Barcelona, Salamandra.
Oñate y Zubía, Teresa (2000): *El retorno de lo divino griego en la postmodernidad. Una discusión con el nihilismo de Gianni Vattimo,* Madrid, Alderabán.
– (2001) *Para leer la Metafísica de Aristóteles en el siglo xxi. Análisis crítico-hermenéutico de los 14 lógoi de Filosofía Primera,* Madrid, Ed. Dykinson.

– con la colaboración de Cristina García Santos (2004): *El Nacimiento de la Filosofía en Grecia. Viaje al Inicio de Occidente.* Dykinson, Madrid, 2004.
– (2005a) / Cristina García / Miguel ángel Quintana (eds.): *Hans-Georg Gadamer: Ontología Estética y Hermenéutica.* Dykinson, Madrid
– (2005b) eds.: *Hans Georg Gadamer: el lógos de la era hermenéutica.* Ed. Éndoxa. UNED. Series Filosóficas. Madrid.
– (2006) Simón Royo (eds.): *Ética de las verdades hoy. Homenaje a Gianni Vattimo.* Ed. Éndoxa. Serie Aula Abierta. Madrid, 2006.
– / Gianni Vattimo / Amanda Núñez / Francisco Arenas (2008a) (eds.): *El Mito del Uno. Horizontes de Latinidad (Hermenéutica entre civilizaciones I),* Madrid, Dykinson.
– / Vattimo, Gianni / Núñez, Amanda / Arenas, Francisco (2008b): *Politeísmo y Encuentro con el Islam (Hermenéutica entre civilizaciones II).* Ed. Dykinson, Madrid, 2008.
– (2009): *Materiales de Ontología Estética y Hermenéutica.* Ed. Paloma O. Zubía. Madrid, Dykinson.
– (2010a): *El Retorno Teológico-Político de la Inocencia.* Ed. Paloma O. Zubía. Ed Madrid, Dykinson.
– / Cubo, Óscar / Leiro, Daniel / Núñez, Amanda (2010b): *El Compromiso del Espíritu Actual Con Gianni Vattimo en Torino.* Ed. Alderabán, Cuenca. 2010.
– / Cubo, Óscar / O. Zubía, Paloma / Núñez, Amanda (2012a): *El Segundo Heidegger. Teología. Arte. Ecología. En el 50 aniversario de Tiempo Y Ser.* Ed. Madrid, Dykinson.
– / Cáceres, David / O. Zubía, Paloma (2012b): *Acontecer y Comprender. La Hermenéutica Crítica tras diez años sin Gadamer.* Ed. Dykinson, Madrid, 2012.
– / Cáceres, David / O. Zubía, Paloma (2013): *Crítica y Crisis de Occidente. Al Encuentro de las Interpretaciones.* Madrid, Dykinson.
– / González Arribas, Brais (2015): *La Postmodernidad: Jean François Lyotard y Gianni Vattimo*, Barcelona, Bonalletra Alcompás.
– / Díaz Arroyo, José Luis / Hernández Nieto, Marco Antonio (2016): *Con Paul Ricoeur. Espacios de Interpelación: Tiempo. Dolor. Justicia. Relatos*, Madrid, Dykinson.
– (2017): «Nos dijeron la verdad pero no toda: Ética y Ontología hermenéutica de la post-verdad», en *Revista Éxodo*, 138, 32–41.

Ortega y Gasset, José (1961): *Obras Completas,* Madrid, Revista de Occidente.
Sánchez Pascual, Andrés (2004): «Introducción y notas» a Friedrich Nietzsche, El *Crespúsculo de los Ídolos*, Madrid, Alianza.
Vidal Calatayud, José (2008): *Nietzsche contra Heidegger. Hilos de Ariadna* I, Madrid, Dykinson.

Los autores

ENCARNACIÓN ALONSO VALERO es profesora contratada doctora en la Universidad de Granada y autora de los libros *Solo loco, solo poetas (sobre Nietzsche en la joven literatura)* (2003) y *Federico García Lorca o la tragedia del nacimiento* (2008).

CARLOS ANDRÉS GIL es Associate Professor of Spanish en el Departamento Modern Languages and Philosophy, Stanislaus University (CSU) y doctor en Español por la University of Wisconsin-Madison. Autor de artículos como «Reflejos nietzscheanos en la poesía desnuda de Juan Ramón Jiménez».

SERGIO ANTORANZ LÓPEZ es profesor asociado de la Universidad Complutense. Doctor Mención Internacional con una tesis titulada *Descubrir e inventar. Sintonías y discordancias entre arte y ciencia en la obra de Friedrich Nietzsche*. Entre sus publicaciones sobre Nietzsche destacamos «El cuerpo como laboratorio moral».

VIOLETA CATALINA BADEA es investigadora en el Departamento de Estudios Ingleses de la Universidad Complutense; su investigación está centrada en la literatura de vampiros en lengua inglesa y la recepción de Nietzsche en la época victoriana.

LUCÍA COTARELO ESTEBAN es investigadora contratada en el Departamento de Literaturas Hispánicas la Universidad Complutense. Estudia la literatura de los exiliados españoles en la costa este de EEUU y la poesía de la Edad de Plata.

ARNO GIMBER es profesor titular de literatura alemana en la Universidad Complutense, especialista en romanticismo alemán, teatro documento y las relaciones hispano-germanas. Es IP del proyecto FFI2016-76065-P sobre «Nietzsche: poesía y filosofía».

KILIAN LAVERNIA es profesor doctor en la UNED. Ha traducido *Más allá del bien y del mal* y *Ditirambos de Dionisio* en la edición de las *Obras Completas* (Tecnos). Autor de «Cuerpo y verdad en el joven Nietzsche. Apuntes sobre la génesis de la problemática gnoseológica en Sobre verdad y mentira en sentido extramoral».

ANA MARÍA LEYRA es profesora titular de Estética Universidad Complutense. Las áreas de investigación y sus publicaciones giran en torno la Estética, la Teoría de las Artes y la Literatura. Autora de *La mirada creadora* y de *Discurso o Imagen: Las paradojas de lo sonoro*.

TERESA OÑATE es catedrática de filosofía en la UNED. Es autora de múltiples publicaciones entre las que destacan *Para leer la Metafísica de Aristóteles en el siglo XXI* y los cuatro volúmenes dedicados a *Los hijos de Nietzsche en la posmodernidad*.

MARCO PARMEGGIANI es profesor titular de la Universidad de Málaga, ha investigado y publicado sobre filosofía contemporánea. Ha traducido varias obras de Nietzsche y volúmenes de la *Correspondencia*. Autor de *Perspectivismo y subjetividad en Nietzsche* y de *Nietzsche: crítica y proyecto desde el nihilismo*.

MARIANO RODRÍGUEZ es profesor titular en de la Universidad Complutense. Director del Seminario Nietzsche Complutense. Entre sus publicaciones destacamos *La teoría nietzscheana del conocimiento*, *El sujeto velado: a partir de Nietzsche y Wittgenstein* y *Nietzsche como última palabra. Estudios sobre filosofía de la mente*.

DIEGO SÁNCHEZ MECA es catedrático de Historia de la Filosofía Contemporánea en la UNED. Director de la SEDEN, ha dirigido la traducción de los *Fragmentos Póstumos* y las *Obras Completas* (Tecnos). Autor de *El itinerario intelectual de Nietzsche*, y de *Nietzsche: la experiencia dionisiaca del mundo*.

SANDRA SANTANA es profesora ayudante doctora de la Universidad de Zaragoza. Es traductora de numerosas obras, entre las que destacamos la participación en el *Diccionario Nietzsche* de Niemeyer. Autora de *El laberinto de la palabra. Karl Kraus en la Viena de fin de siglo* y *Es el verbo tan frágil.*

Sergio Santiago Romero es investigador contratado en la Universidad Complutense. Miembro del Instituto del Teatro de Madrid. Su investigación versa sobre la recepción de Nietzsche en el teatro y la poesía española del siglo xx.

Eduardo Valls Oyarzun es profesor titular en el Departamento de Estudios Ingleses de la Universidad Complutense. Es autor de *Dueños del tiempo y el espanto: genealogía nietzscheana de la responsabilidad en la narrativa victoriana* (2017).

Francisco Vázquez es catedrático de la Universidad de Cádiz. Su área de investigación se centra en los estudios de género y la sociología histórica. Autor de los libros *Hijos de Dionisos. Sociogénesis de una vanguardia nietzscheana (1968–1985)* y *La filosofía española. Herederos y pretendientes. Una lectura sociológica.*

PERSPEKTIVEN DER GERMANISTIK UND KOMPARATISTIK IN SPANIEN

PERSPECTIVAS DE LA GERMANÍSTICA Y LA LITERATURA COMPARADA EN ESPAÑA

Die Reihe stellt Forschungsergebnisse und Kongressbeiträge aus dem Bereich der deutschen Literatur- bzw. Kulturwissenschaft und der Komparatistik vor. Sie bietet Einblicke in unterschiedlichste kultur- und literaturwissenschaftliche Ansätze und Methoden, wie sie an spanischen Universitäten in der Aktualität Anwendung finden und will damit auch Perspektiven für zukünftige Arbeiten aufzeigen.

La serie presenta monografías y actas de congresos, realizados en universidades españolas, tanto del ámbito de la literatura y la cultura alemanas como de los estudios comparados. Recoge diferentes teorías y métodos tal y como se aplican en la actualidad en España, y busca abrir perspectivas para futuros trabajos.

Band 1   Olga Hinojosa Picón
         Ficción histórica y realidad literaria.
         Análisis neohistoricista del Socialismo en la obra de Monika Maron.
         ISBN 978-3-0343-0332-3. 2010

Band 2   Eugenia Popeanga (Coord.)
         Edmundo Garrido, Diego Muñoz y Rocío Peñalta (Eds.)
         Ciudad en obras.
         Metáforas de lo urbano en la literatura y en las artes.
         ISBN 978-3-0343-478-8. 2010

Band 3   Marta Fernández-Bueno / Torben Lohmüller (Hrsg.)
         20 Jahre Mauerfall.
         Diskurse, Rückbauten, Perspektiven.
         ISBN 978-3-0343-0427-6. 2012

Band 4   Eugenia Popeanga (Coord.)
         Edmundo Garrido, Javier Rivero (Eds.)
         Ciudades Mito.
         Modelos urbanos culturales en la literatura de viajes y en la ficción.
         ISBN 978-3-0343-0607-2. 2012

Band 5   Eva Parra Membrives / Alejandro Casadesús Bordoy
          Crímenes literarios en el Socialismo.
          La Serie *Blaulicht* y la novela policíaca en la RDA.
          ISBN 978-3-0343-0656-0. 2012

Band 6   Eugenia Popeanga (Coord.)
          Edmundo Garrido Alarcón, Javier Rivero Grandoso (Eds.)
          Reflejos de la ciudad.
          Representaciones literarias del imaginario urbano.
          ISBN 978-3-0343-1140-3. 2014

Band 7   Mariann Larsen Pehrzon (Hrsg./Eds.)
          "Foreigners", "Ausländer", "Extranjeros"
          Cultural and linguistic representations –
          Kulturelle und linguistische Darstellungen
          ISBN 978-3-0343-1496-1. 2014

Band 8   Eugenia Fosalba y María José Vega
          Textos castigados.
          La censura literaria en el Siglo de Oro.
          ISBN 978-3-0343-1245-5. 2012

Band 9   Marta Fernández Bueno, Miriam Llamas Ubieto &
          Paloma Sánchez Hernández (Hrsg./Eds.)
          Rückblicke und neue Perspektiven –
          Miradas retrospectivas y nuevas orientaciones
          ISBN 978-3-0343-1177-9. 2013

Band 10   Marta Fernández Bueno, Miriam Llamas Ubieto,
          Manuel Maldonado Alemán & Manuel Montesinos Caperos (Eds.)
          "La literatura es algo más que el texto".
          Homenaje a Luis Á. Acosta Gómez.
          ISBN 978-3-0343-2140-2. 2016

Band 11   Georg Pichler (ed.)
          Extremos.
          Visiones de lo extremo en literatura, historia, música, arte,
          cine y lingüística en España y Austria.
          ISBN 978-3-0343-1627-9. 2017

Band 12　Pilar Andrade Boué (Coord.)
　　　　Rodrigo Guijarro Lasheras y Marta iturmendi Coppel (Eds.)
　　　　La ciudad como espacio plural en la literatura: convivencia y hostilidad
　　　　ISBN 978-3-0343-3164-7. 2017

Band 13　Sergio Antoranz y Sergio Santiago (eds.)
　　　　La recepción de Nietzsche en España
　　　　Nuevas aportaciones desde la literatura y el pensamiento
　　　　ISBN 978-3-0343-3321-4. 2017

Ingram Content Group UK Ltd.
Milton Keynes UK
UKHW021819040523
421219UK00006B/23